汽车行业客户关系管理

主　编◎梅磊　古蔚

副主编◎曾晋　邓茜　夏晨燏　王熠

QICHE HANGYE

KEHU GUANXI GUANLI

中国财经出版传媒集团

经济科学出版社
Economic Science Press

·北京·

图书在版编目（CIP）数据

汽车行业客户关系管理／梅磊，古蔚主编. -- 北京：
经济科学出版社，2025. 4. -- ISBN 978 - 7 - 5218 - 6907 - 1

Ⅰ. F407. 471. 5

中国国家版本馆 CIP 数据核字第 2025G8D040 号

责任编辑：于　源　侯雅琦
责任校对：靳玉环
责任印制：范　艳

汽车行业客户关系管理
QICHE HANGYE KEHU GUANXI GUANLI
主　编　梅磊　古蔚
副主编　曾晋　邓茜　夏晨燏　王熠
经济科学出版社出版、发行　新华书店经销
社址：北京市海淀区阜成路甲 28 号　邮编：100142
总编部电话：010 - 88191217　发行部电话：010 - 88191522
网址：www. esp. com. cn
电子邮箱：esp@ esp. com. cn
天猫网店：经济科学出版社旗舰店
网址：http：//jjkxcbs. tmall. com
北京季蜂印刷有限公司印装
787 × 1092　16 开　21.75 印张　380000 字
2025 年 4 月第 1 版　2025 年 4 月第 1 次印刷
ISBN 978 - 7 - 5218 - 6907 - 1　定价：70.00 元
（图书出现印装问题，本社负责调换。电话：010 - 88191545）
（版权所有　侵权必究　打击盗版　举报热线：010 - 88191661
QQ：2242791300　营销中心电话：010 - 88191537
电子邮箱：dbts@ esp. com. cn）

Preface 前 言

　　随着全球汽车产业加速向智能化、电动化、服务化转型，客户关系管理（customer relationship management，CRM）已成为汽车企业构建核心竞争力的关键战略。在数字化浪潮的推动下，传统以产品为中心的商业模式正快速向以客户为中心的生态系统演进。本教材立足于这一变革背景，系统构建汽车行业客户关系管理的理论框架与实践路径，旨在为行业提供兼具前瞻性与操作性的解决方案。本教材的创新性体现在三个维度：其一，深度融合行业特性，聚焦汽车产业全生命周期管理场景，从新车销售到售后服务，从数据采集到体验优化，形成闭环式 CRM 方法论；其二，紧跟技术前沿，深度剖析人工智能、大数据分析、物联网等技术在客户画像构建、需求预测、服务个性化等领域的应用逻辑；其三，强调跨学科整合，将行为经济学、服务科学、数字营销等理论与汽车行业实践有机结合，构建多维度的客户价值评估体系。

　　在内容设计上，本教材突破传统 CRM 教材的局限，特别针对汽车行业三大核心挑战展开深度探讨：首先是数据治理难题，面对海量客户触点产生的非结构化数据，提出基于隐私计算的数据融合方案；其次是客户忠诚度悖论，通过实证研究揭示新能源汽车时代客户黏性的新形成机制；最后是组织协同困境，构建"客户中心型"组织架构模型，打通研发、生产、销售、服务部门的信息孤岛。本教材的案例体系具有鲜明的全球化特征，既涵盖特斯拉用户社区运营、吉利汽车用户型企业建设等创新实践，也纳入了传统车企数字化转型的经典范例，同时结合欧洲车企在《通用数据保护条例》（General Data Protection Regulation，GD-PR）框架下的数据合规经验，形成覆盖不同市场环境的分析矩阵。在方法论层面，本教材不仅提供了关键绩效指标（Key Performance Indicator，KPI）体系设计、客户旅程地图等工具模板，更引入了预测性分析、情感计算等前沿技术应用指南。

面对未来汽车产业"软件定义汽车"的发展趋势，本教材前瞻性地探讨了车联网生态中的客户关系重构，提出"移动服务空间"概念，重新定义主机厂、供应商、第三方服务商与消费者的价值共创模式；同时，针对元宇宙、生成式AI等新兴技术对客户交互方式的颠覆性影响，提出适应性框架与伦理风险防范机制。本教材适用于汽车行业管理者、CRM从业者、市场营销人员及高校相关专业师生，既可作为企业内训的体系化课程，也可作为学术研究的理论参考。通过理论推演与案例解构的双重路径，助力读者在产业变革浪潮中掌握客户运营的底层逻辑，推动汽车企业从"销售产品"向"经营客户"的战略升级。本教材由吉利学院2024年教学质量工程项目经费支持。

在本书的编写过程中，编者参考了国内外文献并参观访问了众多汽车企业及其4S店，在此向相关专家学者以及汽车行业管理人员表示衷心的感谢。由于编者水平有限，书中难免有疏漏和不妥之处，恳请广大读者批评指正。

梅 磊

2025 年 1 月

Contents 目录

第一章

客户关系管理概述

 案例导入 >

大众集团数字化转型中的 CRM 革命——从"卖车"到 "经营用户"的范式突破

2015 年"柴油门"事件后，大众集团面临品牌信任危机与客户流失双重挑战。与此同时，特斯拉等新势力凭借直营模式和数字化服务快速抢占市场。2019 年，大众启动"NEW AUTO"战略，将客户关系管理列为数字化转型的核心战场，目标在五年内将客户生命周期价值提升 40%，用户生态收入占比从 5% 提升至 20%。

1. 传统 CRM 的困境

数据孤岛严重，经销商、售后中心、车联网系统数据互不相通，客户画像碎片化。

体验断层明显，线上预约试驾与线下服务流程脱节，客户跨渠道流失率达 68%。

价值挖掘不足，90% 的客户交互止步于车辆交付，未激活充电服务、订阅软件等增值场景。

2. 数字化转型路径

（1）构建客户数字孪生系统（2020~2022 年）。

整合 32 个数据源（包括车载传感器、MyVolkswagen App、经销商工单等）。建立涵盖240 + 维度的客户标签体系，覆盖驾驶行为、服务偏好、社交影响力等案例应用，ID. 系列电动车用户通过车载语音反馈充电桩故障，系统自动触发服务工单并推送代步车预约。

（2）重构客户旅程触点（2021～2023 年）。

开发跨渠道体验中台，实现 App/官网/4S 店/车机屏四端数据实时同步。引入 AI 推荐引擎，在客户保养周期前 30 天推送个性化服务包（含保险续费、轮胎更换等组合方案）。典型案例：ID. 3 车主在车机端收到"电池健康度95%"报告时，同步获取二手车置换估价与新车金融方案。

（3）打造移动服务生态（2022～2024 年）。

推出"Volkswagen. Spaces"虚拟社区，集成充电地图、碳积分交易、车友活动等功能。基于使用数据开发动态定价模型，高里程用户自动升级为"出行合伙人"，享受充电折扣分成。电动货车用户可通过参与城市物流众包任务，抵扣车辆分期款项。

3. 转型成效与行业启示

客户价值提升，用户年均互动频次从1.2 次增至8.7 次，软件订阅收入增长300%。

运营效率优化，售后服务需求预测准确率提高至89%，库存周转周期缩短40%。

生态价值显现，车联网活跃用户突破500 万，衍生出充电服务、数据产品等新盈利模式。

4. 暴露的深层问题

经销商体系与直营模式的利益冲突导致服务标准不统一。欧盟 GDPR 法规下客户数据跨境流动的合规风险。老年用户群体对数字化服务适配性不足引发的体验落差。

资料来源：大众集团数字化转型战略与客户关系管理革新 ［EB/OL］.（2021 - 07 - 13）［2025 - 04 - 28］. https：// volkswagengroupchina. com. cn/news/Detail？ ArticleID = BF8A5EA2CFB546C5B4008FEBC915C35B.

第一节　客户关系管理的定义与基本原理

一、客户关系管理的定义

客户关系管理（customer relationship management，CRM）是企业利用信息技术和科学管理方法，对客户进行系统化管理，以提升客户满意度、忠诚度和企业盈利能力的一种管理理念与策略。CRM 的核心在于优化企业与客户之间的互动，建立长期稳定的合作关系，最终实现企业价值最大化。

CRM 不仅是一种技术工具，更是一种经营战略。它强调企业从"产品导向"转变为"客户导向"，以客户需求为核心，通过精准营销、个性化服务和长期关系维护，提高客户的终身价值（customer lifetime value，CLV）。

二、客户关系管理的基本原理

客户关系管理的基本原理体现在以下几个方面。

（一）以客户为中心

在传统的企业经营模式中，企业往往以产品或服务为核心，强调产品的功能、性能和成本控制，希望通过规模化生产和市场推广吸引消费者。然而，随着市场竞争的加剧和消费者需求的多元化，单纯以产品为中心的经营模式已无法满足客户需求。因此，客户关系管理强调"以客户为中心"，通过深入了解客户需求，提供个性化、差异化服务，以建立长期、稳定的客户关系。

1. 以客户为中心的核心思想

①客户需求驱动：企业的产品和服务应基于客户需求进行开发和改进，而非单纯基于技术或生产能力。

②客户价值最大化：关注客户的终身价值，通过优质服务提高客户的忠诚度和复购率。

③客户互动优化：通过多种渠道（如社交媒体、电话、门店等）与客户保持沟通，提高客户满意度。

④服务个性化：根据客户的行为、偏好、购买历史等提供个性化推荐和精准营销。

2. 汽车行业中的应用案例

在汽车行业，"以客户为中心"主要体现在以下几个方面。

①精准车型推荐：汽车企业利用 CRM 系统分析客户的购车历史、兴趣偏好、预算范围等，向客户推荐最合适的车型。例如，宝马（BMW）在其 CRM 系统中集成了 AI 分析功能，可根据客户之前的购车记录和试驾行为，向客户推荐可能感兴趣的车型，并提供个性化金融方案。

②智能化客户服务：许多汽车品牌推出在线客服和 AI 助手，随时解答客户疑问，提高客户体验。例如，特斯拉（Tesla）利用智能在线客服系统，帮助客户实时解决车辆操作、充电问题等，提高客户满意度。

③差异化售后服务：汽车 4S 店可利用 CRM 系统记录客户的车辆维修保养记录，并在客户需要保养或维修时主动联系，提供专属优惠。例如，梅赛德斯—奔驰（Mercedes - Benz）推出"悦享服务"计划，根据客户的购车时间和使用情况，主动发送保养提醒，并提供上门取送车服务，以提升客户体验。

3. 以客户为中心的优势

①提高客户满意度：客户可以获得更加贴合需求的产品和服务，从而增强消费体验。

②提升客户忠诚度：良好的客户体验使客户更愿意长期选择该品牌，从而增加复购率。

③优化企业竞争力：通过差异化服务，企业能够在竞争激烈的市场中脱颖而出，提升市场占有率。

（二）客户生命周期管理

客户关系管理不仅关注客户当前的消费行为，更注重客户的整个生命周期管理。通过对客户生命周期不同阶段的精准管理，企业可以采取针对性的营销和服务策略，最大化客户价值，并降低客户流失率。客户生命周期通常包括以下四个阶段。

1. 潜在客户阶段

（1）目标。吸引目标客户，培养客户兴趣，引导客户进入购买决策阶段。

（2）主要策略。

①精准营销：企业可以通过社交媒体广告、搜索引擎推广、线上活动等方式精准吸引潜在客户。例如，汽车品牌可以通过社交平台投放针对不同年龄段消费者的车型广告，以吸引潜在购车客户。

②试驾体验：提供免费或低成本的试驾服务，让潜在客户直接感受车辆性能，增强购买意愿。例如，奥迪（Audi）推出线上预约试驾服务，客户可以在官网或 App 上直接选择时间和地点进行试驾，提高客户参与度。

③客户信息收集：利用 CRM 系统收集潜在客户的信息，如兴趣车型、预算、购买意愿等，为后续精准营销提供数据支持。

2. 首次购买阶段

（1）目标。提高客户的购买转化率，优化购车体验，使客户对品牌产生信任感。

（2）主要策略。

①个性化购车方案：根据客户需求，提供定制化购车建议、金融贷款方案、保险套餐等。例如，丰田（Toyota）推出不同金融贷款选择，让客户可以根据预算选择合适的购车方案，提高购车转化率。

②购车增值服务：提供赠品（如免费保养、车载导航、保险礼包等），提升客户购车体验。例如，雷克萨斯（Lexus）在客户购车后，提供免费首年保养服务，提高客户对品牌的认可度。

③交付体验优化：提升车辆交付仪式感，如提供专属交车仪式、定制车牌等，让客户感受到品牌的专属关怀。

3. 忠诚客户阶段

（1）目标。通过持续的优质服务和增值体验，提高客户忠诚度，增加客户复购率。

（2）主要策略。

①定期维护提醒：利用 CRM 系统跟踪客户的车辆保养周期，并通过短信、邮件或 App 推送保养提醒。例如，本田（Honda）通过其 CRM 系统，每隔一段时间自动向客户发送保养提醒，提高客户回厂率。

②会员忠诚计划：建立会员体系，提供积分兑换、专属折扣、VIP 服务等。例如，保时捷（Porsche）推出"Porsche Club"会员计划，会员可以享受赛道体验、VIP 活动邀请等增值服务，增强客户品牌归属感。

③客户专属活动：定期举办品牌车主聚会、新车试驾会等活动，增强客户与品牌之间的互动。例如，路虎（Land Rover）定期组织越野车主自驾游活动，让客户深度体验品牌文化。

4. 流失客户阶段

（1）目标。减少客户流失，通过挽回策略重新吸引客户，延长客户生命周期。

（2）主要策略。

①客户反馈分析：通过 CRM 系统分析客户流失的主要原因，如价格因素、服务体验不佳等，以制定相应改进措施。例如，大众（Volkswagen）针对流失客户进行满意度调查，并优化售后服务以减少客户流失。

②个性化挽回策略：针对流失客户提供专属优惠或服务，如提供购车折扣、延长质保、额外赠品等。例如，福特（Ford）针对长期未回厂保养的客户提供折扣优惠，鼓励客户回厂维修。

③客户再营销：利用社交媒体、电子邮件营销等手段重新吸引流失客户。例如，日产（Nissan）对曾经试驾但未购车的客户定期推送新车优惠信息，提高购车转化率。

（三）数据驱动的决策

1. 数据驱动在客户关系管理中的作用

在传统的营销和客户管理模式中，企业主要依赖经验和直觉进行决策，往往缺乏系统性和精准性。而现代客户关系管理（CRM）系统充分利用大数据、人工智能（AI）和机器学习（ML）技术，对客户的购买行为、反馈意见、社交互动、网站访问记录等数据进行深度分析，帮助企业制订更精准的营销策略和客户维护计划。

数据驱动决策的核心价值在于：

①精准洞察客户需求：通过数据分析，企业可以通过了解不同客户群体的偏好、购买习惯和痛点，优化产品和服务。

②优化客户体验：基于客户行为数据，企业可以提供更具个性化的互动和服务，提升客户满意度。

③提升营销投资回报率（return on investment，ROI）：利用数据分析制定精准营销策略，减少无效营销投入，提高客户转化率。

④预测客户行为：运用人工智能和机器学习技术，提前预测客户可能的需求，如预测客户何时可能换车，以提前布局营销策略。

2. 汽车行业中的应用案例

（1）客户购车需求预测。

汽车企业可以利用数据分析客户的购车周期、驾驶习惯、维护记录等，预测客户下一次换车的可能时间。例如，宝马（BMW）利用CRM系统分析客户的车龄、维修记录、里程数等因素，预测哪些客户可能有换车意愿，并提前推送专属优惠活动，提高销售转化率。

（2）精准客户细分与定制化营销。

企业可以通过CRM系统分析客户的年龄、收入水平、购车历史、使用习惯等数据，将客户分为不同群体，并制定个性化营销方案。例如，奔驰（Mercedes–Benz）通过数据分析，将客户分为"年轻运动型用户""豪华商务用户""家庭用户"等不同类别，并向每个群体推送相应的车型推荐和金融方案。

（3）售后服务优化。

通过数据分析，企业可以预测客户的车辆维修需求，提前提醒客户进行保养。例如，特斯拉（Tesla）的智能CRM系统会实时监测车辆状态，并自动向车主推送维护提醒，如"轮胎磨损即将到达更换标准"或"电池续航能力下降提醒"，从而提高客户回厂率和满意度。

（4）提升客户满意度和忠诚度。

汽车企业可以利用客户反馈数据分析产品和服务的不足，并进行优化。例如，大众（Volkswagen）通过CRM系统收集售后维修客户的满意度反馈，分析哪些维修站服务质量较低，并制定改进措施，从而提升客户整体满意度。

（四）个性化服务与精准营销

1. 什么是个性化服务和精准营销

个性化服务是指企业利用CRM系统分析客户数据，针对不同客户群体提供符合其需求的定制化产品和服务，以提高客户满意度。而精准营销则是指企业基于数据分析，向特定客户群体推送最相关的产品或优惠信息，以提高营销转化率。

2. 个性化服务在汽车行业的应用

（1）个性化购车推荐。

根据客户的购车历史，推荐合适的新车型或升级配件。

例如，奥迪（Audi）通过 CRM 系统分析客户的购车记录发现某位客户此前购买了一款豪华轿车，且最近关注 SUV 车型的信息，系统便会自动推送奥迪 Q 系列 SUV 的相关优惠信息。

（2）智能聊天机器人提供购车咨询。

例如，丰田（Toyota）在其官网和移动端应用中提供 AI 智能客服，基于客户的浏览记录和咨询问题，提供个性化的车型推荐和金融方案。

（3）个性化售后服务。

利用 CRM 系统发送个性化保养提醒，提高客户回厂率。

例如，雷克萨斯（Lexus）会根据客户的车辆使用情况，通过短信或 App 推送专属保养提醒，并提供在线预约功能，方便客户进行维修保养。

（4）VIP 客户专享服务。

例如，保时捷（Porsche）推出"尊享客户服务"，为高端客户提供上门取送车、私人定制车辆养护方案等专属服务，以提升客户满意度。

（5）精准营销策略。

精准营销强调企业根据客户的偏好和购买行为，制定个性化的营销方案，提高营销的有效性。

①高价值客户专属折扣：企业可以利用 CRM 系统分析客户的消费能力和忠诚度，为高价值客户提供专属折扣。例如，法拉利（Ferrari）针对忠诚客户推出定制版车型，并提供专属试驾邀请，以增强客户对品牌的归属感。

②试驾邀请和活动营销：针对潜在客户，企业可以通过数据分析，筛选对某款车型感兴趣的用户，并主动邀请他们参加试驾活动。例如，捷豹路虎（Jaguar Land Rover）通过社交媒体和邮件向潜在客户推送试驾邀请，并在客户参与后提供个性化购车方案，以提高转化率。

③会员积分体系：许多汽车品牌通过会员积分体系，提高客户的忠诚度。例如，宝马（BMW）推出"BMW 会员俱乐部"，客户可以通过维修保养、购买配件、推荐新客户等方式累积积分，并兑换专属优惠或限量周边商品，从而增强品牌黏性。

3. 个性化服务与精准营销的优势

企业通过个性化服务和精准营销，可以实现以下优势（见表 1 - 1）。

表 1－1　　　　　　　　　企业个性化服务和精准营销的优势体现

优势	具体体现
提高客户满意度	个性化推荐和专属服务使客户感受到品牌的关怀，提升客户体验
增强客户忠诚度	会员体系、专属折扣等措施增强了客户对品牌的依赖性，减少客户流失
提高营销效率	精准营销使企业能够以较低的成本获得更高的客户转化率

（五）客户关系维护与提升

客户关系管理（CRM）的最终目标是建立长期稳定的客户关系，提高客户忠诚度和品牌黏性。客户关系的维护和提升需要企业持续关注客户需求，并通过系统化的措施优化服务体验，增加客户的满意度和信任感。以下是企业在客户关系维护方面的主要策略。

1. 建立高效的客户服务体系

高效的客户服务体系是维护客户关系的重要基础，企业应通过多种方式提高客户服务质量，增强客户体验。

24 小时智能客服支持：企业可以采用 AI 客服系统和人工客服结合的方式，确保客户可以随时获得帮助。例如，特斯拉（Tesla）利用 AI 客服系统提供在线咨询，帮助客户解答车辆操作、充电问题等，大幅提升客户服务效率。

线上咨询与远程服务：许多汽车品牌提供线上预约维修、远程诊断等服务。例如，宝马（BMW）推出"BMW 远程诊断"功能，客户在家即可通过 App 预约车辆检测，减少不必要的 4S 店等待时间。

专属客户经理服务：对于高价值客户或企业客户，提供专属客户经理进行一对一服务。例如，劳斯莱斯（Rolls－Royce）为每位客户配备私人客户经理，提供个性化购车建议、定制方案和售后支持，以提升客户体验。

2. 开展忠诚度计划，提高客户黏性

①客户忠诚度计划（customer loyalty program）是提升客户长期价值（customer lifetime value，CLV）的关键方式。通过会员制度、积分奖励、VIP 服务等措施，企业可以鼓励客户保持品牌忠诚度，并增加复购率。

②会员积分体系：汽车品牌可以建立会员系统，客户在购车、维修、保养时可累积积分，并兑换折扣、礼品或服务。例如，雷克萨斯（Lexus）推出"Lexus Club"会员积分计划，客户可用积分兑换免费保养服务或品牌周边产品，增强客户黏性。

③VIP专享服务：针对高端客户，企业可以提供专属权益，如优先试驾、新车发布会邀请等。例如，保时捷（Porsche）为忠诚客户提供"Porsche Experience"赛道驾驶体验，增强客户品牌认同感。

④个性化回馈计划：企业可以根据客户的购买历史和消费习惯，提供专属优惠。例如，奔驰（Mercedes – Benz）针对老客户推出"感恩回馈"活动，提供购车折扣或升级配件礼包，以提升客户满意度。

3. 定期进行客户满意度调查，优化产品和服务

客户满意度调查（customer satisfaction survey，CSAT）是企业了解客户需求、发现问题并优化服务的重要手段。

①问卷调查：企业可以定期向客户发送调查问卷，收集客户对购车、维修、售后服务等方面的反馈。例如，大众（Volkswagen）定期向客户发送购车满意度调查，分析客户对销售顾问、交车体验等环节的评价，以优化服务流程。

②NPS（净推荐值）分析：通过净推荐值（Net Promoter Score，NPS）评估客户对品牌的忠诚度，并针对低评分客户采取挽回策略。例如，宝马（BMW）利用NPS数据分析客户忠诚度，并针对可能流失的客户提供专属关怀服务。

③社交媒体反馈收集：企业可以通过社交媒体平台监测客户对品牌的评价，并迅速响应客户投诉。例如，特斯拉（Tesla）在社交媒体上设立专门的客户支持团队，第一时间解决客户问题，提升品牌形象。

4. 信息技术支持

随着信息技术的发展，现代CRM系统已经从传统的客户信息管理工具，演变为集成了大数据、人工智能、云计算等技术的智能化管理系统。先进的信息技术支持使企业能够更高效地管理客户数据，实现精准营销和智能化客户服务。

5. 现代CRM系统的核心功能

①客户数据库管理：存储和管理客户的基本信息、购买历史、服务记录等，方便企业精准定位客户需求。例如，丰田（Toyota）的CRM系统可以追踪客户的购车和维修记录，以便销售和服务团队提供更有针对性的支持。

②数据分析与客户画像：利用大数据技术，分析客户的行为模式、偏好和潜在需求，帮助企业制定精准营销策略。例如，奥迪（Audi）利用数据分析，预测客户的购车周期，并提前推送合适的新车推荐。

③营销自动化：CRM系统可以自动执行邮件营销、短信提醒、社交媒体推广等，提高营销效率。例如，日产（Nissan）使用营销自动化系统，在客户进入

换车周期时，自动发送新车促销信息，提高销售转化率。

④客户服务管理：CRM 系统可以帮助企业管理客户投诉、服务请求、维修进度等，提升售后服务质量。例如，福特（Ford）利用 CRM 系统追踪客户的售后反馈，确保客户问题得到及时解决。

6. 先进信息技术在汽车 CRM 中的应用

①云计算技术：云计算使 CRM 系统具备更强的灵活性和可扩展性，企业可以随时随地访问客户数据，并实现不同部门的数据共享。例如，特斯拉（Tesla）的云端 CRM 系统，使销售、售后和客户服务团队可以实时共享客户信息，提高服务效率。

②人工智能（AI）与机器学习：AI 和机器学习能够帮助企业更精准地预测客户需求，提高客户互动体验。例如，智能客服：宝马（BMW）推出 AI 智能客服系统，能够自动解答客户关于车型、金融方案等常见问题，提高服务效率；语音识别与智能语音助手：许多汽车品牌，如奔驰（Mercedes－Benz），集成了智能语音助手，客户可以通过语音指令查询车辆状态或预约保养，提高用户体验感。

③大数据分析：大数据分析可以帮助企业挖掘客户行为模式，优化营销策略。例如，奥迪（Audi）利用大数据分析，预测客户的购车换代周期，并在合适的时间点发送专属购车优惠信息，提高客户转化率。

④社交媒体和移动应用：汽车品牌通过社交媒体平台和移动 App，与客户保持互动，并提供便捷的服务。例如，丰田（Toyota）推出 MyToyota App，客户可以通过 App 预约试驾、查询保养记录，并接收车辆状态提醒，提高用户体验感。

三、客户关系管理的重要性

在汽车行业，客户关系管理具有以下重要性。

（一）提高客户满意度

1. 客户满意度的重要性

客户满意度是衡量企业服务质量和品牌竞争力的重要指标。高满意度的客户更愿意与企业保持长期合作，并可能通过口碑传播为企业带来更多潜在客户。因此，企业需要利用 CRM 系统优化客户体验，以满足客户多样化的需求。

2. CRM 在提升客户满意度中的应用

CRM 系统可以通过精准营销和个性化服务，针对不同客户群体提供定制化的产品和服务，提高客户对企业的认可度。

①精准购车方案推荐：汽车 4S 店可以利用 CRM 系统分析客户的购车预算、使用需求和品牌偏好，提供个性化购车方案。例如，一位客户希望购买一款适合家庭出行的 SUV，CRM 系统可以基于客户的历史浏览记录和试驾意向，推荐合适的车型，并提供分期购车方案，以提升客户体验。

②智能售后提醒：CRM 系统可以根据客户的行驶里程、维修记录等信息，自动发送保养提醒。例如，宝马（BMW）的 CRM 系统能够在客户车辆即将达到保养周期时，主动推送预约信息，提高客户满意度。

③多渠道客户支持：企业可利用 CRM 系统提供线上线下结合的客户服务，如通过 App、微信、小程序等方式，为客户提供一键预约、远程咨询等服务，使客户获得更便捷的体验。

(二) 增强客户忠诚度

1. 客户忠诚度的意义

客户忠诚度（customer loyalty）指客户对企业品牌的依赖程度。忠诚客户不仅能保持长期消费关系，还能通过口碑营销为企业带来更多新客户。因此，企业需要通过 CRM 系统，建立完善的客户维护机制，增强客户对品牌的归属感。

2. CRM 在提升客户忠诚度中的应用

①老客户购车置换优惠：部分汽车品牌为老客户提供专属购车优惠，如丰田（Toyota）推出"老客户置换购车计划"，给予老客户额外折扣，鼓励他们继续选择该品牌的车型。

②会员积分和专属服务：企业可以通过 CRM 系统建立会员积分机制，如奔驰（Mercedes - Benz）推出"星徽会员计划"，客户在购车、维修保养、购买配件等过程中可累积积分，积分可兑换专属礼品或保养折扣，提高客户的品牌黏性。

③延长质保服务：部分高端汽车品牌为忠诚客户提供延长质保服务。例如，奥迪（Audi）为长期客户提供额外 2 年的免费延长保修，以增强客户黏性。

④客户生命周期管理：CRM 系统可以跟踪客户的购车周期，并在客户即将进入换车阶段时，主动推送新车信息或置换方案，提高客户的复购率。

（三）优化营销效果

1. 传统营销的局限性

传统营销方式往往依赖于广泛投放广告，成本高、精准度低，难以确保营销效果。企业需要借助 CRM 系统，通过数据分析，精准定位目标客户，提高营销的转化率。

2. CRM 如何优化营销效果

①精准客户细分：CRM 系统可以基于客户的行为数据，将客户细分为不同群体，如"潜在客户""首次购车客户""忠诚客户""流失客户"等，并制定不同的营销策略。例如，特斯拉（Tesla）利用客户数据分析，向对新能源车感兴趣的客户推送定制化营销内容，提高营销效率。

②个性化试驾邀请：企业可以利用 CRM 系统，分析潜在客户的浏览记录和咨询记录，向他们发送个性化试驾邀请。例如，宝马（BMW）针对对其新款车型表现出兴趣的客户，定期发送试驾邀请，并提供专属试驾礼品，提高客户的试驾转化率。

③社交媒体营销优化：CRM 系统可以分析客户在社交媒体上的行为，确定哪些广告内容更受目标客户欢迎。例如，奥迪（Audi）利用大数据分析客户的社交媒体互动情况，针对不同客户群体定制广告内容，从而提高广告的精准投放率。

④自动化营销流程：CRM 系统能够自动执行邮件营销、短信营销等，提高营销效率。例如，某些汽车品牌会在客户进入购车意向期时，自动发送限时优惠信息，刺激客户尽快完成购车决策。

（四）降低客户流失率

1. 客户流失的原因

客户流失是企业面临的一大挑战，流失的原因可能包括以下几点。

①服务体验不佳：客户在购车或售后过程中遇到问题，但未能及时获得满意的解决方案。

②价格敏感性：竞争品牌推出更具吸引力的优惠活动，导致客户转向其他品牌。

③缺乏持续互动：企业与客户缺乏沟通，使客户感受到被忽视，逐渐减少对

品牌的关注度。

2. CRM 系统在降低客户流失率中的应用

CRM 系统可以通过数据分析和智能化管理，帮助企业在客户流失前采取有效的挽回措施。

（1）客户满意度监测。

通过 CRM 系统，企业可以定期收集客户反馈，如购车满意度调查、售后服务评价等，及时发现客户不满的原因。例如，某汽车品牌在客户完成维修保养后，自动发送满意度调查问卷，并对低评分客户进行跟进，确保客户问题得到解决。

（2）流失预警机制。

CRM 系统可利用大数据分析客户行为，如购车频率、保养记录、投诉次数等，识别流失风险较高的客户。例如，如果某客户长时间未回店保养，系统可自动发送优惠提醒，鼓励客户回店消费。

（3）个性化挽回策略。

企业可以针对不同客户群体制定个性化挽回策略。

①提供售后服务折扣：为长期未回厂保养的客户提供一次性维修折扣或免费检测服务，提高客户回访率。

②会员积分回馈：对忠诚客户提供积分加倍奖励，鼓励他们继续选择品牌服务。

③专属客户关怀：例如，针对老客户，企业可以在客户生日或购车周年纪念日发送专属祝福，并附赠购车或保养优惠券，增强客户黏性。

（五）提升企业竞争力

1. 客户关系管理与市场竞争

在竞争激烈的市场环境中，企业要想保持领先地位，不仅需要提供高质量的产品，还需要注重客户关系管理。良好的 CRM 管理能够帮助企业提升品牌形象、增强客户黏性，并在竞争中占据优势。

2. CRM 系统在提升企业竞争力中的应用

（1）优化客户沟通，提高品牌形象。

现代 CRM 系统集成了多种客户沟通渠道，如电话、短信、社交媒体、移动 App 等，企业可以通过 CRM 实现跨渠道客户互动，提升品牌影响力。例如，特斯拉（Tesla）通过其智能 CRM 系统，实时记录客户的购车偏好，并通过在线客服和 App 推送，提供个性化的购车及售后咨询服务，从而提升客户满意度，使品牌在全球市场保持领先。

（2）精准营销，提高市场响应速度。

通过 CRM 系统，企业可以实时分析市场趋势，并迅速调整营销策略。例如，当一家汽车企业发现某车型在特定地区需求增长时，可以通过 CRM 系统精准推送优惠信息，提高市场渗透率。

（3）增强品牌忠诚度，形成竞争壁垒。

通过 CRM 系统，企业可以打造专属的客户忠诚度计划，如高端客户俱乐部、VIP 会员专享活动等，增强客户的品牌归属感。例如，奔驰（Mercedes – Benz）推出"星徽会员计划"，为会员提供高端专属体验，如试驾新车型、参加品牌文化活动等，以提升品牌竞争力。

案例分析

宝马（BMW）的 CRM 策略

宝马（BMW）在全球范围内采用先进的 CRM 系统，以提升客户体验并加强客户关系管理。宝马的 CRM 策略主要体现在以下方面。

①客户数据分析：通过 CRM 系统收集客户购车历史、驾驶习惯、维修记录等信息，为客户提供个性化服务。

②精准营销：根据客户数据，推送专属购车优惠、新车型试驾邀请、金融方案推荐等信息，提高客户购车转化率。

③智能售后服务：宝马的 CRM 系统可以提前预测客户的车辆保养需求，并自动发送提醒，提高客户回厂率。

④忠诚度管理：宝马推出 BMW 尊享俱乐部，为长期客户提供专属服务，如 VIP 试驾、专属折扣等，以增强客户黏性。

通过 CRM 的应用，宝马在全球市场保持了较高的客户忠诚度，并持续优化客户体验，提高品牌价值。

资料来源：BMW 客户关系管理策略与实践［EB/OL］.（2023 – 06 – 20）［2025 – 04 – 28］. https：//www. voguebusiness. com/events/vogue – business – and – emarsys – host – power – to – the – marketer – festival – in – munich.

第二节　汽车行业的市场特点及客户关系的核心作用

一、基于客户关系的汽车行业的市场特点

汽车行业是全球经济的重要支柱产业之一，具有高价值、高竞争、低频消费的特点。随着市场环境的不断变化，客户的需求日益多元化和个性化，企业需要更加注重客户关系管理（CRM），从而提升客户体验，增强客户忠诚度，并优化营销策略。在此背景下，CRM 的应用对于汽车企业的可持续发展至关重要。

（一）高价值消费

汽车属于高价值耐用消费品，其价格相对较高，购买决策涉及多个因素，如品牌、性能、价格、售后服务等。因此，客户在购车前通常会经过较长的考虑期，并进行广泛的信息收集和对比。

1. 客户决策周期长

汽车消费者在购车前需要经过多阶段的决策过程，包括需求分析、品牌筛选、车型对比、试驾体验、金融方案选择等。

由于购车涉及较大金额支出，客户更倾向于进行深思熟虑的决策，并可能受到家庭成员、朋友和社交媒体等多方面影响。

CRM 系统可以帮助企业跟踪客户的购车进程，并提供个性化的购车建议，缩短客户的决策时间，提高购车转化率。

2. 精准的信息和优质的服务

由于购车涉及复杂的产品配置和金融方案，客户需要企业提供详细的信息支持，如在线车款配置、购车金融计算、试驾预约等。

通过 CRM 系统，企业可以记录客户的购车需求，并在适当的时间提供精准的产品推荐、金融方案支持和试驾邀请，提高客户体验。

例如，宝马（BMW）利用 CRM 系统收集客户的购车兴趣点，并通过个性化的电子邮件和 App 推送，为客户提供专属购车方案，提高成交率。

（二）低频次购买

与快消品行业相比，汽车的购买频率较低，一辆汽车的平均使用寿命通常为5~10年，因此客户在购车后较长时间内不会进行再次购买。这一特点要求企业采取长期客户关系维护策略，以提高品牌忠诚度和客户终身价值（customer lifetime value，CLV）。

1. 客户生命周期长

汽车客户生命周期不仅限于购车阶段，还包括售后服务、维修保养、配件升级、保险续费等多个环节。

企业需要通过CRM系统建立完整的客户档案，记录客户的购车时间、车辆状态、维修历史等信息，以便在合适的时间提供精准服务。

2. 持续维护客户的必要性

由于客户购车频率低，企业需要通过持续的服务和关怀来维系客户关系，确保客户在未来仍然选择该品牌。

通过CRM系统，企业可以定期向客户发送保养提醒、优惠活动信息、客户回访调查等，提高客户黏性和品牌忠诚度。

例如，奔驰（Mercedes – Benz）推出"星徽会员计划"，通过积分奖励、专属活动和VIP服务，提高客户的品牌归属感和忠诚度，从而提升客户的复购率和推荐率。

（三）高竞争性

汽车行业的市场竞争极为激烈，全球各大品牌争夺市场份额，产品同质化趋势日益明显。因此，企业需要通过差异化的客户体验和精准营销来吸引和保留客户。

1. 品牌竞争加剧

由于市场竞争激烈，客户在购车时往往会对多个品牌进行对比，企业需要通过卓越的客户服务和品牌价值主张吸引客户。

通过CRM系统，企业可以分析客户的品牌偏好，并在适当的时机提供个性化营销方案，提高客户选择本品牌的可能性。

2. 差异化的客户体验

现代汽车消费者不仅关注产品本身，还关注购买体验和售后服务。因此，企业需要提供更优质的客户体验服务，以在竞争中脱颖而出。

通过 CRM 系统，企业可以提供智能客服、个性化购车建议、一对一客户经理等服务，提升客户满意度。

例如，特斯拉（Tesla）利用 CRM 系统优化线上购车体验，为客户提供个性化的订单跟踪和远程支持，提高品牌竞争力。

（四）售后服务重要性高

在汽车行业中，购车仅是客户关系的起点，售后服务的质量直接影响客户的长期满意度和复购率。优秀的售后服务不仅能提升客户忠诚度，还能带来更多的增值收益。

1. 维修与保养服务

汽车需要定期保养和维修，企业需要通过 CRM 系统记录客户的车辆使用情况，并主动提醒客户进行维护。

通过智能 CRM，企业可以提供在线预约、快速维修、上门取送车等增值服务，提高客户满意度。

2. 保险与延保服务

保险续费和延长质保服务是客户关系管理的重要环节，企业可以利用 CRM 系统提醒客户续保，并提供个性化保险方案。

例如，宝马（BMW）通过 CRM 系统分析客户的用车习惯，为客户推荐个性化的延长质保和保险服务，提高客户复购率。

3. 客户投诉与反馈管理

在售后服务过程中，客户可能会遇到问题，企业需要通过 CRM 系统高效管理客户投诉，并及时提供解决方案。

通过 CRM 数据分析，企业可以优化售后流程，提高客户满意度，并降低客户流失率。例如，丰田（Toyota）通过 CRM 系统实时监测客户的售后服务反馈，并对不满意客户提供专项服务，提升客户的品牌忠诚度。

二、客户关系管理在汽车行业中的核心作用

（一）提升客户体验，增强客户满意度

客户在购车过程中需要经过信息收集、对比试驾、金融方案选择、交车以及

后续保养维修等多个环节。CRM 系统能够帮助企业在客户全生命周期内提供个性化服务，提高客户满意度。

①智能推荐购车方案：通过 CRM 系统分析客户的购车预算、偏好、家庭情况等信息，推荐合适的车型、颜色和配置，缩短客户决策时间。

②优化试驾体验：企业可通过 CRM 系统记录客户试驾体验，并根据客户反馈优化销售策略。例如，宝马（BMW）使用 CRM 跟踪试驾客户的反馈，并针对不同客户提供定制化购车优惠。

③高效交车服务：CRM 系统可以协调各部门，提高交车效率，并通过个性化交车仪式增强客户体验，如赠送专属纪念品或提供一对一的车辆使用培训。

（二）增强客户忠诚度，提高复购率

在汽车行业，客户复购率对企业的长期发展至关重要。CRM 可以帮助企业建立长期稳定的客户关系，提高客户对品牌的忠诚度。

①会员体系与积分奖励：例如，奔驰（Mercedes – Benz）的"星徽会员计划"允许客户通过维修保养、保险续费等积累积分，积分可用于兑换购车折扣或 VIP 专享服务。

②老客户购车置换计划：CRM 系统可根据客户的购车年限和用车情况，主动推送置换优惠信息，吸引客户再次购车。例如，奥迪（Audi）推出"以旧换新"计划，为老车主提供专属优惠，提升复购率。

③定制化售后服务：通过 CRM，企业可根据客户的行驶里程和保养记录，主动推送个性化的售后服务提醒，如免费检测、延长质保等，以增强客户的品牌黏性。

（三）优化营销策略，提高销售转化率

CRM 系统能够精准分析客户数据，优化企业的营销策略，提高销售转化率。

①精准客户画像：企业可以利用 CRM 分析客户的购车习惯、消费能力、品牌偏好等信息，实现精准客户分层，如"首次购车者""豪华车潜在客户""新能源车意向客户"等，并针对不同群体制定差异化营销策略。

②个性化营销推送：通过 CRM 系统，企业可以向潜在客户发送定制化促销信息、购车补贴方案或金融贷款建议，提高客户的购车意愿。例如，特斯拉（Tesla）利用 CRM 系统向潜在客户推送专属试驾邀请，并提供个性化购车金融方案，大幅提升订单转化率。

③自动化营销管理：CRM 系统可根据客户行为，自动发送促销邮件、短信或社交媒体广告，提高营销效率。例如，大众（Volkswagen）使用 CRM 系统进行精准广告投放，在客户浏览特定车型后推送相关优惠信息，提高转化率。

（四）提升售后服务质量，延长客户生命周期

汽车行业的客户关系并不止于购车，售后服务在维护客户关系中起着至关重要的作用。CRM 系统能够帮助企业提升售后服务质量，延长客户生命周期。

①智能预约与维修提醒：企业可以通过 CRM 系统向客户发送保养提醒，并提供在线预约功能，提高客户的回店率。例如，雷克萨斯（Lexus）通过 CRM 系统提供定期保养预约，并为客户安排专属维修技师，提高客户的服务体验。

②车辆故障预警与主动服务：部分高端汽车品牌利用 CRM 结合车联网技术，实时监测车辆状态，并在发现异常时主动联系客户提供维修建议。例如，宝马（BMW）的智能售后系统能够在客户车辆出现故障前发出提醒，并安排最近的服务中心提供支持。

③售后满意度调查与改进：企业可以利用 CRM 系统收集客户对售后服务的反馈，优化服务流程，提高客户满意度。例如，丰田（Toyota）定期向售后客户发送满意度调查，并根据反馈调整售后政策。

（五）降低客户流失率，提升品牌竞争力

客户流失是汽车企业面临的一大挑战，CRM 系统可以帮助企业监测客户流失风险，并采取相应措施降低客户流失率。

①客户流失预警：CRM 系统能够识别长时间未回店的客户，并自动推送关怀信息或优惠活动。例如，福特（Ford）通过 CRM 系统向长时间未回店的客户提供免费检测服务，吸引客户回厂。

②品牌忠诚度提升：CRM 系统可以帮助企业建立长期稳定的客户关系，提高客户对品牌的忠诚度。例如，特斯拉（Tesla）通过社交媒体与客户保持互动，并利用 CRM 系统记录客户反馈，不断优化客户体验，提高品牌黏性。

第三节　汽车行业客户关系管理的历史与发展趋势

客户关系管理（customer relationship management，CRM）在汽车行业的发展

经历了从传统营销模式向数字化、智能化管理的演进过程。随着市场竞争的加剧、消费者需求的变化以及信息技术的进步，汽车企业不断优化客户关系管理体系，以提升客户体验、增强客户忠诚度并提高市场竞争力。本节将介绍汽车行业客户关系管理的历史演变，并探讨其未来发展趋势。

一、汽车行业客户关系管理的发展历程

（一）传统营销模式阶段（20 世纪初~20 世纪 80 年代）

1. 市场背景

20 世纪初~20 世纪 80 年代，汽车工业仍处于发展初期，市场需求远大于供给。由于生产能力的限制，消费者通常需要等待才能购买到汽车。在这一阶段，企业主要采用产品导向的经营模式，客户关系管理的概念尚未形成，市场竞争并不十分激烈，企业关注的重点是如何提高生产效率和降低成本，以满足市场对汽车的旺盛需求。

2. 主要特征

（1）大规模生产。

①采用流水线生产模式，提高生产效率，降低单位成本。

②生产标准化，产品选择单一，以规模效应满足市场需求。

例如，福特公司于 1913 年率先引入流水线生产方式，使 T 型车的生产时间大幅缩短，成本降低，从而普及了汽车消费。

（2）经销商驱动。

①汽车企业主要依赖经销商网络进行销售，而非直接面对终端客户。

②客户关系的管理主要由经销商负责，企业与最终用户的互动有限。

③经销商在市场中的作用不仅是销售汽车，还负责维护客户关系和提供基本的售后服务。

（3）客户沟通有限。

①企业与客户的联系主要依靠线下销售渠道，信息传递单向化。

②由于缺乏有效的客户数据管理，企业无法精准把握市场需求。

③营销手段以传统广告（报纸、广播）为主，缺乏针对性和互动性。

福特 T 型车的成功与局限

福特公司在 20 世纪初率先采用流水线生产方式，成功大幅降低了汽车制造成本，使 T 型车成为大众消费者可负担的产品。然而，其单一化的产品策略（"任何客户都可以选择他们喜欢的颜色，只要它是黑色"）使得福特未能及时响应市场对个性化车型的需求，导致后期市场份额下降。随着消费者对汽车的需求日益多元化，行业逐步转向更加注重客户需求的经营模式，推动了营销模式的变革。

资料来源：Nevins, A. & Hill, F. E. (1954). *Ford：The Times，the Man，the Company* [M]. New York：Charles Scribner's Sons.

(二) 服务营销阶段 (20 世纪 80 年代~2000 年)

1. 市场背景

进入 20 世纪 80 年代，全球汽车市场竞争加剧，供需关系发生变化，消费者对产品质量、服务体验的要求不断提高。企业开始意识到，仅靠产品优势已不足以维持市场领先地位，客户满意度和品牌忠诚度成为关键竞争因素。受此影响，汽车行业逐步引入服务营销理念，强化客户关系管理（CRM）的初步应用。

2. 主要特征

（1）客户服务中心建立。

①企业设立专门的客户服务部门，提供售后咨询、故障维修和技术支持。

②通过热线电话、邮件等方式建立客户反馈机制，提升客户满意度。

③逐步发展成投诉受理、预约保养、道路救援等综合服务体系。

（2）会员制度与忠诚度计划。

①汽车品牌推出会员计划，吸引客户加入，提升客户黏性。

②通过积分奖励、专属折扣、免费保养等方式，提高客户复购率。

③一些豪华品牌设立专属车主俱乐部，提供增值服务，如 VIP 体验、试驾活动等。

（3）经销商管理升级。

①汽车制造商加强对经销商网络的管理，制定统一的服务标准。

②通过培训、考核等方式，提高经销商的服务水平，确保客户体验一致性。

③建立客户信息管理系统，跟踪客户生命周期，提供个性化服务。

▌案例分析

奔驰的"客户关怀计划"

奔驰（Mercedes – Benz）在20世纪80年代推出"奔驰客户关怀计划"，率先在行业内建立完整的客户档案，记录客户购车历史、维修保养情况，并提供专属的车主服务。与此同时，奔驰还设立了高端车主俱乐部，为会员提供尊贵礼遇和增值服务，如专属活动、个性化定制等。此举不仅提升了客户满意度，也有效增强了品牌忠诚度，为后续的精准营销奠定了基础。

资料来源：梅赛德斯 – 奔驰客户服务转型与客户关怀计划 ［EB/OL］. （2015 – 03 – 25）［2025 – 04 – 28］. https：//knowledge. wharton. upenn. edu/podcast/knowledge – at – wharton – podcast/customer – service – new – mercedes – benz – way/.

（三）信息化 CRM 阶段（2000 ~ 2010 年）

1. 市场背景

进入21世纪，互联网技术的快速发展推动了企业管理的数字化进程。汽车行业开始引入信息化客户关系管理（CRM）系统，以更高效、精准的方式管理客户数据。此阶段，客户关系管理从传统的线下模式逐步转向基于数字技术的系统化管理，企业能够更好地跟踪客户需求，并提供个性化服务。

2. 主要特征

（1）CRM 系统引入。

①汽车企业开始采用专业的 CRM 软件，如 Salesforce、SAP CRM、Oracle CRM 等，实现客户数据的数字化管理。

②通过系统整合客户购车记录、维修保养历史、反馈意见等信息，提高客户数据的完整性和可追溯性。

③CRM 系统与企业 ERP（企业资源规划）、SCM（供应链管理）等系统集成，实现全方位的客户信息管理。

（2）个性化营销。

①依托 CRM 系统收集的客户数据，企业可以精准分析客户需求和消费习惯。

②通过数据挖掘技术，向客户提供个性化购车建议，如推荐车型、定制化配

置等。

③结合电子邮件、短信营销等手段，提高营销活动的针对性和转化率。

（3）多渠道客户互动。

①客户可以通过企业官网、电话、电子邮件等多种方式与企业互动，提高沟通效率。

②通过在线预约试驾、在线咨询等方式，减少客户购车决策的时间成本。

③企业建立呼叫中心和在线客服团队，及时响应客户问题，提升客户体验。

■■■■ 案例分析 ➡➡➡➡➡➡➡➡➡➡➡➡➡➡➡➡➡➡➡➡➡➡➡➡➡

宝马（BMW）的 SAP CRM 应用

宝马（BMW）自 2000 年起开始使用 SAP CRM 系统，整合全球客户数据，实现全方位的客户信息管理。该系统帮助宝马精准分析客户需求，优化销售策略，提高客户满意度。例如，宝马能够通过 CRM 系统分析客户购车周期，提前推送新车型推荐信息，或提供定制化的金融方案，以提升客户的购买意愿。此外，该系统还加强了售后服务的管理，如预约保养提醒、维修进度追踪等，进一步提升了客户忠诚度。

资料来源：宝马集团加速数字化转型，全面迁移至 RISE with SAP 云解决方案 [EB/OL]. (2023 – 01 – 30) [2025 – 04 – 28]. https：//news. sap. com/2023/01/bmw – group – chooses – rise – with – sap – to – drive – business – transformation/.

（四）数字化与智能化阶段（2010 年至今）

1. 市场背景

进入 2010 年后，大数据、人工智能（AI）、云计算等技术迅猛发展，推动客户关系管理进入智能化时代。汽车企业不再仅仅依赖传统 CRM 系统，而是通过数据驱动和智能算法，实现更深层次的客户洞察和自动化营销。与此同时，社交媒体、移动互联网的普及，使得客户互动渠道更加多元化，企业需要建立全渠道客户管理体系，以提升用户体验和品牌忠诚度。

2. 主要特征

（1）大数据驱动决策。

①通过大数据分析，企业可以精准预测客户需求，优化产品定位和营销

策略。

②采用数据挖掘和机器学习技术，分析客户购车行为，制定个性化销售方案。

③结合市场趋势分析，提高库存管理和生产规划的精准度，减少供应链成本。

（2）智能客服系统。

①AI 客服和在线机器人能够 24/7 响应客户咨询，提高服务效率。

②采用自然语言处理（NLP）技术，实现智能语音识别，为客户提供精准答案。

③通过机器学习优化客服流程，分析用户反馈，提升客户服务质量。

（3）全渠道客户互动。

①整合线上线下渠道，包括企业官网、移动 App、社交媒体（如微信、Facebook）、直播销售平台等，实现无缝客户互动。

②通过智能推荐算法，向不同客户群体提供个性化信息，提高用户参与度。

③线下门店与线上平台联动，提供预约试驾、在线下单、远程车辆诊断等一体化服务。

（4）自动化营销。

①采用 AI 算法分析客户行为，精准推送定制化营销内容，如优惠券、限时折扣等，提高转化率。

②营销自动化工具可根据客户生命周期阶段，自动触发不同的营销活动，如新客户欢迎邮件、老客户回访关怀等。

③结合社交媒体广告投放，自动优化营销效果，提升品牌曝光度和用户转化率。

▰▰▰ **案例分析** ◆◆◆◆◆◆◆◆◆◆◆◆◆◆◆◆◆◆◆◆◆◆◆

特斯拉（Tesla）的智能化 CRM 体系

特斯拉（Tesla）凭借强大的数字化 CRM 系统，结合车联网技术，实现智能客户管理。其 CRM 体系的主要特点包括以下几点。

①在线升级（OTA）：通过 CRM 系统分析车辆数据，实现远程软件更新，提升用户体验。

②远程诊断：车联网技术允许特斯拉实时监测车辆状况，并在问题发生前提供预警和解决方案。

③App 预约维修：车主可以通过特斯拉 App 预约维修或保养，系统会根据车辆数据智能推荐合适的服务内容。

④个性化营销：通过客户数据分析，特斯拉精准推送新车型或升级方案，提高客户黏性。

特斯拉的智能 CRM 体系不仅优化了客户服务体验，还极大地提高了客户忠诚度和品牌口碑，为汽车行业智能化客户管理树立了标杆。

资料来源：特斯拉智能化客户关系管理体系［EB/OL］. (2024 - 11 - 28)［2025 - 04 - 28］. https：//teslaside. com/news/21475/.

二、汽车行业客户关系管理的发展趋势

(一) 智能化 CRM 与人工智能应用

1. 智能化 CRM 的发展趋势

随着人工智能（AI）技术的快速发展，客户关系管理（CRM）系统正向智能化方向演进。未来的 CRM 系统将深度融合 AI 技术，利用大数据分析、机器学习和自然语言处理（NLP）等手段，实现更加精准、高效的客户管理。

2. AI 技术在 CRM 中的应用

AI 在 CRM 系统中的应用主要体现在以下几个方面。

①智能语音助手：基于自然语言处理技术，智能语音助手能够自动识别客户需求，并提供实时响应。例如，客户可以通过语音指令查询汽车保养记录，或获取购车建议。

②自动客户画像：利用机器学习技术，CRM 系统可以根据客户的历史行为、偏好和社交媒体互动数据，构建精准的客户画像，帮助企业提供个性化服务。

③智能推荐系统：结合数据挖掘和预测分析，AI 可以根据客户的购车历史、驾驶行为、维修记录等数据，预测客户的换车需求，并自动推荐合适的车型和金融方案。

3. 典型应用案例

例如，某汽车品牌的智能 CRM 系统可以通过 AI 分析客户的驾驶数据，预测

其何时可能需要更换车辆，并提前向客户推送个性化购车方案。此外，该系统还可以结合天气、油价、道路状况等外部数据，提供更精准的车辆推荐和出行建议。

（二）全渠道客户互动与无缝体验

1. 多渠道客户互动的必要性

随着社交媒体、电商平台的发展，客户与品牌的互动方式更加多样化。传统的电话客服、邮件沟通方式已经无法满足客户需求，企业需要整合线上线下渠道，提供一致、流畅的客户体验。

2. 全渠道整合策略

为了实现无缝的客户互动体验，企业应采取以下措施。

①整合线上与线下数据：利用数据中台技术，实现客户数据的实时共享，确保客户无论在何种渠道与品牌互动，都能获得一致的服务体验。

②优化客户服务体系：通过社交媒体、即时通信工具（如微信、WhatsApp）等，实现 7×24 小时的客户服务支持，提高响应速度和客户满意度。

③打通交易与售后环节：确保客户可以在多个渠道完成购车、支付、售后服务等全流程操作，提升客户忠诚度。

3. 典型应用案例

例如，某汽车品牌构建了全渠道客户互动平台，客户可以在社交媒体上咨询购车问题，通过企业官网或移动应用预约试驾，并在 4S 店完成交易和交付。此外，该品牌还提供线上售后服务，如远程车辆诊断、在线预约维修等，实现全流程一体化体验。

（三）车联网与客户关系管理融合

1. 车联网技术的发展与应用

车联网（Internet of Vehicles，IoV）是指利用物联网（IoT）、5G 通信、云计算和大数据技术，实现车辆与外部环境的智能交互。随着车联网技术的不断进步，车辆可以实时采集、传输和分析行驶数据，为车主和企业提供更精准的服务。

2. 车联网与 CRM 的深度融合

未来的 CRM 系统将与车联网技术紧密结合，实现智能化、个性化的客户服务，提高客户满意度和品牌忠诚度。

（1）车辆数据实时上传，精准提供服务。

车联网系统可以实时监测车辆运行状态，并将数据上传至 CRM 平台。例如，当系统检测到发动机故障或轮胎压力异常时，CRM 系统可自动提醒车主进行维修保养，并推荐附近的授权维修中心。

（2）远程诊断与智能维修建议。

借助远程诊断技术，CRM 系统可分析车辆故障代码，并提供智能维修建议，减少车主前往 4S 店的次数，提高维修效率。例如，当车辆出现电池电量异常时，系统可提示车主采取相应措施，并引导其预约充电或更换电池。

（3）基于驾驶行为优化增值服务。

通过分析驾驶数据（如急刹车频率、行驶里程、高速驾驶时间等），CRM 系统可为客户定制个性化的保险方案。例如，对于驾驶习惯良好的车主，系统可推荐折扣保险方案，提高客户黏性。

3. 典型应用案例

例如，某高端汽车品牌将车联网技术集成到 CRM 系统中，实现车辆与客户的全方位连接。当客户驾驶车辆进入低电量状态时，系统会自动推荐附近的充电站，并提供最优路径导航。此外，企业可利用车联网数据分析客户的用车偏好，推送符合其需求的新车型信息，提高购车转化率。

（四）区块链技术提升数据安全与隐私保护

1. CRM 系统面临的数据安全挑战

随着数字化转型的加速，CRM 系统存储了大量的客户敏感信息，如购车记录、维修数据、支付信息等。然而，数据泄露、信息篡改和非法访问等安全问题，严重影响了客户信任度。因此，企业需要引入更高级的数据安全技术，以提升客户信息的安全性。

2. 区块链技术的安全优势

区块链技术具备去中心化、不可篡改和加密存储的特性，可有效提升 CRM 系统的数据安全性，增强客户隐私保护。

（1）客户数据加密存储，防止泄露。

CRM 系统可采用区块链技术对客户数据进行分布式加密存储，确保数据仅能由授权方访问。例如，客户的购车合同、维修记录等信息存储在区块链上，防止未经授权的篡改或泄露。

（2）交易信息透明可追溯。

区块链技术可用于存储客户交易记录，如购车付款、金融贷款、保险购买等，确保数据的真实性和透明度。例如，客户在购买车辆后，相关合同和交易记录可存储于区块链上，防止合同被篡改，提高交易可信度。

（3）智能合约实现自动化服务。

通过智能合约技术，CRM 系统可在满足特定条件时自动执行预设操作。例如，客户完成车辆维修后，系统可自动触发保险理赔流程，无须人工干预，提高服务效率。

3. 典型应用案例

例如，某汽车品牌与区块链公司合作，构建基于区块链的 CRM 系统。客户的维修记录、配件更换信息等数据均加密存储在区块链上，确保数据的真实性和不可篡改性。车主可以通过区块链系统查询完整的维修历史，提升透明度和信任度。此外，保险公司可利用区块链数据优化理赔流程，提高理赔效率。

（五）订阅制与个性化消费模式的兴起

1. 传统汽车消费模式的挑战

在传统的汽车消费模式中，客户通常需要一次性支付较高的购车费用，或通过长期贷款分期付款。然而，这种模式存在以下挑战。

第一，资金压力较大。购车需要一次性投入大量资金，或承担长期还贷压力，部分消费者可能因经济因素而推迟购车决策。

第二，需求变化难以适应。客户的出行需求可能随着时间变化，如城市交通政策调整、个人出行习惯改变等，传统购车模式难以灵活适应。

第三，二手车贬值问题。车辆折旧率较高，客户若想更换新车，可能面临二手车贬值带来的经济损失。

2. 订阅制模式的兴起

随着共享经济和数字化服务的发展，汽车企业正在探索更灵活的消费模式，其中，订阅制模式（subscription model）成为新趋势。订阅制模式允许客户按月或按年支付固定费用，即可使用车辆，并享受包括保险、维修、保养等在内的一站式服务。

3. CRM 系统在订阅制中的应用

CRM 系统在汽车订阅制模式中发挥着核心作用，通过大数据分析和智能推荐，实现个性化的客户体验。其主要应用包括以下三个方面。

第一，用户需求分析，优化车型推荐。CRM 系统可根据客户的行驶习惯、历史租赁记录和个人偏好，推荐最适合的车型。例如，经常长途出行的客户可被推荐 SUV 或电动车长续航车型，而城市短途通勤用户则可选择小型电动车。

第二，动态调整订阅方案，提高灵活性。通过分析客户的用车频率和反馈数据，CRM 系统可以提供个性化订阅方案，如短期租赁、季节性订阅或长租折扣，以满足不同客户的需求。

第三，智能定价与优惠推送。系统可根据市场供需情况和客户忠诚度，自动调整订阅价格，并向长期用户提供专属折扣，提高客户留存率。

4. 典型应用案例

目前，多家汽车品牌已推出订阅制服务。

①丰田（Toyota）"汽车订阅服务"：客户可以按月付费，根据需求随时更换车型，如从家用轿车切换至 SUV，满足不同场景需求。

②沃尔沃（Volvo）"Care by Volvo"：提供一站式订阅服务，费用包含车辆保险、维修和道路救援，客户可随时升级或更换车辆，避免长期贷款压力。

③保时捷（Porsche）"Porsche Drive"：高端品牌订阅模式，客户可以选择不同的跑车和豪华车型，并在多个城市间灵活租用，提升品牌忠诚度。

5. 未来展望

未来，随着数字化技术的发展，汽车订阅制模式将更加普及，企业将利用 CRM 系统实现更精准的客户管理和服务优化。同时，个性化消费模式也将不断升级，如结合智能车联网技术，提供基于使用情况的按需付费方案，进一步提升客户体验和品牌黏性。

第四节　现代客户关系管理技术在汽车行业的应用

一、现代客户关系管理（CRM）技术概述

（一）现代 CRM 技术的发展背景

客户关系管理（CRM）系统最早起源于 20 世纪 80 年代，最初主要用于存储

和管理客户信息，以提高销售和服务效率。然而，随着信息技术的飞速发展，特别是互联网、大数据、人工智能（AI）和云计算的广泛应用，CRM 技术经历了从简单的数据管理系统向智能化、自动化管理平台的深度演进。

进入 21 世纪后，企业对客户关系的管理需求日益增强，不仅要求 CRM 系统具备客户信息存储和查询功能，还希望利用大数据分析、个性化营销和多渠道互动等功能，实现更精准的客户洞察和更高效的业务决策。近年来，随着 AI 和自动化技术的发展，CRM 系统开始具备更强的预测能力、智能推荐能力和自动化营销能力，使得企业能够更主动地管理客户关系，提高客户满意度与忠诚度。

（二）现代 CRM 技术的核心特征

现代 CRM 技术相较于传统客户管理方式，具有以下显著特征。

①数据驱动决策：依托大数据技术，CRM 系统能够实时收集、存储和分析客户信息，帮助企业制定精准的市场营销和客户服务策略。

②智能化客户管理：借助 AI 和机器学习技术，CRM 系统可以自动分析客户需求，提供个性化推荐，并进行精准营销。

③全渠道客户互动：现代 CRM 整合了电话、邮件、社交媒体、移动应用、直播销售等多种渠道，实现无缝的客户沟通与服务。

④自动化营销和服务：通过自动化技术，企业可以智能推送营销内容，优化客户沟通流程，提升客户服务效率。

⑤云端与移动化应用：现代 CRM 系统普遍采用云计算架构，使得企业能够随时随地访问客户信息，提高业务灵活性和响应速度。

（三）现代 CRM 技术在汽车行业的作用

汽车行业的客户关系管理涉及从潜在客户识别、销售线索管理，到售后服务和客户忠诚度维护的全生命周期管理。现代 CRM 技术的应用已成为车企提高市场竞争力的重要手段。通过智能数据分析、自动化营销和全渠道客户互动，企业能够精准把握客户需求，优化销售策略，并提供更优质的客户服务，从而增强用户体验感和品牌忠诚度。

具体来说，现代 CRM 技术在汽车行业的主要作用包括以下几点。

①精准客户分析：通过整合客户购车历史、维修保养记录、驾驶行为数据等信息，帮助企业精准定位目标客户，优化销售策略。

②个性化营销：结合 AI 分析，向不同客户推送定制化购车建议、优惠信息

和增值服务，提高销售转化率。

③售后服务优化：通过车联网技术，实时监测车辆状况，提前向客户推送维修保养提醒，并提供智能预约服务，提高客户满意度。

④客户忠诚度管理：通过 CRM 系统建立客户积分、会员权益等忠诚度计划，提高客户黏性，增强品牌忠诚度。

现代 CRM 技术的广泛应用，使得汽车行业的客户关系管理进入了智能化、数据化、全渠道互动的新时代，为企业提升市场竞争力和客户满意度奠定了坚实的技术基础。

二、现代 CRM 技术在汽车行业的核心应用

（一）大数据驱动的客户洞察

1. 多渠道客户数据采集

现代 CRM 系统依托大数据分析技术，从多个渠道收集客户数据，包括但不限于以下几点。

①购车记录：记录客户购买的车型、购买时间、支付方式等信息，分析客户的购车偏好。

②维修与保养数据：通过售后服务数据了解客户的车辆使用情况，预测其未来的维修和保养需求。

③驾驶行为数据：结合车联网（IoV）技术，实时采集车辆运行数据，分析客户的驾驶习惯。

④社交媒体互动：通过分析客户在社交平台上的评论、点赞、分享等行为，了解其对品牌及产品的态度。

2. 数据挖掘与客户画像构建

通过大数据分析，企业可以对客户进行精准的市场细分，并建立详细的客户画像，包括以下几点。

①基础信息：性别、年龄、职业、收入水平等基本特征。

②购车偏好：偏好的品牌、车型、颜色、配置等信息。

③消费习惯：购车频率、对金融方案（如贷款、租赁）的接受度等。

④社交行为：在社交平台上的活跃度及对品牌的互动情况。

精准的客户画像可以帮助企业制定个性化营销策略，提高客户转化率和满意度。

3. 消费习惯分析与市场趋势预测

基于数据挖掘和机器学习技术，CRM 系统可以分析客户消费习惯，并进行市场趋势预测。

①消费习惯分析：通过分析历史购车数据，预测客户未来可能购买的车型、配置及附加服务，帮助销售人员向客户提供精准的购车建议。

②市场趋势预测：结合宏观经济数据、市场调研报告和客户偏好数据，分析汽车市场的变化趋势，支持企业在新车型研发、库存管理和营销策略制定上的决策。

(二) AI 与智能客服系统

1. 智能语音助手

人工智能（AI）与自然语言处理（NLP）技术的结合，使得 CRM 系统能够提供智能语音助手，提升客户服务体验。

①语音识别与交互：通过语音指令，客户可以快速查询车型信息、预约试驾、获取维修保养建议等。

②常见问题解答：智能语音助手可以回答客户关于车辆配置、贷款方案、续保政策等常见问题，减少人工客服的工作量。

③个性化推荐：结合客户的历史互动数据，语音助手可主动推荐适合客户的车型和优惠信息，提高购车体验。

2. 智能在线客服

现代 CRM 系统引入 AI 客服机器人，实现全天候客户支持，提高服务效率。

①7 × 24 小时服务：AI 客服可全天候在线，无须等待人工客服，提高客户问题响应速度。

②多渠道接入：AI 客服可通过企业官网、社交媒体、移动 App 等多个渠道提供服务，提升客户沟通便捷性。

③问题智能分流：对于复杂问题，AI 客服可以智能识别并转接至相应的人工客服，提高问题解决效率。

3. 客户情绪分析与优化响应

基于 AI 技术，现代 CRM 系统可以分析客户语音或文本信息，识别客户的情绪状态，并优化客户服务策略。

①情绪识别：通过语音分析或文本情感分析，判断客户的情绪，如满意、疑惑、不满等。

②服务优化：对于不满情绪的客户，系统可自动升级问题处理级别，迅速安排人工客服介入，提高客户满意度。

③客户流失预警：通过长期情绪分析，识别可能流失的客户，并及时采取挽留措施，如提供个性化优惠或专属服务。

现代 CRM 技术依托大数据和人工智能，极大地提升了汽车行业的客户管理能力，使企业能够更加精准、高效地服务客户，提高客户忠诚度与品牌竞争力。

（三）全渠道客户互动与社交 CRM

1. 多元化客户互动渠道

随着社交媒体和移动互联网的快速发展，企业与客户的互动方式更加多样化，传统的电话、邮件沟通方式逐步被更便捷、高效的数字化互动方式所取代。现代 CRM 系统支持全渠道客户管理，确保客户能够通过多个平台与企业保持联系，并享受一致的服务体验。

2. 社交媒体管理

社交媒体已成为企业品牌传播和客户互动的重要阵地，现代 CRM 系统可整合多个社交平台，实现社交媒体管理。

①品牌口碑监测：通过整合 Facebook、Instagram、微信、微博、抖音等平台的客户评价和互动数据，企业能够实时监测品牌口碑，及时应对客户反馈。

②社交互动管理：企业可以利用 CRM 系统在社交媒体上主动与客户互动，如解答客户问题、推送个性化营销内容、参与话题讨论等，提高品牌影响力。

③社交数据分析：通过分析社交平台上的客户行为数据，了解消费者关注点和兴趣偏好，优化市场营销策略。

3. 移动 App 客户管理

许多汽车企业开发了自有移动 App，为客户提供一站式服务，增强客户黏性。现代 CRM 系统可与 App 集成，实现以下功能。

①在线试驾预约：通过 App 预约试驾，提高客户购车体验和销售转化率。

②智能客服支持：客户可通过 App 获取在线客服支持、查询车辆信息、保养建议等，提高服务便捷性。

③售后服务管理：客户可在 App 内预约维修、保养，并实时查看进度，提高售后服务体验。

④个性化内容推荐：基于客户浏览记录和购车偏好，App 可智能推送相关车型、配件推荐和优惠信息。

4. 直播销售与线上展厅

随着短视频平台和直播技术的兴起，汽车行业正在积极探索新的数字化销售方式。

①直播展示新车型：车企可通过抖音、快手、微博、小红书等平台进行新车发布直播，实时展示车辆性能和特点，提高用户参与度。

②实时解答客户疑问：在直播过程中，销售顾问可以即时解答客户问题，提供定制化购车建议，提高客户转化率。

③线上展厅体验：通过 VR／AR 技术，客户可在线浏览 3D 虚拟展厅，查看车辆细节，增强购车体验。

（四）自动化营销与精准推荐

1. AI 驱动的个性化营销

现代 CRM 系统结合人工智能（AI）和大数据分析技术，能够精准识别客户需求，并提供个性化的营销方案。

2. 个性化内容推荐

基于客户的历史行为数据，CRM 系统可智能推送精准营销内容，提升客户体验和销售转化率。

①购车建议：根据客户的浏览记录、试驾预约数据，推送合适的车型推荐。

②折扣与促销信息：针对潜在客户，智能推送个性化优惠，如限时折扣、金融方案推荐等。

③售后服务提醒：根据客户车辆使用情况，定期推送维修保养提醒、保险续费通知等。

3. 自动化营销活动

CRM 系统可自动设定不同客户群体的营销策略，提升营销效率。

①新客户优惠：针对首次购车客户，自动发送欢迎邮件、专属折扣等信息，提高成交率。

②老客户回馈：设定客户生命周期管理策略，为长期客户推送专属礼遇，如

免费保养、置换补贴等。

③流失客户召回：通过分析客户长期不活跃的情况，自动推送召回活动，如专属折扣、限时优惠等。

4. 智能广告投放

结合客户数据分析，企业可精准投放线上广告，提高广告 ROI（投资回报率）。

①精准受众定位：通过客户画像分析，锁定潜在购车客户，提高广告投放精准度。

②跨平台广告推送：在社交媒体、搜索引擎、短视频平台等多渠道投放个性化广告，增强品牌曝光度。

③广告效果分析：通过 CRM 数据监测广告点击率、转化率等指标，优化广告投放策略。

现代 CRM 技术的智能化、自动化营销能力，使汽车企业能够更精准地触达目标客户，提高营销效率和销售转化率，助力品牌实现长期增长。

（五）车联网与远程客户服务

1. 车联网（IoV）技术概述

车联网（IoV）技术的快速发展，使得汽车与云端系统、移动设备、服务中心等实现了互联互通。通过现代 CRM 系统，企业能够整合车联网数据，为客户提供更加智能化、个性化的远程服务，从而提升客户体验，优化售后管理，提高品牌忠诚度。

2. 远程诊断与维护

车联网技术使 CRM 系统能够实时监测车辆的运行状态，进行远程诊断，并向车主提供精准的维护建议。

①实时车辆状态监测：通过车载传感器和远程数据采集技术，监控发动机、制动系统、电池状态、轮胎压力等关键部件的运行情况。

②智能故障预警：结合大数据分析和人工智能算法，CRM 系统可提前预测可能出现的故障，如发动机故障、刹车磨损等，并向车主发送维修建议，减少突发故障带来的安全风险。

③远程诊断支持：车主无须前往维修站，即可通过远程诊断功能获取车辆健康状况报告，提高售后服务效率。

3. 远程升级（Over-the-Air，OTA）

现代汽车越来越依赖软件系统来优化性能和提供智能化体验。通过 CRM 系统，企业可以向客户推送远程升级（OTA）服务，确保车辆软件始终保持最新状态。

①功能优化与 Bug 修复：车企可以通过 OTA 技术，优化车载系统软件，提升驾驶体验，如导航系统升级、智能语音助手优化等。

②安全补丁更新：车联网安全至关重要，CRM 系统可定期向车辆推送安全补丁，防止网络攻击和数据泄露。

③智能驾驶系统升级：具备自动驾驶或辅助驾驶功能的车型，可以通过 OTA 持续优化驾驶算法，提高行车安全。

4. 智能预约与服务提醒

基于车联网采集的行驶数据和客户使用习惯，CRM 系统可提供智能预约与服务提醒，提高售后服务便捷性。

①个性化保养提醒：根据车辆行驶里程、发动机使用时长、油液状态等数据，CRM 系统可自动提醒车主进行定期保养，如更换机油、更换轮胎等。

②一键预约维修：车主可直接通过移动 App 或车载系统进行维修预约，选择最近的授权服务中心，并获得专属折扣或快速通道服务。

③紧急救援服务：车联网技术结合 CRM 系统，可在车辆发生故障或事故时，自动发送求救信号至客服中心，提供远程指导或安排拖车服务，提高客户安全保障。

5. 车联网在客户关系管理中的价值

车联网技术的应用，使得汽车企业能够提供更加智能化、个性化的客户服务，提升用户体验。

①增强客户黏性：远程服务功能提高了客户对品牌的信任度，增强客户忠诚度。

②优化售后服务：远程诊断和 OTA 升级减少了客户到店频次，提高售后服务效率。

③推动精准营销：通过车联网数据，企业可以精准分析客户驾驶习惯，并推送个性化的服务或产品推荐。

车联网与 CRM 系统的深度融合，使汽车行业的客户关系管理进入智能化时代，助力企业打造更优质的服务体验，并提升市场竞争力。

三、案例分析：现代 CRM 技术在特斯拉（Tesla）的应用

特斯拉作为全球汽车行业数字化转型的领导者，在客户关系管理（CRM）方面充分运用现代技术，包括大数据、人工智能（AI）、车联网（IoV）、云计算等。其智能化的客户管理模式极大提升了用户体验，并建立了高度互联、个性化的客户关系体系。

1. 智能数据分析与客户洞察

特斯拉依托车联网和云计算技术，实现对客户行为的实时分析，以提供更加精准的个性化服务。

①驾驶行为数据分析：通过车辆传感器和云端系统，特斯拉能够实时收集驾驶数据，如行驶习惯、充电频率、车辆使用情况等，从而为车主提供个性化驾驶建议，如优化能耗管理、自动调整驾驶模式等。

②远程监测与预警：特斯拉的 CRM 系统可通过车联网技术监测车辆状态，一旦检测到异常（如电池温度过高或制动系统异常），系统会自动向车主发送预警，并建议采取相应措施。

③智能客户画像：结合客户购车历史、售后服务记录、在线互动行为，特斯拉构建精准的客户画像，助力个性化营销和服务优化。

2. AI 智能客服与远程服务

特斯拉利用人工智能（AI）技术构建智能客服体系，实现高效、全天候的客户服务支持。

①AI 机器人客服：采用自然语言处理（NLP）技术的智能客服机器人，为客户提供 24/7 在线支持，涵盖购车咨询、充电站查询、软件更新指导等服务，减少人工客服压力，提高响应速度。

②远程诊断与支持：车主可通过 App 或在线平台获取远程技术支持，系统能够分析故障代码，提供自助解决方案，或安排售后团队进行远程检测和维修指导。

③客户情绪分析：通过 AI 客服系统分析客户语音或文本信息，识别客户情绪状态，优化服务响应策略。例如，对于不满意的客户优先安排人工客服处理，提高客户满意度。

3. 自动化营销与精准推荐

特斯拉利用大数据分析和自动化营销技术，提高客户转化率，并增强客户忠

诚度。

①精准客户触达：CRM 系统基于客户行为数据，向潜在客户精准推送新车型发布信息、试驾邀请、金融方案推荐等，提升营销效果。

②个性化购车推荐：结合客户的购车偏好、浏览记录、过往配置选择，系统可智能推送最符合客户需求的车型配置、选装建议以及相关配件推荐。

③会员权益与专属优惠：特斯拉通过 CRM 系统为长期车主提供专属权益，如推荐新客户奖励、免费超级充电额度、车主俱乐部活动邀请等，增强客户黏性。

4. OTA 远程升级与持续优化

特斯拉是全球最早实现大规模 OTA（Over-the-Air）远程升级的车企之一，使车辆能够像智能手机一样不断更新优化。

①系统功能优化：车主无须到店，即可通过 OTA 远程升级获取最新的软件优化，如续航算法优化、自动驾驶功能升级、娱乐系统增强等。

②安全性升级：通过远程更新推送安全补丁，提高车辆的网络安全性，防止黑客攻击和数据泄露。

③个性化车辆调整：结合客户使用数据，特斯拉能够推送个性化的驾驶模式调节方案，如智能驾驶辅助的灵敏度调整、自动泊车功能优化等，提高用户体验。

5. 现代 CRM 技术对特斯拉的影响

特斯拉在 CRM 技术上的创新应用，使其在客户关系管理方面取得显著成效。

①提高客户忠诚度：通过精准客户洞察、智能化服务和个性化营销，增强客户品牌依赖度，提高复购率。

②优化售后服务体验：远程诊断、智能客服、OTA 升级等功能，使客户能够获得更便捷、高效的售后服务，减少传统维修保养带来的不便。

③增强品牌竞争力：依托先进的数字化客户管理体系，特斯拉能够更快响应市场需求，优化产品和服务，在激烈的市场竞争中保持领先地位。

特斯拉的 CRM 体系充分展示了现代客户关系管理技术在汽车行业的深远影响，为其他车企提供了数字化转型的成功范例。

四、小结

现代客户关系管理技术的应用，使得汽车行业的客户管理模式从传统的单向销售，转变为数据驱动、智能化、全渠道的客户关系管理。通过大数据、人工智能、社交 CRM、自动化营销、车联网等技术的结合，企业不仅能够提高销售效率，还能够增强客户忠诚度，为未来的智能化汽车市场奠定坚实基础。

实 践 实 训

为了更好地理解汽车客户关系管理的概念，并掌握相关的基础知识，下面我们将通过一系列实践训练来加以练习。

一、实训目标

通过本次实践训练，学生能够掌握现代客户关系管理（CRM）技术在汽车行业的应用，理解 CRM 系统的基本功能及其对汽车企业客户管理的影响，并学会利用大数据、人工智能（AI）、车联网等技术进行客户分析和营销策略制定。

具体目标包括：

①了解现代 CRM 系统的核心功能及其在汽车行业的应用场景。

②学会分析客户数据，构建精准的客户画像，并制定个性化营销策略。

③体验 AI 智能客服系统，提高对智能化客户服务的认知。

④了解 OTA 远程升级的实际运作模式及其对客户体验的影响。

⑤通过案例分析，掌握特斯拉等企业在 CRM 技术上的实践经验。

二、实训内容

本次实践训练围绕汽车行业 CRM 系统的应用展开，具体内容如下。

（一）CRM 系统的基础功能体验

①进入 CRM 模拟系统，熟悉客户信息管理、数据分析、营销自动化等核心模块。

②学习如何录入客户信息，包括购车记录、售后服务、互动历史等数据。

③体验 CRM 系统的客户关系维护功能，如会员管理、服务提醒等。

（二）客户数据分析与客户画像构建

①采集模拟客户数据，包括年龄、收入、购车偏好、维修记录等。

②使用数据分析工具对客户数据进行整理，并构建精准的客户画像。

③根据客户画像，制定个性化营销方案，如推荐合适车型、提供专属优惠等。

（三）AI 智能客服与远程服务体验

①体验 AI 智能客服系统，模拟客户咨询过程，测试其对常见问题的响应能力。

②通过自然语言处理（NLP）技术分析客户反馈，并调整客服应对策略。

③研究智能客服与人工客服的协作模式，提高客户服务效率。

（四）OTA 远程升级与车联网服务模拟

①模拟特斯拉等品牌的 OTA 升级流程，了解远程升级的实际运作方式。

②研究 OTA 升级对车辆性能优化、安全性增强的影响。

③体验车联网服务，如远程车辆诊断、智能维护提醒等。

（五）现代 CRM 技术案例分析

①以特斯拉为例，分析其 CRM 系统如何结合大数据、AI、车联网提升客户体验。

②研究宝马、奔驰等传统车企如何利用 CRM 技术优化客户关系管理。

③讨论现代 CRM 技术的发展趋势及其对未来汽车行业的影响。

三、实训要求

①数据收集与整理：学生需利用模拟客户数据进行整理分析，并形成客户画像报告。

②系统操作实践：通过 CRM 模拟系统，熟悉各项功能，并完成客户信息录入、数据分析、营销策略制定等任务。

③案例分析与总结：针对特斯拉等企业的 CRM 应用案例进行分析，并撰写案例分析报告。

④团队协作与汇报：以小组为单位进行实训，每组需完成一项 CRM 技术应用分析，并进行成果汇报。

⑤创新思考与拓展：结合最新的行业趋势，探讨未来 CRM 技术在智能汽车领域的应用前景，并提出改进建议。

课后习题

一、名词解释

1. 客户关系管理（CRM）

2. 大数据分析

3. AI 智能客服车联网（IoV）

4. OTA（Over-the-Air）升级

二、单项选择题

1. 现代 CRM 系统最核心的功能是（　　）。

A. 车辆生产管理

B. 客户数据管理和优化客户关系

C. 售后维修管理

D. 财务核算

2. 车联网（IoV）技术在 CRM 中的主要作用是（　　）。

A. 提供远程客户服务，如远程诊断与 OTA 升级

B. 增强汽车的机械性能

C. 降低汽车制造成本

D. 仅用于导航系统

3. AI 智能客服系统的优势主要体现在（　　）。

A. 仅提供人工客服服务

B. 只能解答基础问题，无法提供智能分析

C. 提高客户响应效率，降低人工成本

D. 只能用于售后服务

4. 在汽车行业，CRM 系统帮助企业精准营销的核心技术是（　　）。

A. 传统线下广告投放

B. 车辆制造自动化

C. 客户数据分析与个性化推荐

D. 仅依赖销售人员的经验

5. 特斯拉 CRM 系统的一大特色是（　　）。

A. 完全依赖人工客服处理客户需求

B. 采用 OTA 远程升级优化客户体验

C. 不进行客户数据分析

D. 仅关注线下销售渠道

三、多项选择题

1. 现代 CRM 技术在汽车行业的主要应用包括（　　）。

A. 客户数据分析

B. 车联网远程服务

C. 生产线自动化

D. OTA 软件升级

2. 以下哪些是 CRM 系统能够提供的个性化服务？（　　）

A. 购车推荐

B. 维修保养提醒

C. 车辆生产流程优化

D. 专属优惠推送

3. 关于 AI 智能客服的特点，以下说法正确的是（　　）。

A. 可提供 24 小时在线服务

B. 仅限于语音交互，无法进行文本服务

C. 能够进行情绪分析，优化客户服务体验

D. 依靠自然语言处理（NLP）技术进行智能问答

4. 关于 OTA 远程升级，下列正确的选项是（　　　）。

A. 车主可以远程更新车辆软件，而无须到店升级

B. 主要用于优化车辆软件系统，提高驾驶体验

C. 只能用于电动汽车，传统燃油车无法使用

D. 具有增强车辆安全性的作用

5. 在社交 CRM 中，车企可以通过以下哪些方式与客户互动?（　　　）

A. 微信、微博等社交平台进行品牌互动

B. 车主专属 App 提供定制化服务

C. 线下 4S 店活动，不涉及任何线上互动

D. 通过直播销售或短视频营销吸引潜在客户

四、思考题

1. 结合实际案例，简述现代 CRM 技术如何帮助汽车企业提升客户满意度和品牌忠诚度。

2. 你认为大数据分析如何在 CRM 系统中发挥作用? 请结合汽车行业案例分析其价值。

3. 对比传统客户关系管理方式和现代 CRM 系统，分析其主要区别及优势。

4. OTA 远程升级对汽车行业的影响有哪些? 请从企业和消费者两个角度进行分析。

5. 未来智能化 CRM 系统可能有哪些新的发展趋势? 请结合 AI、区块链等前沿技术进行探讨。

第二章

客户数据分析与市场细分

案例导入

领克汽车的数字化用户运营实践

领克汽车通过整合 2022 年 150 万车主数据，并按照"年龄—地域—时段"分析模型，揭示差异化需求：30 岁以下用户占比 58%（年轻化特征显著）；LYNK & CO App 日活超 3 次比例达 72%，体现数字化交互依赖；基于车联网行为数据，一线城市用户夜间（20:00—23:00）娱乐功能使用率为其他时段的 2.3 倍（通勤场景需求）；三线城市用户周末单次行驶里程超 50 公里比例达 65%（长距出行刚需）。

由此，领克在 2023 年实施动态市场细分策略——针对年轻用户上线车载 K 歌系统、为都市夜归族优化夜间救援服务、面向下沉市场铺设 287 个自驾服务站。2023 年，领克 03 车型上半年用户推荐率同比上涨 33%。

该案例完整呈现了"数据采集→标签提炼→场景解构→服务响应"的客户管理闭环，验证了多维度数据资产向精细化运营能力的转化路径。

资料来源：【数智化案例展】领克汽车——火山引擎助力领克汽车数字化营销实践［EB/OL］．（2023 - 11 - 05）［2025 - 03 - 28］．https：//news. qq. com/rain/a/20231105A039P500；2022 爱分析·汽车行业数字化实践报告［EB/OL］．（2024 - 03 - 08）［2025 - 03 - 28］．https：//blog. csdn. net/weixin_45942451/article/details/124799171；新产品、新服务，领克加速迈向"新百

万"［EB/OL］.（2023 - 11 - 25）［2025 - 03 - 25］. https：//news. qq. com/
rain/a/20231125A0717F00；2023 年 12 月吉利品牌销量 89122 辆 同比增长
3. 2%［EB/OL］.（2024 - 01 - 10）［2025 - 03 - 25］. http：//www. pxx88.
com/xiaoliang/pinpai/35_75. htm.

第一节　客户数据采集与管理

在汽车行业，客户数据采集与管理发挥着不可或缺的重要作用。通过对客户
购车记录、维修保养历史、线上浏览行为、线下活动参与情况和社交媒体互动等
多维度数据的采集，企业能够构建起全面且细致的客户画像，深入了解客户的消
费习惯、兴趣偏好、需求痛点和品牌忠诚度。在产品研发环节，数据分析可以助
力企业精准把握市场需求，推出更符合客户期望的车型和配置；在精准营销方
面，企业可以依据客户画像制定个性化的营销策略，提高营销活动的针对性和效
果，实现资源的高效利用；在客户服务优化上，企业可以根据客户反馈和行为数
据，及时发现服务流程中的问题，优化服务内容和方式，提升客户满意度；在客
户关系维护层面，通过对客户数据的分析，企业可以预测客户的需求变化，提前
采取措施进行关怀和跟进，增强客户忠诚度，促进客户的重复购买和口碑传播。

总之，有效的客户数据采集与管理能够让汽车企业在激烈的市场竞争中抢占
先机，提升核心竞争力，实现可持续发展。

一、数据采集的概念

数据采集（data acquisition，DAQ），是指企业或组织通过各种技术手段和方
法，从多个渠道收集与商业活动相关的各种数据的过程，这些数据涵盖了市场、
消费者、竞争对手、企业内部运营等多个方面，以便进行后续的数据分析、数据
挖掘或其他用途。

二、采集数据的分类

汽车企业常采集的客户数据主要来源于以下几个方面。

（一）客户个人基本信息

①身份信息：包括姓名、性别、年龄、身份证号码或其他有效证件信息，这些信息用于识别客户身份，是建立客户档案的基础。

②联系方式：包括手机号码、电子邮箱、家庭住址等，方便企业与客户进行沟通交流，如发送产品信息、售后服务提醒、活动通知等。

③职业信息：了解客户的职业、工作单位、职位等，有助于分析不同职业群体的购车需求和消费能力。

④教育背景：了解客户的最高学历，不同教育程度的客户在购车时可能对车辆的配置、功能和品牌形象有不同的偏好。

收集个人基本信息能够帮助汽车企业全方位地构建客户画像，深入了解客户的背景特征。基于这些信息，企业可以精准定位目标客户群体，制定针对性的营销策略，为不同类型的客户提供个性化的服务和产品推荐，从而提高客户对品牌的认同感和忠诚度，有效促进销售转化。

（二）购买信息

①购车时间：记录客户购买车辆的具体时间，便于企业掌握客户的购车周期，为后续的车辆置换、增购等营销活动提供依据。

②购车渠道：包括线上平台、4S 店、经销商等，了解客户的购车渠道可以帮助企业评估不同渠道的营销效果，优化销售策略。

③车辆型号：包括所购车辆的具体车型、配置、颜色等信息，有助于企业分析市场对不同车型的需求情况。

④购车价格：包括客户实际支付的购车款，以及是否享受了优惠政策、金融贷款等信息，用于分析客户的价格敏感度和消费习惯。

⑤支付方式：包括全款支付、分期付款、贷款购车等，帮助企业了解客户的资金状况和金融需求。

购买信息的收集对于汽车企业洞察市场动态、优化销售策略至关重要。通过分析购车时间，企业可以把握客户的车辆更新周期，提前布局营销活动；了解购车渠道有助于企业合理分配营销资源，提高营销效率；掌握车辆型号、购车价格和支付方式等信息，能够帮助企业精准定位产品的市场定位，优化产品定价和金融服务方案，更好地满足客户需求，提升市场竞争力。

（三）车辆使用信息

①行驶里程：通过车载系统或售后保养记录获取车辆的行驶里程数，了解车辆的使用频率和磨损情况，为售后服务提供参考。

②驾驶习惯：包括急加速、急刹车、超速行驶等行为数据，分析客户的驾驶习惯可以为车辆的安全性能改进和保险服务提供依据。

③保养记录：记录车辆的保养时间、保养项目、保养地点等信息，帮助企业及时提醒客户进行保养，提高客户满意度。

④维修记录：记录车辆出现故障的时间、故障描述、维修项目和维修费用等，有助于企业改进产品质量和售后服务流程。

车辆使用信息的收集为汽车企业提供了产品使用反馈和客户需求洞察。通过分析行驶里程和驾驶习惯，企业可以针对性地优化车辆性能和安全配置，提升产品质量；依据保养和维修记录，企业能够及时为客户提供精准的售后服务，增强客户黏性，同时也能发现产品设计和生产过程中存在的问题，为产品改进和升级提供有力的数据支持。

（四）营销相关信息

①营销活动参与度：包括是否参加过企业举办的试驾活动、车展、促销活动等，以及在活动中的表现和反馈，用于评估营销活动的效果和客户的兴趣点。

②线上行为数据：通过客户在企业官方网站、社交媒体平台、汽车论坛等的浏览记录、关键词搜索、点赞、评论等，了解客户的线上行为习惯和关注点。

③品牌偏好：包括对不同汽车品牌的认知度、好感度和忠诚度，以及客户选择本品牌的原因和考虑因素。

营销相关信息的收集可以帮助汽车企业精准评估营销活动的效果，了解客户对不同营销方式的反应和偏好。通过分析线上行为数据和品牌偏好，企业能够掌握客户的兴趣点和需求，优化线上营销渠道和内容，提升品牌形象和市场影响力，制定更具吸引力的营销策略，吸引潜在客户，提高品牌的市场占有率。

（五）客户反馈信息

①满意度评价：包括客户对车辆性能、外观设计、内饰配置、售后服务等方面的满意度评价，通过问卷调查、电话回访等方式收集。

②意见和建议：客户对产品或服务提出的改进意见和建议，帮助企业发现问

题并及时改进。

③投诉记录：记录客户的投诉内容、投诉时间、处理结果等，以便企业及时解决客户问题，提升客户满意度。

收集客户反馈信息是汽车企业持续改进产品和服务的关键。通过满意度评价，企业可以了解客户对产品和服务的整体评价，找出优势和不足之处；客户提出的意见和建议以及投诉记录，能够让企业直接发现问题所在，及时采取措施进行改进，提升产品质量和服务水平，增强客户满意度和忠诚度，树立良好的品牌形象。

三、采集数据的来源

从汽车行业客户关系管理的角度来看，数据采集的来源主要有以下几类。

（一）企业内部系统

①销售系统：记录了客户购车的详细信息，包括客户基本资料，如姓名、年龄、性别、联系方式、家庭住址等；车辆销售信息，如车型、配置、颜色、价格、购买日期、付款方式等；销售人员与客户的沟通记录，如跟进次数、沟通时间、沟通内容等。这些数据能够帮助企业了解客户的购车偏好和消费能力，为后续的营销和服务提供基础。

②售后服务系统：包括客户车辆的维修保养记录，如维修时间、维修项目、更换配件、保养里程、保养费用等；客户对售后服务的反馈和评价，如服务满意度、投诉内容、建议等。通过分析这些数据，企业可以掌握客户车辆的使用情况，及时发现潜在问题，提升售后服务质量。

③客服中心系统：记录了客户与客服人员的通话记录、在线咨询记录等，内容涉及客户的问题咨询、投诉反馈、需求建议等。这些数据能反映客户在使用汽车过程中遇到的问题和需求，有助于企业改进产品和服务，提高客户满意度。

（二）车辆自身数据

①车载智能系统：随着汽车智能化的发展，车载智能系统可以收集大量数据，如车辆的行驶里程、行驶速度、油耗、故障码等车辆运行数据；还能获取驾驶习惯数据，如急加速和急刹车频率、平均车速、换挡习惯等。这些数据可以帮助企业了解车辆的使用状况和客户的驾驶行为，为客户提供个性化的服务，如根

据驾驶习惯提供节油建议、提前预警车辆故障等。

②车联网平台：车联网平台可以实时收集车辆的位置信息、远程控制数据等。位置信息可用于分析客户的出行习惯、常去地点等，为精准营销提供依据，如在客户常去的区域推送相关的汽车服务广告；远程控制数据能够帮助企业了解客户对车辆远程控制功能的使用情况，评估该功能的用户体验，以便进行优化。

（三）线上渠道

①企业网站和 App：客户在企业网站或 App 上的注册信息、浏览行为数据、预约试驾记录、在线咨询内容等都是重要的数据来源。通过分析客户的浏览行为，如关注的车型、浏览时间、浏览频率等，企业可以了解客户的兴趣点，为客户推送个性化的内容和优惠信息；预约试驾记录能帮助企业掌握客户的试驾需求，合理安排试驾资源。

②社交媒体平台：汽车品牌在社交媒体上的官方账号会吸引大量客户关注，客户在这些平台上的评论、点赞、分享、留言等互动数据，以及客户在社交媒体上发布的与汽车相关的内容，都能反映客户对汽车品牌、产品和服务的态度和看法。此外，通过社交媒体的监测工具，还可以收集到用户对竞争对手产品的评价和讨论，为企业制定竞争策略提供参考。

③汽车垂直网站和论坛：汽车之家、易车等垂直网站以及各类汽车论坛上有大量用户发布的购车经验、使用心得、评测报告等内容，企业可以从中收集到客户对不同车型的评价、对比信息，了解市场趋势和客户需求的变化。同时，还能发现潜在客户在选车过程中关注的因素和存在的疑问，为营销和产品的改进提供方向。

（四）线下渠道

①经销商门店：经销商在与客户的线下接触过程中能够收集到丰富的数据，如客户到店看车的次数、看车时关注的车型和配置、与销售人员的沟通交流内容等。此外，经销商举办的线下活动，如新车发布会、车主俱乐部活动等，也能收集到客户参与活动的相关数据，如参与频率、活动反馈等，有助于增强客户与品牌的互动和黏性。

②市场调研：企业通过组织线下市场调研活动，如问卷调查、焦点小组、深度访谈等方式，直接从客户那里获取数据。问卷调查可以覆盖较大范围的客户群体，收集客户对产品、服务、品牌形象等方面的意见和建议；焦点小组和深度访谈则可以深入了解特定客户群体的需求、偏好和消费决策过程，为企业制定营销

策略和产品规划提供深入的洞察。

四、数据采集及数据处理的过程

汽车企业利用数据进行客户关系管理（CRM）的工作流程主要包括数据采集、数据处理、数据分析和基于分析结果的应用四个阶段。

（一）数据采集

①收集客户基本信息：在客户购车、咨询、预约服务等过程中，收集姓名、年龄、性别、联系方式、家庭住址等基础信息，还包括职业、收入等可能影响购车决策和消费习惯的信息。

②获取车辆相关数据：记录客户所购车辆的车型、配置、车架号、购买时间、购买价格等信息，以及车辆的行驶里程、保养记录、维修历史等售后数据。

③收集客户行为数据：通过线上平台、线下门店等渠道，收集客户与企业的互动数据，如网站浏览记录、咨询频率、参与活动情况、对营销信息的反馈等。

④采集市场和行业数据：关注宏观经济数据、汽车行业动态、竞争对手信息等，了解市场趋势和竞争态势。

（二）数据处理

①数据清洗：汽车行业涉及海量数据，包括车辆生产、销售、售后服务等各个环节。数据清洗是确保数据质量的第一步，通过去除重复数据、纠正错误数据以及处理缺失值，能够有效提升数据的准确性和完整性。例如，在车辆销售数据中，去除重复的订单记录，纠正错误的车辆型号或配置信息，以及填补缺失的客户联系方式等，有助于为后续的市场分析和客户服务提供可靠的数据支持。

②数据整合：汽车企业通常拥有多个信息系统，如企业资源规划（ERP）系统、客户关系管理（CRM）系统、生产制造执行系统（MES）等，这些系统中的数据往往分散且格式不一致。数据整合的目标是将这些来自不同系统、不同渠道的数据集中到统一的数据库或数据仓库中，实现数据的集中管理。通过数据整合，企业能够打破数据孤岛，确保各部门使用一致的数据源，从而提升跨部门协作效率，优化整体运营流程。

③数据转换：数据转换是数据管理中的重要环节，通过对数据进行标准化、规范化处理，将数据转换为统一的格式和编码。在汽车行业，这意味着将不同来

源的车辆数据、零部件数据、客户数据等按照统一的规则进行转换，以便于后续的分析和应用。例如，将车辆型号的命名规则、零部件的编号规则等进行标准化，能够使企业在生产、销售、售后等环节中更高效地管理和利用数据，同时也有助于提升数据分析的准确性和一致性。

（三）数据分析

①描述性分析：对客户数据进行汇总和统计，了解客户的基本特征、行为模式和消费习惯，如客户年龄分布、车型偏好、购买频率等。

②关联性分析：找出不同数据之间的关联关系，如分析客户的年龄、收入与车型选择之间的关系，以及车辆维修记录与客户满意度之间的关系。

③预测性分析：利用数据分析模型和算法，对客户的未来行为和需求进行预测，如预测客户的下一次购车时间、可能的车型选择、客户流失风险等。

④细分客户群体：根据客户的特征和行为，将客户划分为不同的细分群体，如高价值客户、潜在客户、忠诚客户、流失风险客户等，以便制定针对性的营销策略和服务方案。

（四）基于分析结果的应用

①个性化营销：在汽车行业，精准把握客户需求是提升营销效果的关键。通过深度分析客户的购车偏好、驾驶习惯、售后服务需求等数据，汽车企业能够向客户推送个性化的营销信息。例如，根据客户对车型的浏览记录和试驾反馈，为其精准推荐符合需求的车型；针对客户所在地区的促销活动，提前推送专属优惠信息等。个性化的营销方式不仅能提高客户的购车意愿，还能增强客户对品牌的忠诚度。

②客户服务优化：汽车行业客户服务的优化，离不开对客户反馈的深度洞察和数据分析。通过收集和分析客户在购车、使用、售后等各个环节的反馈，汽车企业能够精准发现服务流程中的痛点和不足，从而优化服务流程，提升服务质量。对于经常反馈问题的客户，企业可以提供更贴心的售后服务，如优先安排维修保养、提供上门取送车服务、赠送保养套餐等，以提升客户的满意度和忠诚度。

③产品改进：客户对汽车产品的评价和反馈是产品改进的重要依据。汽车企业可以通过多种渠道收集客户反馈，如线上调查、线下回访、社交媒体监测等，深入了解客户对车辆性能、配置、设计等方面的需求和期望。

④客户忠诚度培养：在竞争激烈的汽车市场，培养客户忠诚度是企业长期发展的关键。针对不同客户群体，汽车企业可以制订个性化的忠诚度计划，如积分兑换、专属优惠、会员特权等。例如，为高价值客户提供积分加倍、优先提车、免费道路救援等特权；为普通会员提供购车优惠、保养折扣、免费洗车等福利。

五、客户数据采集与管理案例

【案例一　领克汽车：数据驱动，精准服务】

1. 背景及目标介绍

吉利汽车作为中国汽车行业的领军品牌之一，致力于通过数字化转型和数据驱动的方式提升客户满意度和忠诚度。其目标是通过优化售后服务、智能服务体系和客户数据管理，打造行业领先的客户关系管理体系。

2. 数据采集与处理

①数据采集：通过领克的官方网站、手机 App、400 电话客服以及线下经销商等多渠道收集客户信息。包括客户的基本资料如姓名、年龄、联系方式等，购车信息如车型、配置、购买时间与地点等，还有客户的车辆使用反馈、维修保养预约记录、参与品牌活动的记录等行为数据。

②数据处理：将这些多源数据整合到统一的售后宝平台进行数据清洗，去除重复和错误数据，保证数据质量，并按照客户基本信息、车辆信息、服务信息等进行分类存储和管理，方便后续分析调用。

3. 数据分析

①客户细分分析：利用大数据分析技术，将客户分为不同群体。例如，年轻的科技爱好者群体对智能驾驶辅助功能关注度高，消费能力较强；还有家庭用户群体，更看重车辆的空间和安全性。

②服务需求分析：通过分析维修保养记录和客户反馈发现，新能源车型的客户对于充电设施的布局和使用便利性问题反馈较多，占总反馈问题的30%左右；而燃油车型客户则对保养价格和周期的敏感度较高。

③客户忠诚度分析：根据客户的复购意向、推荐行为以及对品牌活动的参与度等数据评估客户忠诚度发现，约20%的客户属于高忠诚度客户，他们不仅自己多次购买领克车型，还积极向身边朋友推荐。

4. 基于分析结果的应用

①个性化营销：针对年轻科技爱好者群体，推出以智能科技为主题的线上线下活动，如智能驾驶体验日、车机系统升级发布会等，活动参与率达到该群体客户的40%。针对家庭用户，在节假日推出亲子主题的试驾活动和家庭购车优惠套餐，活动期间该群体的购车咨询量有显著提升。

②服务优化：针对客户对充电设施的需求，领克加快与第三方充电运营商的合作，增加充电桩布局，在半年内将公共充电桩数量增加了50%。同时，优化售后服务流程，推出线上预约保养、上门取送车等服务，客户对售后服务的满意度达到了85%以上。

③客户忠诚度培养：建立领克专属会员体系，高忠诚度客户可享受更多积分、优先参与限量版车型抢购、免费车辆升级等特权。通过这些措施，会员客户的复购率达到30%，转介绍率也得到了有效提升。

领克通过精准定位新生代客户，利用多渠道收集数据，经分析实施个性化服务，提升了客户满意度与品牌忠诚度。

资料来源：吉利集团旗下高端品牌领克汽车携手体验家，重塑智能创新的汽车服务体验［EB/OL］.（2023 - 11 - 30）［2025 - 03 - 30］. https：//www.36dianping.com/case/19163；易车研究院发布吉利汽车洞察报告（2024 版）："去年轻化"是吉利对抗比亚迪的关键［EB/OL］.（2024 - 08 - 14）［2025 - 04 - 10］. https：//tech. chinadaily. com. cn/a/202408/14/WS66bc628ba310054d254ecd8c. html.

☆思考：

①领克汽车通过哪些多渠道收集客户信息？

②领克对收集到的多源数据是如何进行处理的？

③领克利用大数据分析将客户细分为哪些群体？划分依据是什么？

【案例二　丰田汽车：数据驱动下的客户服务进阶与业务腾飞】

1. 背景及目标介绍

丰田汽车作为全球汽车行业的巨头，在市场上拥有庞大的用户群体和广泛的品牌影响力。在全球拥有超 1 亿的用户，每年的新车销量稳定在 1000 万辆以上。随着汽车行业的竞争日益激烈，数字化转型成为提升企业竞争力的关键。丰田致力于通过数据驱动的方式，深度挖掘客户数据价值，提升客户服务质量，增强客户忠诚度，从而在激烈的市场竞争中保持领先地位。其目标是通过建立完善的客户数据采集与管理体系，精准洞察客户需求，为客户提供个性化、高效的服务体验，推动业务持续增长。

2. 数据采集与处理

（1）数据采集。

丰田通过多种渠道收集客户数据。首先，丰田官方网站和手机 App 成为重要的数据收集入口。每月网站的访问量达到 500 万人次，App 的月活跃用户数为 200 万人，客户在浏览车型信息、预约试驾、咨询服务等过程中留下了大量的行为数据，如浏览轨迹、页面停留时间、搜索关键词等。这些数据能够直观地反映客户的兴趣点和购车意向。其次，丰田遍布全球的 1 万多家经销商网络在数据采集中发挥着重要作用。销售人员在与客户沟通交流时详细记录客户的基本信息，包括姓名、年龄、性别、职业、联系方式等，同时了解客户的购车偏好、预算以及对车辆配置的特殊需求，每年通过经销商收集到的客户信息超过 500 万条。再次，丰田车辆配备的智能互联系统能够实时采集车辆的运行数据，如行驶里程、油耗、车速、故障预警等，每年收集到的车辆运行数据量高达 100TB，这些数据不仅有助于了解车辆的使用状况，还能反映客户的驾驶习惯和行驶环境。最后，丰田还积极关注社交媒体平台上与品牌相关的信息，每月收集到的客户评论、反馈和口碑数据超过 10 万条，及时了解客户对产品和服务的看法。

（2）数据处理。

丰田将收集到的多源数据整合到统一的数据管理平台。在数据处理过程中，先进行数据清洗，去除约 10% 的重复、错误和无效的数据，确保数据的准确性和完整性。然后，运用先进的数据挖掘和机器学习算法，对数据进行分类、标注和关联分析，构建全面、细致的客户画像。客户画像涵盖了客户的基本信息、购车行为、驾驶习惯、消费偏好、服务需求等多个维度，为后续的数据分析和应用提供了坚实的基础。

3. 数据分析

（1）客户细分分析。

丰田利用大数据分析技术，将客户细分为不同的群体。例如，根据年龄、性别、职业等因素，将客户分为年轻时尚群体、家庭用户群体、商务精英群体等。其中年轻时尚群体占总客户数的 25%，他们对车辆的外观设计、科技配置和个性化定制较为关注；家庭用户群体占比 35%，他们更看重车辆的空间实用性、安全性和舒适性；商务精英群体占比 20%，他们则注重车辆的品牌形象、豪华配置和驾驶性能。针对不同的客户群体，丰田通过分析其消费行为和需求特点，制定差异化的营销策略和服务方案。

（2）服务需求分析。

通过对车辆运行数据和客户反馈信息的分析，丰田发现客户对售后服务的需求呈现多样化趋势。在保养维修方面，约70%的客户希望能享受快速预约服务，50%的客户期望有上门服务，40%的客户关注维修进度实时查询功能。在个性化定制服务和增值服务方面，近30%的客户对个性化内饰改装有兴趣，40%的客户希望购买车辆美容保养套餐。此外，随着新能源汽车的普及，55%的新能源汽车车主对充电设施的布局和使用便利性提出了更高的要求。

（3）市场趋势分析。

结合市场调研数据和客户数据，丰田对市场趋势进行分析预测，结果发现随着环保意识的增强和政策的推动，新能源汽车市场呈现出快速增长的趋势。同时，智能化、网联化技术在汽车领域的应用越来越广泛，约60%的消费者对自动驾驶、车联网等功能表示出浓厚兴趣，且需求也在不断提高。

4. 基于分析结果的应用

（1）个性化营销。

根据客户细分和需求分析结果，丰田开展个性化营销活动。针对年轻时尚群体，推出限量版车型和个性化定制服务，举办汽车文化活动和科技体验活动，吸引了大量年轻消费者的关注；针对家庭用户群体，在节假日推出家庭购车优惠活动和亲子试驾体验活动，强调车辆的空间实用性和安全性；针对商务精英群体，举办高端商务用车品鉴会和商务论坛，展示车辆的豪华配置和商务功能。通过个性化营销活动，丰田提高了营销活动的精准度和效果，潜在客户的转化率得到了显著提升。

（2）服务优化。

为了满足客户对售后服务的需求，丰田优化了售后服务网络布局，2022～2023年新增服务网点1000家，增加了服务网点的数量，缩短了客户与服务网点的距离。同时，推出了线上预约保养和维修服务、24小时道路救援服务、维修进度实时查询服务等，服务预约成功率达到90%以上，提高了服务的便捷性和及时性。此外，丰田还为客户提供个性化的保养套餐和增值服务，根据客户的车辆使用情况和需求，推荐合适的保养项目和服务方案。通过这些服务优化措施，客户对售后服务的满意度达到了88%以上。

（3）产品创新。

基于市场趋势分析，丰田加大了对新能源汽车和智能化技术的研发投入。推出了一系列新能源车型，包括混合动力汽车、纯电动汽车和氢燃料电池汽车，并不断升级车辆的智能化和网联化功能。新车型的推出受到了市场的广泛关注和好评，2023 年丰田在混动及高端市场市占率从 22% 增至 30%，市场份额提升了 8 个百分点。

资料来源：吉利集团旗下高端品牌领克汽车携手体验家，重塑智能创新的汽车服务体验［EB/OL］．［2025 - 03 - 30］．https：//www. 36dianping. com/case/19163；TOYOTA. Sales，Production，and Export Results［EB/OL］．［2025 - 03 - 30］．https：//global. toyota/en/company/profile/production - sales - figures/；TOYOTA. Integrated Report［EB/OL］．［2025 - 03 - 30］．https：//global. toyota/en/ir/library/annual/.

☆思考：

①丰田每月从官方网站和 App 收集到的行为数据主要有哪些类型？

②数据清洗过程中去除的 10% 无效数据具体有哪些问题？

③年轻时尚群体对科技配置的关注集中在哪些方面？

第二节　数据分析在客户管理中的应用

数据分析是挖掘客户价值、优化客户体验的重要手段。通过数据分析，企业可以更加精准地理解客户需求，预测客户行为，制定个性化的营销策略。

对于汽车服务企业来说，客户数据采集的功能是多方面的，它不仅有助于企业深入了解客户需求，还能优化服务流程、提升客户满意度，并为企业决策提供有力支持。从客户关系管理的角度看，数据采集及分析有以下五大作用。

一、客户洞察

客户洞察是指企业通过收集、分析和解读大量与客户相关的数据和信息，深入了解客户的需求、行为、偏好、动机、期望以及情感等各个方面，从而获得对客户的全面、深刻认识，并将这些认识转化为有价值的商业决策和行动，以提升客户满意度、忠诚度，增强企业竞争力的过程。

（一）客户行为分析

①购买行为分析：借助数据分析，深入剖析客户的购车记录，包括购车时间、品牌偏好、车型选择、购买频率、花费金额等数据，以此全面了解客户的购车习惯。例如，汽车经销商通过分析发现，部分客户每隔3～5年就会更换车辆，且倾向于购买同品牌的更高配置车型，经销商便可在客户购车周期临近时，向其精准推送新款车型的升级亮点及专属优惠活动，吸引客户再次选择该品牌。

②浏览行为分析：分析客户在汽车品牌官方网站、App、汽车资讯平台等渠道的浏览行为，如浏览车型页面、配置参数、评测文章的时长，以及点击查看的广告类型等，能够精准洞察客户的兴趣点。例如，汽车品牌的官方网站后台数据显示，某客户在SUV车型页面的停留时间较长，且多次查看四驱系统和越野性能的相关介绍，这表明该客户对具备越野能力的SUV车型有较高的兴趣，品牌方可以适时向其推送同类型热门车型的测评视频、试驾活动邀请等内容，增强客户的参与度。

（二）客户细分

①基于人口统计学特征细分：综合考虑客户的年龄、性别、地域、职业、收入等人口统计学数据，将客户划分成不同的群体。例如，对于年轻的高收入职场精英群体，他们追求时尚、科技和个性化，汽车企业可以为其推荐具有独特外观设计、先进智能驾驶辅助系统和高性能的新能源车型；而对于中年商务人士，他们更注重车辆的舒适性、安全性和品牌形象，企业可针对这一群体推出豪华商务轿车，并提供专属的购车服务和售后保障。

②基于消费行为特征细分：依据客户的购车消费行为数据，如购车金额、购车频率、品牌忠诚度等进行细分。例如，汽车品牌通过分析发现，有一部分客户经常购买旗下的高端限量版车型，且多次推荐给身边的朋友，这类客户属于高价值忠诚客户，品牌方可以为他们提供专属的VIP服务，如优先试驾新车型、参加品牌专属的高端活动等；而对于那些首次购车且预算有限的客户，品牌方可以重点推荐性价比高的入门级车型，并提供一些购车优惠政策，吸引他们成为品牌的潜在客户。

（三）客户需求预测

①关联分析：深入挖掘客户购买的汽车及相关产品或服务之间的关联关系，精准预测客户可能的需求。例如，汽车经销商通过数据分析发现，购买越野车型的客户往往会同时购买车载导航、户外救援装备等配件，经销商可以在客户购买越野车型时，向其推荐相关的配件套餐，提高客户的购买转化率和客单价。

②时间序列分析：运用历史数据预测客户未来的购车需求趋势。例如，汽车生产企业通过分析过去几年不同地区、不同季节的购车数据发现，某地区在每年的秋季购车需求会显著增加，且对新能源汽车的需求呈逐年上升趋势，企业可以根据这一预测结果，提前调整生产计划，增加该地区在秋季的新能源汽车供应量，并制定相应的促销策略。

（四）客户满意度和忠诚度分析

①情感分析：对客户的购车评价、售后服务反馈、线上论坛讨论等文本数据进行情感分析，准确判断客户的满意度和情绪倾向。例如，汽车品牌通过对客户在各大汽车论坛上发布的帖子进行情感分析发现，部分客户对某款车型的内饰异味问题表示不满，品牌方可以及时采取措施，如改进内饰材料、加强车内空气净化等，提升客户的满意度。

②建立忠诚度模型：通过分析客户的重复购车率、推荐行为、参与品牌活动的频率等数据，构建客户忠诚度模型，识别出高忠诚度客户和潜在流失客户。例如，汽车品牌通过会员系统数据发现，有些客户不仅自己多次购买该品牌的汽车，还经常向身边的亲友推荐，这些客户属于高忠诚度客户，品牌方可以为他们提供更多的专属福利，如延长质保期、免费保养等；而对于那些长时间未与品牌互动且有浏览其他品牌车型行为的客户，品牌方可以主动与其沟通，了解客户的需求和意见，采取相应的挽留措施，降低客户流失率。

二、开展精准营销

（一）精准定位目标客户群体

①基于客户画像的数据细分：通过收集和整合客户的多维度数据，包括人口统计学信息（年龄、性别、职业、收入等）、购车行为数据（购买车型、频率、

金额等)、兴趣爱好以及线上浏览行为数据等,构建详细的客户画像。例如,借助数据分析发现,年龄在25~35岁、从事互联网行业、收入较高且经常浏览汽车科技类资讯的年轻客户群体,对具有先进智能驾驶辅助系统和时尚外观设计的新能源汽车表现出浓厚兴趣。企业可以针对这一特定的客户群体,制定专门的营销方案,将营销资源集中投入到这类目标客户身上,提高营销的精准度和效率。

②潜在客户挖掘:利用数据分析模型,对大量的潜在客户数据进行筛选和分析,找出最有可能购买汽车的潜在客户。例如,汽车经销商通过分析潜在客户的信用记录、收入稳定性以及近期的汽车相关搜索行为等数据,识别出那些具有较强购车意愿和购买能力的潜在客户。经销商可以对这些潜在客户进行重点跟进,通过电话、短信或邮件等方式向他们推送个性化的购车优惠信息和试驾邀请,提高潜在客户的转化率。

(二)个性化营销内容定制

①根据客户兴趣偏好定制内容:依据客户在浏览汽车品牌官网、App 或参与线上线下活动时留下的数据痕迹,分析客户的兴趣偏好,为不同客户定制个性化的营销内容。例如,对于关注汽车性能的客户,企业可以推送关于车辆动力系统、操控性能等方面的详细介绍和专业评测视频;而对于注重汽车舒适性和内饰设计的客户,则可以提供车内空间布局、座椅材质、内饰装饰等方面的内容展示。通过提供符合客户兴趣的营销内容,能够吸引客户的注意力,提高客户对营销信息的接受度和参与度。

②结合客户生命周期阶段定制内容:分析客户所处的购车生命周期阶段(潜在客户、意向客户、购车客户、忠诚客户等),根据不同阶段的需求和关注点,定制相应的营销内容。例如,对于潜在客户,营销内容可以侧重于品牌宣传和产品优势介绍,激发他们的购车兴趣;对于意向客户,提供更详细的车型对比、购车优惠政策以及试驾体验分享等内容,帮助他们作出购买决策;对于购车客户,发送售后服务信息、保养提醒以及车主专属活动邀请等内容,增强客户的满意度和忠诚度。

(三)优化营销渠道选择

①渠道效果评估与选择:通过分析不同营销渠道(如社交媒体、搜索引擎广告、线下车展、经销商门店等)带来的客户流量、转化率、销售额等数据,评估各渠道的营销效果。例如,汽车企业通过数据分析发现,在社交媒体平台上开展

的互动营销活动吸引了大量年轻客户的关注，且转化率较高；而线下车展虽然能够吸引较多的潜在客户，但实际购车转化率相对较低。基于这些数据，企业可以合理调整营销资源的分配，加大在社交媒体平台上的投入，优化线下车展的营销策略，提高营销渠道的整体效率。

②精准渠道投放：根据目标客户的线上线下行为习惯和媒体使用偏好，选择最合适的营销渠道进行精准投放。例如，对于年轻的互联网用户群体，企业可以在抖音、小红书等热门社交媒体平台上投放短视频广告和互动话题，吸引他们的关注；对于商务人士，在专业的财经媒体、行业论坛等平台上投放广告，能够更精准地触达目标客户。

（四）营销效果实时监测与评估

①多维度数据指标监测：建立一套全面的营销效果监测指标体系，包括曝光量、点击率、转化率、销售额、客户满意度等多维度数据指标。通过实时监测这些数据指标，及时了解营销活动的执行情况和效果。例如，汽车企业在开展一次线上促销活动期间，实时监测活动页面的曝光量、用户点击率以及订单转化率等数据。如果发现某个时间段内点击率较低，企业可以及时分析原因，调整活动页面的设计或优化推广渠道，提高活动的吸引力。

②A/B测试优化营销策略：运用A/B测试的方法，对不同的营销方案、广告创意、促销活动等进行对比测试，通过数据分析找出效果最佳的方案。例如，汽车企业制作了两个不同版本的广告视频，分别在不同的区域或用户群体中进行投放，然后对比两个版本广告视频的点击率、转化率等数据，根据测试结果选择效果更好的广告视频进行大规模推广，不断优化营销策略，提高营销效果。

三、优化客户服务

（一）服务质量监控与评估

①服务指标数据化：将客户服务的各个环节进行量化，设定一系列关键指标（KPI），如响应时间、解决问题的时长、客户满意度评分等。汽车4S店可以通过数据分析系统，实时记录每个服务工单的响应时间，即从客户提出问题到服务人员首次回应的时间间隔。通过对这些数据的统计分析，能够清晰地了解服务团

队的整体响应速度，以及不同时间段、不同服务人员的响应情况，从而找出服务流程中的薄弱环节。

②服务质量评估与反馈：收集客户对服务的评价数据，包括在线评价、电话回访反馈等，运用数据分析方法对这些评价进行深入分析。例如，通过情感分析技术对客户的评价文本进行处理，判断客户的满意度和情感倾向，是满意、一般还是不满意。对于不满意的评价，则进一步分析具体的问题所在，如服务态度不好、维修技术不专业等，然后将这些反馈及时传达给相关服务人员，督促其改进服务质量。

（二）个性化服务提供

①客户需求洞察：利用数据分析手段，深入了解客户的个性化需求。通过分析客户的购车记录、维修保养历史、使用习惯等数据，汽车企业可以为每个客户建立个性化的服务档案。例如，对于经常长途驾驶的客户，在保养时可以重点检查车辆的轮胎、刹车系统等关键部件，并提供长途驾驶的注意事项和建议；对于女性客户，根据其偏好，可以在维修保养时提供车内清洁、内饰护理等增值服务。

②定制化服务推荐：根据客户的需求和偏好，为其推荐定制化的服务方案。例如，通过分析客户的驾驶里程和时间间隔，预测客户下次需要保养的时间，并提前推送个性化的保养套餐，包括保养项目、优惠价格等信息。对于对汽车改装有兴趣的客户，推荐相关的改装案例和方案，满足客户的个性化需求。

（三）售后服务优化

①备件库存管理：通过分析历史维修数据，预测不同零部件的需求情况，优化备件库存管理。汽车企业可以根据车型的销售数量、使用年限、常见故障类型等数据，预测不同零部件的消耗速度和需求量，合理调整备件库存水平。避免因库存过多导致资金积压，同时也防止因库存不足而影响维修服务的及时性。

②维修流程优化：分析维修工单数据，找出维修流程中的瓶颈和问题，进行优化改进。例如，通过对维修时间的数据分析，发现某个维修环节耗时较长，进一步调查原因，可能是维修工具不足、维修技术不熟练或者流程不合理等。然后针对这些问题采取相应的措施，如增加维修工具、加强技术培训、优化维修流程等，提高维修效率，缩短客户等待时间。

（四）客户投诉处理

①投诉原因分析：对客户投诉数据进行分类和分析，找出投诉的主要原因和集中问题。汽车企业通过数据分析发现，客户投诉主要集中在车辆质量问题、售后服务态度问题、维修费用过高等方面。针对这些问题，制定针对性的解决方案，如加强车辆质量检测、提升服务人员培训水平、规范维修费用标准等。

②投诉处理效果跟踪：对投诉处理的全过程进行数据跟踪和分析，评估投诉处理的效果。通过分析客户对投诉处理结果的反馈数据，了解客户是否对处理结果满意。如果客户仍然不满意，则进一步分析原因，及时调整处理策略，确保客户的问题得到妥善解决，提高客户的满意度和忠诚度。

（五）客户服务预测与预防

①故障预测：利用车辆传感器收集的实时数据，结合大数据分析和机器学习算法，对车辆的潜在故障进行预测。例如，通过分析发动机的运行数据、车辆的行驶里程等信息，提前预测发动机可能出现的故障，并及时通知客户进行检查和维修，避免车辆在行驶过程中出现突发故障，提高客户的使用体验和安全性。

②服务需求预测：根据客户的历史服务数据和行为数据，预测客户未来的服务需求。汽车企业可以通过分析客户的购车时间、行驶里程、保养记录等数据，预测客户下一次需要保养的时间和项目，提前与客户沟通，安排服务预约，提高服务的主动性和客户的满意度。

四、客户价值评估

（一）构建客户价值评估指标体系

①交易类指标：借助数据分析，梳理客户在购车、售后服务消费等环节的交易数据，构建相关指标。例如，消费金额，通过汇总客户购买汽车的价格、后续购买汽车配件和增值服务的费用等，衡量客户为企业带来的直接经济贡献。消费频率也极为重要，统计客户在一定时间内购车、保养维修、购买配件等的次数，频繁消费的客户通常对品牌有较高的忠诚度和依赖度。另外，还可以分析客户的消费间隔时间，了解客户的消费周期，判断客户的消费活跃度。

②行为类指标：通过分析客户在与企业互动过程中的行为数据，评估客户价

值。例如，客户对汽车品牌线上平台（如官网、App）的访问频率和时长，反映了客户对品牌的关注度和兴趣程度。积极参与品牌举办的线下活动（如试驾体验、车主聚会）的客户，显示出他们对品牌的认同感和参与度较高。此外，客户在社交媒体上分享品牌相关内容、推荐给他人的行为，也能体现客户的口碑传播价值，这类客户能为品牌带来潜在的新客户。

③忠诚度类指标：运用数据分析方法，从客户的重复购买行为、品牌选择偏好等方面评估客户忠诚度。重复购买率是一个关键指标，统计购买同一品牌汽车两次及以上的客户占总客户的比例，重复购买率高的客户往往对品牌有较高的忠诚度，是企业的核心客户群体。客户对品牌的推荐意愿同样重要，通过调查或分析客户的线上评价、线下反馈等数据，了解客户是否愿意向他人推荐该品牌的汽车，推荐意愿强的客户对品牌的口碑传播和市场拓展具有重要价值。

（二）客户价值模型的建立与应用

①RFM 模型应用：RFM 模型即最近一次消费（recency）、消费频率（frequency）和消费金额（monetary）模型，在汽车行业客户价值评估中具有重要应用。最近一次消费反映了客户与企业的交易活跃度，通过分析客户最近一次购车、保养或购买配件的时间，判断客户是否处于活跃状态。消费频率体现了客户对品牌的依赖程度，消费频率高的客户价值相对较高。消费金额则直接反映了客户为企业带来的经济贡献。通过对这三个维度的数据进行综合分析，将客户划分为不同的价值等级，如高价值客户、中价值客户和低价值客户，为企业制定差异化的营销策略提供依据。

②客户生命周期价值（CLV）模型应用：客户生命周期价值模型用于预测客户在与企业建立关系的整个生命周期内为企业带来的总价值。通过分析客户的购车历史、消费习惯、忠诚度等数据，结合市场趋势和行业数据，预测客户未来的消费行为和潜在价值。例如，对于年轻的首次购车客户，虽然当前消费金额可能不高，但如果通过数据分析则会发现其具有较高的忠诚度和消费潜力，那么在未来的客户生命周期内，他们可能会多次购买该品牌的汽车，并购买大量的配件和服务，为企业带来较高的价值。企业可以根据 CLV 模型的预测结果，合理分配资源，加强对高潜力客户的培养和维护。

（三）基于数据分析的客户价值细分与管理

①客户价值细分：根据构建的客户价值评估指标体系和模型，运用聚类分析

等数据分析方法，将客户划分为不同的价值细分群体。例如，将客户分为高价值忠诚客户、高潜力成长客户、一般价值客户和低价值流失风险客户等。针对不同的细分群体，企业可以制定个性化的营销策略和服务方案。

②客户价值管理策略：对于高价值忠诚客户，企业可以提供专属的 VIP 服务，如优先试驾新车型、专属的售后服务团队、高端的车主活动等，进一步提高客户的满意度和忠诚度。对于高潜力成长客户，企业可以加大营销投入，提供个性化的购车优惠和增值服务，促进客户的消费升级。对于一般价值客户，企业可以通过定期的营销活动和关怀，提高客户的活跃度和忠诚度。对于低价值流失风险客户，企业可以通过数据分析找出客户流失的原因，采取针对性的挽回措施，如提供特别的优惠政策、改进产品或服务等，降低客户流失率。

五、客户忠诚度管理

（一）识别忠诚客户

①多维度数据整合分析：通过整合客户在购车、售后维修保养、线上互动、线下活动参与等各个环节产生的数据，构建全面的客户画像。例如，综合分析客户的购车历史，包括购买的车型、购买频率、购买时间间隔等信息，了解客户对品牌的持续购买行为；结合客户在官方网站、App 上的浏览记录、参与互动的频率和深度，评估客户对品牌的关注度和兴趣度；统计客户参加线下试驾、车主聚会、品牌活动等的次数，判断客户对品牌的参与度和认同感。通过对这些多维度数据的深入分析，能够准确识别出真正对品牌忠诚的客户群体。

②忠诚度指标量化评估：设定一系列可量化的忠诚度指标，运用数据分析方法对客户进行评估。除了重复购买率、推荐意愿等常见指标外，还可以引入客户留存率这一指标，计算在一定时间段内继续选择该品牌的客户占总客户的比例，留存率高的客户群体通常具有较高的忠诚度。另外，客户投诉解决后的满意度也是一个重要指标，通过分析客户投诉处理的记录和客户对处理结果的反馈，了解客户在经历问题后对品牌的态度变化。如果客户在投诉得到妥善解决后仍然保持对品牌的信任和支持，那么这类客户的忠诚度相对较高。

（二）预测客户忠诚度变化趋势

①基于历史数据的建模预测：利用机器学习算法和数据分析模型，基于客户

的历史数据，如消费行为、互动行为、投诉记录等，建立客户忠诚度预测模型。该模型可以分析客户数据中的模式和趋势，预测客户未来忠诚度的变化情况。例如，通过分析发现，某些客户在近期减少了对品牌线上平台的访问频率，同时延长了维修保养的时间间隔，这些数据变化可能预示着客户的忠诚度正在下降。企业可以根据预测结果提前采取措施，与客户进行沟通，了解其需求和意见，及时解决潜在问题，防止客户流失。

②市场环境与竞争因素分析：除了客户自身的行为数据，还需要结合市场环境和竞争因素的数据分析，预测客户忠诚度的变化。例如，分析竞争对手推出的新车型、促销活动、服务升级等信息，以及市场上的行业趋势、政策变化等因素，评估这些外部因素对客户忠诚度的影响。如果发现竞争对手推出了一款具有竞争力的车型，且与本品牌的目标客户群体重叠度较高，那么企业可以通过数据分析预测哪些客户可能受到影响，进而制定针对性的应对策略，如推出更具吸引力的优惠政策、加强产品差异化宣传等，稳定客户忠诚度。

（三）制定个性化的忠诚度提升策略

①根据客户细分提供差异化服务：依据客户的忠诚度等级和需求特点，将客户细分为不同的群体，如高忠诚度客户、中等忠诚度客户、低忠诚度客户等。针对高忠诚度客户，企业可以提供专属的高端服务，如为其配备一对一的专属服务顾问，随时解答客户的问题，提供个性化的购车、保养建议；邀请他们参加品牌的高端品鉴活动、新车发布会等，增强客户的归属感和荣誉感。对于中等忠诚度客户，企业可以通过提供一些增值服务，如免费的车辆检测、延长质保期、赠送保养套餐等，提高客户的满意度和忠诚度。而对于低忠诚度客户，企业可以深入分析其忠诚度较低的原因，通过提供个性化的优惠政策、改进产品或服务等方式，逐步提升他们的忠诚度。

②个性化营销活动策划：利用数据分析了解客户的兴趣爱好、消费习惯和购买偏好，为不同客户群体策划个性化的营销活动。例如，对于喜欢户外运动的客户，企业可以组织户外越野试驾活动、自驾游等，邀请他们参加，增强客户与品牌之间的互动和情感联系；对于关注环保的客户，企业可以开展新能源汽车的体验活动、环保主题的公益活动等，吸引他们的参与，提升客户对品牌的认同感。通过开展个性化的营销活动，满足客户的个性化需求，能够有效提高客户的忠诚度。

（四）评估忠诚度管理策略的效果

①设定关键指标监测效果：建立一套全面的忠诚度管理策略效果评估指标体系，包括客户忠诚度提升率、客户流失率、客户推荐率等关键指标。通过定期收集和分析这些指标的数据，评估忠诚度管理策略的实施效果。例如，如果实施了一系列提升客户忠诚度的策略后，客户忠诚度提升率有所提高，客户流失率下降，客户推荐率上升，说明这些策略取得了一定的成效；反之，则需要对策略进行调整和优化。

②客户反馈分析优化策略：收集客户对忠诚度管理策略的反馈意见，通过问卷调查、在线评价、电话回访等方式，了解客户对企业提供的服务、营销活动等的满意度和建议。运用数据分析方法对客户反馈进行深入分析，找出策略中存在的问题和不足之处，及时进行调整和优化。例如，如果客户反馈在参加某个营销活动时，活动组织不够有序，体验不佳，企业可以针对这一问题进行改进，优化活动流程和组织方式，提高客户的参与体验，进一步提升客户忠诚度。

综上所述，客户数据采集对于汽车服务企业来说具有非常重要的作用。它不仅有助于企业深入了解客户需求和偏好，还能优化服务流程、提升客户满意度和忠诚度，并为企业决策提供有力支持。因此，汽车服务企业应该高度重视客户数据采集工作，加强数据管理和分析能力的建设。

第三节　汽车市场的客户细分方法

客户细分是客户关系管理中的重要环节，它帮助企业识别并满足不同客户群体的需求，实现精准营销和服务定制。汽车市场的客户细分方法多样，包括但不限于以下几种。

一、基于人口统计学的细分

根据年龄、性别、收入、职业、教育水平等人口统计学特征进行客户细分。例如，年轻消费者可能更偏好时尚、个性化的车型，而中老年消费者则更注重车辆的舒适性和安全性。

（一）年龄层

不同年龄段的消费者对汽车的偏好和需求有所不同。

①青年客户：一般指 20～35 岁的人群，他们充满活力，追求时尚和科技感，对汽车的外观设计、智能配置较为关注，如喜欢带有大尺寸中控屏、智能互联系统的车型，如特斯拉 Model 3 就以其科技感吸引了不少年轻客户。

②中年客户：年龄在 35～55 岁，他们更注重汽车的舒适性、安全性和品牌形象，倾向于选择豪华品牌或中高端车型，如奥迪 A6L 凭借其舒适的驾乘体验和品牌影响力，受到中年商务人士的青睐。

③老年客户：55 岁以上的老年客户，他们可能更看重车辆的稳定性、易操作性，对舒适性配置有较高要求，如座椅的柔软度和车内空间的宽敞性。

（二）性别层

男性和女性在汽车购买决策中关注的重点不同。

①男性客户通常对汽车的动力性能、机械结构等技术方面比较感兴趣，更关注车辆的驾驶体验和操控性能，跑车、SUV 等车型往往更受男性客户喜爱。

②女性客户可能更注重汽车的外观造型、内饰设计和色彩搭配，对车辆的安全性和便利性配置也较为关注，小型轿车或造型可爱的车型容易获得女性客户的青睐。

（三）收入层

消费者的收入水平决定了其购车预算和购车档次。

①高收入客户年收入较高，通常会选择豪华品牌的高端车型或超豪华品牌，如奔驰 S 级、劳斯莱斯幻影等，这些车型不仅具有卓越的性能和品质，还能彰显身份和地位。

②中等收入客户会在性价比的基础上考虑品牌和车型，注重车辆的实用性和舒适性，会在合资品牌的中高端车型或自主品牌的高端车型中进行选择。

③低收入客户主要考虑价格因素，更倾向于选择经济实惠、性价比高的车型，如自主品牌的小型车或入门级轿车。

二、基于心理行为的细分

根据消费者的生活方式、价值观、品牌偏好等心理特征进行细分。例如，追求奢华体验的客户可能倾向于高端品牌，而注重实用性的客户则可能更偏爱性价比高的车型。

（一）使用频率

①高频使用者：如出租车司机、网约车司机等，他们对车辆的耐用性、燃油经济性和维修保养成本较为关注，会选择一些皮实耐用、油耗低的车型。

②低频使用者：主要用于偶尔的出行或短途代步，对车辆的外观、舒适性有一定要求，可能更倾向于选择小型电动车或微型车。

（二）购买动机

①自用：这类客户购买汽车主要是为了满足个人或家庭的出行需求，会根据自身的需求和喜好选择车型。

②商用：企业或个体工商户购买汽车用于商业运营，如物流运输、商务接待等，更注重车辆的载货能力、乘坐舒适性和运营成本。

（三）品牌忠诚度

①忠诚客户：对某个汽车品牌有较高的认同感和忠诚度，会持续购买该品牌的车型，并且会积极向他人推荐。

②非忠诚客户：他们在购买汽车时更注重产品的性价比和实际需求，会在不同品牌之间进行比较和选择，品牌忠诚度较低。

（四）生活方式

①运动型：这类客户热爱运动和户外活动，喜欢具有运动风格和越野性能的车辆，如 Jeep 牧马人等硬派越野车，能够满足自驾旅行、越野探险的需求。

②商务型：这类客户的生活围绕着工作和商务活动，更倾向于选择外观稳重、内饰豪华、乘坐舒适的商务车型，如别克 GL8 等 MPV 车型。

③家庭型：注重家庭生活，对车辆的空间、安全性和舒适性有较高要求，会选择空间宽敞、配置丰富的 SUV 或 MPV 车型，如丰田汉兰达等。

（五）个性特点

①追求时尚型：这类客户喜欢追求潮流和新鲜事物，对汽车的外观设计和科技配置要求较高，愿意为具有独特设计和先进科技的车型支付更高的价格，如一

些限量版或概念车型。

②传统保守型：这类客户更倾向于选择经典、稳重的车型，注重品牌的传统和口碑，对车辆的创新设计和新技术持谨慎态度，如大众品牌的一些经典车型。

三、基于地理位置的细分

根据客户的城市规模、气候条件等地理因素进行细分。

（一）城市规模

①一线城市：消费者对汽车的品牌、品质和科技含量要求较高，豪华品牌和新能源汽车的市场份额相对较大。同时，由于城市拥堵，小型化、智能化的车型也有一定市场。

②二线城市：消费者对汽车的需求较为多样化，既注重品牌和品质，也关注性价比。除了传统燃油车，新能源汽车的市场也在不断增长。

③三四线城市及以下：消费者更注重汽车的实用性和价格，对车辆的空间和通过性有一定要求，自主品牌的 SUV 和 MPV 车型在这些地区有较大的市场。

（二）气候条件

①寒冷地区：消费者可能更需要汽车具备良好的保暖性能、雪地行驶能力，如配备雪地胎、四驱系统、座椅加热等配置的车型会更受欢迎。

②炎热地区：车辆的空调制冷效果、隔热性能显得尤为重要，同时对车辆内饰材料的耐热性也有一定要求。

③多雨地区：消费者可能会更关注车辆的排水性能、防滑性能和防锈蚀能力。

四、基于使用场景的细分

根据客户的用车场景进行细分，如家庭用车、商务用车、越野探险等。不同使用场景下的客户需求差异显著，企业需根据具体场景提供针对性的产品和服务。

（一）日常通勤

①城市上班族：通常在城市道路中行驶，对车辆的燃油经济性或电耗、舒适性和停车便利性有较高要求。他们可能更倾向于选择小型车、紧凑型车或新能源汽车，便于在城市拥堵的交通中穿梭和寻找停车位；同时，燃油成本或充电成本相对较低，能满足日常通勤的经济性需求。

②城郊通勤族：需要在城市和郊区之间往返，行驶里程相对较长，可能会遇到城市拥堵路段和高速公路。车型空间较大，乘坐舒适，动力也能满足在不同路况下的行驶需求。

（二）家庭出行

①小型家庭：由夫妻两人或夫妻带一个孩子组成，注重车辆的安全性、舒适性和空间灵活性。他们可能会选择紧凑型 MPV 或小型 SUV，如别克 GL6、领克 Z20 等，这些车型不仅能提供舒适的驾乘空间，还能方便地放置儿童座椅和家庭出行物品，车辆的安全配置也能满足家庭出行的需求。

②大家庭：成员较多，如三代同堂，对车辆的空间和舒适性要求极高，需要有足够的座位和行李空间。大型 MPV 或中大型 SUV 会是他们的首选，如广汽传祺 M8、大众途昂等，这些车型可以轻松容纳全家成员，并且提供宽敞的车内空间和舒适的座椅，使长途旅行更加轻松愉快。

（三）商务出行

①企业高管：对车辆的品牌形象、舒适性和安全性有很高要求，通常会选择豪华轿车，如奔驰 S 级、宝马 7 系等，这些车型能彰显企业和个人的身份地位，同时为乘坐者提供顶级的舒适性和安全性配置，适用于商务接待和重要会议等场合。

②普通商务人士：这类客户经常开车拜访客户、参加商务活动等，对车辆的舒适性、燃油经济性和外观形象都有一定要求。他们可能会选择中型商务轿车，如奥迪 A4L、沃尔沃 S60 等，这些车型既有一定的品牌形象，又能在舒适性和经济性之间取得较好的平衡，满足日常商务出行的需求。

（四）休闲娱乐

①自驾游爱好者：这类客户喜欢驾驶汽车去探索不同的地方，对车辆的通过

性、越野性能和装载能力有较高要求。SUV 或硬派越野车是他们的理想选择，如 Jeep 牧马人、丰田普拉多等，这些车型具有强大的越野能力和较高的离地间隙，能够适应各种复杂的路况；同时，车内和后备厢空间较大，可以携带足够的露营装备、户外用品等。

②运动爱好者：这类客户经常携带运动器材，如自行车、滑雪板等，对车辆的空间灵活性和便利性有要求。他们可能会选择跨界车或具有较大后备厢空间的车型，如沃尔沃 V60、奥迪 A4 等，这些车型不仅能提供足够的空间放置运动器材，还具有较好的操控性能和舒适性，适合在休闲娱乐时使用。

（五）特殊作业

①工程作业：如建筑、电力、水利等工程领域，需要车辆具备强大的载货能力、越野性能和耐用性。皮卡或轻型卡车是常见的选择，如福特 F - 150、长城炮等，这些车型能够装载大量的工具和材料，并且可以在崎岖的工地道路上行驶，满足工程作业的需求。

②应急救援：消防、警察、救护车等应急救援车辆需要具备快速响应、高可靠性和特殊装备搭载能力。这些车辆通常会根据具体的救援任务进行特殊改装，如消防车需要配备消防设备和大容量水箱，救护车需要配备医疗急救设备等，以满足在紧急情况下的救援需求。

第四节　客户细分案例分析

以下通过几个具体案例，展示客户细分在汽车行业的实践应用。

【案例一　特斯拉新能源汽车的用户细分】

在大数据环境背景下，企业借助先进的数据分析技术，深入挖掘客户数据背后隐藏的信息，实现对客户群体的精准细分。通过对客户的年龄、性别、职业、收入、兴趣爱好、消费习惯等多维度数据的分析，企业能够清晰地描绘出不同客户群体的画像，从而更精准地把握客户的个性化需求。在这样的时代背景下，特斯拉凭借敏锐的市场洞察力，积极拥抱大数据技术，构建了一套全面且深入的客户细分策略。

1. 基于消费能力与偏好细分

①高端科技追求者：这类客户通常收入较高，对前沿科技充满热情，追求极致的驾驶体验与车辆性能。他们对价格敏感度较低，更看重车辆的自动驾驶技术、续航里程以及智能互联功能。特斯拉的 Model S 和 Model X 系列便是针对这部分客户群体打造的。以 Model S 为例，其高性能版本拥有超强的加速能力，百公里加速仅需2.1秒左右，同时配备了先进的 Autopilot 自动驾驶辅助系统，不断升级的软件功能也能满足他们对科技新鲜感的追求。

②中端实用主义者：这部分客户收入中等，注重性价比与实用性，希望在有限预算内获得一辆具备新能源优势的汽车。特斯拉的 Model 3 和 Model Y 系列就是为他们设计的。Model 3 价格相对亲民，在保证基本续航能力（标准续航版可达556公里左右）和智能配置的同时，满足了这部分客户日常通勤和家庭出行的需求，成为特斯拉销量的主力军。

2. 基于环保理念与生活方式细分

①环保先锋群体：他们秉持强烈的环保理念，积极践行绿色生活方式，将购买新能源汽车作为减少碳排放的重要举措。特斯拉以其零排放的纯电动技术，成为这部分客户的首选。特斯拉通过宣传其环保理念，如减少对传统燃油的依赖、降低温室气体排放等，吸引了大量环保先锋客户。这些客户不仅自己购买特斯拉车型，还会在社交平台分享自己的用车体验，为品牌进行口碑传播。

②都市时尚青年：他们生活在大城市，追求时尚潮流，注重生活品质，对新鲜事物接受度高。特斯拉简洁时尚的外观设计、智能化的内饰和独特的品牌形象，与他们的生活方式相契合。特斯拉经常举办各类时尚活动，如与时尚品牌联名合作、参与城市潮流展会等，吸引都市时尚青年的关注，增强了他们对品牌的认同感。

通过以上基于客户细分的针对性举措，特斯拉成功地满足了不同客户群体的多样化需求，让每一位客户都能感受到品牌对他们的关注和重视。这种贴心的服务和关怀，极大地提升了客户的满意度和忠诚度，使他们不仅成为特斯拉的忠实用户，还主动为品牌进行口碑传播，向身边的亲朋好友推荐特斯拉汽车，进一步推动了品牌的发展和壮大。

资料来源：Introduction to Tesla Models Official Website ［EB/OL］. ［2025 - 03 - 30］. https：//www. tesla. com/models.

☆**思考：**

特斯拉如何通过客户细分提升整体品牌忠诚度？

【案例二　丰田的"智能互联"服务】

在大数据时代，丰田敏锐地捕捉到数据背后的巨大价值，借助大数据分析技术，开启了一场客户细分与服务升级的变革之旅，为不同客户群体提供智能化的汽车互联服务。

丰田首先整合了多渠道数据，涵盖销售记录、售后维修保养信息、车主线上反馈、社交媒体互动和车辆传感器收集的数据等。2022 年，丰田收集到的各类数据量达到了数百 TB，通过对这些海量数据的深度挖掘，丰田构建了全面且细致的客户画像。

从消费能力与需求偏好维度来看，丰田细分出高端商务精英群体和普通家庭用户群体。经数据统计，高端商务精英群体约占丰田整体客户群体的15%，他们通常对车辆的豪华配置、智能办公功能和驾乘舒适性有较高要求。基于此，丰田为这部分客户打造的车型配备了顶级的智能互联系统，如支持高清视频会议的车内多媒体设备，能与各类办公软件无缝对接，方便他们在车内随时处理公务。同时，车辆还搭载了先进的智能驾驶辅助系统，不仅能实现高精度的自适应巡航，还能在复杂路况下提供智能驾驶建议，确保出行高效又安全。在使用该智能驾驶辅助系统后，这部分客户反馈在日常商务出行中，平均每次行程能节省约15%的时间，工作效率显著提升。

普通家庭用户占比约为55%，他们更注重车辆的实用性、性价比和家庭成员的乘车体验。丰田针对这一群体，在汽车互联服务中增加了亲子互动功能，如车内儿童专属娱乐系统，以及可播放儿童喜爱的动画、故事等，使孩子们在旅途中也能享受欢乐时光。此外，还配备了智能家庭互联功能，车主可以通过车内系统远程控制家中的智能家电，如提前打开空调、热水器等，回家就能享受舒适的环境。数据显示，配备这些功能后，普通家庭用户的满意度从原来的70%提升至85%，对丰田品牌的好感度大幅增加。

在环保理念与出行习惯方面，丰田细分出环保出行爱好者和城市通勤上班族。环保出行爱好者占比约为20%，他们追求绿色出行，对车辆的能源效率和环保性能格外关注。丰田在为他们提供的汽车互联服务中，加入了能源消耗实时监测与节能驾驶建议功能，通过分析车辆行驶数据，为车主提供最佳的驾驶模式，帮助他们降低能耗，减少碳排放。据统计，使用该功能后，环保出行爱好者的车辆平均能耗降低了12%，碳排放也相应减少。同时，丰田还会推送周边的新能源充电设施信息，方便他们随时补充能源，大大提高了这部分客户的出行便利性。

城市通勤上班族占比约为10%，他们面临着拥堵的交通和有限的停车资源。

丰田为这部分客户提供的互联服务集成了实时交通路况导航功能，能够根据实时路况动态规划最优路线，避开拥堵路段，节省通勤时间。还配备了智能停车辅助功能，不仅能帮助车主快速找到附近的空闲停车位，还能实现自动泊车，解决停车难题。数据表明，使用该功能后，城市通勤上班族平均每天能节省约 20 分钟的通勤时间，停车效率提高了 30%，有效缓解了他们的出行压力。

通过这一系列基于大数据分析的客户细分和智能化汽车互联服务，丰田收获了显著成效。整体客户满意度从 75% 提升至 88%，客户忠诚度也得到增强，老客户的复购率从原来的 30% 提高到了 40%。在激烈的汽车市场竞争中，丰田依靠由大数据技术驱动的客户细分与智能化服务成功脱颖而出，树立了行业服务创新的新标杆，持续引领汽车行业的发展潮流。

资料来源：TOYOTA. Integrated Report / Annual Report Archives［EB/OL］.［2025 - 03 - 30］. https：//global. toyota/en/ir/library/annual/archives/；L3 自动驾驶上路，通勤、消费与城市未来将重塑［EB/OL］.（2025 - 04 - 20）［2025 - 04 - 20］. https：//www. yoojia. com/article/9468573098464108446. html.

☆**思考：**

①家庭用户群体对车辆空间实用性的具体需求指标有哪些？

②针对商务精英群体的购车意向提升了 25%，是哪些个性化营销举措作用最大？

③年轻时尚群体对科技配置的偏好排序是怎样的？

实 践 实 训

一、实训目标

①熟练掌握数据处理技术：包括汽车企业客户数据的采集渠道、方法，以及数据清洗、整合、转换的操作流程，提升数据处理实践能力，确保能获取准确、可用的数据资源。

②学会数据分析与应用技巧：通过实际操作，让学生学会运用描述性分析、关联性分析、预测性分析等方法对客户数据进行深度挖掘。

③熟练运用客户细分方法：引导学生熟练运用基于人口统计学、心理行为、地理位置、使用场景等进行分类的多种客户细分方法。

④培养解决实际问题的能力：借助实际案例和模拟项目，培养学生发现、分析和解决汽车企业客户管理中实际问题的能力。

二、实训要求

①数据处理规范准确：在数据采集与处理过程中，严格按照行业标准和规范进行操作，确保数据的准确性、完整性和一致性，数据转换要保证数据格式和编码的统一规范。

②分析方法运用得当：根据不同的分析目的，正确选择和运用数据分析方法。

③客户细分精准合理：运用客户细分方法时，要深入分析客户的各类特征和行为数据，确保细分结果精准反映不同客户群体的需求差异。

④报告撰写规范详细：实训报告内容要完整、条理清晰、逻辑严谨。对客户细分结果进行深入解读，并结合实际案例提出切实可行的营销策略和服务优化建议。

⑤团队协作积极高效：以小组形式开展实训时，小组成员要明确分工、密切配合。

三、实训内容

本次实训旨在通过对汽车行业客户数据的采集、处理、分析以及市场细分的实践操作，深入理解和掌握相关理论知识，提升实际应用能力。包括熟练运用数据采集与处理方法获取高质量数据，学会运用多种数据分析方法挖掘客户价值，掌握不同客户细分方式，以及依据分析结果制定有效的营销策略和服务优化方案。

（一）数据采集与处理实训

①数据采集：选择某一汽车品牌，通过企业官方网站、App、社交媒体平台、经销商门店等多种渠道，收集该品牌客户的基本信息（姓名、性别、年龄、职业等）、购买信息（购车时间、车型、价格等）、车辆使用信息（行驶里程、保养记录等）、营销相关信息（参与活动情况、线上浏览行为等）以及客户反馈信息（满意度评价、意见建议等），至少收集100条有效数据。

②数据清洗：运用 Excel 或专业数据处理软件，对收集到的数据进行清洗。去除重复数据，纠正错误数据（如错误的车型信息、联系方式等），处理缺失值（可采用均值填充、删除缺失值记录等方法），确保数据质量。

③数据整合：将来自不同渠道的数据整合到一个统一的表格或数据库中。对数据进行整理和分类，如按照客户 ID 进行关联，将客户的各类信息整合在同一记录下，实现数据的集中管理。

④数据转换：对整合后的数据进行标准化处理。例如，将车辆型号统一命名

格式，对客户年龄进行分组（如 20～30 岁、31～40 岁等），将数据转换为适合分析的格式。

（二）数据分析实训

①描述性分析：运用 Excel 的数据分析工具或 Python 的数据分析库，对客户数据进行描述性分析。计算客户年龄的平均值、中位数，分析不同性别客户的购车比例，统计各类车型的销售数量占比等，以图表（柱状图、饼图等）形式展示分析结果。

②关联性分析：分析客户的年龄、收入与车型选择之间的关系，以及车辆维修记录与客户满意度之间的关系。可以使用相关性分析方法（如皮尔逊相关系数），找出数据之间的关联程度，并进行可视化展示（如散点图）。

③预测性分析：利用时间序列分析方法，根据某地区过去 5 年的汽车销售数据，预测未来 1 年该地区的汽车销售趋势。或者运用机器学习算法（如逻辑回归、决策树等），构建客户流失预测模型，预测客户流失的可能性，并评估模型的准确性。

（三）客户细分实训

①基于人口统计学的细分：根据客户的年龄、性别、收入等人口统计学特征，将客户划分为不同的群体。分析每个群体的购车偏好和需求特点，如年轻高收入群体对新能源跑车的需求、中年中等收入群体对家用轿车的需求等。

②基于心理行为的细分：依据客户的生活方式、品牌忠诚度、购买动机等心理行为特征进行细分。例如，将追求时尚、热爱运动的客户归为一类，分析他们对具有运动风格和智能配置车型的需求；将品牌忠诚度高的客户归为一类，研究他们的重复购买行为和推荐意愿。

③基于地理位置的细分：按照客户所在的城市规模、气候条件等地理因素进行细分。分析一线城市与三四线城市客户在购车品牌、车型选择上的差异，以及寒冷地区与炎热地区客户对车辆配置需求的不同。

④基于使用场景的细分：根据客户的用车场景（如日常通勤、家庭出行、商务出行等）进行细分。研究不同使用场景下客户对车辆空间、性能、配置的需求特点，如家庭出行客户对车辆安全性和空间灵活性的要求，商务出行客户对车辆舒适性和品牌形象的关注。

（四）综合应用实训

①制定个性化营销策略：根据客户细分结果，为不同的客户群体制定个性化的营销策略。例如，针对年轻科技爱好者群体，策划线上智能汽车体验活动，推

出具有吸引力的购车优惠政策；针对家庭用户群体，举办亲子试驾活动，强调车辆的安全性和舒适性。

②优化客户服务方案：结合数据分析结果，提出优化客户服务的方案。例如，根据车辆维修记录和客户反馈，优化售后服务流程，提高维修效率；针对经常长途驾驶的客户，提供个性化的保养套餐和长途驾驶建议。

③撰写实训报告：以小组为单位，撰写实训报告。报告内容包括实训目的、实训过程（数据采集与处理方法、数据分析方法与结果、客户细分过程与结果），以及基于分析结果提出的营销策略和服务优化建议、实训总结与体会等。报告要求图文并茂，数据准确，分析深入，建议具有可操作性。

课后习题

一、名词解释

1. 数据采集

2. 客户细分

3. RFM 模型

4. 客户生命周期价值（CLV）模型

二、单项选择题

1. 汽车企业收集客户的姓名、性别、年龄等信息属于（　　　）。

A. 客户个人基本信息　　　　　　　B. 购买信息

C. 车辆使用信息　　　　　　　　　D. 营销相关信息

2. 以下哪项不属于数据处理的环节？（　　　）

A. 数据采集　　　B. 数据清洗　　　C. 数据整合　　　D. 数据转换

3. 汽车企业根据客户的购车记录、维修保养历史等数据为客户建立个性化服务档案，这属于（　　　）在客户服务中的应用。

A. 服务质量监控与评估　　　　　　B. 个性化服务提供

C. 售后服务优化　　　　　　　　　D. 客户投诉处理

4. 特斯拉 Model 3 主要针对的客户群体是（　　　）。

A. 高端科技追求者　　　　　　　　B. 中端实用主义者

C. 环保先锋群体　　　　　　　　　D. 都市时尚青年

5. 丰田为高端商务精英群体打造的车型配备支持高清视频会议的车内多媒

体设备，这是基于（　　）进行的客户细分。

    A. 人口统计学　　　　　　　　　　B. 心理行为

    C. 使用场景　　　　　　　　　　　D. 消费能力与需求偏好

三、多项选择题

1. 汽车企业采集数据的来源包括（　　）。

    A. 企业内部系统　　　　　　　　　B. 车辆自身数据

    C. 线上渠道　　　　　　　　　　　D. 线下渠道

2. 数据分析在客户管理中的应用包括（　　）。

    A. 客户洞察　　　　　　　　　　　B. 精准营销

    C. 优化客户服务　　　　　　　　　D. 客户价值评估

    E. 客户忠诚度管理

3. 基于人口统计学的客户细分维度有（　　）。

    A. 年龄层　　　　B. 性别层　　　　C. 收入层　　　　D. 职业层

    E. 教育水平层

4. 以下属于客户忠诚度管理的内容有（　　）。

    A. 识别忠诚客户　　　　　　　　　B. 预测客户忠诚度变化趋势

    C. 制定个性化的忠诚度提升策略　　D. 评估忠诚度管理策略的效果

    E. 构建客户忠诚度模型

5. 汽车企业通过数据分析进行精准营销的方式有（　　）。

    A. 精准定位目标客户群体　　　　　B. 个性化营销内容定制

    C. 优化营销渠道选择　　　　　　　D. 营销效果实时监测与评估

    E. 开展促销活动

四、思考题

1. 请举例说明汽车企业如何通过数据分析进行客户需求预测，并阐述其对企业的重要性。

2. 以某一汽车品牌为例，分析其基于客户细分的个性化营销活动，并评价活动效果。

3. 结合实际生活，谈谈汽车企业在进行客户忠诚度管理时，还可以采取哪些创新的策略？

4. 数据采集与管理对汽车企业的产品改进有何作用？请详细说明。

5. 对比基于心理行为的细分和基于使用场景的细分，分析两者的差异及在汽车市场中的应用优势。

第三章

客户获取与客户生命周期管理

案例导入

吉利"银河计划"的客户生态构建

在杭州亚运会开幕前夕，一位刚毕业的"95后"设计师王薇通过吉利汽车App的"AI选车助手"生成了人生第一辆车的购买方案。系统根据她的通勤路线、周末露营爱好和预算限制，推荐了银河L7插混车型。三天后，她在城市展厅通过AR眼镜直观对比了三种车身颜色的实景效果，试驾时车载系统自动记录了她的驾驶习惯并生成能耗优化建议。交车当天，销售顾问为她激活了"银河会员"身份——未来三年内所有保养均可积分兑换，车机系统则会根据行驶数据主动推送电池健康报告。

这套"购车即入生态"的体系初见成效。

资料来源：「汽车人」AI赋能"千里浩瀚"，吉利在下一盘大棋［EB/OL］．（2025－03－08）［2025－03－30］．https：//baijiahao. baidu. com/s？id＝1826016256943725874&wfr＝spider&for＝pc.

第一节 客户获取策略与营销活动

客户关系管理（CRM）在汽车行业中的首要任务之一便是有效地获取新客

户。在竞争日益激烈的市场环境中，制定和执行有效的客户获取策略对于汽车企业至关重要。这不仅关乎市场份额的扩大，更直接影响到企业的品牌声誉、销售业绩和长期盈利能力。

一、客户获取策略

客户获取是指汽车企业或经销商通过各种策略和手段，吸引潜在客户并将其转化为实际购买客户或使用客户的过程，涵盖了从挖掘潜在客户到建立客户关系的一系列活动。客户获取策略涉及多个方面，包括市场定位、营销组合、渠道选择和客户关系建立等。

（一）市场定位

汽车行业市场定位是汽车企业根据自身产品特点、目标客户群体需求以及市场竞争状况，确定其产品在目标市场中独特位置的过程，涉及明确目标市场、塑造产品差异化优势和传播定位理念等方面。

1. 明确目标市场

要了解目标市场，必须要了解目标市场的概念。目标市场由美国市场学家麦卡锡在 20 世纪 60 年代初提出，是指企业在市场细分后，为满足现实或潜在消费者需求所选定的特定市场。明确目标市场常要经过市场细分、目标市场选择两个步骤。

①市场细分：汽车企业依据消费者的年龄、性别、收入、职业等人口统计学特征，以及生活方式、购车动机、使用频率等心理和行为因素，将整个汽车市场划分为若干个具有不同需求特点的细分市场。例如，可根据年龄将市场分为年轻消费者市场、中年消费者市场和老年消费者市场；根据用途分为家用车市场、商务车市场、越野车市场等。

②目标市场选择：在市场细分的基础上，企业评估每个细分市场的规模、增长潜力、竞争程度以及自身的资源和能力，选择一个或几个最具吸引力和发展潜力的细分市场作为目标市场。例如，某汽车品牌发现年轻上班族对小型新能源汽车的需求增长迅速，且该领域竞争相对较小，便将这一群体作为自己的目标市场。

2. 塑造产品差异化优势

①产品特性差异化：汽车企业通过在产品的外观设计、性能配置、技术创新

等方面打造独特之处，使产品区别于竞争对手。例如，特斯拉在电动汽车领域以其先进的电池技术和智能驾驶辅助系统 Autopilot，与其他品牌的电动汽车形成明显差异，为消费者提供了独特的驾驶体验。

②品牌形象差异化：企业赋予品牌独特的价值观、文化内涵和个性特点，在消费者心目中树立与众不同的品牌形象。例如，奔驰强调"豪华、舒适与安全"，宝马突出"驾驶乐趣"，沃尔沃则以"安全"为核心品牌价值，各自吸引着不同需求和偏好的消费者群体。

③服务差异化：企业通过提供更优质、更个性化的售前、售中、售后服务来形成差异化。例如，一些豪华汽车品牌为客户提供专属的私人管家服务、24 小时道路救援、个性化定制保养套餐等，提升客户的购买和使用体验。

3. 传播定位理念

①广告宣传：汽车企业通过各种广告渠道，如电视广告、网络广告、户外广告等，向目标客户群体传播产品的定位信息和独特价值。例如，Jeep 品牌在广告中强调其车型的越野性能和探索精神，吸引热爱户外运动、追求自由的消费者。

②公关活动：企业通过举办新闻发布会、参加车展、开展公益活动等公关手段，展示品牌形象和产品特点，强化产品在市场中的定位。例如，比亚迪积极参与各类新能源汽车产业论坛和环保公益活动，展示其在新能源汽车领域的技术实力和环保理念，提升品牌在新能源汽车市场的定位。

③口碑营销：通过提供优质的产品和服务，激发消费者的口碑传播，使产品的定位信息在目标客户群体中广泛传播。例如，丰田汽车以其可靠性和耐用性赢得了消费者的良好口碑，消费者之间的口口相传使得丰田在经济型家用车市场的定位更加稳固。

（二）营销组合

1. 营销组合的概念

营销组合最早是由美国哈佛大学教授尼尔·博登（Neil Borden）在 1964 年提出的。他认为，应综合考虑产品、价格、渠道、促销等多个要素，这些要素相互影响、相互作用，共同构成了企业的市场营销策略。杰罗姆·麦卡锡（E. Jerome McCarthy）在 1967 年将营销组合中的众多要素概括为四大类，即产品（product）、价格（price）、渠道（place）、促销（promotion），这就是著名的 4P 营销理论，成为营销学中具有深远影响力的理论基础。之后，随着市场营销理论的发展，又逐渐衍生出了包括人员（people）、有形展示（physical evidence）、过程（process）等要素在内的 7P 营销理论等扩展版本。营销组合在各行业中应用广泛，汽车企业为了在市场中实现营销目标也经常使用一系列营销组合策略和手段。

2. 汽车行业的 7P 营销策略

（1）产品（product）。

①车型与产品线：汽车企业需要根据市场需求和目标客户群体，开发和推出不同类型、不同级别、不同用途的车型，形成丰富的产品线。例如，既有面向家庭用户的经济型轿车、SUV，也有面向高端商务人士的豪华轿车，还有针对越野爱好者的硬派越野车等。

②产品质量与性能：确保汽车产品具有可靠的质量、优秀的性能是汽车营销的基础，包括发动机性能、操控性、安全性、舒适性等方面。例如，沃尔沃以其卓越的安全性能在汽车市场中树立了良好的口碑。

③产品创新与科技配置：不断推出新的技术和配置，如智能驾驶辅助系统、车联网功能、新能源技术等，以提升产品的竞争力。例如，特斯拉在智能驾驶和电池技术方面的创新，吸引了众多消费者的关注。

（2）价格（price）。

①定价策略：根据产品定位、成本、市场需求和竞争状况等因素，制定合适的价格策略。常见的定价策略有成本加成定价、竞争导向定价、需求导向定价等。例如，一些豪华汽车品牌采用撇脂定价策略，在新品上市时定高价以获取高额利润；而一些经济型汽车品牌则采用渗透定价策略，以低价快速占领市场份额。

②价格调整：根据市场变化、产品生命周期阶段等因素，适时对价格进行调整。例如，在销售淡季或面临激烈竞争时，通过降价促销来刺激销售；或者在推出新款车型时，对老款车型进行降价清库存。

（3）渠道（place）。

①销售渠道模式：包括传统的 4S 店模式、汽车超市、汽车电商平台等。4S 店提供集销售、售后服务、配件供应和信息反馈于一体的综合服务；汽车超市则汇聚了多个品牌的车型，为消费者提供更多选择；汽车电商平台如懂车帝、汽车之家等，方便消费者在线选车、购车。

②渠道布局与覆盖：汽车企业需要合理规划销售渠道的布局，确保在不同地区、不同城市都有合适的销售网点，提高市场覆盖率。例如，在一二线城市密集

布局4S店，同时在三四线城市和农村市场通过设立直营店、授权经销商等方式拓展渠道。

（4）促销（promotion）。

①广告宣传：通过电视、报纸、杂志、网络、户外广告等多种媒体渠道，向目标客户群体传播产品信息和品牌形象。例如，在黄金时段投放电视广告，在汽车网站和社交媒体上进行精准广告投放等。

②促销活动：举办各种促销活动，如降价优惠、赠送礼品、金融贷款优惠、置换补贴等，以吸引消费者购买。像在车展期间，很多汽车品牌会推出大幅度的优惠政策来促进销售。

③公关活动：通过举办新闻发布会、参加车展、开展公益活动、赞助体育赛事等公关活动，提升品牌知名度和美誉度。例如，吉利汽车赞助中国网球公开赛，提升了品牌在高端体育赛事领域的影响力。

（5）人员（people）。

①销售人员素质：汽车销售人员需要具备专业的汽车知识、良好的沟通能力和销售技巧，能够为消费者提供准确、详细的产品信息和购车建议，解答消费者的疑问，提供优质的服务体验。

②客户服务人员：包括售后服务人员、客服热线人员等，他们要具备高效的问题解决能力和服务意识，及时处理客户的投诉和问题，为客户提供维修、保养、救援等全方位的服务，提高客户满意度和忠诚度。

（6）有形展示（physical evidence）。

①展厅环境：汽车展厅的设计和布局要体现品牌形象和产品特点，营造舒适、专业的购车环境。例如，豪华汽车品牌的展厅通常装修豪华、大气，展示车辆的同时还设有舒适的洽谈区和客户休息区。

②车辆展示：通过合理的车辆摆放、灯光效果、展示道具等，突出车辆的外观、内饰和特色配置，吸引消费者的注意力。例如，在车展上，汽车厂商会采用独特的展台设计和车辆展示方式，展示车辆的最佳角度和亮点。

（7）过程（process）。

①购车流程：优化购车流程，使其更加便捷、高效、透明，减少消费者的购车时间和精力成本。例如，一些汽车品牌推出线上购车平台，消费者可以在线选车、下单、支付，线下提车，简化了购车手续。

②售后服务流程：建立完善的售后服务流程，包括预约保养、维修接待、配件供应、质量跟踪等环节，确保客户能够享受到及时、高效、优质的售后服务。

例如，建立 24 小时售后服务热线，随时响应客户的需求。

（三）渠道选择

随着数字化时代的到来，汽车企业的销售渠道也在不断变化。除了传统的实体店销售外，线上销售、社交媒体营销、合作伙伴关系等也成为重要的客户获取渠道。汽车企业需要评估不同渠道的效果，并根据目标客户群体的偏好选择合适的渠道组合。

1. 常见渠道类型

①传统 4S 店渠道：集汽车销售（sale）、售后服务（service）、配件供应（spare part）和信息反馈（survey）于一体，能够为消费者提供专业、全面的服务，包括车辆展示、试驾体验、金融贷款、保险办理、售后维修保养等一站式服务。例如，奔驰、宝马等豪华品牌通过高标准建设的 4S 店，为客户提供优质服务，树立高端品牌形象。

②汽车经销商渠道：包括综合经销商和品牌授权经销商。综合经销商通常经营多个品牌的汽车，产品种类丰富，能满足不同消费者的需求，价格上可能有一定的灵活性。品牌授权经销商则专注于特定品牌的销售，在品牌推广和客户服务方面更具专业性，与汽车厂商的合作紧密，能及时获取厂家的支持和资源。

③汽车超市渠道：是一种大型的汽车销售场所，汇聚了众多品牌和车型，类似汽车行业的"大卖场"。消费者可以在一个地方对比不同品牌、不同车型的产品和价格，选择空间大，购物环境较为开放和自由。例如，一些城市中的大型汽车交易市场，吸引了大量有购车需求的消费者。

④电商平台渠道：分为汽车厂商官方电商平台和第三方汽车电商平台。官方电商平台有助于汽车企业直接与消费者沟通，推广品牌和产品，同时可以收集消费者数据，了解市场需求。第三方汽车电商平台如懂车帝、汽车之家等，拥有大量的汽车资讯和用户流量，提供车型对比、报价、在线咨询等服务，还经常举办线上购车节等促销活动，促进汽车销售。

⑤融资租赁渠道：通过融资租赁公司为客户提供汽车租赁服务，客户在租赁期内拥有车辆的使用权，租赁期满后可以选择购买车辆或退还车辆。这种渠道适合一些不想一次性支付高额购车款，或者对车辆使用年限和更新频率有要求的客户，为消费者提供了一种灵活的购车方式。

2. 多渠道融合模式

①线上线下融合（O2O）：通过线上平台吸引消费者，再引导其到线下门店

体验和购车，能够实现线上线下的优势互补。这种模式可以提升消费者的购车体验，同时降低企业的运营成本。

②全渠道模式：全渠道模式整合了线上线下的所有资源，为消费者提供无缝衔接的购车体验，这种模式能够更好地满足消费者在不同场景下的需求，提升品牌忠诚度。全渠道模式的实施需要企业具备强大的技术能力和资源整合能力，适用于大型汽车企业和具有较强数字化能力的品牌。

（四）客户关系建立

在汽车市场的客户获取与维护中，建立并维系良好的客户关系无疑是企业发展的重中之重。

从客户最初萌生购车意向开始，汽车企业就应凭借深度数据分析，精准洞察客户的潜在需求，为其提供无微不至的优质售前服务。例如，专业的销售顾问可以根据客户的实际情况，为其详细介绍不同车型的特点和优势，提供个性化的购车方案，帮助客户快速筛选出最适合自己的车辆。

在客户咨询环节，企业要确保拥有高效的响应机制，无论是线上咨询还是线下咨询，都能做到迅速回复，解答客户的疑问，让客户感受到企业的专业与诚意。一旦客户提出投诉，企业必须以最快的速度介入处理，积极倾听客户的诉求，以解决问题为导向，给出令客户满意的解决方案，将负面事件转化为提升客户体验的契机。

此外，企业还应构建完善的客户忠诚度计划，这不仅是对老客户的回馈，更是吸引新客户的有力手段。通过积分兑换、专属优惠、会员特权等多样化的方式，让客户切实感受到企业对他们的重视和关怀，增强客户对品牌的认同感和归属感。通过为客户提供全方位、卓越的客户体验，汽车企业能够赢得客户的深度信任和持久忠诚，促使客户主动成为品牌的传播者，通过口碑传播吸引更多潜在客户，同时也大大提高了客户的重复购买率，为企业的长远发展奠定了坚实的客户基础。

二、营销活动实践

1. 传统营销活动

①车展活动：参与国内外各大知名车展是汽车企业展示最新车型和技术的重要平台。在车展上，企业会搭建豪华的展台，以独特的设计和布置吸引观众的目

光，全方位展示旗下车型的外观、内饰、性能等特点，同时安排专业的销售人员为参观者讲解，还会举办新车发布会、媒体见面会等活动，借助车展的高关注度和影响力，吸引潜在客户，提升品牌形象。例如，在2023年的上海国际车展上，比亚迪推出了仰望U8，凭借其独特的外观设计和先进的技术配置，吸引了大量媒体和观众的关注，极大地提升了品牌的知名度和影响力。

②试驾活动：为了让消费者更直观地感受车辆的性能和驾驶体验，汽车企业会组织试驾活动。消费者可以在专业教练的陪同下，亲自驾驶车辆，体验车辆的加速、制动、操控等性能，以及舒适性、智能化配置等特点。试驾活动能够有效增强消费者对产品的了解和信任，促进购买决策的形成。特斯拉就经常在各地举办试驾活动，消费者可以在专业人员的指导下，体验 Model 3 的自动驾驶功能，感受其智能驾驶的魅力，许多消费者在试驾后对特斯拉的产品产生了浓厚的兴趣，从而促成了购买行为。

③经销商促销活动：汽车企业会联合各地经销商开展形式多样的促销活动，如限时降价、购车送礼包、金融贴息、置换补贴等。这些促销活动能够直接刺激消费者的购买欲望，提高产品的市场销量。同时，经销商还会通过举办店内活动，如新车品鉴会、客户答谢会等，增强与客户的互动和沟通，提升客户满意度和忠诚度。宝马经销商会在特定节日期间，推出购车送保养套餐、金融贴息等优惠活动，吸引消费者购买宝马车型。同时，还会举办新车品鉴会，邀请潜在客户参加，为他们介绍新车的特点和优势，促进销售。

④广告投放：通过电视、报纸、杂志、广播等传统媒体进行广告投放，是汽车企业宣传品牌和产品的重要手段。企业会根据目标受众的特点和媒体的传播效果，选择合适的媒体平台和广告形式，如电视广告、报纸整版广告、杂志封面广告等，向消费者传递品牌形象、产品特点和促销信息，提高品牌知名度和产品曝光度。奔驰曾在央视投放广告，展示其豪华车型的优雅外观和卓越性能，借助央视的广泛影响力，提升了品牌在消费者心中的形象。

2. 数字化营销活动

①社交媒体营销：利用微信、微博、抖音、小红书等社交媒体平台，汽车企业可以与消费者进行直接的互动和沟通。通过发布有趣、有价值的内容，如车辆评测、使用技巧、品牌故事等，吸引用户的关注和分享，提高品牌的话题度和影响力。同时，企业还可以利用社交媒体平台开展线上活动，如抽奖、互动话题、直播等，增加用户的参与度和黏性，促进产品销售。五菱宏光 MINI EV 在抖音平台上发布了一系列有趣的短视频，展示车辆的可爱外观和灵活性能，引发了大量用户的关

注和分享，还通过直播带货的方式，吸引消费者购买，取得了不错的销售成绩。

②搜索引擎营销：通过搜索引擎优化（SEO）和搜索引擎营销（SEM），汽车企业可以提高品牌和产品在搜索引擎结果页面的排名，增加网站流量和曝光度。当消费者在搜索引擎中输入相关关键词时，企业的网站和产品信息能够更快速地出现在搜索结果中，吸引消费者的点击和关注。吉利汽车通过优化搜索引擎关键词，当消费者搜索"吉利汽车""吉利SUV"等关键词时，吉利汽车的官方网站和产品信息能够排在搜索结果的前列，增加了品牌的曝光度和网站流量。

③内容营销：通过创建和发布有价值的内容，如博客文章、视频、图片等，汽车企业可以吸引潜在客户的关注，建立品牌形象和信任。内容营销的形式多种多样，如汽车评测、行业分析、用车指南等，能够满足不同消费者的需求和兴趣，提高品牌的知名度和美誉度。懂车帝平台上有许多汽车品牌发布的汽车评测内容，通过专业的评测和讲解，向消费者展示车辆的性能和特点，帮助消费者了解不同车型的优劣，提升了品牌在消费者心中的专业形象。

④电商平台营销：随着电子商务的发展，越来越多的汽车企业开始在电商平台上开设官方旗舰店，进行产品展示和销售。企业可以通过电商平台开展线上促销活动，如限时折扣、团购、定金膨胀等，吸引消费者在线上购车。同时，电商平台还提供了便捷的支付和售后服务，为消费者提供了更加便捷的购车体验。小鹏汽车在天猫开设官方旗舰店，推出限时优惠购车活动，消费者可以在天猫平台上直接下单购买小鹏汽车，享受便捷的购车服务。

3. 体验式营销活动

①品牌体验中心：汽车企业会设立品牌体验中心，为消费者提供一个全方位了解品牌和产品的场所。在品牌体验中心，消费者可以参观品牌历史文化展示区、车辆展示区、试驾体验区等，通过亲身体验和互动，深入了解品牌的发展历程、产品特点和技术优势，增强对品牌的认同感和归属感。蔚来汽车的NIO House品牌体验中心，不仅展示了蔚来汽车的产品，还设有休息区、儿童游乐区等，消费者可以在这里感受蔚来的品牌文化，与其他车主交流互动，提升了对品牌的好感度。

②汽车文化活动：举办与汽车文化相关的活动，如汽车音乐节、汽车越野赛、汽车摄影大赛等，能够吸引广大汽车爱好者的参与，提升品牌的文化内涵和影响力。这些活动不仅能够让消费者在享受汽车文化的同时更深入地了解品牌和产品，还能够为消费者提供一个交流和互动的平台，增强品牌的用户黏性。路虎经常举办越野挑战赛，邀请越野爱好者参加，通过挑战各种复杂路况，展示路虎

汽车的卓越越野性能，吸引了众多越野爱好者的关注和参与，提升了品牌的知名度和美誉度。

③跨界合作：汽车企业会与其他行业的品牌进行跨界合作，通过联合举办活动、推出联名产品等方式，扩大品牌的影响力和受众群体。例如，与时尚品牌合作推出限量版车型，与科技品牌合作展示智能驾驶技术等，能够吸引不同领域的消费者关注，提升品牌的时尚感和科技感。阿斯顿·马丁与潮牌 Supreme 合作推出联名车型，将阿斯顿·马丁的豪华汽车与 Supreme 的潮流元素相结合，吸引了时尚界和汽车界的双重关注，提升了品牌的时尚感和话题度。

三、客户获取策略的成功案例

【案例一　保时捷的市场定位与营销策略】

1. 品牌背景

保时捷作为全球知名的豪华汽车品牌，自 1931 年创立以来，始终坚持以高性能跑车为核心业务，凭借卓越的工程技术、独特的设计语言和深厚的赛车文化底蕴，在豪华汽车市场占据着举足轻重的地位。

2. 市场定位

①目标客户群体：保时捷将目标客户锁定在高收入、高消费能力且对汽车性能、品质和品牌有较高追求的人群。这部分人群年龄跨度较大，涵盖了年轻的成功创业者、企业高管以及资深的汽车爱好者等。他们注重生活品质，追求个性与卓越，对速度和驾驶乐趣有着强烈的渴望，同时也愿意为高品质的产品和服务支付较高的价格。

②产品定位：保时捷以高性能跑车为核心。同时，不断拓展产品线，涵盖了SUV、轿车等多种车型。无论是经典的 911 系列跑车，还是 Cayenne、Macan 等SUV 车型，都具备卓越的性能、精湛的工艺和独特的设计。保时捷的产品定位强调运动性能、操控性和豪华品质的完美结合，满足不同客户对于驾驶乐趣和日常使用的需求。

③品牌形象定位：保时捷致力于塑造高端、运动、时尚、科技的品牌形象。通过参与全球顶级赛车赛事，如勒芒 24 小时耐力赛、F1 等，展示其卓越的技术实力和赛车基因，将品牌与速度、激情和胜利紧密联系在一起。同时，保时捷注重品牌的文化传承和创新发展，通过举办各种品牌活动和文化展览，向消费者传递其独特的品牌价值观和历史底蕴。

3. 营销策略

（1）产品策略。

①持续创新与技术升级：保时捷不断加大在研发方面的投入，持续推出新技术、新车型，以保持产品的竞争力。例如，在新能源领域，保时捷推出了 Taycan 纯电动跑车，将高性能与环保理念相结合，吸引了一批追求科技和环保的消费者。同时，保时捷还不断对现有车型进行升级换代，优化车辆的性能、配置和设计，提高产品的品质和用户体验。

②个性化定制服务：保时捷为客户提供丰富的个性化定制选项，客户可以根据自己的喜好和需求，选择车身颜色、内饰材质、轮毂样式、配置选装等，打造独一无二的专属座驾。个性化定制服务不仅满足了客户的个性化需求，还提高了客户对品牌的认同感和忠诚度。

（2）价格策略。

保时捷采用高端定价策略，其产品价格普遍高于同级别竞争对手。这种定价策略一方面体现了保时捷产品的高品质和品牌价值，另一方面也能够筛选出真正对品牌有强烈认同感和购买能力的客户群体。同时，保时捷还会根据不同车型的市场定位和供需关系，灵活调整价格策略，以保持市场竞争力。

（3）渠道策略。

①经销商网络建设：保时捷在全球范围内建立了完善的经销商网络，选择具有丰富汽车销售经验和良好品牌形象的经销商合作伙伴。保时捷对经销商的店面形象、服务标准和销售流程进行严格的规范和管理，确保客户在购车过程中能够享受到高品质的服务体验。

②线上线下融合：保时捷积极拓展线上销售渠道，通过官方网站、社交媒体平台等线上渠道，展示产品信息、开展营销活动，吸引潜在客户。同时，保时捷还将线上线下渠道进行融合，客户可以在线上了解产品信息、预约试驾，然后到线下经销商门店进行实际体验和购车。

（4）促销策略。

①品牌活动与赛事营销：保时捷通过举办各种品牌活动和赛事营销活动，如保时捷体验日、保时捷俱乐部活动、赛车赛事等，增强与客户的互动和沟通，提升品牌知名度和美誉度。这些活动不仅让客户能够亲身体验保时捷车型的卓越性能，还能够感受到保时捷品牌的独特魅力和赛车文化。

②会员制度与客户忠诚度计划：保时捷推出了会员制度，为会员提供专属的优惠政策、服务权益和活动参与机会。例如，会员可以享受购车折扣、免费保

养、优先试驾、专属活动邀请等特权。同时，保时捷还建立了客户忠诚度计划，根据客户的消费金额、消费次数等指标给予积分奖励，积分可以兑换礼品、服务或抵扣购车款。通过会员制度和客户忠诚度计划，提高客户的黏性和忠诚度，促进客户的重复购买和口碑传播。

③口碑营销与客户推荐计划：保时捷注重产品质量和服务品质，通过提供优质的产品和服务，赢得客户的满意和信任，形成良好的口碑。保时捷鼓励满意的客户在社交媒体、汽车论坛等平台上分享自己的购车和用车体验，传播品牌的正面形象。同时，保时捷还推出了客户推荐计划，对成功推荐新客户购车的老客户给予一定的奖励，如现金红包、保养套餐、礼品等，激励老客户积极推荐身边的朋友购买保时捷车型，扩大客户群体。

4. 营销效果

通过精准的市场定位和有效的营销策略，保时捷在全球豪华汽车市场取得了显著的成绩。近年来，保时捷的销量和市场份额持续增长，品牌知名度和美誉度不断提升。保时捷不仅在传统的跑车市场保持着领先地位，还在 SUV 和轿车市场取得了不俗的成绩。同时，保时捷的品牌价值也得到了广泛认可，成为全球最具价值的汽车品牌之一。

5. 总结与启示

保时捷的成功经验为其他豪华汽车品牌提供了有益的启示。在市场定位方面，豪华汽车品牌需要明确目标客户群体，精准把握客户需求，塑造独特的品牌形象。在营销策略方面，豪华汽车品牌需要注重产品创新和品质提升，提供个性化定制服务，采用高端定价策略，建立完善的销售渠道，开展多样化的促销活动，加强客户关系管理，提高客户的满意度和忠诚度。只有这样，豪华汽车品牌才能在激烈的市场竞争中立于不败之地。

资料来源：J. D. POWER. Premium Vehicle Customer Service Satisfaction Significantly Improves ［EB/OL］. （2023 – 09 – 28）［2025 – 03 – 30］. https：//www. jd-power. com/business/press – releases/2023 – china – customer – service – index – csi；PORSCHE. About Porsche History ［EB/OL］. ［2025 – 03 – 30］. https：//www. porsche. com/international/#from = /international/aboutpreece/history/.

☆**思考：**

①保时捷新能源汽车的目标客户是谁？

②保时捷新能源汽车的产品定位是什么？

③保时捷投入研发资金有何作用？

④保时捷个性化定制服务有哪些?

【案例二　特斯拉的市场定位与营销策略】

1. 品牌及市场背景

特斯拉（Tesla）成立于2003年,作为全球新能源汽车领域的领军品牌,特斯拉凭借其先进的技术、创新的商业模式和独特的品牌形象,在全球范围内掀起了新能源汽车的热潮。在全球环保意识日益增强,传统燃油汽车受到碳排放和能源危机等问题困扰的背景下,特斯拉抓住机遇,专注于电动汽车的研发、生产和销售,为消费者提供了全新的出行选择。如今,特斯拉的产品已经覆盖了多个细分市场,从高端豪华车型到更具性价比的大众车型,满足了不同消费者的需求。

2. 市场定位

①目标客户群体:特斯拉的目标客户群体较为广泛,但主要集中在科技爱好者、环保主义者以及追求时尚和高品质生活的中高收入人群。这些消费者对新鲜事物充满好奇心,愿意尝试新技术产品,关注环境保护和可持续发展,并且具有一定的经济实力。其中,年龄在25～45岁的年轻消费者占据了相当大的比例,他们受互联网和科技文化影响较大,对智能化、数字化的产品有着较高的接受度和需求。特斯拉的市场调研数据显示,约60%的特斯拉车主拥有本科及以上学历,家庭年收入在50万元以上的占比达到55%。他们对汽车的性能、科技配置和智能化体验有着较高的要求,愿意为先进的技术和独特的驾驶体验支付更高的价格。

②产品定位:特斯拉将自身定位为高端智能电动汽车品牌,致力于为消费者提供高性能、长续航、智能化的出行解决方案。特斯拉的车型以先进的电池技术、强大的动力性能和领先的自动驾驶辅助系统而闻名。例如,Model S Plaid车型的0～100km/h加速时间仅需2.1秒,续航里程最高可达670公里（CLTC工况）。同时,特斯拉不断升级其自动驾驶辅助系统Autopilot,为用户提供自动泊车、自动辅助导航驾驶等功能,极大地提升了驾驶的便利性和安全性。此外,特斯拉的车辆内饰设计简洁大方,注重科技感和舒适性的融合,配备了大尺寸触摸屏和智能互联系统,实现了车辆与用户的深度互动。

3. 营销策略

（1）产品策略。

①持续技术创新:特斯拉将大量资金投入到研发领域,不断推动电池技术、自动驾驶技术和智能互联技术的创新。截至2023年,特斯拉在研发方面的投入

累计超过 200 亿美元。通过持续的技术创新，特斯拉不仅提高了车辆的性能和续航里程，还不断完善自动驾驶辅助系统的功能。例如，特斯拉在 2023 年推出的FSD（完全自动驾驶）功能测试版，已经能够实现城市道路的自动驾驶辅助，为用户带来了更加便捷和安全的驾驶体验。

②简约设计与个性化定制：特斯拉的车辆设计以简约风格为主，去除了烦琐的装饰，强调科技感和功能性。同时，特斯拉为消费者提供了丰富的个性化定制选项，包括车身颜色、轮毂样式、内饰材质等。消费者可以根据自己的喜好定制专属的特斯拉车型。据统计，超过 70% 的特斯拉车主选择了个性化定制服务，这不仅满足了消费者的个性化需求，也提高了产品的附加值。

（2）价格策略。

特斯拉采用了多层次的价格策略，以覆盖不同细分市场的消费者。其高端车型如 Model S 和 Model X 定价较高，主要面向追求极致性能和豪华配置的高收入人群；而 Model 3 和 Model Y 等车型则定价相对亲民，旨在吸引更多普通消费者。例如，Model 3 的起售价在 20 万元左右，使更多消费者能够享受到特斯拉的先进技术和产品。此外，特斯拉还会根据市场需求和成本变化，适时调整车型价格。在2023 年，特斯拉多次对部分车型进行降价促销，刺激了市场需求，提高了销量。

（3）渠道策略。

①直营模式：特斯拉采用直营模式，直接与消费者建立联系，绕过了传统的经销商体系。通过在全球各大城市开设体验店和服务中心，特斯拉为消费者提供了展示、试驾、销售和售后服务的一站式体验。截至 2023 年底，特斯拉在全球拥有超过 1000 家体验店和服务中心，其中在中国的数量达到了 300 家。直营模式使特斯拉能够更好地控制产品质量和服务水平，同时也能更直接地了解消费者需求，及时调整营销策略。

②线上销售平台：特斯拉建立了完善的线上销售平台，消费者可以通过官方网站或手机 App 进行车型选择、配置定制、在线下单和支付。线上销售平台的便捷性吸引了大量年轻消费者，据统计，2023 年通过线上渠道购买特斯拉汽车的消费者占比达到了 80%。线上销售平台不仅提高了销售效率，还降低了销售成本。

（4）促销策略。

①口碑营销与社交媒体营销：特斯拉非常注重口碑营销，通过提供优质的产品和服务，赢得了消费者的信任和好评。特斯拉车主往往成为品牌的忠实粉丝，他们会主动在社交媒体上分享自己的购车和用车体验，为特斯拉进行免费宣传。同时，特斯拉也积极利用社交媒体平台进行品牌推广，通过发布产品信息、技术

亮点和用户故事等内容，吸引了大量用户的关注和互动。特斯拉创始人埃隆·马斯克（Elon Musk）在社交媒体上拥有大量粉丝，他的每一条关于特斯拉的动态都会引发广泛关注和讨论，为特斯拉带来了极高的曝光度。

②事件营销：特斯拉善于利用各种事件进行营销，如新车发布、技术突破、慈善活动等。例如，特斯拉在 2023 年发布了全新的 Cybertruck 电动皮卡，其独特的外观设计和强大的性能引发了全球媒体和消费者的广泛关注，成为了当年汽车行业的热门话题。此外，特斯拉还积极参与慈善活动，如捐赠车辆用于救援和环保项目等，提升了品牌的社会形象和美誉度。

4. 营销效果评估

通过精准的市场定位和有效的营销策略，特斯拉在全球新能源汽车市场取得了巨大的成功。2023 年，特斯拉全球销量达到了 184.6 万辆，同比增长 30%，占据了全球新能源汽车市场份额的 25%。在中国市场，特斯拉的销量也表现出色，2023 年销量达到了 60 万辆，同比增长 37.3%。同时，特斯拉的品牌知名度和美誉度也得到了大幅提升。根据市场调研机构的数据显示，特斯拉在全球新能源汽车领域的品牌知名度达到了 90%，品牌美誉度达到了 85%。

5. 总结与启示

特斯拉的成功经验为其他新能源汽车品牌提供了宝贵的借鉴。首先，要坚持技术创新，不断提升产品的性能和竞争力。其次，要明确目标客户群体，根据市场需求制定合理的产品定位和价格策略。再次，要创新营销渠道和模式，建立与消费者的直接联系，提高销售效率和服务质量。最后，要注重品牌建设和口碑营销，通过提供优质的产品和服务，赢得消费者的信任和支持。只有这样，才能在激烈的市场竞争中立于不败之地。

资料来源：Marketing and Branding Analysis of － Tesla Inc ｜ Assignment Help ［EB/OL］.［2025－03－30］. https：//fernfortuniversity. com/essay/marketing_usa/tesla－inc－7；Tesla Global Marketing Strategy 2025：A Case Study ［EB/OL］.［2025－03－30］. https：//www. projectpractical. com/tesla－global－marketing－strategy/.

☆思考：

①特斯拉目标客户群体的核心特征是什么？

②特斯拉产品定位有何独特之处？

③特斯拉价格策略如何覆盖细分市场？

第二节　客户生命周期的不同阶段及管理策略

客户生命周期管理是指企业与客户从初步接触到建立关系、维持关系直至关系终止的整个过程的管理。在汽车行业中，客户生命周期管理对于提高客户满意度、忠诚度和企业竞争力具有重要意义。

一、客户生命周期的阶段划分

客户生命周期指的是从一个客户开始对企业的产品或服务产生兴趣，到最终与企业终止业务关系的整个过程，这一过程可以划分为多个阶段，每个阶段都有其特点和企业需要关注的重点。

①潜在客户阶段：潜在客户是指那些对企业产品或服务感兴趣但尚未建立购买关系的客户。在这个阶段，企业需要通过各种营销手段吸引潜在客户的关注，并引导他们了解企业的产品或服务。

②新客户阶段：新客户是指那些已经与企业建立购买关系但购买次数较少的客户。在这个阶段，企业需要巩固与新客户的关系，提供优质的服务和产品，以提高他们的满意度和忠诚度。

③成熟客户阶段：成熟客户是指那些与企业建立了长期稳定的购买关系并购买次数较多的客户。在这个阶段，企业需要继续提供优质的服务和产品，并通过个性化的营销策略满足他们的需求，以保持他们的忠诚度和购买意愿。

④衰退/流失客户阶段：衰退/流失客户是指那些购买次数减少或停止购买行为的客户。在这个阶段，企业需要分析客户流失的原因，并采取相应措施挽留客户或重新激活他们。

二、客户生命周期管理策略

客户生命周期管理策略是指企业根据客户在与企业建立业务关系的不同阶段所表现出的行为、需求和价值特点，采取一系列有针对性的管理方法和措施，以优化客户体验、提高客户满意度和忠诚度，从而实现客户价值最大化和企业利润增长的一种综合性管理策略。

（一）潜在客户阶段管理策略

潜在客户阶段是客户与企业关系发展过程中的起始阶段，此阶段的客户开始意识到自己有购买汽车的潜在需求，会通过各种渠道，如网络、广告、朋友推荐等，收集汽车相关信息，对不同品牌和车型有初步的认知和了解，也会主动收集更多关于汽车的详细信息，会在多个品牌和车型之间进行比较，分析各款车的优缺点，以确定符合自己需求和预算的目标车型。

此时企业需要根据此阶段客户的特点制定有针对性的管理策略。

①市场细分与定位：深入市场细分，通过年龄、性别、收入、职业、地域、消费习惯、购车需求等多维度变量，对汽车市场进行细致划分。例如，年轻消费者可能更注重汽车的科技感和外观设计，而中年商务人士可能更关注舒适性和品牌形象。

②营销渠道选择：选择合适的营销渠道以触达潜在客户，线上通过企业官网、电商平台、社交媒体等渠道，设置在线咨询表单、留言板等功能，收集潜在客户的姓名、电话、邮箱、购车意向等信息。同时，利用搜索引擎优化（SEO）、搜索引擎营销（SEM）等手段，提高网站在搜索结果中的排名，增加潜在客户的访问量和线索获取量。线下线索在4S店、汽车展厅、汽车活动现场等设置咨询台，安排专业销售人员与潜在客户进行面对面沟通，收集客户信息。此外，还可以通过与汽车行业相关的合作伙伴，如保险公司、汽车金融公司、汽车俱乐部等，进行信息宣传，线索收集。

③品牌建设与宣传：提炼汽车品牌的核心价值和独特卖点，如安全、环保、豪华、性价比等，并通过品牌故事、品牌文化等方式进行传播。例如，沃尔沃以"安全"为核心品牌价值，通过各种宣传渠道强化这一形象。

（二）新客户阶段管理策略

在汽车市场竞争日益激烈的当下，新客户的获取与有效管理是汽车企业持续发展的关键驱动力。成功吸引并留住新客户不仅能为企业带来即时的销售业绩，更能为品牌培育长期的忠诚客户群体。

1. 精准营销与客户引流

①市场细分与定位：深入分析市场数据，依据消费者的年龄、性别、职业、收入水平、消费习惯等因素进行细致的市场细分。明确不同细分市场的需求特点

和消费偏好，精准定位目标客户群体，为后续的营销活动提供明确的方向。例如，针对年轻的上班族，重点推广时尚、经济且具有智能化配置的车型；对于家庭用户，突出车辆的空间实用性、安全性和舒适性。

②多渠道营销推广：整合线上线下多种营销渠道，扩大品牌和产品的曝光度。线上方面，利用社交媒体平台（如微信、微博、抖音、小红书等）发布富有创意和吸引力的内容，包括车型展示、试驾体验分享、汽车知识科普等，吸引潜在客户的关注和互动；开展搜索引擎营销（SEM）和搜索引擎优化（SEO），确保企业的官方网站在搜索引擎结果页面中占据有利位置，提高品牌和产品的搜索可见性；参与汽车垂直类网站和论坛的推广活动，发布专业的车型评测和用户口碑，树立品牌的专业形象。线下方面，积极参加各类车展、汽车展销会等大型活动，搭建富有特色的展台，展示企业的最新车型和技术成果；与经销商合作，在商业中心、社区等人流密集的地方举办小型的车展和试驾活动，吸引周边潜在客户的参与。

③个性化营销活动：根据不同目标客户群体的特点和需求，设计个性化的营销活动。例如，针对年轻消费者，举办主题为"潮流座驾，个性之选"的线上互动活动，鼓励用户分享自己心目中理想的汽车外观和配置，参与活动的用户有机会获得购车优惠券或精美礼品；对于家庭用户，推出"家庭购车季"活动，提供购车优惠、免费儿童安全座椅、家庭自驾游套餐等专属福利，吸引家庭消费者的关注。

2. 优质售前服务

①专业销售团队培训：加强对销售团队的培训，提升销售人员的专业素养和服务水平。培训内容包括汽车产品知识、销售技巧、客户沟通技巧、售后服务政策等方面，确保销售人员能够准确、全面地解答客户的疑问，为客户提供专业的购车建议。同时，培养销售人员的服务意识，要求他们以热情、耐心、真诚的态度对待每一位客户，给客户留下良好的第一印象。

②便捷的咨询服务：建立多渠道的咨询服务体系，方便客户随时咨询购车相关问题。除了传统的电话咨询和线下门店咨询外，还应开通在线客服、微信公众号咨询、App咨询等线上咨询渠道，确保客户在任何时间、任何地点都能及时得到专业的解答。对于客户的咨询，要做到快速响应、准确回复，提高客户的满意度。

③个性化购车方案定制：根据客户的实际需求、预算和使用场景，为客户量身定制个性化的购车方案。销售人员要充分了解客户的需求和偏好，详细介绍不

同车型的特点和优势，帮助客户选择最适合自己的车型。同时，结合客户的财务状况，提供多种购车金融方案，如贷款购车、分期付款、融资租赁等，满足客户不同的购车支付需求。

3. 增强客户体验

①深度试驾体验：为新客户提供深度试驾体验服务，让客户亲身体验车辆的性能、舒适性和操控性。在试驾前，销售人员要向客户详细介绍车辆的各项功能和操作方法，确保客户能够安全、顺利地进行试驾。试驾过程中，安排专业的试驾教练陪同，解答客户的疑问，引导客户感受车辆的优势和特点。试驾结束后，及时收集客户的试驾反馈，了解客户的需求和意见，为后续的销售工作提供参考。

②透明购车流程：向客户公开透明地展示购车流程和相关费用，让客户清楚了解购车的每一个环节和所需支付的费用。在签订购车合同前，销售人员要与客户仔细核对合同条款，确保客户对合同内容无异议。同时，提供便捷的购车手续办理服务，帮助客户快速、顺利地完成购车手续，减少客户的购车时间和精力成本。

③交车仪式个性化：为新客户举办个性化的交车仪式，让客户感受到购买新车的喜悦和仪式感。交车仪式可以根据客户的喜好和需求进行定制，如在交车现场布置鲜花、气球等装饰，邀请客户的亲朋好友一同参加，为客户送上专属的交车礼品等。通过举办个性化的交车仪式，增强客户对品牌的认同感和归属感。

4. 客户留存与转化

①建立客户跟进机制：在客户购车后，建立完善的客户跟进机制，定期与客户进行沟通和联系。了解客户的车辆使用情况、是否遇到问题、对售后服务的满意度等，及时解决客户的问题和需求，让客户感受到企业的关怀和重视。同时，通过与客户的沟通，挖掘客户的潜在需求，为客户推荐相关的汽车用品、保养服务等增值产品和服务，提高客户的消费频次和消费金额。

②会员体系建设：为新客户建立会员体系，根据客户的消费金额和消费频次，为客户划分不同的会员等级，为不同等级的会员提供差异化的服务和特权。例如，为高级会员提供免费的保养服务、优先参加品牌活动、专属的客服服务等特权，激励客户持续与企业进行互动和消费，提高客户的忠诚度和复购率。

③客户口碑营销：鼓励新客户分享自己的购车和用车体验，通过客户的口碑传播吸引更多的潜在客户。可以通过举办客户口碑分享活动，如线上的用户评价

抽奖活动、线下的车主分享会等,对积极分享的客户给予一定的奖励,如积分、礼品、优惠券等。同时,及时收集客户的好评和反馈,将其用于品牌的宣传和推广,提升品牌的知名度和美誉度。

(三)成熟客户阶段管理策略

在汽车行业的市场竞争中,成熟客户作为企业的重要资产,不仅是企业持续营收的稳定来源,更是品牌口碑传播的有力推动者。有效管理成熟客户,能够提升客户的忠诚度和复购率,促进企业的可持续发展。

1. 个性化关怀与沟通

①定期回访:建立定期回访机制,根据客户的购车时间、车辆使用频率等因素,制订个性化的回访计划。回访方式可以多样化,包括电话回访、短信回访、邮件回访以及线上平台互动等。在回访过程中,了解客户的车辆使用情况、是否遇到问题、对售后服务的满意度等,及时解决客户的问题和需求,让客户感受到企业的持续关注。

②生日及节日关怀:收集客户的生日信息和重要节日,在客户生日或节日期间,通过发送祝福短信、电子贺卡、小礼品等方式,向客户表达企业的关怀和祝福。这种个性化的关怀能够增强客户与企业之间的情感联系,提升客户对品牌的好感度。

③专属客服服务:为成熟客户配备专属客服,专属客服负责与客户保持长期稳定的沟通,及时了解客户的需求和反馈,并协调企业内部资源为客户提供一站式服务。专属客服要对客户的购车历史、车辆使用情况、偏好等信息了如指掌,以便能够为客户提供更加贴心、专业的服务。

2. 增值服务提供

①优先保养与维修服务:为成熟客户提供优先保养和维修服务,减少客户的等待时间。在保养和维修过程中,为客户提供免费的车辆检测、清洗等增值服务,提升客户的服务体验。同时,建立维修质量跟踪机制,确保客户的车辆得到高质量的维修服务。

②免费道路救援:为成熟客户提供一定次数的免费道路救援服务,无论客户在何时何地遇到车辆故障或事故,都能及时获得企业的救援支持。道路救援服务要涵盖拖车、换胎、送油、搭电等常见的救援项目,确保客户在遇到紧急情况时能够得到及时有效的帮助。

③专属活动邀请：定期举办针对成熟客户的专属活动，如车主自驾游、汽车文化讲座、新品试驾会等。邀请成熟客户参加这些活动，不仅能够增进客户之间的交流和互动，还能够让客户更深入地了解企业的品牌文化和产品特点，增强客户对品牌的认同感和归属感。

3. 忠诚度计划与激励

①积分兑换制度：建立积分兑换制度，客户在购车、保养、维修、参加活动等过程中都能获得相应的积分。积分可以用于兑换汽车用品、保养服务、保险折扣等礼品或服务，激励客户持续与企业进行互动和消费。同时，根据客户的积分情况，划分不同的会员等级，为不同等级的会员提供差异化的服务和特权。

②老带新奖励：鼓励成熟客户推荐新客户购买企业的产品，对于成功推荐新客户的成熟客户，给予一定的奖励，如现金红包、保养代金券、购车折扣等。这种老带新的奖励机制能够充分发挥成熟客户的口碑传播作用，为企业带来更多的潜在客户。

③专属优惠政策：为成熟客户提供专属的优惠政策，如在购买新车时享受额外的折扣、优先购买限量版车型等。这些专属优惠政策能够让成熟客户感受到企业对他们的特殊待遇，提高客户的复购意愿。

4. 产品升级与置换引导

①产品信息推送：定期向成熟客户推送企业的新产品信息、技术升级动态等，让客户了解企业的最新发展和产品优势。同时，根据客户的车辆使用年限和购买偏好，为客户推荐适合的升级车型，激发客户的置换需求。

②置换服务优化：简化车辆置换流程，为成熟客户提供一站式的置换服务。包括车辆评估、旧车收购、新车购买等环节，让客户能够轻松便捷地完成车辆置换。同时，为客户提供合理的置换补贴和金融方案，降低客户的置换成本。

③以旧换新活动：定期举办以旧换新活动，为成熟客户提供更具吸引力的置换优惠政策，鼓励客户用旧车置换新车。在活动期间，安排专业的销售人员为客户提供一对一的咨询和服务，解答客户关于置换的疑问，促进置换交易的达成。

5. 客户反馈与改进

①建立反馈渠道：建立多样化的客户反馈渠道，如在线调查问卷、客服热线、社交媒体平台等，方便成熟客户随时反馈对企业产品和服务的意见和建议。同时，设立专门的客户反馈处理团队，负责收集、整理和分析客户的反馈信息，并及时将处理结果反馈给客户。

②持续改进产品和服务：根据客户的反馈信息，及时发现企业产品和服务中存在的问题和不足，并采取有效的改进措施。将客户的反馈意见融入产品研发、生产和服务流程的优化中，不断提升产品和服务的质量，满足客户的需求和期望。

③客户反馈奖励：对于提供有价值反馈意见的成熟客户，给予一定的奖励，如积分、礼品、优惠券等。通过这种方式，鼓励客户积极参与企业的产品和服务改进，形成良好的客户互动氛围。

（四）衰退/流失客户阶段管理策略

衰退/流失客户的出现不仅意味着企业直接的业务损失，还可能对品牌形象和市场口碑产生负面影响。因此，制定一套科学有效的衰退/流失客户阶段管理策略，对企业的可持续发展至关重要。该策略旨在及时识别潜在流失客户，深入分析流失原因，并采取针对性的挽回措施，最大限度地减少客户流失，恢复客户对品牌的信任和忠诚度。

1. 客户流失预警与识别

①建立数据监测体系：借助大数据分析技术，搭建完善的数据监测体系，实时收集和分析客户的各类数据，包括购买行为、车辆使用情况、售后服务记录、与企业的互动频率等。通过设定关键指标和阈值，如客户长时间未进行车辆保养、多次咨询竞争对手车型、连续数月未与企业进行任何互动等，及时发现客户的异常行为，提前预警潜在的流失风险。

②定期客户活跃度评估：制定定期的客户活跃度评估机制，根据客户在一定时间内的消费金额、参与企业活动的次数、对营销信息的反馈等指标，对客户的活跃度进行量化评估。将客户划分为高活跃度、中活跃度、低活跃度和潜在流失客户等不同类别，以便更有针对性地进行管理和跟进。对于低活跃度和潜在流失客户，要重点关注，及时采取措施进行干预。

2. 流失原因分析

①客户调研与反馈收集：针对疑似流失的客户，通过电话回访、在线问卷、面对面访谈等方式，主动与客户进行沟通，了解客户对企业产品和服务的满意度，以及导致他们产生流失意向的具体原因。调研内容应涵盖车辆性能、质量问题、售后服务质量、价格合理性、竞争对手吸引力等多个方面，确保全面、准确地收集客户反馈。

②内部数据分析：除了收集客户的直接反馈外，还需对企业内部的销售数据、售后服务数据、市场调研数据等进行深入分析，从多个维度查找客户流失的潜在原因。例如，分析不同车型的投诉率和返修率，找出可能存在质量问题的产品；研究不同地区的销售业绩和客户流失情况，判断是否存在区域市场管理不善的问题；对比竞争对手的产品和服务优势，找出企业自身的不足之处。

3. 针对性挽回措施

①个性化关怀与沟通：对于确认有流失风险的客户，安排专属的客户关系经理与其进行一对一的沟通，表达企业对客户的重视和关心。根据客户的具体情况，为客户提供个性化的解决方案，如针对因车辆质量问题而产生不满的客户，优先安排专业的技术团队进行维修和检测，并提供一定期限的免费保养服务；对于因价格因素而考虑流失的客户，根据企业的价格政策，为客户提供适当的优惠或折扣，帮助客户解决实际问题。

②增值服务补偿：为了弥补客户在使用过程中可能遇到的不愉快体验，向流失客户提供一系列增值服务作为补偿。例如，为客户提供免费的道路救援服务、延长车辆质保期、赠送汽车用品大礼包等，让客户感受到企业的诚意和关怀，重新建立对企业的信任。

③专属优惠活动：针对流失客户，制定专属的优惠活动，如推出限时的购车优惠政策、以旧换新补贴、金融贷款优惠等，吸引客户再次购买企业的产品。同时，通过举办流失客户专属的回馈活动，如车主答谢会、新品试驾会等，增强客户与企业之间的互动和联系，提升客户对品牌的认同感和归属感。

4. 持续跟进与维护

①建立挽回客户跟进机制：在实施挽回措施后，建立专门的跟进机制，定期与挽回客户进行沟通和联系，了解客户的使用体验和满意度变化。及时解决客户在后续使用过程中遇到的问题，确保客户能够持续感受到企业的优质服务，巩固挽回成果。

②客户关系维护：将挽回客户纳入重点客户关系维护范畴，通过定期的短信问候、节日祝福、生日关怀等方式，保持与客户的长期互动和联系。同时，根据客户的需求和兴趣，为客户推送个性化的营销信息和服务建议，提高客户的参与度和忠诚度，防止客户再次流失。

5. 经验总结与改进

①流失案例分析与总结：定期对客户流失案例进行深入分析和总结，找出导

致客户流失的共性问题和关键因素。将这些经验教训反馈给企业的各个部门，如产品研发、生产制造、销售服务等，促使各部门针对性地改进工作流程和服务质量，从源头上减少客户流失的发生。

②优化客户管理策略：根据客户流失原因分析和挽回措施的实施效果，不断优化企业的客户管理策略。调整客户细分标准、完善客户服务流程、改进营销活动方案等，提高企业对客户的吸引力和留存能力，实现客户管理的持续改进和提升。

三、客户生命周期管理的实践案例

以下是一些汽车企业在客户生命周期管理方面的实践案例，它们展示了如何通过创新和实践来提高客户满意度和忠诚度。

【案例一　宝马汽车的新客户转化策略】

在竞争激烈的豪华汽车市场，宝马凭借其卓越的品牌影响力、先进的技术和精准的营销策略，在新客户转化方面取得了显著成效。下面将通过一个具体案例，深入剖析宝马的新客户转化策略。

1. 精准市场定位与目标客户洞察

宝马通过市场调研和数据分析，精准锁定了年龄在 25～45 岁、具有较高收入和消费能力、追求品质生活和驾驶乐趣的年轻职场精英以及企业主群体。这个群体对汽车的性能、设计和品牌形象有着较高的要求，同时也注重个性化的服务体验。

为了深入了解目标客户的需求和偏好，宝马运用大数据分析工具，收集和分析潜在客户在官方网站、社交媒体平台以及线下活动中的行为数据。例如，通过分析潜在客户在宝马官网浏览不同车型页面的时长、点击次数以及搜索关键词等信息，宝马能够精准把握客户对不同车型的兴趣点和关注点。同时，宝马还通过线上问卷和线下访谈的方式，直接与潜在客户进行沟通，了解他们的购车需求、预算以及对汽车品牌的认知和期望。

2. 个性化的产品推荐与试驾体验

在精准洞察目标客户需求的基础上，宝马的销售团队能够为每位潜在客户提供个性化的产品推荐。当潜在客户在宝马官网留下联系方式后，销售顾问会在 24 小时内与客户取得联系，详细了解客户的购车需求和偏好，并根据客户的情况，从宝马的产品线中筛选出最适合的车型进行推荐。

例如，张先生是一位 32 岁的企业主，平时工作繁忙，对汽车的动力性能和舒适性有着较高的要求。销售顾问在与张先生沟通后，为他推荐了宝马 5 系。宝马 5 系搭载了高性能的发动机，能够提供强劲的动力输出，同时配备了舒适的座椅和先进的智能驾驶辅助系统，能够满足张先生对驾驶乐趣和舒适性的需求。

为了让潜在客户更好地了解宝马汽车的性能和品质，宝马为每位潜在客户提供了免费的试驾体验。销售顾问会根据客户的时间安排，提前预约试驾时间，并为客户准备好试驾车辆。在试驾过程中，试驾专员会详细介绍宝马汽车的各项功能和优势，并解答客户提出的各种问题。试驾结束后，试驾专员会邀请客户填写试驾反馈问卷，了解客户对试驾体验的满意度和意见建议。

根据统计数据显示，在参与试驾体验的潜在客户中，有超过 60% 的客户表示对宝马汽车的性能和品质非常满意，其中有 30% 的客户在试驾后一个月内决定购买宝马汽车。

3. 多渠道的营销推广与品牌传播

宝马通过线上线下相结合的多渠道营销推广策略，提高品牌知名度和美誉度，吸引更多潜在客户的关注。

在线上，宝马通过官方网站、社交媒体平台、搜索引擎广告等渠道，发布最新的车型信息、产品亮点和促销活动。同时，宝马还与各大汽车媒体、自媒体合作，开展内容营销和口碑营销，通过发布专业的汽车评测、试驾报告和用户故事等内容，吸引潜在客户的关注和兴趣。

在线下，宝马通过举办车展、试驾活动、品牌体验日等活动，为潜在客户提供近距离接触宝马汽车的机会。同时，宝马还与高端商场、酒店、高尔夫俱乐部等场所合作，开展联合营销活动，将宝马汽车展示在目标客户经常出没的场所，提高品牌曝光度。

例如，宝马在某一线城市的高端商场举办了一场为期一周的品牌体验日活动。活动期间，宝马展示了最新款的车型，并设置了试驾体验区、产品展示区和互动游戏区。通过与潜在客户的互动和交流，宝马不仅提高了品牌知名度和美誉度，还收集了大量潜在客户的联系方式，为后续的销售跟进奠定了基础。据统计，在此次活动中，宝马共收集到了 500 多条潜在客户的联系方式，其中有 100 多位潜在客户在活动结束后一个月内到店试驾，最终有 30 多位客户购买了宝马汽车。

通过精准的市场定位与目标客户洞察、个性化的产品推荐与试驾体验、多渠道的营销推广与品牌传播以及优质的售后服务与客户关怀等一系列新客户转化策略，宝马成功地将潜在客户转化为新客户，并将新客户培养成忠诚客户。宝马的成功经验表明，在竞争激烈的豪华汽车市场，只有以客户为中心，深入了解客户需求和偏好，提供个性化的产品和服务，才能赢得客户的信任和认可，实现新客户的有效转化和持续增长。

资料来源：BMW 携手北京环球度假区开启宝马品牌日［EB/OL］．（2021 - 12 - 09）［2025 - 03 - 30］. https：//www. press. bmwgroup. com/china/article/detail/T0363283ZH_CN；宝马全力打造多样化、全场景数字化体验［EB/OL］.（2021 - 10 - 13）［2025 - 03 - 30］. https：//www. press. bmwgroup. com/china/article/attachment/T0363274ZH_CN/516335.

☆**思考：**

①宝马通过哪些方式收集潜在客户的行为数据？

②宝马为什么要进行线上问卷和线下访谈？

③宝马在线上通过哪些渠道进行营销推广？

【案例二 小鹏汽车客户流失挽回策略】

在竞争激烈的新能源汽车市场，客户流失是众多品牌面临的一大挑战。如何有效识别流失客户，并采取针对性的挽回措施，是品牌保持市场竞争力、实现可持续发展的关键。小鹏汽车作为国内知名的新能源汽车品牌，在客户流失挽回方面做出了诸多积极探索，取得了显著成效。以下将通过具体案例来详细阐述小鹏汽车的客户流失挽回策略。

1. 客户流失预警与识别

小鹏汽车建立了完善的客户关系管理系统（CRM），通过大数据分析和机器学习算法，对客户的行为数据进行实时监测和分析，以此识别潜在的流失客户。该系统会根据客户的购车时间、保养记录、维修次数、与品牌的互动频率等多个维度的数据，构建客户流失风险模型。一旦客户的流失风险指数超过设定的阈值，系统便会自动发出预警，提醒相关工作人员及时跟进。

例如，王女士在 2022 年购买了一辆小鹏 P7，在购车后的前半年内，她经常与小鹏汽车的官方客服进行沟通，咨询车辆使用问题，并按时到店进行保养。但从 2023 年下半年开始，王女士与品牌的互动频率明显降低，不仅没有按时进行保养，还在社交媒体上发布了一些对车辆续航表现不满的言论。小鹏汽车的 CRM 系统监测到这些数据变化后，迅速将王女士标记为高流失风险客户，并将相关信息推送给了专门的客户流失挽回团队。

2. 客户流失原因分析

客户流失挽回团队在收到预警信息后，第一时间与王女士取得联系。通过电话沟通和问卷调查，团队深入了解了王女士对车辆的使用感受和不满意的地方。经过详细分析，发现王女士出现流失倾向的主要原因有以下几点：一是车辆在冬季的实际续航里程与宣传的续航里程存在较大差距，影响了她的日常使用；二是当地的充电桩布局不够完善，充电不便，给她的出行带来了困扰；三是在车辆出现一些小故障时，售后服务的响应速度较慢，维修时间较长，导致她的用车体验不佳。

3. 针对性的挽回措施

针对王女士提出的问题，小鹏汽车制定了一系列针对性的挽回措施。

①续航问题解决方案：技术团队对王女士的车辆进行了全面检测，发现车辆的电池管理系统存在一些软件漏洞，影响了电池在低温环境下的性能发挥。技术人员为车辆升级了最新的电池管理系统软件，并对电池进行了深度保养，有效提升了车辆的冬季续航表现。同时，小鹏汽车还为王女士提供了一份详细的冬季用车指南，指导她如何在冬季合理使用车辆，以延长续航里程。

②充电设施优化：小鹏汽车与当地的一些商业综合体和社区合作，加快充电桩的布局建设。同时，为了缓解王女士当前的充电难题，小鹏汽车为她提供了专属的移动充电服务，在她需要充电时，工作人员会及时将移动充电设备送到她指定的地点，确保她的车辆能够随时充电。

③售后服务改进：小鹏汽车对售后服务团队进行了培训，提高了服务人员的专业技能和响应速度。同时，为了弥补之前给王女士带来的不便，小鹏汽车为她提供了一年的免费保养服务，并赠送了一些汽车用品作为补偿。此外，售后服务团队还定期与王女士进行沟通，了解她的用车情况，及时解决她遇到的问题。

4. 客户挽回效果评估

在实施了上述挽回措施后，小鹏汽车持续关注王女士的反馈和行为变化。经过一段时间的观察，发现王女士对车辆的满意度明显提高，她不仅恢复了与品牌的正常互动，还按时到店进行了保养。在后续的问卷调查中，王女士对小鹏汽车的综合满意度从之前的60分提升到了85分。更重要的是，王女士还在社交媒体上分享了她的用车体验，对小鹏汽车的改进措施给予了高度评价，为品牌带来了一定的正面口碑传播。

通过对王女士这一案例的成功挽回，小鹏汽车总结经验教训，将有效的挽回措施推广应用到其他流失客户身上，取得了良好的效果。据统计，在实施客户流失挽回策略后的半年内，小鹏汽车的客户流失率下降了15%，客户满意度提升了10个百分点，为品牌的市场竞争力和可持续发展奠定了坚实的基础。

5. 案例总结

小鹏汽车在客户流失挽回方面的成功案例表明，建立完善的客户流失预警机制、深入分析客户流失原因，并采取针对性的挽回措施是有效挽回流失客户的关键。在竞争激烈的新能源汽车市场，只有以客户为中心，不断优化产品和服务，及时解决客户的问题和诉求，才能赢得客户的信任和忠诚度，实现品牌的长远发展。

资料来源：汽车经销商客户流失预警：逻辑回归（LR）、LASSO、逐步回归［EB/OL］.（2023 – 03 – 29）［2025 – 03 – 30］. https：//cloud. tencent. com/developer/article/2252663；CRM 在线管理系统能否有效防止客户流失［EB/OL］.（2025 – 04 – 30）［2025 – 04 – 30］. https：//www. zoho. com. cn/crm/articles/customer0430. html；小鹏汽车研究报告：新车大周期开启，智驾助力出海塑造成长新动力［EB/OL］.（2025 – 04 – 16）［2025 – 04 – 16］. https：//www. vzkoo. com/document/202504164bd2da00a0fd878dacd7b61f. html？keyword ＝% E5% B0% 8F% E9% B9% 8F.

☆**思考：**

①小鹏汽车是如何识别潜在的流失客户的？

②王女士对小鹏汽车产生流失倾向的主要原因有哪些？

③小鹏汽车为王女士提供了哪些针对性的挽回措施？

④实施挽回措施后，王女士对小鹏汽车的满意度有何变化？

第三节　新客户转化为忠诚客户的路径

新客户转化为忠诚客户是指企业通过一系列的策略和手段，使初次购买或使用其产品、服务的新客户，逐渐对企业的品牌、产品或服务产生高度的认可、信任和依赖，从而愿意持续购买和使用，并在未来的消费决策中优先选择该企业，成为长期、稳定的客户。

一、新客户转化的初步阶段

在新客户转化的初步阶段，关键在于建立良好的第一印象（优质的首次体验）和确立信任基础。

①优质的首次体验：新客户首次接触企业时，无论是通过线上平台还是实体店，都应获得积极、专业的服务体验，包括快速响应客户咨询、提供详尽的产品信息和透明的价格策略。

汽车企业可通过多种营销渠道，如广告投放、社交媒体推广、内容营销、线下活动等，向新客户传递品牌和产品信息，提高品牌知名度和产品认知度，让新客户对企业及其产品或服务有初步了解，确保信息传递清晰、准确且有吸引力，引起新客户的兴趣。

②建立信任关系：与客户建立信任关系，通过一系列有效的沟通和互动，使客户对企业、产品或服务产生信赖感，并愿意持续与企业合作，甚至愿意为企业推荐新客户。

对于汽车的性能、安全特性、保修政策等，企业应提供准确且全面的信息，避免夸大其词或隐瞒缺陷。在向新用户进行信息传递时积极与客户进行沟通，了解他们的需求和意见，及时回应他们的问题和投诉，有助于增进彼此之间的了解和信任。

二、深化关系与个性化服务

深化关系是指企业与客户之间在已有基础上，通过各种策略和手段，进一步加强彼此之间的联系、互动与信任，使双方关系从单纯的交易关系向更具情感性、长期性和稳定性的合作关系转变，以增强客户对企业的认同感、归属感和忠诚度。

（一）定期沟通与反馈收集

企业、团队或组织等与客户、成员等按照固定的时间间隔，通过电话、邮件、面对面交流、会议等多种方式，有计划地进行信息交流和互动。以此能为企业提供大量一手信息，助力企业优化决策，使企业战略规划、产品研发等更契合市场与客户需求，同时让客户感受到重视，收集反馈并妥善处理能有效提高客户满意度，进而增强客户忠诚度。

以特斯拉为例，特斯拉在汽车行业定期沟通与反馈收集方面做得较为出色。

①沟通方面：特斯拉通过在线社区和用户论坛等渠道，与用户进行深入互动，用户可以在社区和论坛上分享自己的使用体验、提出问题和建议，特斯拉的工作人员会定期浏览这些内容，与用户进行交流和沟通，解答用户的疑问，了解用户的需求和期望。此外，特斯拉还会通过官方社交媒体账号、电子邮件等方式向用户发送产品更新、售后服务等相关信息，保持与用户的定期沟通。

②反馈收集方面：特斯拉非常重视用户反馈的收集，通过多种渠道收集用户对产品和服务的意见和建议。例如，在车辆使用过程中，用户可以通过车载系统直接反馈问题或提出建议，这些反馈会实时传输到特斯拉的后台系统。同时，特斯拉还会定期进行用户满意度调查，了解用户对产品质量、售后服务、充电设施等方面的满意度和意见。此外，特斯拉也会关注社交媒体平台、汽车论坛等渠道上用户的反馈信息，及时收集和整理用户的声音。

通过这些定期沟通与反馈收集的措施，特斯拉能够及时了解用户的需求和问题，不断改进产品和服务，提升用户体验，树立了良好的品牌形象，也为其在激烈的汽车市场竞争中赢得了优势。

（二）个性化服务方案

个性化服务是根据用户的设定、需求和喜好，依据各种渠道对资源进行收集、整理和分类，向用户提供和推荐相关信息、产品或服务，以满足用户个性化需求的服务模式。通过满足客户独特需求，提升满意度与忠诚度，塑造差异化竞争优势，促进口碑传播，还能优化资源配置，助力企业精准运营，实现业务增长与长期发展。

在当下汽车市场，消费者对于个性化的追求愈发强烈。超境汽车敏锐捕捉到这一趋势，推出了一系列极具特色的个性化服务方案，为汽车行业树立了新的标杆。

三、强化品牌忠诚度

为了将新客户转化为忠诚客户，品牌忠诚度的培养至关重要。

①忠诚度计划：实施客户忠诚度计划，如积分系统、会员特权、专享优惠等，可以激励客户重复购买和推荐他人。这些计划应设计得既具有吸引力又易于参与，确保客户能够轻松享受到好处。

②社区与社群建设：创建品牌社区或社群，让车主能够分享经验、交流心得，甚至共同参与品牌活动。这种归属感能够加深客户对品牌的认同，进而转化为忠诚度。

③持续创新与价值提升：汽车企业应不断推出新产品、新技术或服务，以满足市场变化和客户需求。同时，通过提升产品或服务的价值（如增加安全性、舒适性、智能化功能），可以进一步增强客户的满意度和忠诚度。

四、成功案例分享

【案例一　超境汽车个性化服务方案】

在 2021 年，相关报告就显示，49% 的 Z 世代购车者关注车的"造型与设计"，且前瞻产业研究院预计 2027 年中国汽车改装市场规模有望突破 4000 亿元，2022～2027 年复合增长率约为 30%。但国内改装行业尚未规模化，消费者个性化表达存在痛点。超境汽车率先打破僵局，走出独特的个性化发展道路。

2024 年 1 月 8 日，超境汽车官方小程序上线"个性化定制"业务版块，包含高定 1v1、改色换新、常换常新三项新业务，目前仅面向超境车主服务。

其中，高定 1v1 业务尤为引人注目。它采用"一案一议"的定价形式，赋予车主极大的设计想象权力。车主可以随心选择外观及内饰的色彩、图案等，超境汽车的专业团队则将这些自定义想法转化为创意设计方案，并通过系统化、规范化、标准化的工艺，让车主天马行空的想法得以实现。例如，基于赛博骑士的一款个性化定制方案，以"马"为主要元素，灵感源于传统马术和骑士精神，结合"赛博"美学及"墨即是色"传统水墨，展现独特的骑士风采。车身上贯穿始终的橙色弧线，提取马蹄铁造型 1/6 轮廓，运用黄金螺旋比例分布，体现了超境汽车创意设计的独特与烤漆工艺的精湛。在设计过程中，充分考虑车身比例和造型，烤漆时专业人员根据车身实际曲面微调弧线真实路径，成为全车点睛之笔。车内碳纤维装饰件同样采用烤漆工艺，在保证碳纤维件纹路及材质性能不受影响的前提下，让图案牢固附着，与碳纤维纹路搭配相得益彰。此外，座椅等皮料部件上的刺绣工艺也与外观赛博骏马元素相互映衬，兼顾美观和舒适。

对于赛博坦克 300、赛博骑士车主，可选择"常换常新"服务。官方价格分别为 19000 元及 28000 元，该服务对仪表板、方向盘、座椅、门板等原有皮料部件进行整体换新，并对部分原有 TPO 吸附件及注塑件、毛毡配件进行清洁。针对赛博坦克，还将原普通超纤升级为耐污性更强、更易清洁护理的全新有机硅超纤，提升白色内饰的耐脏特性。

超境汽车还针对赛博骑士车型推出"改色换新"服务，提供冰洋蓝、繁花粉、麒麟黄、洛神红四种全新配色方案，官方价格 33000 元。该服务涉及侧踏、中网、车顶平台等外饰件，以及门板、仪表板、方向盘、座椅等内饰件。

在高定 1v1 服务中，超境汽车还大量运用 AI 协助。结合车主的想法，设计师利用 AI 超凡的计算及学习能力进行海量创意收集，启发创作灵感，挖掘数据背后的洞察，为创意提供支撑，使设计完美契合车身且符合落地工艺。同时，为保证创意设计完美落地，超境汽车甄选烤漆工艺及刺绣工艺，严格把关材料和流程，在满足基础量产车型检测的基础上，打造美观得体的制作效果。烤漆工艺相较于普通喷漆，步骤更复杂烦琐，寿命更持久，表面更牢固，色彩更绚丽，触感更柔滑，视觉更饱满；刺绣工艺高度结合机械科技，由经验丰富的刺绣专员将平面图案转化为机械编程文件，根据图案造型拆分重组制作，兼顾真皮承载力和座椅舒适度，针法多样，让图案更饱满丰富。

自 2021 年成立以来，超境汽车从个性化量产汽车，到推出个性化定制配件、高定 1v1 等个性化定制服务，逐步完善业务布局，为汽车"发烧友"提供更有保障的个性化产品。超境汽车正逐步靠近"让世界上没有同样的两台车"这一愿景，在中国个性化汽车市场上不断开拓前行。

资料来源：超境汽车：聚焦个性化量产，创新推动行业发展［EB/OL］.（2023－10－10）［2025－03－10］. https：//auto. china. com/merchant/32049. html；超境汽车推出高定 1v1 业务，邀请用户共同实现个性化汽车愿景［EB/OL］.（2024－01－10）［2025－03－10］. https：//www. 163. com/dy/article/IO32VD6F05312M5M. html.

☆思考：

超境汽车如何通过其个性化服务，在中国个性化汽车市场上实现差异化竞争并满足"汽车发烧友"的需求？

【案例二　沃尔沃汽车个性化服务】

1. 新客户初次接触

35 岁的职场精英李先生，因工作和生活需要打算购置新车。他在网上对比了众多汽车品牌，对沃尔沃的安全性能和环保理念产生浓厚兴趣，便在沃尔沃官网留下联系方式，表达了试驾意愿。

沃尔沃销售团队迅速响应，销售顾问小张在 1 小时内就与李先生取得联系，详细了解其购车需求和偏好后，从沃尔沃的产品线中筛选出 3 款适合的车型推荐给他。小张还热情邀请李先生到当地沃尔沃 4S 店试驾，并安排了专业试驾专员。

2. 购车体验

李先生来到 4S 店，试驾专员热情接待，详细介绍沃尔沃汽车的各项功能和优势。试驾过程中，试驾专员耐心解答李先生提出的 20 余个问题，让他深入了解了沃尔沃汽车的性能和品质。试驾结束后，李先生对沃尔沃汽车的安全性能和舒适驾乘体验很满意，但对价格有所犹豫。

小张察觉到李先生的顾虑，马上提供了金融贷款、置换补贴等 5 种购车方案，并详细解释各方案的优缺点。小张还向李先生介绍沃尔沃完善的售后服务体系，强调沃尔沃对客户的关怀与保障。经过 3 次沟通协商，李先生最终决定购买一辆沃尔沃 S90。

购车时，小张全程陪同，协助李先生办理手续，确保购车流程顺利。小张还为李先生准备了一份价值 500 元的购车礼品，让李先生感受到沃尔沃的诚意。

3. 售后服务

李先生购车后，沃尔沃售后服务团队持续跟进。售后服务顾问小王每 3 个月与李先生联系一次，了解用车情况，提醒按时保养。车辆需要保养时，小王提前 7 天为他预约保养时间，并提供上门取送车服务，节省了李先生平均每次 2 小时的时间。

保养时，维修技师对车辆进行全面检查和维护，及时反馈车辆状况。发现问题后，维修技师会与李先生沟通，征得同意后再维修。维修完成后，小王会进行回访，李先生对售后服务的满意度达到 95%。

除定期保养和维修，沃尔沃还提供了一系列增值服务。比如，李先生生日时，沃尔沃会送上一份价值 200 元的生日礼品；每年节假日期间，沃尔沃组织 3~5 次车主活动，如自驾游、亲子活动等，让李先生结识了 20 多位沃尔沃车主，拓展了社交圈子。

4. 再次购车与口碑传播

随着时间推移，李先生对沃尔沃汽车的性能和品质愈发满意，对售后服务也赞不绝口。两年后，李先生家庭迎来新成员，计划再购一辆 SUV。在众多品牌中，他毫不犹豫地选择了沃尔沃 XC90。他表示，沃尔沃的安全性能和环保理念让他放心，优质的售后服务让他感受到家的温暖。

李先生不仅自己成为沃尔沃的忠实客户，还积极向身边朋友、同事推荐。他在社交媒体分享购车和用车体验，累计获得500多个点赞和100多条评论。在李先生的推荐下，有5位朋友购买了沃尔沃汽车，成为新客户。

5. 案例总结

在这个案例中，沃尔沃通过一系列有效的客户关系管理措施，成功将新客户李先生转化为忠诚客户。从初次接触、购车到售后服务以及再次购车，沃尔沃始终以客户为中心，关注客户需求和体验，提供优质产品和服务。凭借专业的销售团队、贴心的售后服务、丰富的增值服务和良好的客户沟通，沃尔沃赢得了李先生的信任和认可，提升了他的忠诚度和满意度。李先生的口碑传播为沃尔沃带来了更多潜在客户，实现了客户关系的良性循环。

资料来源：沃尔沃坐拥4S店与直营店双层优势 ［EB/OL］. （2021 – 11 – 29）［2025 – 03 – 10］. https：//news. qq. com/rain/a/20211129A02VI800.

☆思考：

①沃尔沃销售顾问小张是如何满足李先生的个性化需求的？

②沃尔沃在售后服务中为李先生提供了哪些个性化的服务内容？

③李先生对沃尔沃的口碑传播是如何体现的？

第四节　客户关系管理中的关键绩效指标（KPIs）

在企业开展客户关系管理的过程中为了有效衡量和评估客户关系管理的成效，企业需要设定一系列关键绩效指标（KPI）。这些指标不仅能够反映客户关系管理工作的现状和水平，还能够为企业的决策制定和策略调整提供有力的数据支持。

一、客户获取相关 KPIs

（一）新客户获取率

指在特定时间段内，企业成功获取的新客户数量与潜在客户数量的比率。该指标反映了企业在一定时期内成功吸引新客户的能力。

计算公式为：客户获取率 = （新客户数量÷潜在客户数量）×100%。

较高的客户获取率意味着企业的市场推广和营销活动取得了良好的效果，能够有效地吸引潜在客户转化为实际客户。例如，领克汽车通过线上线下相结合的营销活动，如举办新品发布会、参加车展、开展社交媒体推广等，吸引了大量潜在客户的关注。如果在某一时期内，领克汽车的潜在客户数量为 10000 人，成功获取的新客户数量为 1000 人，那么其客户获取率为 10%。通过对客户获取率的分析，企业可以评估不同营销渠道和活动的效果，优化营销策略，提高客户获取的效率。

（二）客户获取成本（CAC）

指企业为获取一个新客户所花费的平均成本，该指标包括市场推广费用、销售费用、营销活动费用等。

计算公式为：客户获取成本＝营销和销售总费用÷新客户数量。

较低的客户获取成本意味着企业能够以较低的成本获取新客户，具有更高的成本效益。例如，领克汽车在某一地区开展了一场为期一个月的促销活动，活动总费用为 100 万元，活动期间共获取新客户 500 人，那么该地区的客户获取成本为 2000 元/人。通过对客户获取成本的监控和分析，企业可以合理分配营销资源，选择更有效的营销渠道和方式，降低客户获取成本。

（三）转化率（CTR）

指在特定的营销活动或业务流程中，从潜在客户转化为实际购买客户的比例。它反映了企业将潜在客户转化为实际客户的能力，是衡量营销活动和销售流程有效性的关键指标。

计算公式为：客户转化率＝（实际购买客户数量÷潜在客户数量）×100%。

较高的客户转化率意味着企业能够更有效地将潜在客户转化为实际购买客户，从而实现更高的销售额和利润。例如，领克汽车在进行线上直播营销活动时，有 5000 名潜在客户观看了直播，最终有 500 名客户下单购买了汽车，那么此次直播营销活动的客户转化率为 10%。通过对客户转化率的分析，企业可以评估不同营销活动、销售渠道和销售话术的效果，找出影响客户转化的关键因素，优化营销和销售策略，提高客户转化率。企业可以通过改善产品展示方式、优化购买流程、提供更有吸引力的促销活动等方式来提高客户转化率。

二、客户保留与忠诚度相关 KPIs

（一）客户留存率

指在特定时间段内，继续与企业保持业务关系的客户数量占初始客户数量的比率。该指标反映了企业留住现有客户的能力。

计算公式为：客户留存率＝（期末留存客户数量÷期初客户数量）×100%。

较高的客户留存率意味着企业能够满足客户的需求，提供优质的产品和服务，从而赢得客户的信任和忠诚度。例如，某汽车在年初拥有 10000 名客户，经过一年的运营，年底仍有 8000 名客户继续购买或使用其产品和服务，那么其客户留存率为 80%。通过对客户留存率的分析，企业可以找出客户流失的原因，采取针对性的措施加以改进，提高客户留存率。

（二）复购率

指在一定时期内，重复购买产品或服务的客户数量占总客户数量的比例。该指标反映了客户对企业产品或服务的认可程度和忠诚度。

计算公式为：复购率＝（重复购买客户数量÷总客户数量）×100%。

较高的复购率表明客户对企业的产品或服务感到满意，愿意再次购买，这不仅能为企业带来稳定的收入来源，还能降低获取新客户的成本。以领克汽车为例，如果在一年中，总共有 5000 名客户购买了领克汽车的产品或服务，其中有 1000 名客户进行了二次及以上的购买，那么复购率就是 20%。企业可以通过提升产品质量、优化售后服务、推出会员制度、开展客户忠诚度计划等方式来提高复购率，增强客户黏性。

（三）净推荐值（NPS）

净推荐值是用于衡量客户忠诚度的一个重要指标，通过询问客户："您有多大可能将我们的产品/服务推荐给您的朋友、家人或同事？"根据客户的回答将客户分为推荐者（9～10 分）、被动者（7～8 分）和贬损者（0～6 分）三类，然后用推荐者所占比例减去贬损者所占比例得出净推荐值。

计算公式为：NPS＝（推荐者比例－贬损者比例）×100%。

NPS 的取值范围在 －100%～100%，较高的 NPS 值表明企业拥有大量愿意向他人推荐其产品或服务的客户，这意味着企业在市场上具有良好的口碑和较高的品牌影响力。例如，某汽车对 1000 名客户进行 NPS 调查，其中推荐者有 400 人，占比 40%；贬损者有 200 人，占比 20%，那么其 NPS 值为（40% － 20%）× 100% ＝ 20%。通过对 NPS 的监测和分析，该企业可以了解客户对品牌的态度，发现自身存在的问题，及时采取措施改进，提升品牌形象和市场竞争力。

三、客户满意度与服务质量相关 KPIs

（一）客户满意度得分

指客户对企业的产品和服务的满意程度。该指标通常通过问卷调查、客户反馈等方式进行收集和评估。高客户满意度意味着企业能够满足客户的需求，提供优质的产品和服务，从而赢得客户的信任和忠诚度。

（二）响应时间

衡量企业处理客户咨询、投诉或请求的速度。快速响应能够提升客户满意度，减少客户流失风险。

（三）问题解决率

衡量企业成功解决客户问题的比例。高问题解决率表明企业的客户服务团队专业且高效。

四、客户关系管理效率与效果相关 KPIs

（一）客户接触点效率

衡量企业在不同客户接触点（如实体店、网站、社交媒体等）上的互动效率。高效的客户接触点能够提升客户体验，增强品牌忠诚度。

（二）CRM 系统使用率

衡量企业员工使用客户关系管理系统（CRM）的频率和有效性。高 CRM 系统使用率表明企业能够充分利用数据驱动决策，提升客户关系管理效率。

（三）客户流失率

衡量企业在一定时期内失去客户的比例。低客户流失率表明企业的客户关系管理策略有效，能够长期保持客户忠诚度。

五、实施与监控 KPIs 的策略

为了有效实施和监控上述 KPIs，企业需要采取以下策略。

①明确目标：根据企业的战略目标和市场定位，确定需要重点关注的 KPIs。确保所选 KPIs 与企业的长期愿景和短期目标相一致。

②数据收集与分析：建立有效的数据收集和分析机制，确保能够准确、及时地获取关于客户行为、满意度、忠诚度等方面的数据。利用大数据和人工智能技术，深入挖掘数据背后的洞察，为决策提供有力支持。

③定期评估与调整：定期对所选 KPIs 进行评估，分析表现不佳的原因，并采取相应的改进措施。同时，根据市场变化和客户需求调整 KPIs，确保它们始终与企业的实际情况相符。

④员工培训与激励：确保企业员工了解所选 KPIs 的重要性，并具备实现这些 KPIs 所需的知识和技能。通过培训、激励和奖励机制，激发员工的积极性和创造力，共同推动客户关系管理水平的提升。

⑤跨部门协作：客户关系管理涉及多个部门，包括销售、市场、服务、产品等。加强跨部门协作，确保各部门在客户关系管理方面保持一致性和协同性，共同提升客户满意度和忠诚度。

通过设定和跟踪关键绩效指标（KPIs），汽车企业可以衡量其客户关系管理的成效，识别改进机会，并持续优化客户体验。在实施和监控 KPIs 的过程中，企业需要明确目标、收集与分析数据、定期评估与调整、培训与激励员工以及加强跨部门协作，以确保客户关系管理策略的有效性和可持续性。

实 践 实 训

一、实训目标

①深入理解客户关系管理理论：通过实践，让学员切实掌握汽车行业客户获

取、客户生命周期管理、新客户转化为忠诚客户的相关策略，以及关键绩效指标（KPIs）的内涵与应用，加深对客户关系管理理论知识的理解。

②提升实际操作与分析能力：培养学员运用所学知识解决实际问题的能力，包括制定市场定位策略、设计营销活动、分析客户数据、评估营销效果等，使其能够在未来工作中独立开展客户关系管理工作。

③强化团队协作与沟通能力：在实训过程中，学员以团队形式完成各项任务，锻炼团队协作和沟通能力，学会在跨部门合作的模拟场景中协调资源、共同推进客户关系管理工作。

二、实训内容

①模拟汽车品牌市场定位与营销方案制定：选择一个真实的汽车品牌，对其进行市场定位分析。学员需通过市场调研（可利用网络数据、行业报告等），明确目标客户群体，分析竞争对手，塑造产品差异化优势，并制定相应的营销组合策略（涵盖产品、价格、渠道、促销等方面）。例如，假设打造一款新能源汽车品牌，需确定目标客户的年龄、收入、购车需求等特征，设计具有竞争力的车型、价格体系，选择合适的销售渠道和促销活动。

②客户生命周期管理策略应用：以小组为单位，模拟汽车企业在客户生命周期不同阶段（潜在客户、新客户、成熟客户、衰退/流失客户）的管理策略。针对每个阶段，制订相应的营销活动、客户服务措施和沟通计划。例如，针对潜在客户，设计吸引其关注的线上线下营销活动；为新客户提供个性化购车方案和优质售前服务；为成熟客户规划增值服务和忠诚度计划；对衰退/流失客户进行流失原因分析并制定挽回措施。

③新客户转化为忠诚客户路径实践：制定新客户转化为忠诚客户的方案，包括建立良好第一印象的策略、深化客户关系的方法（如定期沟通、个性化服务）以及强化品牌忠诚度的措施（如设计忠诚度计划、建设品牌社区）。以某汽车品牌新客户为例，制定具体的实施步骤，如通过优质的试驾体验建立信任，根据客户反馈提供个性化服务，推出积分兑换等忠诚度计划。

④关键绩效指标（KPIs）计算与分析：收集模拟业务场景中的客户数据，计算各项KPIs，如客户获取率、客户获取成本、客户留存率等。对计算结果进行分析，找出业务中的优势和不足，并提出改进建议。例如，根据模拟营销活动中的潜在客户数量、新客户数量以及营销费用，计算客户获取率和客户获取成本，分析营销活动的效果和成本效益。

三、实训要求

①团队协作：实训以小组形式开展。小组成员需明确分工，密切协作，共同完成各项实训任务。在团队合作过程中，鼓励成员积极沟通、互相学习，充分发挥各自的优势。

②数据支撑：在制定策略和分析问题时，要求学员以数据为依据。数据来源可以是公开的行业报告、网络数据，也可以是自行设计的简单市场调研结果。确保数据真实可靠，分析有理有据。

③方案可行性：所制定的市场定位、营销方案、客户生命周期管理策略等应具有实际可行性，充分考虑汽车行业的市场环境、竞争状况以及企业的资源和能力。方案需包含具体的实施步骤、时间节点和预期效果。

④报告撰写：每个小组需提交实训报告，报告内容包括实训任务完成情况、数据分析结果、策略制定思路、遇到的问题及解决方案等。报告应结构清晰、逻辑严谨、语言通顺，字数不少于［×××］字。

⑤汇报展示：各小组需在班级内进行汇报展示，分享实训成果。要求展示内容简洁明了、重点突出，能够清晰呈现小组的实训过程和结论。汇报后需接受其他小组和教师的提问与评价。

课 后 习 题

一、名词解释

1. 客户获取

2. 市场定位

3. 客户生命周期管理

4. 客户流失率

二、单项选择题

1. 汽车企业通过市场细分选定特定市场作为目标市场，这一过程的第二步是（　　）。

　A. 市场调研　　　　B. 目标市场选择　　C. 产品定位　　　　D. 市场定位

2. 下列属于汽车行业 7P 营销策略中"人员"要素的是（　　）。

　A. 展厅环境布置　　　　　　　　B. 销售人员素质

　C. 线上购车流程优化　　　　　　D. 举办车展活动

3. 客户在特定时间段内继续与企业保持业务关系的客户数量占初始客户数量的比率是（　　　）。

A. 客户留存率　　　B. 复购率　　　　C. 客户获取率　　　D. 净推荐值

三、多项选择题

1. 汽车企业塑造产品差异化优势的途径有（　　　）。

A. 产品特性差异化　　　　　　　B. 品牌形象差异化

C. 服务差异化　　　　　　　　　D. 价格差异化

2. 以下属于汽车行业数字化营销活动的有（　　　）。

A. 社交媒体营销　　　　　　　　B. 搜索引擎营销

C. 内容营销　　　　　　　　　　D. 电商平台营销

3. 客户生命周期包括的阶段有（　　　）。

A. 潜在客户阶段　　　　　　　　B. 新客户阶段

C. 成熟客户阶段　　　　　　　　D. 衰退/流失客户阶段

四、思考题

1. 结合实际案例，分析汽车企业如何通过精准市场定位来提高新客户获取率。

2. 以某一汽车品牌为例，阐述其在客户生命周期不同阶段可采取的管理策略。

3. 论述新客户转化为忠诚客户的重要性，并提出汽车企业实现这一转化的有效路径。

4. 汽车企业在实施客户关系管理时，如何运用关键绩效指标（KPIs）来评估和优化工作？请举例说明。

第四章

客户忠诚度与满意度管理

 案例导入

华为的客户满意度管理

"我们必须以客户的价值观为导向，以客户满意度为标准，企业的一切行为都是以客户的满意程度为评价依据。客户的价值观是通过统计、归纳、分析得出的，并通过与客户交流，最后得出确定的结果，成为公司努力的方向。客户的利益就是我们的利益，通过实现客户的利益，客户、企业、供应商在利益链条上的合理分解，各得其所，形成利益共同体。我们从产品设计开始，就要考虑到将来产品的无代演进。其他公司追求产品的性能价格比，我们追求产品的终生效能费用比。为了达成这个目标，我们宁肯在产品研制阶段多增加一些投入。只有帮助客户实现他的利益，在利益链条上才会有我们的位置。"——任正非（引自1998年《华为的红旗到底能打多久》）

2000年，华为对其市场体系进行了重大调整，由客户经理制转变为更为深入的客户代表制。此举旨在提升华为对客户真实需求的洞察力。客户经理的角色定位是明确的，其工作重点在于单向的产品推介与销售。相较之下，客户代表的角色则更为复杂，他们首要任务是代表客户的利益，监督公司的运营。客户代表的职责在于从客户的视角出发，对公司进行批评。若未能提出批评，则被视为失职；然而，若批评缺乏建设性，即便公司在整改过程中采纳了这些批评，却未见实际进步，客户代表的绩效评估亦将受到影响。唯有基于事实的、建设性的批评，且公司能够根据批评进行有效整改，客户代表的工作才能得到认可。

实施客户代表制的初衷在于，传统上企业往往难以听到客户的直接反馈。客户出于对员工辛勤工作的尊重，即便在工作中出现小错，也往往不愿提出意见，担心这会影响员工的进步。长此以往，企业可能误以为一切顺利，而问题却在不断积累，最终可能导致客户关系的彻底破裂。客户代表的角色正是为了打破这种沉默，他们的职责就是对公司提出批评，无论是关乎发货的及时性与配套问题，还是春节期间员工在客户机房的不当行为。在华为，我们深知客户的事无小事，必须对客户保持敬畏之心，认真倾听客户对企业的真实看法，及时发现并解决潜在问题，从而在问题萌芽阶段就将其解决。

客户声音管理，是指企业对客户关于产品或服务的各类需求、期望、意见、抱怨、评价和反馈进行系统化的管理。那么，通过客户声音管理，企业能够获得哪些益处呢？

资料来源：龚文波. 任正非如是说：中国教父级 CEO 的商道智慧［M］. 北京：中国经济出版社，2008.

第一节　客户满意度的测量与提升方法

一、客户满意度的含义

1960 年，凯斯首先提出了客户满意的概念，认为客户满意就是客户需要和欲望的满足，提出客户满意会促使再购买行为的发生。科特勒在《营销管理》一书中指出："满意是指一个人通过对产品或服务的可感知的效果与他的期望值相比较后所形成的感觉状态。"

奥利弗（1980）提出了"期望—实绩模型"，如图 4-1 所示。

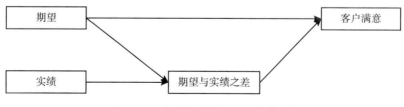

图 4-1　奥利弗"期望—实绩模型"

　　奥利弗认为，客户满意是客户得到满足后的一种心理反应，是客户对产品或服务满足自己需要的一种判断。判断的标准是这种产品或服务满足客户需求的程度。换言之，客户满意是客户对所接受的产品或服务过程进行评估，以判断达到他们所预期的程度。

　　亨利·阿塞尔认为，客户满意取决于商品的实际消费效果和客户预期的对比，当商品的实际效果达到客户的预期时，就会使客户满意，否则，就会导致客户不满意。

　　菲利普·科特勒认为，满意是指个人通过对产品的可感知效果与他的预期值相比较后所形成的愉悦的感觉状态。

　　客户满意度是指客户对产品或服务满意程度的量化评价指标。它是一种基于客户对产品或服务绩效与其期望值进行比较后形成的感觉水平。因此，客户满意度可以被视为绩效与期望差异的函数，不同的差异程度将导致不同的满意度水平。若感知效果低于期望，客户将表现出不满意。若感知效果与期望相匹配，客户则表现出满意。若感知效果超出期望，客户则表现出高度满意或欣喜。客户满意度可用数学公式表达为：$c = b/a$。其中，c 代表客户满意度；b 代表客户的感知值；a 代表客户的期望值。

　　当 c 值小于 1 时，表明客户对产品或服务的感知结果未达到其期望值，即未能满足客户的期望目标，此时客户将产生不满意情绪。c 值越小，客户的不满意程度越高。当 c 值等于 1 或接近 1 时，意味着客户对产品或服务的感知结果与其期望值相匹配，此时客户表现出满意。当 c 值大于 1 时，表明客户对产品或服务的感知效果超出了其预期，此时客户会感到兴奋、惊奇和高兴，体验到的高度满意或极度满意的状态。

　　客户满意度涵盖三个层面：首先，产品满意度，涉及企业产品为客户提供满足感的程度，包括产品的内在品质、价格、设计、包装、时效性等方面的满意度。产品的品质满意度构成了客户满意度的基础。其次，服务满意度，涉及产品销售前、销售中、销售后以及产品生命周期各个阶段所提供的服务措施是否令客户感到满意。这主要体现在服务过程的每一个环节上，是否能够充分考虑客户的立场，做到对客户有益、方便客户。最后，社会满意度，指客户在消费企业产品和服务过程中所感受到的对社会利益的维护，主要指客户整体的社会满意度，它要求企业的商业活动应促进社会文明的进步。

二、客户满意度的特点

客户满意度具备主观性、层次性、相对性、阶段性以及动态性的特征，它体现了客户对于产品或服务的期望与实际体验之间的一致性程度，是企业持续改进和创新的关键指标。以下为具体阐述。

（一）主观性

客户满意度是客户基于个人对产品或服务使用后的感受所形成的主观评价。由于个人偏好和经验的差异，不同的客户对同一产品或服务可能会有截然不同的满意度评价。这种评价受到客户的个人偏好、需求、期望以及过往经验的影响，因此即使是同一产品或服务，不同的客户也可能给出截然不同的满意度反馈。例如，对某一特性重视的客户可能会因为该特性的出色表现而感到高度满意，而其他客户可能对此并不在意。此外，客户的文化背景、消费心理和使用环境等也会对其满意度产生影响。客户满意度评价具有主观性，企业在设计产品和服务时需要综合考虑多元化的客户群体，并通过持续的客户反馈来优化体验，以满足不同客户的需求。

（二）层次性

客户满意度的层次性体现在客户对产品或服务体验的深度和广度上。从基本的功能性满足到更高层次的情感和价值认同，客户满意度呈现出由低到高的多个层次。这种层次性不仅反映了客户对产品或服务的基本需求是否得到满足，还涉及更深层次的情感体验和品牌忠诚度。例如，客户可能最初只关注产品的基本功能，但随着体验的深入，他们可能会对品牌的服务、文化和价值观产生更强烈的认同感。企业在提升客户满意度时，应关注这些不同层次的需求，通过持续的沟通和改进，逐步提升客户的满意度，从而实现更深层次的客户忠诚和品牌忠诚。

（三）相对性

客户满意度的相对性强调了它与客户预期之间的密切联系。客户对产品或服务的期望管理是决定满意度的关键因素。当企业提供的体验超出客户的预期时，客户往往会感到惊喜并给予积极反馈，这有助于提升品牌形象和客户忠诚度。相反，如果实际体验未能达到客户的预期，哪怕产品或服务本身表现良好，也可能导致客户的不满和失望。因此，企业需要深入了解并管理客户的期望，通过有效的沟通和高质量的服务，确保客户的期望与企业的实际表现相匹配，从而提升整体的客户满意度。

（四）阶段性

客户满意度的阶段性特征指出，客户在与企业互动的不同生命周期阶段，其需求和期望会随之变化，从而影响满意度的感知。在初次接触阶段，客户可能更注重产品的基本功能和性价比；随着对品牌熟悉度的增加，他们可能开始寻求更深层次的价值，如品牌认同和个性化服务。在成熟阶段，客户可能期望获得更加定制化和增值的服务体验。企业必须识别并适应这些变化，通过在不同阶段提供相应的产品和服务，满足客户的当前需求，以维持和提升客户满意度。这种对客户生命周期的深刻理解，有助于企业构建长期的客户关系，实现持续的客户忠诚和业务增长。

（五）动态性

客户满意度的动态性意味着它不是静止不变的，而是随着时间、环境、市场条件及服务质量等因素的变化而波动。这种变化性要求企业持续关注并适应这些外部和内部因素。例如，随着技术进步和消费者需求的演变，客户对产品或服务的期望也会提升。企业必须通过不断改进服务、更新产品功能和优化客户体验，来适应这些变化，确保客户满意度能够持续提升。同时，企业也需要灵活应对市场动态，如竞争对手的行为、经济波动等，以维持其在客户心中的吸引力和竞争力。

三、客户满意度的测量

客户满意度是衡量客户满意程度的量化指标，由该指标可以直接了解企业或产品在客户心目中的满意度。商务部发布的《商业服务业客户满意度测评规范》，采用三级指标体系，如表4-1所示。下面通过几个主要的综合性指标来反映客户满意状态。

表 4 – 1　　　　　　　　　　　客户满意度测评指标体系

一级指标	二级指标	三级指标
客户满意度指标	企业/品牌形象	企业/品牌总体形象
		企业/品牌知名度
		企业/品牌特征显著度
	客户预期	总体质量预期
		可靠性预期
		个性化预期
	产品质量感知	总体产品质量感知
		产品质量可靠性感知
		产品功能适用性感知
		产品款式感知
	服务质量感知	总体服务质量感知
		有形性质量感知
		可靠性质量感知
		保证性质量感知
		响应性质量感知
		关怀性质量感知
	价值感知	给定质量下对价格的评价
		给定价格下对质量的评价
		与同层次竞争对手相比下对价格的评价
	客户满意度	总体满意度
		实际感受同其服务水平相比的满意度
		实际感受同理想服务水平相比的满意度
		实际感受与同层次竞争对手相比的满意度
	客户抱怨	客户抱怨与否
		客户投诉与否
		投诉处理满意度
	客户忠诚度	重复接受服务的可能性
		向他人推荐的可能性
		价格变动忍耐性

（一）企业/品牌形象

企业/品牌形象是客户对服务供应商或品牌的综合认知与评价，包括品牌知名度、品牌认知度、品牌形象、品牌忠诚度和品牌关联度等。品牌知名度衡量品牌在目标受众中的知晓程度，品牌认知度反映目标受众对品牌特点和价值的认知程度，品牌形象涉及品牌在受众中的形象和声誉，品牌忠诚度体现目标受众对品牌的忠诚程度和重复购买意愿，品牌关联度则衡量品牌与目标受众之间的关联程度。企业/品牌形象是客户满意度测评模型的外生变量，直接影响客户对质量的预期。

（二）客户预期

客户预期是指客户在购买产品或接受服务之前对其质量水平的主观意愿与估计。它包括对产品或服务质量、性能、功能、设计、价格等方面的期望，以及对产品或服务满足特定需求程度和质量可靠性的期望。客户预期是客户满意度的重要参照标准，直接影响客户对实际消费体验的评价。

（三）产品质量感知

产品质量感知是客户在购买并消费产品过程中及之后对其质量水平的实际感受。它涵盖产品的性能、可靠性、耐用性、外观设计等方面。在商业零售业中，测评对象是企业向客户销售的商品；在餐饮业中，测评对象是企业提供的饮食产品。产品质量感知直接影响客户对整体消费体验的评价，进而影响客户满意度。

（四）服务质量感知

服务质量感知是客户在购买并消费服务过程中或之后对其服务质量水平的实际感受。它包括服务的及时性、准确性、专业性、友好性等方面。服务质量感知与产品质量感知处于等同地位，对客户的价值感知和满意度有直接影响。例如，客服人员的响应速度、解决问题的能力、服务态度等都会影响客户的服务质量感知。

（五）价值感知

价值感知是客户在结合感知质量后对所付出价格的评价。它包括客户对产品或服务性价比的感知，即在给定价格条件下对质量级别的评价，以及在给定质量条件下对价格级别的评价。价值感知不仅影响客户的购买决策，还直接影响客户的满意度和忠诚度。

（六）客户满意度

客户满意度是客户在消费产品或接受服务的过程中（以及之后的一段时间内）所形成的愉悦或失望的感觉状态。它是对整个消费过程的综合评价，包括对产品或服务质量、价格、品牌形象等方面的总体满意度。客户满意度是客户满意度测评的核心指标，通过比较客户的实际感知与预期来衡量。

（七）客户抱怨

客户抱怨是指客户对产品或服务不满意时所表达的不满情绪。它是衡量客户满意度的重要反向指标，反映了客户在消费过程中遇到的问题和不满之处。通过收集和分析客户抱怨，企业可以及时发现并解决问题，从而提高客户满意度。

（八）客户忠诚度

客户忠诚度是客户对某一品牌或企业持续购买和推荐的意愿。它反映了客户对品牌的依赖程度以及对价格波动的敏感性。客户忠诚度可以通过重复购买率、客户留存率、净推荐值（NPS）等指标来衡量。高的客户忠诚度意味着客户对品牌的满意度较高，能够为企业带来长期的收益。

四、客户满意度的提升方法

鉴于影响客户满意度的因素，实现客户满意需从两个维度出发：一是准确把握客户期望；二是提升客户的感知价值，即增强客户的让渡价值。

（一）准确把握客户期望

若客户期望过高，企业提供的产品或服务未能满足这些期望，客户将感到失望，进而产生不满。反之，若客户期望过低，则可能缺乏购买或消费企业产品或服务的兴趣。因此，客户期望的设定必须恰到好处。

企业欲提升客户满意度，必须采取措施引导客户在消费前形成合理的期望值。这样既能吸引客户，又能避免因期望未达成而引起的失望和不满。

(二) 提升客户感知价值

提升客户感知价值可从两个层面考虑：一是增加客户的总价值，涵盖产品价值、服务价值、人员价值、形象价值；二是降低客户的总成本，包括货币成本、时间成本、精神成本、体力成本。

1. 提升产品价值

（1）持续创新。

产品和服务均具有生命周期，随着市场的发展，原有产品和服务带来的利益空间逐渐缩小。因此，企业需顺应客户需求趋势，不断根据客户反馈研究和设计产品，并利用高新技术成果进行创新，开发出真正符合客户需求的产品，从而不断提升客户的感知价值，进而提高客户满意度。通过科技手段提升产品科技含量，不仅能更好地满足客户需求，还能构建竞争壁垒，有效抵御竞争对手的挑战。

（2）提供定制化产品或服务。

这指的是根据每个客户的独特需求制造产品或提供服务。其优势在于通过提供具有特色的产品或超值服务来满足客户需求，提升客户的感知价值，从而提高客户满意度。

（3）树立"质量是企业生命线"的理念。

产品质量是提升客户感知和满意度的基石，高质量的产品本身就是卓越的推销员和维系客户的有效工具。若企业无法保证产品质量，或产品质量随时间下降，即便客户曾满意，也可能逐渐产生不满。

（4）塑造品牌形象。

品牌能提升产品价值，帮助客户节省时间成本、精神成本和体力成本，提高客户感知价值，进而提升客户满意度。品牌亦是客户身份的象征，许多客户已从单纯的产品消费转向品牌消费。这要求企业在确保产品质量的同时，还需努力提高品牌知名度和美誉度，树立良好的品牌形象。

2. 提升服务价值

随着购买力水平的提升，客户对服务的要求亦日益增高，服务的质量对购买决策的影响愈发显著。因此，企业需从客户角度出发，在服务内容、服务质量、服务水平、物流配送等方面提升标准，提供全面、全方位的服务，以增强客户的感知价值，进而提升客户满意度。

若企业能提供客户所期望的服务，甚至超越客户预期，提供客户未想到的服务，这将使客户感受到企业持续的关怀，从而对企业的服务产生满意。产品售前、售中、售后的服务是提升客户感知价值的关键环节。售前阶段，企业应及时向客户提供关于产品性能、质量、价格、使用方法和效果的详尽信息；售中阶段，提供准确的介绍和咨询服务；售后阶段，重视信息反馈和追踪调查，及时处理和回应客户的意见，对有问题的产品主动退换，对故障迅速采取措施排除或提供维修服务。

3. 提升人员价值

提升人员价值涉及提高管理层及全体员工的经营思想、工作效率与作风、业务能力、应变能力、服务态度等，从而提高客户感知价值及客户满意度。例如，法国化妆业巨头伊夫·罗歇，每年向客户发送 8000 万封信件，内容中肯，他还编写了《美容大全》，提醒大家有节制地生活比化妆更为重要，因此赢得了广大客户，尤其是妇女的信赖，成为女士心中的美容导师，从而提升了客户的感知价值和满意度。

优秀的员工在客户中享有极高的声誉，能吸引众多客户，对于提升企业的知名度和美誉度具有重要意义。例如，北京王府井百货大楼的优秀营业员张秉贵以"一团火"精神热心为客户服务，被誉为"燕京第九景"。企业可通过培训和加强管理制度的建设来提高员工的业务知识和专业技术水平，提高员工为客户服务的熟练程度和准确性，从而提高客户的感知水平，进而提高客户的满意度。提高员工满意度也是提升人员价值，进而提升客户感知价值和客户满意度的手段。因为员工满意度的增加会促使员工提供给客户的产品或服务的质量提高。

4. 提升形象价值

良好的企业形象会形成对企业有利的社会舆论，为企业的经营发展创造一个良好的氛围，也提升了客户对企业的感知价值，从而提高对企业的满意度，因此企业应高度重视自身形象的塑造。企业形象的提升可通过形象广告、新闻宣传、庆典活动、展览活动、公益广告、赞助活动等方式来进行。

5. 降低货币成本

仅有产品的高质量仍然不够，还要合理制定产品价格。企业定价应依据市场形势、竞争程度和客户的接受能力来考虑，尽可能做到按客户的"预期价格"定价，并且千方百计地降低客户的货币成本，坚决摒弃追求暴利的短期行为，这样才能提升客户的感知价值，提高客户的满意度。"世界 500 强"企业沃尔玛提出

"帮客户节省每一分钱"的宗旨，提出了"天天平价、始终如一"的口号，并努力实现价格比其他商号更便宜的承诺，这无疑是使沃尔玛成为零售终端之王的根本所在。

此外，企业还可以推出俱乐部制和会员制，使客户享受到多种价格优惠和价格折扣，从而降低客户的货币成本，提升客户的感知价值和满意度。

降低客户的货币成本不仅体现在价格上，还体现在提供灵活的付款方式和资金融通方式等方面。当客户规模较小或出现暂时财务困难时，企业可以向其提供延期付款、赊购等信贷援助。

6. 降低时间成本

即在保证产品与服务质量的前提下，尽可能减少客户的时间支出，从而降低客户购买的总成本，提高客户的感知价值和满意度。例如，世界著名的花王公司在销售其产品的商场中安装摄像头，以此来记录每位客户在决定购买"花王产品"时所用的时间。"花王公司"根据这些信息改进了产品的包装和说明，对产品摆设进行重新布置，调整产品品种的搭配，让客户可以在最短时间内完成消费行为。据公司 1999 年的统计，经过产品摆设的重新布置和品种调整后，客户决定购买花王洗发水所用时间为 47 秒，而在 1984 年，客户的购买时间为 83 秒。

7. 降低精神成本

降低客户的精神成本最常见的做法是推出承诺与保证。安全性、可靠性越重要的购买或消费，承诺就越重要。例如，美容业推出"美容承诺"，并在律师的确认下，与客户签订美容服务责任书，以确保美容服务的安全性、无后遗症等。

企业为了降低客户的精神成本，还可以为客户购买保险，例如，航空公司、旅行社、运输公司等为旅客或乘客买保险，目的就是减少客户的购买风险，从而降低客户的精神成本。

企业提供细致周到、温暖的服务也可以降低客户的精神成本。例如，企业的工作人员在为客户维修、安装时，自己带上拖鞋和毛巾，安装好后帮客户把房间打扫干净，把对客户的打扰减少到最低限度……这些细节都充分体现了企业对客户的关怀、体贴和尊重，从而降低了客户的精神成本，给客户留下好的印象。

8. 降低体力成本

如果企业能够通过多种销售渠道接近潜在客户，并且提供相关服务，就可以减少客户为购买产品或服务所花费的体力成本，从而降低客户购买的总成本，提高客户的感知价值和满意度。

例如，对于装卸和搬运不太方便、安装比较复杂的产品，如果企业能为客户提供良好的售后服务，如送货上门、安装调试、定期维修、供应零配件等，就会减少客户为此所耗费的体力成本，从而提高客户的感知价值和满意度。

第二节　客户忠诚度的提升

一、客户忠诚度的含义

客户忠诚（customer loyalty）这一概念最早可追溯至 1952 年，由布朗（Brown，1952）提出。此后，众多学者对客户忠诚的定义进行了深入探讨，并大致将其归纳为三类：态度忠诚论（attitudinal loyalty）、行为忠诚论（behavioral loyalty）以及综合论。

①态度忠诚论：此理论从客户的情感、意识以及行为倾向等维度出发，将客户忠诚定义为客户在长期消费过程中对某一产品、品牌或厂商所表现出的专一性。

②行为忠诚论：该理论侧重于客户对某产品或服务的实际表现，认为客户忠诚体现为客户通过信息交流和直接使用经验，识别并接受某企业的承诺，进而转化为购买和重复购买的行为。此外，忠诚的客户能够抵御竞争者的价格优惠，持续选择该企业的产品或服务，并可能主动为企业进行免费宣传。

③综合论：此理论认为客户忠诚是态度忠诚与行为忠诚的结合体。它指出，客户忠诚涉及客户对品牌、产品/服务以及企业的内在积极态度、情感、偏好与外在重复购买行为的统一。客户对某品牌的产品/服务具有依赖性，在情感上有所偏好，会重复购买，并可能主动向亲友推荐，为企业宣传，且不易受竞争产品的影响。

本书倾向于综合论的观点，认为客户忠诚是客户对某企业或品牌的产品/服务所持有的信赖、维护态度以及希望重复购买的心理和行为倾向。即便面对竞争对手推出的更具价格优势的替代品，客户仍可能保持忠诚，甚至愿意自发地向他人推荐该企业或品牌的产品/服务。

二、客户忠诚度的评价指标

客户忠诚度是指由于质量、价格、服务等多种因素的影响，使客户对某一企业的产品或服务产生情感上的依恋，形成偏好，并倾向于长期重复购买该企业产品或服务的倾向。它是一个可量化的概念。

衡量客户对某品牌的忠诚度，可以采用以下指标。

①客户重复购买的频次及频率：客户重复购买的频次指的是在特定时期内，客户对某一产品或服务的重复购买次数。通常情况下，客户重复购买的频次越高，其忠诚度亦相应提升。一些电子商务企业为了便于识别和数据库管理，将客户忠诚度量化为连续三次或四次以上的购买行为。然而，实际情况是，不同的消费领域和消费项目之间存在显著差异。例如，某些产品或服务在我们的一生中可能会被购买数千次乃至更多，而另一些产品或服务可能一生中仅被购买数次，甚至仅一次。因此，电子商务企业在评估客户忠诚度时，不能一概而论，简单地以购买次数作为判断标准，更不宜跨越不同的消费领域和项目进行比较。

重复购买频率，亦称复购率，是指客户对某一品牌的购买次数占购买同类产品或服务总次数的比例。若客户对某品牌的复购率较高，则表明客户对该品牌的忠诚度较高。

②客户购买支出的额度：客户为购买某品牌产品所支付的费用越高，往往意味着其对该品牌的忠诚度较高；反之，则忠诚度较低。

③对价格变动的敏感性：通过客户对品牌产品价格变动的敏感程度可以衡量其忠诚度。对价格变动较为敏感的客户，其对品牌的忠诚度可能较低；而对价格变动不太敏感的客户，则可能表现出较高的忠诚度。

④客户选择品牌产品所需的时间：客户在选择品牌产品时所花费的时间长短，反映了其对品牌的信赖程度。通常情况下，选择时间越短，表明客户对品牌的忠诚度越高；反之，则忠诚度较低。

⑤客户对竞争品牌的态度：忠诚度较高的客户往往对其他竞争品牌的产品或服务持排斥态度，如果客户对竞争品牌的产品或服务表现出兴趣和好感，这可能表明其对当前品牌的忠诚度较低；反之，则忠诚度较高。

⑥客户对产品质量的容忍度：忠诚度较高的客户在面对产品的一般质量问题时，通常会表现出宽容和谅解，并倾向于协商解决问题，而不会因此失去对品牌的偏好。相反，忠诚度较低的客户在遇到质量问题时，可能会感到自己的权益受

到侵害，并产生强烈的不满情绪。

三、满意度和忠诚度的关系

客户满意是客户对其要求已被满足程度的感受。当客户感知的价值等于或超过其期望时，客户会满意。客户忠诚度是从客户满意概念中引出的概念，是指客户满意后而产生的对某种产品品牌或机构的信赖、维护和希望重复购买的一种心理倾向。

显而易见，客户忠诚是客户曾经满意而产生的一种状态，但是客户满意并不代表他会忠诚，而忠诚的客户不一定就没有不满和抱怨。可以肯定的是，如果不及时排解客户的不满和抱怨而让客户的怨气不断积累，那么原本是忠诚的客户也可能变成不满意的客户甚至流失。以下是几种满意度和忠诚度的关系。

（一）满意则可能忠诚

满意感使重复购买行为变得简单易行，同时也可能使客户对服务提供者产生依赖。研究显示，满意的客户更倾向于持续购买服务提供者的产品或服务。根据客户满意度的不同，客户忠诚度可分为信赖忠诚度和势利忠诚度两种。

1. 信赖忠诚度

当客户对服务提供者及其产品或服务感到完全满意时，通常会表现出信赖忠诚度。这种忠诚度基于完全满意，客户对一个或几个品牌的产品或服务产生偏好，并长期、有目的地重复购买。信赖忠诚的客户重视与服务提供者的情感联系，寻求归属感。他们相信服务提供者能够诚信待客，满足客户预期，并对服务提供者的失误持宽容态度。即使发现产品或服务存在缺陷，他们也会谅解并主动提供反馈，而不会影响再次购买的决定。他们还愿意免费为服务提供者宣传，甚至热心推荐给他人，成为服务提供者的忠实支持者和推广者。

信赖忠诚的客户在行为上表现为有目标性、重复性、主动性和排他性的购买。当他们需要购买曾经购买过的产品或服务时，会主动寻找提供过这些产品或服务的服务提供者。他们能够自觉地抵制比较多家的心理，拒绝其他服务提供者提供的优惠和折扣等诱惑，保持一贯的忠诚。信赖忠诚的客户是高度依恋的，他们的忠诚最为可靠和持久，是服务提供者宝贵的资源和重要的客户。他们的忠诚也表明服务提供者的现有产品和服务对他们具有价值。

2. 势利忠诚度

当客户对服务提供者及其产品或服务不完全满意，仅对某些方面感到满意时，通常会表现出势利忠诚度。例如，一些客户可能因为"购买方便"而忠诚，或因为"价格吸引人"而忠诚，或因为"有机会中奖""可以享受折扣""有奖励""有赠品"等原因而忠诚，或因为"转换成本过高"而忠诚……

总的来说，势利忠诚度是客户为了获得某些利益或避免损失而长期重复购买某一产品或服务的行为。一旦这些利益和障碍消失，他们的忠诚度也会随之消失，可能会转向其他更具吸引力的服务提供者。因此，势利忠诚的客户对服务提供者的依恋度较低，容易被竞争对手吸引。服务提供者应努力实现客户的信赖忠诚度，但如果难以实现，也可以追求客户的势利忠诚度，因为这种忠诚度较为常见、易于实现，并且能够为企业带来利润，值得服务提供者关注。

（二）满意也可能不忠诚

普遍观点认为，客户满意度与忠诚度之间存在直接的正相关关系。然而，实际情况往往更为复杂。众多企业观察到，即便客户对产品或服务表示满意，他们仍可能选择转向其他替代品。据《哈佛商业评论》报道，即便是对产品感到满意的客户群体，仍有65%～85%的人倾向于尝试新的选择，这表明满意度并不总是转化为忠诚度。

客户满意度未能转化为忠诚度的原因可能包括但不限于以下几点：客户未能从忠诚中获得额外利益、对企业的信任和情感联结不足、缺乏归属感、转换成本较低、企业与客户之间的联系不够紧密、企业对客户忠诚度的重视程度不足、员工忠诚度的缺失，以及客户个人因素，如个人消费者寻求多样化体验，或企业客户中的采购决策者变动等。

（三）不满意一般不忠诚

通常情况下，不满意的客户忠诚度较低，除非有特殊原因，否则客户不会对服务或产品不佳的企业表现出忠诚。例如，若企业未能承担社会责任或对环境造成负面影响，客户可能会选择不忠诚。同样，若企业未能妥善处理客户的投诉和抱怨，也会导致客户忠诚度下降。一个不满意的客户迫于某种压力，不一定会马上流失、马上不忠诚，但一旦条件成熟，就会不忠诚。

（四）不满意也可能忠诚

不满意也可能忠诚分为两种情况，一种是惰性忠诚，另一种是无奈忠诚。

1. 惰性忠诚

惰性忠诚是指客户尽管对产品或者服务不满意，但是由于本身的惰性而不愿意去寻找其他供应商或者服务商。对于这种忠诚客户，如果其他企业主动出击，很容易将他们挖走。

2. 无奈忠诚

无奈忠诚是指在卖方占主导地位的市场条件下，或者在不开放的市场条件下，尽管客户不满意却因为别无选择，找不到其他替代品，而不得已忠诚。例如，市场上仅有一个供应商，在这样的垄断背景下，尽管不满意，客户也只能别无选择地忠诚，因为根本没有其他机会和条件。

虽然惰性忠诚和无奈忠诚能够给企业带来利润，企业可以顺势、借势而为，但是，企业切不可掉以轻心。因为不满意的忠诚是靠不住的、很脆弱的，一旦时机成熟，这类不满意的客户就会迅速流失。

从以上的分析来看，客户忠诚在很大程度上受客户满意的影响，一般来说，客户满意会带来客户忠诚，但不绝对，企业要想实现客户忠诚，除了让客户满意，还得考虑影响客户忠诚的其他因素，需要其他手段的配合。

四、客户忠诚度提升策略

根据影响客户忠诚的因素，我们知道，企业应尽可能消除影响客户忠诚的不利因素，强化一切有利于客户忠诚的因素，从而形成客户"不想走""不能走"的局面，这样就能实现客户忠诚。具体做法如下。

（一）提升员工的忠诚度

客户忠诚度的培养与维系，关键在于员工忠诚度的构建。若员工对企业心存不满，将缺乏投入工作的激情与活力，甚至可能无法尽职尽责。对于那些直接向客户提供产品与服务的商业流通企业而言，这一点尤为重要。

唯有满意的、忠诚的员工，方能愉快且熟练地提供令客户满意的产品或服务，从而促成客户的忠诚。员工的流失将对客户的忠诚产生负面影响。因此，企

业一方面需通过培养员工的忠诚来实现客户的忠诚，另一方面则需通过制度来防
止员工流失，以避免客户流失。

1. 通过培养员工的忠诚来实现客户的忠诚

（1）寻找优秀员工并加强培训。

企业应寻找那些特质、潜力、价值观与企业的制度、战略和文化相契合，具
备才识、技术娴熟、工作能力强的员工。此外，企业应致力于培训员工树立"以
客户为中心"的理念，使每位员工意识到他们的工作将影响客户及其他部门人
员，进而影响客户的忠诚度和企业的存续，并向员工提供相关知识与技能的培训
与指导。

（2）培养员工忠诚。

第一，企业需关心员工、尊重员工，充分满足员工的需求，在员工个人发展
上进行投资，及时解决员工面临的问题，以不断提升员工的满意度。例如，吉利
控股集团秉持"尊重人、成就人、幸福人"的人才理念，实施了一系列员工关怀
措施。

①"全员收入增长计划"：通过建立完善的薪酬体系和绩效奖金制度，根据
员工的工作表现和绩效评估结果给予相应的薪资激励和奖金，让员工分享企业发
展的成果。

②"全员家庭健康保险计划"：为员工及其家庭提供全面的健康保障，包括
医疗保险、意外伤害保险和补充医疗保险等，提高员工的生活质量和幸福感。

③"全员职业提升计划"：为员工提供广阔的职业发展空间，制定明确的晋
升通道和条件。同时，通过内部培训、外部培训和专业技能认证等方式，提升员
工的专业能力和素质水平。

第二，企业要充分授权，即企业要赋予员工充分的权利，从而使员工感到自
己受重视、被信任，进而增强其责任心和使命感，激发其解决服务问题的创造性
和主动性，并群策群力，共同想办法赢得客户忠诚。吉利通过"卓越工程师人才
培养项目"，搭建工程师通用能力模型，明确各层级研发工程师的能力要求、相
关专业知识和岗位技能，采用阶段研修、场景实践、项目挑战相结合的方式，持
续推进研发工程师专业赋能与绩效提升。

（3）维持客户服务人员的稳定性。

长期从事客户服务岗位的员工，能够深入理解客户的偏好与需求，进而构建
起一种亲密感和温馨氛围，促使客户持续选择本企业的产品或服务。在服务过程
中出现的偶发性失误，客户亦可能基于对员工的熟悉和信任而表现出宽容，从而

降低客户流失的风险。

2. 通过制度设计防止员工流失，以维护客户稳定性

员工与客户的熟悉度是维系客户忠诚度的重要因素，员工离职可能导致客户流失。为应对这一问题，企业应采取措施降低客户对个别员工的依赖，具体策略如下。

（1）实施员工轮岗制度。

轮岗制度指的是定期更换与客户接触的员工，以确保即便有员工离职，仍有其他员工为客户提供熟悉的服务。然而，轮岗频率需适度控制，以免员工频繁更换导致客户无法与员工建立稳定的合作关系，进而质疑企业服务的连续性。

（2）采用客户服务团队模式替代个人服务。

团队模式下，单个员工对客户的影响相对减弱，从而减少了员工流失对客户稳定性的影响。例如，海尔公司采用的客户服务团队由不同层级的员工组成。企业需确保团队成员间信息传递的一致性，避免信息冲突，以免损害客户对团队服务的信任。

（3）建立企业内部客户资源共享机制。

企业应促进员工间客户信息的共享，并培育共享的企业文化，营造开放的工作氛围。通过组织员工交流会等活动，鼓励员工间的自由沟通和信息分享，实现客户资源在企业内部的共享。这样，即便个别员工离职，其他员工也能在现有基础上继续发展与客户的关系，避免客户流失。

（二）巩固和提高客户满意度

加强并提升客户满意度的目标在于培养企业的主动忠诚客户，并以此为核心，形成"羊群效应"，从而实现客户从行为忠诚到意识忠诚再到情感忠诚的逐步升级。加强并提升客户满意度的关键在于提高客户的让渡价值。首先，需依据客户忠诚度进行客户分群，制订具有针对性的、差异化的忠诚计划，并依据"80/20 法则"，将企业有限的资源集中于能为企业带来主要利润的核心客户，优先满足这类客户的需求；其次，需深入理解客户的诉求，为客户提供尽可能详尽的产品和服务信息，使客户对产品和服务有全面的认识，降低客户的信息搜寻成本；再次，为客户提供一整套产品和服务的个性化解决方案，助力客户最大化地发挥产品和服务的效能；最后，对客户进行跟踪回访，了解客户的观点和建议，并及时予以解决。

■■■■ 案例分析 ▸▸▸▸▸▸▸▸▸▸▸▸▸▸▸▸▸▸▸▸▸▸▸▸▸▸▸▸▸▸▸▸▸▸

蔚来汽车——巩固和提高客户满意度的实践

蔚来汽车作为中国高端智能电动汽车品牌，自成立以来便以卓越的客户体验和创新的服务模式著称。蔚来不仅注重产品的研发和设计，更将客户满意度作为企业发展的核心战略之一。通过一系列创新举措，蔚来成功巩固和提升了客户满意度，培养了高度忠诚的客户群体。蔚来汽车通过以下策略巩固和提高客户满意度，实现了客户从行为忠诚到意识忠诚再到情感忠诚的逐步升级。

一、客户分群与差异化忠诚计划

蔚来根据客户的购车意向、使用频率、品牌参与度等因素，将客户分为潜在客户、新购车客户、长期车主等不同群体，并针对不同群体制订了差异化的忠诚计划。

潜在客户：通过线上线下的互动活动，如品牌体验日、试驾活动等，吸引潜在客户参与，提升品牌认知度和好感度。

新购车客户：提供专属的购车礼包、优先服务通道和一对一的客户经理服务，帮助客户快速熟悉车辆功能和服务。

长期车主：推出积分系统，车主通过参与社区活动、推荐新客户等方式获得积分，积分可用于兑换车辆保养、周边产品等福利。

二、客户诉求理解与信息透明化

蔚来通过多种渠道收集客户反馈，包括线上 App、线下门店、社区论坛等，深入了解客户的诉求。蔚来 App 为车主提供车辆状态实时查询、预约保养维修、道路救援等功能，同时推送最新的产品信息和服务政策，降低客户的信息搜寻成本。

三、个性化解决方案

蔚来为客户提供个性化的产品和服务解决方案。一是车辆定制，车主可以根据自己的需求和喜好，定制车辆的颜色、内饰、配置等，满足个性化需求。二是服务套餐，根据客户的使用习惯和需求，提供不同的售后服务套餐，如基础保养套餐、高端保养套餐、无忧套餐等。三是社区活动，蔚来定期组织车主活动，如自驾游、车主聚会、公益项目等，增强车主之间的互动和归属感。

四、客户跟踪回访与问题解决

蔚来建立了完善的客户跟踪回访机制，通过客户满意度调查、售后回访等方式，及时了解客户的使用体验和反馈。对于客户提出的问题和建议，蔚来会迅速响应并解决，确保客户满意度的持续提升。

蔚来汽车通过客户分群与差异化忠诚计划、客户诉求理解与信息透明化、个性化解决方案以及客户跟踪回访与问题解决等策略，成功巩固和提高了客户满意度。这些措施不仅提升了客户的忠诚度，还形成了强大的"羊群效应"，使客户从行为忠诚逐步升级到意识忠诚和情感忠诚。蔚来汽车的实践表明，企业通过精准的客户管理和优质的服务体验，能够有效提升客户满意度和忠诚度，从而在竞争激烈的市场中脱颖而出。

资料来源：蔚来车主基本权益告知书［EB/OL］.（2025－01－20）［2025－03－10］. https：//www. nio. cn/policies/rights－of－owners.

（三）奖励忠诚客户

众所周知，若欲激发个体从事某项活动，赋予其活动本身以积极的激励机制，将促使其自发地、主动地投身于该活动，无须外在的引导或监督。同理，企业若希冀构建客户忠诚度，必须对忠诚客户实施奖励机制。奖励机制的核心目的在于使客户因忠诚而获得利益，进而驱动客户在利益的激励下保持忠诚。

1. 奖励机制的实施方式

（1）财务奖励。

财务奖励的典型代表为频繁营销规划，亦称忠诚客户营销规划，其核心在于向频繁或大量购买的客户提供奖励，旨在促进现有客户对企业的忠诚度。财务奖励的形式多样，包括但不限于折扣、积分、赠品、奖品等。企业通过这些方式表达对长期客户的关怀，并激励他们持续购买。

例如，京东在客户消费后提供京豆、京享值作为奖励，以此在经济和服务权益方面表彰忠诚客户。京豆是京东用户在京东网站完成购物、评价、晒单等相关活动后获得的奖励，仅限在京东网站使用，可用于支付订单、兑换指定优惠券及享受生活福利等权益。京享值是依据用户近365天内在京东的账户价值、消费价值、活跃价值、小白信用及信誉分等综合因素计算得出的分值。该分值每日更新，每日结算近365天的分值。随着京享值的逐步提升，客户可享受的服务权益亦随之增加。客户通过完善账户信息、增加购物消费、频繁参与评价晒单、转发分享及回答提问等途径可以提高京享值。

此外，实行以旧（产品）折价换新（产品）也能够起到奖励忠诚客户的作用。例如，领克汽车通过以旧换新的方式奖励忠诚客户。2024年8月1日至9月

30 日，领克汽车推出了针对 2024 款领克 01 燃油版的以旧换新购车政策，购车用户可限时享受最高 3 万元的厂家"超值换购补贴"，并可叠加国家以旧换新补贴 1.5 万元。具体来看，领克 01 的"超值换购补贴"包含现金补贴、置换补贴以及金融补贴等。其中，吉利汽车集团旗下品牌（领克、几何、沃尔沃、极氪、smart）的本品置换补贴为 4000 元，其他品牌置换补贴为 3000 元。此外，领克现任车主增购新车也可享受 3000 元补贴。

（2）其他配套奖励。

这里的其他配套奖励是指特权、优待、机会、荣耀等财务利益以外的奖励。

2. 奖励实施需关注的事项

首先，必须审视客户对企业奖励的重视程度。若客户对奖励持漠视态度，企业则不宜进行不必要的开支。其次，应避免平均主义的奖励方式，而应依据客户的忠诚度和重复购买的频率来实施差异化奖励。再次，企业应着重于为客户提供长期利益，因为单一的奖励措施难以维系客户的忠诚度，同时也会导致资源的浪费。即便奖励措施短期内有效，竞争对手亦可能迅速跟进。因此，企业需评估自身是否具备持续奖励的能力，以及是否能够承受奖励成本持续增长的压力。否则，企业将面临两难境地：持续投入则成本过高；若取消奖励，则可能损害企业信誉。最后，奖励措施应具备一定的灵活性，以便于选择不同的奖励形式。

3. 奖励计划的潜在弱点

一是未获得奖励的客户可能会对企业产生不满情绪。二是企业间奖励计划的竞争会导致客户期望值不断上升，企业为了满足客户期望所投入的奖励成本亦随之增加。三是奖励计划的简便性使其容易被竞争对手模仿。一旦多数竞争对手模仿，奖励计划将趋于同质化，企业虽增加成本却无法获得相应的竞争优势。然而，企业又难以轻易停止这些奖励计划，因为一旦中断，可能会产生竞争劣势。因此，企业陷入了一个恶性循环：奖励计划—初见成效—广泛模仿—优势丧失—新的奖励计划……企业成本持续攀升，但实际成效有限，往往只能获得表面的或基于利益考量的客户忠诚度。

（四）促使客户信任并深化其情感联系

1. 提升客户信任度

客户满意度的累积能够催生客户信任，而长期的客户信任是形成客户忠诚度的关键。因此，企业必须持续不懈地增强客户对企业的信任，以期获得客户对企业的忠诚。

那么，企业应如何增强客户的信任呢？第一，必须坚定"客户至上"的理念，始终以客户的思考为思考，以客户的急迫为急迫，以客户的困难为困难，以客户的需要为需要，确保所提供的产品或服务能够满足客户需求。第二，提供广泛且值得信赖的信息（包括广告），当客户认识到这些信息的可靠性并愿意接受时，企业与客户之间的信任便能逐步建立并得到加强。第三，针对客户可能面临的各种风险，提出保障措施或承诺并切实执行，以消除客户的疑虑，从而赢得他们的信任。第四，尊重并保护客户的隐私，使客户感到安全，进而产生信任感。第五，认真处理客户投诉，若企业能够及时且妥善地解决客户的投诉，便能赢得客户的信任。

2. 深化客户情感联系

联邦快递的创始人弗雷德里克·史密斯曾言："欲称霸市场，先要赢得客户的心，随后才是客户的荷包。"因此，企业在与客户建立关系后，还需努力在交易之外建立更深层次的联系，加强与客户的感情交流和情感投资，以巩固企业与客户的关系。

例如，企业可定期或不定期地与客户进行沟通，了解他们的想法和意见，并邀请他们参与企业的决策过程，让客户感受到自己的重要性。对于重要客户，企业负责人应亲自接待和拜访，努力加深双方的情感纽带，并发展联盟式的客户关系。在客户的重要时刻（如生日、结婚纪念日、职务晋升、搬家、子女上大学、企业周年庆典等）采取适当方式表示祝贺，如发送节日贺卡、赠送鲜花或礼品等，让客户感受到企业的真诚关怀。此外，企业可以邀请客户参加娱乐活动，如打保龄球、观赏歌舞、参加晚会等，逢年过节时举办客户游园会、客户团拜会、客户酒会、客户答谢会等，这些活动也能增进客户对企业的感情。

常言道："以心换心，将心比心。"企业与客户之间尤其需要这种相互理解与关怀。企业在客户处于困境时伸出援手，可能为自己培养出未来的忠诚客户。总之，企业只有通过理解、关怀及人性化经营，真诚付出、以诚相待，才能增强客户对自身的信任与情感，才能与客户建立长期友好的关系。

（五）建立客户组织

建立客户组织可使企业与客户的关系正式化、稳固化，使客户感到自己有价值、受欢迎、被重视，进而产生归属感。客户组织还使企业与客户之间由短期关系变成长期关系，由松散关系变成紧密关系，由偶然关系变成必然关系，因而有利于企业与客户建立除交易关系之外的关系。

■ 案例分析 ▶▶▶▶▶▶▶▶▶▶▶▶▶▶▶▶▶▶▶▶▶▶▶▶▶▶▶▶

小米公司——构建"米粉"圈，提升客户忠诚度

小米公司在官方网站建立了小米社区，将有共同爱好、共同价值观的粉丝进行聚拢，通过同城会、"米粉"节等不断增强社区的活力与吸引力，并在小米社区引导粉丝进行内容创造，与核心的粉丝建立良好的互动关系，通过一系列的优惠措施及良好体验带给核心粉丝更高的溢价。小米公司还通过微信平台对粉丝遇到的产品售后问题进行解答，以解决产品设计缺陷可能导致的粉丝流失问题。同时，小米在各大媒体社交工具上都与粉丝频繁互动，包括小米手机的创始人在内的公司高层管理者每天都会亲自做一系列的客服工作，耐心解答用户的部分提问。总之，小米通过小米社区、同城会、"米粉"节等，构建稳固的粉丝群，打造集群社区，与粉丝建立良好的互动关系，使粉丝有了归属感，感到自己被重视、被尊重，得到了粉丝的认同与追随，并提高了粉丝对小米的忠诚度。

小米公司通过构建"米粉"圈，成功地将一群有共同爱好和价值观的粉丝聚集在一起，形成了强大的粉丝社区。通过同城会、"米粉"节等活动，小米不仅增强了社区的活力和吸引力，还通过引导粉丝进行内容创造，进一步提升了粉丝的参与感和归属感。此外，小米通过微信平台和社交媒体工具与粉丝进行频繁互动，及时解决粉丝遇到的问题，这种直接的沟通方式让粉丝感受到企业的重视和尊重。小米高层管理者亲自参与客服工作，更是增强了粉丝的信任感。通过这些措施，小米不仅提高了粉丝的忠诚度，还通过粉丝的口碑传播吸引了更多潜在客户。

资料来源：小米公司品牌文化［EB/OL］.（2025-02-01）［2025-03-10］.https：//www.mi.com/about/culture.

☆思考：

①小米社区在提升客户忠诚度方面发挥了哪些关键作用？

②通过举办同城会和"米粉"节等活动，小米如何增强粉丝的归属感和参与感？

③小米公司高层管理者亲自参与客服工作，对粉丝忠诚度的提升有哪些积极

影响？

④你认为小米在粉丝互动方面最成功的一点是什么？为什么？

⑤除了小米的案例，你还能想到其他通过构建粉丝社区提升客户忠诚度的企业吗？

（六）提升客户转换成本

通常情况下，若客户在转换服务提供商时感受到较高的转换成本，或担心转换后原有利益受损，或可能面临新的风险与负担，客户往往会选择维持现状，继续对现有企业保持忠诚。

1. 增加客户转换的学习成本、时间成本、精力成本

例如，企业初始阶段向客户提供高效的产品或服务，包括免费软件等，并协助客户掌握软件的正确使用方法。随着时间的推移，客户在学习软件使用上所投入的时间与精力，将转化为一种转换成本，促使客户倾向于持续使用该软件，成为忠实用户，而非轻易更换。

2. 提升客户转换的财务成本

企业亦可通过增加客户转换的财务成本，即损失即将获得的经济利益，来维系客户的忠诚度。例如，京东在客户消费后提供京豆、京享值等权益，但若客户停止使用账号，那么账号内的京豆、京享值等权益将被取消，这无疑提高了客户转换的财务成本。

3. 提高客户转换的情感成本

客户在长期使用某企业的产品或服务后，与企业建立了情感联系，这可能增加情感转换成本，从而构成退出障碍，减少客户流失的可能性。

（七）加强业务联系，提高不可（易）替代性

1. 加强业务联系

加强业务联系是指企业渗透到客户的业务中间，双方形成战略联盟与紧密合作的关系。假如企业能够向客户提供更多的服务，如为客户提供生产、销售、调研、管理、资金、技术、培训等方面的服务，就能与客户建立紧密的联系从而促进客户忠诚。要想在错综复杂的市场环境中取得优势，企业应与渠道伙伴建立良好的合作关系。例如，欧洲的一家汽车生产厂商，将它的所有客户资料与渠道成员共享，从而得到了渠道成员的广泛支持，最终赢得了客户的忠诚。

2. 提高不可（易）替代性

如果企业凭借人才、经验、技术、专利、秘方、品牌、资源、历史、文化、关系、背景等为客户提供独特的、不可（易）替代的产品或者服务，就能够增强客户对企业的依赖性，从而实现客户忠诚。

此外，品牌是用以识别某个产品或者服务，并使之与竞争对手的产品或者服务区别开来的商业名称及标志。品牌对客户的吸引力在于，品牌是一个保证，是一种承诺。品牌一旦创建成功就像竖起了一道屏障，如果客户认可了品牌，对其他品牌就很可能会采取排斥的态度。

（八）积极处理客户抱怨

一个不满意的客户通常会向十个以上的人传播他的不满，其不良影响不可低估。企业员工如果能当场处理好客户的抱怨，70%的客户还会继续购买；如果能够当场解决问题，95%的客户会继续购买。客户向企业宣泄他们的不满和抱怨时，企业只要能够妥善处理，便能留住客户。为此，企业应设置更多的、更方便的渠道处理客户的抱怨，并对客户的抱怨给予及时、有效的反馈。

（九）了解客户所处的阶段

一个忠诚客户的形成会经历六个阶段：持币待购阶段、犹豫不决阶段、信任阶段、重复购买阶段、稳定合作阶段和长期合作阶段。要了解客户，使之成为忠诚客户，首先应了解客户处在哪一个阶段，并针对不同阶段的客户制订不同的策略，促使客户最终进入长期合作阶段。

（十）深入了解客户看重的价值

忠诚的根源是企业带给客户的价值。要想培养户的忠诚度，就要通过发掘客户看重的价值，然后让客户从产品或服务中加以体验。不同的客户对企业的要求不同，如有的客户认为，节约了交易时间就意味着提供了高价值的服务。因此企业应简化交易程序，为客户节约交易的时间成本。

第三节　客户反馈的收集与应用

在当今竞争激烈的商业环境中，客户满意度和忠诚度已成为企业成功的关键因素。为了提升客户体验并赢得客户的长期信任，企业需要深入了解客户的需求和反馈。然而，获取客户反馈的方式多种多样，可以分为被动信息来源和主动信息来源。被动信息来源是指企业等待客户主动提供反馈，而主动信息来源则是企业积极寻找并收集客户的意见和建议。本书将详细探讨这两种信息来源的具体方式及其在企业管理中的重要性，通过分析不同企业的实践案例，揭示如何通过有效的客户反馈管理提升客户满意度和忠诚度。

一、被动信息来源

诸多企业采取了被动等待信息的策略。通常，企业将客户反馈视为一种负担，心理上产生抵触情绪，甚至希望客户不要主动联系。

（一）服务热线

服务热线是企业常见的问题反馈渠道，如400电话。早期，许多企业积极推广服务热线，并要求在客户易于接触的地方展示服务热线号码。客户对服务热线的熟悉程度，往往成为企业评估交付部门绩效的关键指标。

为何要大力推广服务热线？因为服务热线作为一个中立机构，不属于任何利益相关方，能够公正、客观、全面地了解客户所面临的问题，避免信息的遗漏或隐瞒。这种做法易于理解，若问题由某位服务工程师引起，他可能不会如实向公司报告，甚至可能向客户诉苦，请求通融。像格力、海尔等大型企业，其服务热线较为规范，拥有明确的组织规范、处理流程和服务质量标准。相比之下，小型企业在这一方面表现参差不齐，常出现电话无法接通或无人接听的情况，导致客户体验不佳，进而影响客户未来购买意愿。

（二）客户服务请求

客户服务请求指的是客户向企业售后服务部门提出的服务请求。华为在与客户的合同中，会明确服务水平协议（service level agreement，SLA），如不同问题的处理时间，客户遇到问题时可联系服务工程师。关键在于，必须将问题、处理过程和结果记录在服务系统中，包括问题受理单和处理单。若仅凭客户口头表述而无相应单据，自行处理问题，将违反规定，因为公司可能不知晓问题的存在，特别是在后续出现争议时，公司可能处于被动状态——难以界定是公司行为还是个人行为。

（三）销售报告

销售报告是指销售部门反馈的问题。客户在反馈问题时，并无固定程序，通常会与熟悉的人沟通。然而，必须特别重视销售人员反馈的问题，因为销售人员通常能从客户的决策层获取信息，若收到销售人员反馈的问题，说明问题的影响已较为严重。

（四）退货信息

客户若选择退货，通常是因为遇到了问题。供应链作为退货处理部门，需要将退货原因录入系统。此时，可能会出现多部门反馈同一问题的情况。例如，在退货前，一线销售和服务部门已在系统中申报问题，因为客户退货需要公司批准。为何供应链还需录入退货原因？主要目的是进行多点交叉验证，一线销售和服务部门在反馈退货原因时，可能会有意回避或模糊自身原因导致的问题。而客户在填写退货原因时，由于处理部门不同，可能不会有所隐瞒，交叉验证有助于揭示问题的真正原因，同时，这种机制对一线部门也起到威慑作用，减少瞒报和漏报现象。

（五）网络反馈

除了传统的客户邮件，企业还可以通过监控网络舆情来收集信息。得益于互联网的快速发展，人们的维权意识显著提升，特别是在个人消费品领域，市场竞争激烈。网络上虽然不乏恶意制造舆论的情况，但网络反馈中也包含真实且对企业有价值的问题，这些问题可能反映了客户需求的变化和行业未来的发展趋势，需要企业去发现和甄别。

二、主动信息来源

卓越企业与一般企业的差异体现在此。敢于发掘并正视客户问题的企业展现了自我批判的勇气。企业应认识到，发现和解决客户问题所付出的成本，与未来可能获得的回报相比，是微不足道的。有言道，"嫌货才是买货人"，愿意指出公司问题的客户实为企业的良朋益友，而非敌手。主动获取信息的方式包括以下几种。

（一）客户访谈

客户满意度是管理者考核的关键指标之一，因此备受关注。一些企业在与客户会面前，会检查客户尚未解决的问题，并在会面时主动提出；同时，提供解决方案建议。这种做法能够赢得客户的认可，认为企业是负责任的。

（二）问题处理团队反馈

由于人为因素，产品难免出现各种问题，包括设计和使用方面的问题。产品出现问题时，企业需协助客户解决。复杂问题的解决往往需要多领域专家和市场一线人员的共同参与。在解决问题的过程中，有机会与客户交流，从而可能发现客户的新问题和需求。问题解决后，相关人员需按照公司流程上传问题解决报告，并将新发现的问题和需求录入 IT 系统。

（三）客户调查

客户调查通常分为企业自查和委托第三方调查两种。华为的自查由全球技术服务部负责，外部客户满意度调查则委托盖洛普公司进行。两者共同遵循利益不相关原则，因为个人难以客观地调查自己，容易产生偏差。第三方调查作为企业调查的补充，旨在防止企业对客户声音变得不敏感、反应迟缓、自我美化，从而与客户渐行渐远。因此，企业需要外部的声音来警醒自身。

（四）合作伙伴访谈

此法属于第三方观察法，通过合作伙伴了解客户对企业的评价。客户有时因顾及情面，不会直接表达意见，若不能察觉言外之意，则无法及时识别问题。第三方则较少顾虑，能更客观地发现一些问题，其中重点关注客户对企业和竞争对手的比较。

（五）直接观察法

此法指一线员工在与客户接触过程中主动发现的问题。这些问题中，有些客户尚未意识到，但企业已经发现，此时需要及时反馈。任何企业都无法做到让客户完全满意，企业必然存在不足，关键在于能否发现并愿意面对。如何发现问题呢？依赖员工的主动性是不可靠的，因为大部分员工可能会忽视问题，甚至回避问题，因此需要管理方法。主要的管理方法有两个。

第一种方法，在问题到解决的流程中，定义一个组织绩效指标，即每周有效问题数。根据客户营收规模设定具体问题数量，例如，对于年营收超过 5000 万美元的客户，要求每周至少录入 2 个问题。然而，在实际执行中，一线员工可能会反馈客户侧确实没有问题，导致无法保证每周都能发现 2 个问题，但企业仍需考核此指标，无奈之下，员工可能会将已解决的问题重新录入系统以满足指标要求。显然，这不是企业的初衷，因此需要理解管理的重要性，不切实际的管理会迫使员工采取不正当手段。如果这种业务造假行为成为潜规则，可能会给业务带来巨大风险。此时，就需要第二种方法——关键事件负向扣分机制。理想状态下，客户则没有问题是企业所期望的，同时也能降低管理成本。如果团队确实能够做到没有问题，我们认为这是一支优秀的团队。因此，如果员工表示本周客户侧没有问题，企业会选择信任，即使员工使用一些已解决的问题或小问题来美化指标，企业也可以暂时接受。但是一旦客户侧出现重大问题或投诉，而相关人员在问题电子流程中未能提前发现并反馈，前期没有任何迹象让相关人员发现和识别风险，那么团队主管需承担责任，团队绩效将受到负向扣分。

（六）市场调研报告

企业可以每年投入预算，向业界著名研究机构购买市场调研报告。外部机构将信息作为产品销售，会以专业性和信息量为保障。华为早年通过这种方式受益良多，因为当时自身能力有限，不知如何分析，所以借助外部力量，对比本企业的分析与各专业机构的分析，找出差异所在及产生的原因，以此进行数据的交叉验证。

企业若想提升客户满意度与忠诚度，需投入大量资源，从多角度、多层次、全方位地了解客户声音，从而掌握企业业务的真实情况。许多企业对客户声音持消极态度，主要是因为问题受理部门无法推动问题在企业内部闭环解决，相关人员容易两头受气，前有客户责难，后有各部门推诿。长此以往，组织可能会选择放弃。管理客户的声音是企业整体的责任，而非某个部门的职责，客户的声音需要从端到端被发现，并且需要从端到端被解决。

第四节　客户体验管理在汽车行业的实践

一、客户满意度与客户体验

客户体验源自客户与企业在各个接触点上的互动。若在互动过程中企业能够给予客户积极的影响，则会传递给客户独特且有价值的正面体验；反之，则可能导致客户产生消极的负面体验。

本质上，客户满意度同样关注客户潜在的价值需求，与客户体验在概念上具有高度一致性；然而，实际意义上的客户满意度无论在内涵还是外延上均有所缩减，实践中逐渐演变为对客户感知的产品或服务质量的评估。因此，两个概念在内涵和外延上存在差异：客户体验是根本，客户满意度是表征；通过有效管理和控制客户体验，可以提升客户对公司的满意度和忠诚度，进而提高公司价值。本文将从多个角度探讨二者之间的联系与差异。

（一）以产品为中心还是以客户为中心

传统上，客户满意度的关注点在于购买（消费）之后的客户感受，满意度是客户将产品（或服务）的功能质量与个人期望进行比较后的结果。若产品功能质量超出期望，客户则感到满意；反之，则不满意。客户满意度战略通常从产品功能的视角出发，探究客户的需求、期望从产品中获得的体验以及产品功能的实现方式，侧重于评估客户购买和消费产品服务后的综合满意度。在实际评估过程中，问卷设计、调查等环节均围绕产品和服务展开，最终可能导致的改进仅限于产品与服务流程（或标准）。

当客户体验的元素被纳入考量后，人们将更多地从客户的视角出发（而非仅从公司当前提供的产品和服务出发），在深入理解客户更高层次需求的基础上，围绕产品（或服务）将带给客户的感觉、情感联系以及如何帮助客户与他人建立联系等方面，全面考察客户的满意度，这涉及对客户各种体验的综合考量。

以汽车行业为例，随着科技的迅猛发展，众多汽车在性能方面趋于同质化，而客户在购车时对于消遣、生活方式和地位等心理层面的考虑日益增加。然而，这些深层次的心理因素在现有的满意度调查表中鲜有体现。因此，客户满意度理论亟须"向后拓展"，不断补充与体验相关的元素。实际上，帕拉休拉曼等早在1988年提出的五个服务质量测量维度（可靠性、响应性、保证性、关怀性及有形性）已经体现了对客户体验的关注。我们的研究显示，可能有高达10种主题可以用来描述客户感知的情感体验，这些体验对客户对企业的总体评价产生影响。

客户体验管理要求全面考虑客户在购买和消费过程中的各种体验因素，这些因素超越了众多客户满意度调查中所关注的产品、包装、售后服务等，更多地从客户的视角出发，考虑如何设计才能让客户对企业及其品牌产生良好的感觉等。

客户体验管理通过对购买和消费全过程中影响客户满意度的因素进行全面分析并加以有效控制，确保客户在各个接触点上获得良好的体验，增加客户为企业创造的价值，只有这样，才能真正实现以客户为中心的理念。

（二）注重结果还是注重过程

客户满意度的评估主要侧重于结果，反映的是客户在购买和消费产品后是否感到满意这一结果；而客户体验理念则更注重过程，体现的是对客户购买（消费）全过程的深入分析与有效控制，通过提升客户在各个接触点上的体验来增加客户的价值。例如，购物体验不仅局限于获取所需商品，还包括购物过程中发生的各种事件和活动，如商店的装潢设计、商品的摆放布局、服务人员的态度、辅助设施的完善程度等，以及企业的信誉度、服务的可靠性、服务人员的同理心、客户的安全感等众多方面。这些因素共同作用于客户的各种体验，并对不同客户群体的整体体验产生差异化的影响。客户整体体验是通过改进后的客户满意度进行测量，还是未来会发展出更能体现客户与企业关系本质的新型测量方法，目前尚不明确。然而，目前无法确保满意度评估中得分越高，客户对企业的价值就会越大或对企业的忠诚度就会越高，这确实是一个不争的事实和亟须解决的问题。同时，许多客户满意度调查由于是在"事后"进行，并且仅限于具体问题的讨论，往往难以找到问题的根本所在。客户对具体子问题的评分可能较高，但总体印象却可能给出低分，管理人员可能永远无法理解总分与子分不一致的原因。

（三）意料之中与意外惊喜

客户满意度战略通常建立在帕拉休拉曼等提出的感知—期望差距理论基础之上，该理论认为感知要素是可以预期的。因此，战略着重于对测量结果中感知低于预期导致客户不满的因素进行改进，或者基于预期满足测量中发现的新型客户需求。无论采取哪种方式，都是在测量基础上根据客户需求定制的。即便客户最终感到满意，这也在意料之中。回顾媒体曾经报道的企业客户满意度测量满分的案例，我们可以得出结论，测量过程存在设计缺陷，并非服务完美。尽管这有利于领导层的政绩宣传，但此类客户满意度结果实际上使企业迷失了改进方向。

客户体验管理不仅要求满足客户的期望（提供满意），还应努力超越客户的期望，为其创造全新的体验，即带来意外惊喜。对于这些超越期望的需求，客户在体验之前往往无法明确表达，只有在体验后才会惊喜地意识到这正是他们真正所需。为了提供这些"意外惊喜"，必须从客户的角度出发，考虑他们真正需要的是什么——便利、知识、荣耀？如何才能为客户提供这些体验？因此，需要将积极的客户关怀理念与主动的客户体验设计贯彻到整个客户生命周期管理的全过程，并需要更深层次的理论指导。

（四）客户体验与客户价值具有更强的关联性

从企业运营的根本目的来看，提升客户价值是增加企业利润的关键，而客户满意战略的核心在于提高客户满意度。我们明白，客户满意并不等同于客户忠诚，满意的客户未必是忠诚的；普遍的、一般意义上的满意未必能促进客户对企业独特价值的认知、促成重复购买或推荐给亲友。同样，尽管客户满意是提升客户价值的重要保障，但不能将其视为客户价值提升的唯一标志。如果客户满意战略仅限于追求客户满意度，其是否能真正显著地提升客户价值，尚无定论。特别是，客户满意度的提升往往没有终点，过度投资于某些物质方面以期获得客户满意度的显著提升，可能是企业难以承受的，甚至可能影响到企业对客户的承诺。

相比之下，客户体验从影响客户满意和忠诚的根本——体验出发，进一步考虑体验因素如何影响不同客户群体的价值提升以及如何控制这些因素，因此它更有利于提高客户满意度和忠诚度。下面将阐述，客户体验与客户价值之间存在更紧密的联系，体验因素具有较高的可控性，这有助于提升不同细分市场的客户价值。体验本身甚至可以作为一种独立的产品进行销售，优质品牌的"溢价"部分往往是由特定的客户体验所构成。因此，引入客户体验管理理念，对企业增加客户价值具有更直接和显著的效果。

二、汽车行业客户体验管理实践

（一）车企实施客户体验管理的难点

在当今竞争激烈的汽车市场中，客户体验管理已成为车企提升品牌竞争力、增强客户忠诚度的关键策略。然而，许多车企在实施客户体验管理时，面临着全渠道体验割裂、数据整合与分析不足以及以客户为中心的文化缺失等共性问题。这些问题不仅影响了客户的购车体验，还可能导致客户流失。

1. 全渠道体验的割裂

在当今的汽车行业中，车企面临的第一个挑战是全渠道体验的割裂。这种割裂主要体现在线上和线下的触点之间缺乏有效的连接和一致性。消费者在购车的过程中，往往会在多个渠道之间切换，例如，他们可能先通过网络平台预约试驾，然后前往实体店体验。然而，当他们到达实体店时，可能会发现预约的车辆并不在店内，或者线上宣传的优惠信息与线下经销商提供的实际政策存在差异。这种体验的不一致性不仅给消费者带来了困扰，也严重影响了他们的满意度，进而影响了车企的品牌形象和客户忠诚度。

2. 数据整合与分析的不足

车企在实施客户体验管理的过程中，面临的第二个难点是数据整合与分析的不足。为了更好地理解客户的需求和行为，车企需要收集和分析大量的数据，包括客户行为数据、体验数据以及业务数据。然而，这些数据往往分散在不同的系统和部门中，难以进行有效的整合。这导致了车企难以形成一个完整的客户画像，也无法准确追踪客户的体验轨迹。由于缺乏全面的数据支持，车企在分析客户行为时往往只能依赖于一些表面的行为指标，如页面浏览时长、跳离率等，而无法深入挖掘客户行为背后的具体原因。这种表面化的分析限制了车企进行精准的原因分析，从而无法制定出真正满足客户需求的策略。

3. 以客户为中心的文化缺失

车企在实施客户体验管理时遇到的第三个难点是内部缺乏以客户为中心的文化。这种文化的缺失导致员工在日常工作中对客户体验管理的重视程度不足。在一些传统车企中，尤其在 DTC（直接面向消费者的转型）过程中，他们往往更关注于运营层面的效率和成本控制，而忽视了客户体验的重要性。这种短视的做法可能会错失提高客户忠诚度和满意度的机会，从而在长远的竞争中处于不利地位。车企需要从文化层面进行变革，将客户体验作为核心价值之一，才能在激烈的市场竞争中脱颖而出。

（二）车企客户体验管理的解决方案

为了帮助汽车制造商有效应对当前市场中的各种挑战，我们提出了三个具有针对性的解决方案，分别是："无缝体验融合计划""数据驱动洞察计划""客户至上文化推动计划"。这些方案的目的是通过优化全渠道的客户体验、加强数据整合与分析的能力以及推动以客户为中心的企业文化建设，从而全面提升汽车制造商在客户体验管理方面的水平，帮助他们在竞争日益激烈的市场环境中脱颖而出。

1. 全渠道体验整合解决方案："无缝体验融合计划"

汽车制造商需要打破线上和线下渠道之间的界限，确保客户在购车的整个过程中能够获得一致且无缝的体验。为了实现这一目标，汽车制造商可以采取以下措施。

①多渠道接入与统一管理：构建一个全面的客户体验平台，支持官网、微信公众号、小程序、App 等多种渠道的接入，并通过一个统一的后台管理系统对库存、订单、客户数据进行集中管理，确保信息的一致性和实时更新。

②无缝衔接的服务体验：确保线上和线下渠道的信息同步。例如，客户在线上预约试驾后，到店时能够无缝地进行试驾，无须重复提供信息，从而提升服务的连贯性和效率。

③个性化定制服务：利用客户在不同渠道的行为数据，提供个性化的推荐和服务，以满足客户的特定需求，从而提升整体的客户体验。

2. 数据整合与分析解决方案："数据驱动洞察计划"

汽车制造商在收集客户行为数据、体验数据和业务数据时，常常面临难以将这些数据有效整合的难题，这导致无法形成完整的客户画像和体验轨迹。为解决这一问题，汽车制造商可以通过以下方式。

①建立融合型客户体验管理系统：通过客户 ID 进行跨渠道、跨触点的数据整合，串联客户在各个旅程、各个触点下的体验反馈数据及预警触发事件，形成完整的客户轨迹图，从而更好地理解客户需求。

②利用数据分析技术：借助大数据和人工智能技术，对客户行为进行深度分析，挖掘客户的潜在需求和市场趋势，为产品和服务的改进提供数据支持。

③实时且高效的人工智能诊断：通过人工智能技术对数据内容进行分析研究，快速识别机会点和薄弱点，提供智能决策支持，帮助汽车制造商及时调整策略。

3. 以客户为中心的文化建设解决方案："客户至上文化推动计划"

在汽车制造商内部，往往缺乏一种以客户为中心的文化氛围，这导致员工对客户体验管理缺乏足够的重视。为了推动以客户为中心的文化建设，汽车制造商可以通过以下方式进行。

①调整 KPI 与激励政策：将关键绩效指标（KPI）与客户满意度挂钩，通过A/B 测试法及时优化产品和服务，从而提升客户体验。

②员工能力建设：加强内部人才的管理和培训，灌输以客户为中心的文化，提升员工的服务意识和能力，确保他们能够更好地理解和满足客户的需求。

③建立评估机制：确保新的线索评级系统能够在各个门店得到广泛应用，结

合各种数字化工具和销售数据，提高客户的吸引、培育和转化效率，从而实现以客户为中心的业务流程优化。

实 践 实 训

一、实训目标
①运用所学知识分析车企的满意度、忠诚度提升的方法。
②提升团队协作与数据分析能力。
③培养问题解决与批判性思维。

二、实训内容
学生查找一个典型的车企是如何把握客户预期的，以及如何让客户感知价值超出客户预期从而实现客户满意。

三、实训组织
①教师布置实训任务，指出实训要点和注意事项。
②全班分为若干个小组，各组确定本组的实训内容。
③收集相关资料和数据时可以进行实地调查，也可以采用二手资料。
④小组内部充分讨论，认真研究，形成分析报告。
⑤小组需制作一份能够在 3～5 分钟演示完毕的 PPT，在课堂上进行汇报，之后其他小组可质询，台上台下进行互动。
⑥教师对每组分析报告和课堂讨论情况及时进行点评和总结。

课 后 习 题

一、单项选择题
1. 不满意也可能忠诚，分为两种情况，一种是惰性忠诚，另一种是（   ）。
A. 无奈忠诚   B. 信赖忠诚   C. 势利忠诚   D. 绝对忠诚
2. 客户反馈的收集与应用中，以下哪种方式不属于主动信息来源？（   ）
A. 服务热线   B. 客户访谈   C. 市场调研报告   D. 客户调查
3. 客户满意度与客户忠诚度的关系是（   ）？
A. 客户满意度高必然导致客户忠诚度高
B. 客户忠诚度高必然导致客户满意度高

C. 客户满意度是客户忠诚度的基础，但高满意度不一定导致忠诚度

D. 两者之间没有关系

4. （　　） 是客户对某企业或品牌的产品/服务所持有的信赖、维护态度以及希望重复购买的心理和行为倾向。

A. 客户忠诚　　　　B. 客户满意度　　　　C. 客户体验　　　　D. 客户购买

二、多项选择题

1. 下列是客户满意度具备的特征有 （　　）？

A. 主观性　　　　　　B. 层次性　　　　　C. 绝对性　　　　　D. 阶段性

2. 下列关于客户满意度数学公式：$c = b/a$，表述正确的有 （　　）？

A. a 代表客户的满意度　　　　　　B. b 代表客户的感知值

C. a 代表客户的期望值　　　　　　D. c 代表客户的满意度

3. 衡量客户对某品牌的忠诚度，可以采用以下 （　　） 指标？

A. 客户重复购买的频次及频率　　　B. 客户选择品牌产品所需的时间

C. 客户对竞争品牌的态度　　　　　D. 客户购买支出的额度

三、判断题

1. 客户满意与否不对客户忠诚产生影响。　　　　　　　　　　　（　　）

2. 忠诚的客户一定来源于满意的客户，满意的客户一定是忠诚的客户。

（　　）

3. 维系老客户的成本大大高于吸引新客户的成本。　　　　　　　（　　）

4. 客户忠诚能为企业节约服务成本。　　　　　　　　　　　　　（　　）

5. 忠诚客户的数量决定了企业的生存与发展，忠诚度的高低决定着企业竞争能力的强弱。　　　　　　　　　　　　　　　　　　　　　　　　（　　）

四、思考题

1. 客户满意度测量的指标有哪些？

2. 实现客户忠诚的策略有哪些？

3. 客户满意度的提升方法有哪些？

第五章

客户关系维护与售后服务

案例导入

客户投诉与忠诚度的转化：从抱怨到忠诚的路径

一项来自美国 OCA（美国有机食品消费者协会）/白宫全国消费者调查显示，当客户遇到不满时，他们的选择往往会影响企业未来的客户关系。数据显示，91% 的不满客户选择不投诉，而是直接离开，不再重复购买。这种沉默的离开，意味着企业失去了改进和挽回客户的机会。

然而，选择投诉的客户却为企业提供了扭转局面的机会。在投诉的客户中，如果投诉没有得到解决，81% 的人会选择离开，只有 19% 的人会继续购买。但如果投诉得到解决，情况则大为不同。数据显示，46% 的客户会选择离开，而 54% 的客户会继续购买。这表明，解决投诉能够显著提升客户的忠诚度。

进一步的研究发现，投诉处理的速度对客户忠诚度有着决定性的影响。当投诉得到迅速解决时，只有 18% 的客户会选择离开，而 82% 的客户会继续购买。例如，某电商平台通过建立"30 分钟响应铁律"，确保所有投诉在 30 分钟内得到响应，实施后客户怒气值下降 60%，重复投诉率减少 32%。这说明，快速响应和解决客户投诉是提升客户忠诚度的关键。

面对客户投诉，企业应采取积极的应对策略。第一，快速响应是截断客户情绪升级的关键。第二，通过倾听和共情化解客户的对立情绪。例如，某连锁餐饮品牌要求客服在通话前20秒完成"共情三步法"，通过复述痛点、承认责任和承诺行动，显著提升了客户满意度。此外，分级处理投诉，精准匹配资源，也是提高处理效率的重要手段。

资料来源：叶东明. 汽车4S店客户关系优化管理［M］. 北京：化学工业出版社，2020：289－290.

☆思考：

①为什么快速响应和解决客户投诉能够显著提升客户忠诚度？

②企业应如何优化投诉处理流程，以提高客户满意度和忠诚度？

③在处理客户投诉时，倾听和共情的重要性体现在哪些方面？

第一节 售后服务的重要性及最佳实践

一、售后服务的概念

售后服务是指企业在销售产品或服务后，为消费者提供的后续支持和服务。这些服务旨在确保消费者能够正常使用产品，解决使用过程中遇到的问题，提升消费者的满意度和忠诚度。售后服务的内容通常包括：产品安装与调试、维修与保养、技术支持、退换货服务、信息反馈等。

汽车售后服务是指在汽车销售之后，为车主提供的维修、保养、配件更换、技术咨询等一系列服务。汽车售后服务的主要目标是为车主提供全方位的支持，确保车辆在使用过程中的性能和安全性；同时，提升客户满意度和品牌忠诚度。由于不同行业售后服务的内容与工作流程不同，本书将重点介绍汽车行业的售后服务。

二、汽车售后服务的重要性

（一）树立良好的品牌形象

在竞争激烈的市场环境中，品牌形象是企业赢得客户信任和市场份额的关键因素之一。优质的售后服务是品牌形象的重要组成部分，它能够有效提升品牌在消费者心中的美誉度和可信度。当消费者购买产品后，售后服务的质量直接影响他们对品牌的整体评价。例如，一家汽车制造商如果能够提供高效、贴心的售后服务，如快速响应客户投诉、提供免费的定期保养服务等，消费者会感受到品牌的关怀和责任感，从而更愿意推荐该品牌给他人。这种口碑传播能够极大地提升品牌的知名度和影响力，使品牌在市场中脱颖而出。此外，良好的售后服务还能增强品牌与消费者之间的情感联系，让消费者感受到品牌的价值不仅仅在于产品本身，更在于其背后的服务和支持。这种情感纽带能够使品牌在消费者心中占据更稳固的位置，从而增强品牌的市场竞争力。

（二）为销售门店的长期生存和发展提供稳定的收入和利润

一旦销售门店累积了一定数量的稳定客户，便能确保售后业务、收入和利润的稳定性，从而为销售门店抵御市场风险提供物质保障。客户流失严重的销售门店通常在市场竞争中处于不利地位，甚至在市场剧烈波动，如政府限购、销售下滑等情况下，可能面临倒闭的风险。在美国，售后服务被誉为"黄金行业"，原因在于：首先，售后服务市场庞大，年产值超过 1400 亿美元；其次，其利润占产值比例高且稳定；最后，售后服务机构业务稳定，受市场和经济形势的影响相对较小。

（三）为培养客户忠诚度提供途径和机会

与其他机械设备相同，汽车在使用过程中也会出现老化和故障，需要进行日常维护和保养，有时还会发生意外碰撞或交通事故。客户往往缺乏必要的技术、工具和零配件来进行自行修复，因此客观上需要社会提供汽车维护和维修服务。销售门店通过提供周到和便捷的汽车维修售后服务，确保客户能够正常使用汽车，从而为销售门店提供了与客户重复接触的机会和平台。在这一过程中，客户会将自己的体验与对销售门店服务的期望进行对比，进而产生满意或不满意的感受。只要销售门店的服务方式恰当、过程体贴周到，客户的满意感将不断累积，最终转化为忠诚。在某种程度上，客户忠诚是满意感受不断重复的结果。汽车行业中广泛认可的"第一辆车是由销售人员卖出的，而从第二辆车起，则是由售后服务卖出"的观点，正是基于此道理。

（四）充分发挥销售门店在信息反馈方面的积极作用

通过提供优质的售后服务，销售门店不仅能够构建起一个庞大的客户基础，而且能够掌握精确的客户信息资料。这样，销售门店可以广泛收集客户的反馈意见，及时了解市场的最新动态。这些宝贵的信息和数据支持对于销售门店的决策制定和市场活动策划至关重要，它们能够帮助门店更加精准地定位市场和客户需求。此外，这些信息也为销售门店的业务拓展提供了坚实的市场依据，使门店能够根据市场反馈调整产品和服务，从而更好地满足客户需求，提升客户满意度和忠诚度。

（五）确保产品质量和客户权益

售后服务是确保产品质量和客户权益的重要保障。在产品的使用过程中，消费者可能会遇到各种问题，如产品故障、性能下降等。这些问题如果得不到及时解决，不仅会影响消费者的使用体验，还可能导致消费者对产品质量产生质疑。通过提供优质的售后服务，企业能够及时发现并解决这些问题，确保产品始终处于良好的运行状态，从而维护了产品的质量和性能。同时，售后服务也是保护消费者权益的重要手段。当消费者遇到问题时，他们希望得到及时、有效的帮助和支持。如果企业能够通过售后服务及时响应消费者的诉求，解决问题，消费者会感受到自己的权益得到了保障，从而对品牌产生信任和好感。相反，如果企业对消费者的投诉置之不理，或者处理不当，消费者可能会感到被忽视和欺骗，从而对品牌失去信心，甚至采取法律手段维护自己的权益。因此，优质的售后服务不仅能够确保产品质量，还能够有效保护消费者的合法权益，增强消费者对品牌的信任和忠诚度。

三、汽车售后服务的最佳实践

（一）客户体验优先化

在汽车售后服务中，客户体验的优先化是至关重要的。为了满足不同客户的个性化需求，服务提供者应当根据客户的车型特点以及使用习惯，制订出一套定制化的维护计划。这样不仅能够更好地满足客户的实际需求，还能提升客户对服务的满意度。此外，为了确保能够快速响应客户的维修需求和各种查询，服务提供者应当利用数字化工具，如在线聊天和移动应用程序，以此来提高与客户的沟通效率，从而进一步优化客户体验。

（二）技术与培训的加强

为了确保汽车售后服务的质量，对技术人员进行定期培训是必不可少的。这种培训应当覆盖包括电动汽车和混合动力汽车在内的最新车型，确保技术人员能够熟练地处理各种车型的维修工作。同时，利用先进的诊断工具和管理软件，可以显著提高维修工作的效率和精确度，减少错误和返工，从而提升整体的服务质量。

（三）质量管理与持续改进

建立一套完善的服务质量监控机制，对于汽车售后服务来说是基础性的工作。通过定期评估服务质量，服务提供者可以及时发现服务过程中的不足之处，并根据客户的反馈进行相应的改进。此外，通过分析服务数据，可以识别出服务过程中出现的常见问题，并制定出有效的预防策略，从而持续提升服务的整体水平。

（四）数字化与创新

随着科技的发展，数字化已经成为汽车售后服务领域创新的重要方向。实施数字化预约系统，可以让客户更加方便地安排服务时间，提高客户满意度。同时，开发功能丰富的移动应用程序，不仅可以提供车辆维护提示、预约功能，还能让客户随时查看自己的服务历史记录，从而增强服务的透明度和客户的信任感。

（五）增加附加值服务

为了进一步提升客户满意度和忠诚度，汽车售后服务提供者应当考虑增加一些附加值服务。例如，提供免费的车辆健康检查、洗车服务以及在车辆维修期间提供临时替代车辆等，这些服务能够显著提升客户的体验。此外，通过定期与客户进行沟通，如发送服务提醒和保养建议，可以保持与客户的积极互动，从而在客户心中树立起良好的品牌形象。

第二节　客户投诉与问题解决策略

客户投诉指的是客户对企业的商品品质或服务水准持有不满，向商家的相关部门提出书面或口头的抗议、索赔以及要求解决相应问题等行为。客户投诉构成了产品销售过程中不可或缺的一环,是推动企业改进产品和服务的原动力。唯有确保客户满意度,交易方可视为圆满成功。美国哈佛大学教授李维特在《哈佛商业评论》中提出:"客户关系开始恶化的一个明显标志,即客户停止提出抱怨。"

一、客户投诉的类型及成因分析

(一) 对服务质量的投诉

服务质量是客户体验的重要组成部分,而服务质量问题往往是客户投诉的主要原因之一。首先,企业服务理念和服务制度的缺陷可能导致服务流程不规范、响应速度慢、服务标准不一致等问题,从而引发客户的不满。例如,缺乏明确的服务承诺或对客户反馈处理机制不完善,都会使客户感受到服务的不可靠性。其次,直接服务人员的态度对客户体验有着直接影响。服务人员的冷漠、不耐烦或缺乏专业素养,会让客户感到被忽视或不被尊重。此外,相关工作人员的态度,如后台支持人员的配合度不足,也会间接影响服务的效率和质量。最后,与顾客沟通不够是服务质量投诉的另一个常见原因。企业在服务过程中未能及时、清晰地客户向传达相关信息,如服务进度、费用明细等,容易导致客户误解和不满。例如,未提前告知客户可能产生的额外费用或服务延迟的原因,都可能引发客户的投诉。

(二) 对产品质量的投诉

产品质量是客户购买决策的重要依据,而产品质量问题往往是客户投诉的焦点。一方面,销售人员未交代清楚产品使用方法、注意事项或客户对产品了解不够,可能导致客户在使用过程中出现问题。例如,客户未按照使用规范操作产品,可能会导致产品损坏或性能下降。另一方面,设计、制造或装配不良所产生的质量缺陷是产品质量投诉的主要原因。这些问题可能包括产品的功能故障、外观瑕疵或耐用性不足等。例如,某电子产品在正常使用过程中频繁出现死机现象,或某汽车零部件在短时间内出现故障,都会引发客户的不满。此外,与顾客沟通不够也会加剧产品质量投诉。企业在产品销售过程中未能充分解释产品的性能和限值,可能导致客户对产品的期望过高,从而在使用过程中产生不满。

(三) 对维修服务的投诉

维修服务的质量和效率直接关系到客户的使用体验和成本支出,因此维修服务问题也是客户投诉的常见类型。首先，维修技术欠佳是导致客户投诉的重要原因之一。如果维修人员技术水平不足，可能导致故障一次或多次未能修好，延长客户的等待时间和使用不便。其次，维修价格与客户期望相差太大也会引发投诉。客户可能认为维修费用过高，尤其是当维修项目或配件价格未提前明确告知时。此外，在维修过程中，未能及时供应车辆所需配件、维修不熟练或对维修工作量估计不足，且未与顾客充分沟通，也会导致客户不满。例如，维修人员未提前告知客户配件的供应情况或维修时间的延长，会让客户感到被忽视。最后，配件质量差或未通知顾客而使用了进口件或副厂件，也会引发客户投诉。进口件价格过高，客户可能难以接受；而使用副厂件，客户可能会认为被欺骗，从而对企业的诚信产生怀疑。

（四）客户自身问题造成的投诉

虽然企业应努力提升服务质量和产品质量，但部分客户投诉可能源于客户自身的期望或行为。首先，客户预先期望过高是导致投诉的一个常见原因。客户可能对产品或服务的功能、性能、价格等方面有过高的期望，而这些期望在实际使用中未能实现，从而引发不满。例如，客户期望某款汽车的油耗远低于实际水平，当实际油耗超出预期时，客户可能会投诉产品性能不佳。其次，客户对服务条款理解不够正确也会导致投诉。例如，客户可能对保修范围、保修期限等条款存在误解，当遇到问题时，发现无法享受预期的保修服务，从而产生不满。此外，部分客户可能存在侥幸心理或故意刁难的行为。例如，客户可能在明知产品使用不当的情况下，仍希望企业承担维修责任，或者在无合理依据的情况下提出过高的赔偿要求。

二、客户投诉的目的

客户投诉的时候暗示要"分手"，其实是想"挽留"，期望在未来的互动中不再遭遇相同的不满。然而，许多企业在处理客户投诉时，往往过于理性地回应，或者急于寻找借口以摆脱责任……这种做法实际上无法有效解决问题。因此，理解客户投诉的真正目的，并采取针对性的措施是至关重要的。

（一）情绪宣泄需求

当产品或服务本身的问题不大，客户投诉主要是出于个人情绪问题时，其主要目的是寻求倾诉和情绪宣泄，以达到心理平衡。一旦情绪得到宣泄，问题往往随之解决。对此类投诉，企业应允许客户表达不满，并给予认真倾听。

（二）寻求重视、关怀与尊重

当客户投诉是由于客服人员态度不佳或客户感受被忽视时，客户的诉求通常是希望重新获得被重视和尊重的感觉。对此类投诉，企业应表达诚挚的歉意，并确保客户感受到尊重。

（三）补偿或赔偿需求

当客户投诉是由于其期待和需求未得到满足，或承诺未兑现时，客户的诉求通常是获得相应的补偿或赔偿。对此类投诉，企业应进行详细调查，改进产品和服务，并提供合理的补偿。

（四）迅速解决问题

当客户投诉是由于承诺未兑现时，客户的诉求通常是迅速解决现有问题。解决此类投诉的关键是提出双方都能接受的解决方案。

（五）建设性督促

对于因产品或服务质量、服务人员态度不佳等原因引起的投诉，投诉的目的可能是出于善意的督促，以便企业能够改进产品或服务质量、改善服务人员的态度。

（六）恶意刁难

在客户投诉中，也存在一小部分是由于客户个人原因而进行的恶意刁难。此类投诉通常缺乏正当性，客户更多是在无理取闹。对于这类非合理投诉，企业应采取坚定的态度。

在处理客户投诉时，客户的诉求可能是单一的，也可能是多重的。对于客户寻求情绪宣泄，要求获得重视、关怀与尊重，以及善意的督促，企业必须予以满足；而对于客户要求得到补偿或赔偿，希望迅速解决问题，以及恶意刁难的情况，企业则可以有选择性地满足。

三、处理客户投诉的原则

从客观角度分析，客户的意见并非总是正确，然而，我们需调整自身态度，坚信"客户永远无错"。若客户出现错误，应首先反思是否自身理解有误；若理解无误，那么错误可能源于自身，导致客户产生误解；即便客户坚持其观点无误，若我方坚持指出其错误，则错误归咎于我方。综上所述，客户无错之论断应始终成立。

（一）不争论原则

在处理客户投诉过程中，应妥善控制个人情绪，避免急于辩解，避免与客户发生直接冲突。若与客户针锋相对，将为客户提供正当理由，投诉我方服务态度不佳。处理客户投诉并非旨在与客户争辩胜负，唯有不争辩，方能更深入地了解问题，更迅速地解决问题。通常情况下，很少有人会继续追究已经诚恳道歉的人。

（二）隐蔽性原则

在处理客户投诉时，应尽量避免在营业现场进行，以减少投诉对营业环境的负面影响。建议在专门区域由专人负责处理客户的投诉。

（三）及时性原则

根据投诉的严重程度，可将投诉分为潜在投诉、一般投诉、严重投诉和危机投诉。及时性原则要求我们重视与客户的每一次接触，尽快在客户抱怨扩大之前解决问题，防止投诉拖延时间过长，导致问题升级，变得更加复杂。

（四）理解性原则

理解性原则要求我们从客户的角度出发思考问题，以期以自己期望被对待的方式去对待客户。充分发挥"同理心"的作用，更好地理解客户的感受，明确他们投诉的原因，从而在服务提供者与客户之间构建理解的桥梁。

四、处理投诉的流程

（一）鼓励客户宣泄情绪

在未充分了解客户的想法之前，试图解决问题往往难以取得成效。面对客户的投诉，我们首先应当体察客户此刻的心境，他们可能感到失望、委屈，甚至激动或愤怒。愤怒之时，人们最迫切的需求是情绪的宣泄。只有当客户将内心的不满和愤怒充分表达出来后，他们的情绪才可能平复，从而愿意倾听我们的意见，使得沟通变得更为顺畅。因此，在处理此类投诉时，首要任务是鼓励客户宣泄，确保他们能够充分表达不满乃至愤怒。在这一过程中，需特别注意环境的安排、倾听的方式以及对客户的认同。

1. 环境

基于隐私保护的原则，与客户沟通时应选择专门的区域，并指派专人负责处理，这样既能让客户感受到重视，也有助于他们在一个更为安静的环境中平复情绪。我们可以礼貌地邀请客户："先生/女士，请您随我到贵宾厅，那里环境更为适宜，我会专门为您处理此事，请您放心。"

2. 倾听

在处理投诉的过程中，倾听是最为关键的沟通技巧。应当从客户的角度出发，耐心倾听，避免轻易打断客户的发言，让客户感受到自己被尊重；同时，倾听过程中应适时提出引导性问题，以明确客户投诉的真实需求；掌握事件和问题的关键信息；善于总结，寻找解决问题的方法。

3. 认同

对于因不满而投诉的客户，我们应给予充分的理解和认同。在倾听过程中，要仔细聆听客户的语气和内容，适时点头并给予适当的回应。例如，使用"嗯""是""我明白""我了解""我理解您的心情""我们都不希望发生这样的情况"等回应语句，表明您在认真倾听并理解他们的情感。

（二）安抚客户情绪

在认真倾听客户的宣泄并了解投诉的真正原因后，企业人员应采取充分的道歉、明确的态度表达以及运用"同理心"等方法来安抚客户情绪。

1. 向客户充分道歉

可以使用"对不起""很抱歉"等语句，让客户明白已经理解了他的问题。道歉并不意味着承认错误，也不是对同事的批评，而是体现了服务意识，主要表达了对客户不愉快经历的遗憾和同情。应避免使用"请您冷静下来……""请您不要大声说话……""您可能误解了……""您肯定弄错了……""这不可能发生……"等可能引起客户反感的言辞。

道歉分为有责任的道歉和无责任的道歉。有责任的道歉示例："我为我们的失误向您表示歉意""我为我们给您带来的不便深表歉意"；无责任的道歉示例：

"很抱歉给您带来不便""给您造成了麻烦，我深感抱歉"。

2. 直接表达个人或代表公司愿意为客户提供服务的坚定态度

若能够解决问题，可以说："请您放心，我一定会帮您妥善处理这个问题""请您放心，您所反映的问题我已经详细记录，并会立即向相关部门反映，以助于解决您的问题，我的工号是……今天之内会给您答复，您看可以吗?"若无法确定能否解决问题，可以说："我非常理解您的感受，您放心，我会尽我所能提供帮助。"

3. 向客户说明行动计划和目的

需要让客户了解，企业人员一直在积极地为他的问题努力，付出的努力应当让客户看到，这有助于更好地安抚客户的情绪。

4. 运用"同理心"来平息客户的怒火

这主要通过语言和行为举止的沟通方式，向客户表达遗憾和同情，特别是在客户愤怒和感到极度委屈时，提供一种精神上的慰藉。在需要运用同理心时，可以用自己的话复述客户不满的原因；同时，表达从客户那里感受到的情绪，并对客户的感受作出回应。可以说："我能理解您为何感到那样……""我非常能理解您现在的感受……""那一定让您感到非常难过……""我对此感到非常遗憾……"等。

（三）记录投诉要点并判断投诉的成立性

在客户情绪稳定后，应为其提供一杯茶，并以引导性的方式询问其基本信息及事件经过，以掌握事件的关键点，并重新梳理事件经过。需记录的投诉要点包括：投诉时间、投诉人、联系方式、投诉对象、投诉内容及要求等，以便协助客户解决问题。

在记录过程中，应根据客户投诉的内容分析投诉性质，判断投诉是否成立，投诉理由是否充分，以及投诉要求是否合理。

若投诉成立，应首先向客户表达感谢，可以说"感谢您告知此事"，使客户感受到其投诉和意见受到欢迎和重视。客户得到鼓励后，可能会提出更多意见和建议，从而提供更多的有益信息。感谢之后，应适时表达歉意，道歉时应使用第一人称"我"，避免使用"我们"，因为后者可能显得缺乏诚意。

若投诉不成立，应耐心向客户解释，并以委婉的方式回应，尽量消除误解。对于难以说服的客户，可考虑让部门负责人介入协调。

（四）提出解决方案

在了解事件关键点后，无论责任归属如何，都应表达真诚的歉意。道歉后，应立即着手为客户解决问题，站在客户立场上寻找并采取解决问题的方案，否则将显得虚伪。

首先，应迅速纠正导致客户投诉的错误。迅速反应表明您严肃认真地处理此事，客户对此通常会给予肯定，而拖延时间则可能加剧投诉情绪。

其次，根据实际情况并参照客户的要求，提出一至两个双方均能接受的具体解决方案，如退货、换货、维修、赔偿等。提出解决方案时，应用建议的语气，征询客户的意见，并向其说明方案的好处，以达成共识。若客户不同意所提方案，应询问其意见；若无法当场解决问题，应向客户表达歉意，及时向上级领导汇报情况，并向客户承诺答复时间。本质上，投诉的客户不仅希望问题得到处理，更希望问题得到解决。因此，若客户认为处理方案并非最佳解决办法，应向其寻求解决之道。

最后，一旦解决方案得到客户认可，应迅速实施，不可拖延，以免让客户感到被敷衍。

（五）投诉后续回访

投诉后续回访是指对投诉解决方案执行情况进行追踪回访。回访可以通过电话、电子邮件或上门拜访的方式进行，以调查客户对投诉解决方案实施后的反馈，了解客户是否对方案执行结果满意，以及是否还有其他问题。若客户仍不满意，则需对解决方案进行修正，提出一个新的可行方案。

投诉后续回访体现了企业对客户的诚意，能够给客户留下深刻而良好的印象，使客户感受到企业对其提出的问题给予高度重视，并真诚地帮助解决问题，是挽回客户信任的重要机会。回访结束时，应再次向客户表示感谢。

五、投诉的预防

（一）首问责任制

首问责任制是指，无论何时何地，只要顾客有需求，接待他们的员工就有责任负责到底，确保服务的连贯性和完整性。这种做法也被称为"一票到底的服务"，意味着从顾客首次接触企业开始，直到服务结束，都由同一位员工全程跟踪，确保顾客的满意度。

（二）自行抽检

企业内部应建立一套完善的自行抽检机制，涵盖从接待顾客、提供实际业务服务、进行质量检查到电话跟踪的各个环节。通过定期或不定期的抽检，及时发现服务过程中的问题，并迅速查找原因，制定有效的解决对策。例如，一些汽车生产厂家对特约服务站实行的"飞行检查"做法，就非常值得我们学习和借鉴。

这种检查方式是指，生产厂家的检查人员在不预先通知特约服务站的情况下，事先在某一顾客的车辆上设计几个故障点。然后由顾客开车到服务站进行检查和维护。通过这种方式，检查人员可以评估服务站的服务规范、服务水平以及故障排除能力。此外，检查人员有时也会模拟一个需要救援的车辆情况，通过电话联系服务站，请求救援服务，以此来考察服务站的应急反应速度和救援能力。

（三）预警制度

对于那些特别挑剔、易怒的顾客，企业应提前通知各部门，让所有员工都提高警惕，做好充分的准备。通过预警制度，可以提前采取措施，避免或减少顾客投诉的发生。

（四）标准工作流程的落实

企业一旦制定了标准工作流程，关键在于抓好落实。确保每位员工都严格按照工作流程行事，这样可以有效地堵塞工作中的漏洞，避免或减少顾客投诉，提升整体的服务质量。

（五）员工培训

企业应定期对员工进行培训，让他们深刻理解顾客抱怨的真正价值。顾客的抱怨实际上是一份宝贵的礼物，它可以帮助企业实现以下目标。

①不断改进企业的服务系统，使之更加完善。

②优化企业的工作流程，提高工作效率和质量。

③完善企业评价体系，确保评价的客观性和准确性。

④更好地了解顾客需求，从而提供更加贴心的服务。

同时，企业还应告诫员工，以下错误行为是绝对不能出现的。

①与顾客发生争吵或争辩，这会严重影响顾客的体验。

②打断顾客讲话，这样无法了解顾客的关键需求。

③批评或讽刺顾客，不尊重顾客，这会损害企业的形象。

④一味强调自己的正确，不承认错误，这会降低顾客对企业的信任。

⑤在不了解顾客需求的情况下，随意答复顾客的要求。

⑥员工之间不团结，对外表达的意见不一致，这会让顾客感到困惑和不信任。

案例分析 ▷▷▷▷▷▷▷▷▷▷▷▷▷▷▷▷▷▷▷▷▷▷▷▷▷▷▷▷▷▷▷▷▷

价格错误与客户关系的平衡

一顾客开一皇冠车到 F 厂，要求更换车轮轮毂轴承，业务接待告诉顾客轴承价格是 600 元，工时 80 元，共计 680 元。等车辆维修完毕，业务接待很抱歉地对顾客讲，轴承价格应为 800 元，要求顾客付 880 元。顾客拒付这多余的 200 元，并说：假如我知道轴承 800 元，我就不换了。业务接待说：如果不换的话，我给你拆下来。顾客说：给我拆下耽误时间怎么办？双方僵持不下。最后找到维修厂长，厂长考虑了一下，同意按 680 元收顾客的钱，并对顾客表示歉意。有些员工对此事不理解，问厂长，厂长给他们讲了一个故事。在巴黎的一家时装店，有位太太看中了一套高档服装，价格为 100 法郎，她马上掏钱买下了这套服装。当她要离开时营业员告诉她：十分抱歉，这套衣服本应付 1000 法郎，由于疏忽标成了 100 法郎。这位太太对此很不满意，她认为这件衣服就应以她看到的价格购买。营业员向老板反映此问题，老板同意太太拿走衣服，并表示抱歉。第二天，这件事出现在巴黎的某家报刊上，引起轰动。这件事等于给这家服装店做了一次广告，接下来很多顾客光临这家服装店，所带来的收入远远高于 1000 法郎。

在服务过程中，价格错误是常见的问题。业务接待在维修完成后才发现价格错误，这反映出企业在内部流程管理上存在漏洞。首先，业务接待未能在维修前准确核实价格，导致客户在维修后得知价格变化，引发不满。其次，企业在价格公示和内部沟通方面可能存在问题，未能确保员工对价格信息的准确掌握。

厂长的处理方式体现了对客户关系的重视。通过同意按原报价收费并道歉，厂长不仅解决了当前的僵局，还避免了客户流失和负面口碑的传播。这种处理方式虽然短期内可能造成企业一定的经济损失，但从长远来看，有助于维护企业的声誉和客户忠诚度。

资料来源：栾琪文. 汽车售后服务与管理（第2版）［M］. 北京：机械工业出版社，2019：174－175.

☆思考：

①企业在服务过程中应如何避免类似的价格错误？请提出至少三种具体的预防措施。

②在处理客户投诉时，企业如何平衡短期经济利益与长期客户关系？请结合案例分析。

③从案例中可以看出，员工对价格信息的掌握不足是导致问题的重要原因之一。企业应如何加强员工培训，确保员工能够准确、高效地处理客户咨询和投诉？

第三节　售后客户关怀及维护策略

一、售后客户关怀的概念

售后客户关怀是指企业在产品销售完成后，通过一系列的服务和活动，持续关注客户的需求和体验，以维护客户关系、提升客户满意度和忠诚度的行为。它是客户关系管理（CRM）的重要组成部分，贯穿客户购买产品后的整个生命周期。售后客户关怀的核心内容主要有以下几点。

（一）关注客户需求

售后客户关怀的核心是关注客户在使用产品过程中的需求和问题。企业通过主动与客户沟通，及时了解客户的需求，提供相应的支持和服务，确保客户能够顺利使用产品。例如，一家智能手机制造商可能会设立一个24/7的客户服务热线，以便用户在遇到任何技术问题时都能立即获得帮助。此外，通过在线聊天支持或社交媒体平台，企业可以实时响应客户的疑问和投诉，从而提供更加个性化和及时的解决方案。

（二）提升客户体验

通过优化售后服务流程、提供高质量的服务和个性化的关怀，提升客户的整体体验。例如，提供快速响应的维修服务、免费的车辆保养提醒、便捷的预约系统等，都能让客户感受到企业的用心。以一家汽车品牌为例，他们可能会提供上门取车维修服务，让客户在等待期间无须担心交通问题。此外，通过使用客户关系管理系统（CRM）跟踪客户的维修历史和偏好，企业可以提供更加定制化的服务，如在客户生日时发送特别优惠或免费保养服务。

（三）维护客户关系

售后客户关怀不仅是解决客户问题，更是通过持续的互动和关怀，维护和深化与客户的关系。通过定期回访、举办客户活动、提供专属服务等方式，增强客户对品牌的认同感和忠诚度。例如，一家家电公司可能会在重要节日向老客户发送节日问候和特别折扣，或者在客户购买产品满一定年限后提供免费升级服务。通过这些举措，企业不仅解决了客户的问题，还让客户感受到被重视和尊敬。

（四）促进客户忠诚度

通过优质的售后服务和关怀，让客户感受到企业的价值，从而提高客户的忠诚度。忠诚的客户不仅会重复购买产品，还会向他人推荐品牌，成为企业的长期支持者。例如，一家化妆品品牌可能会为回头客提供积分奖励计划，每购买一定金额的产品就能获得积分，积分可以兑换产品或享受折扣。此外，通过提供会员专属的预览活动或新品试用机会，企业可以进一步增强客户的忠诚度和品牌黏性。

二、售后客户关怀的基本原则

（一）顾客满意第一

在售后客户关怀中，顾客的满意度是衡量一切工作的核心标准。这意味着企业必须将顾客的需求和期望放在首位，确保提供的服务能够真正解决顾客的问题，满足他们的需求。例如，当顾客遇到产品故障时，企业应迅速响应并提供高效的解决方案，而不是推诿或拖延。只有通过确保顾客的满意度，企业才能赢得顾客的信任和忠诚，进而实现长期的业务成功。

（二）关怀要出自内心

真诚是售后客户关怀的关键。企业员工在与顾客互动时，应真正关心顾客的感受和需求，而不是仅仅出于完成任务的目的。这种发自内心的关怀能够让顾客感受到企业的诚意，从而增强顾客与企业之间的情感联系。例如，服务人员在与顾客沟通时，应耐心倾听、热情服务，让顾客感受到被尊重和重视。

（三）把顾客当成自己，换位思考

换位思考是提升客户关怀质量的重要方法。企业应站在顾客的角度去思考问题，理解他们的需求和痛点。例如，当顾客对产品价格或服务流程有疑问时，企业应设身处地理解顾客的担忧，并提供合理的解释和解决方案。通过换位思考，企业能够更好地满足顾客的期望，提供贴心的服务，从而提升顾客的满意度和忠诚度。

（四）主动关怀，在顾客困难时伸出援助之手

主动关怀是售后客户关怀的重要体现。企业不应等待顾客主动寻求帮助，而应主动关注顾客的使用情况，及时发现并解决问题。例如，企业可以通过定期回访、主动提醒保养等方式，提前为顾客提供服务。在顾客遇到困难时，企业应毫不犹豫地伸出援助之手，帮助他们解决问题。这种主动关怀不仅能够提升顾客的体验，还能增强顾客对企业的信任和好感。

（五）帮助顾客降低服务成本，赢得顾客的信任

在售后客户关怀中，企业应努力帮助顾客降低服务成本。这不仅包括直接的经济成本，如维修费用、保养费用等，还包括时间成本和精力成本。例如，企业可以通过提供免费的车辆健康检查、优化预约流程、提供上门服务等方式，减少顾客的时间和精力投入。通过帮助顾客降低服务成本，企业能够赢得顾客的信任，增强顾客的忠诚度。

（六）勿表现出明显的商业行为

在与顾客互动时，企业应避免表现出过于明显的商业行为。过于强调销售或利润，可能会让顾客感到被利用，从而降低对企业的信任感。相反，企业应以提供真诚、贴心的服务为主，让顾客感受到企业的关怀是出于对他们的尊重和关心，而不是单纯的商业利益驱动。例如，在提供售后服务时，企业应避免过度推销不必要的产品或服务，而是根据顾客的实际需求提供合适的解决方案。

（七）在顾客满意和公司利益之间寻找最佳平衡点

虽然顾客满意是售后客户关怀的核心目标，但企业也需要在顾客满意和公司利益之间找到一个合理的平衡点。企业不能为了追求顾客满意度而忽视自身的成本和利润，也不能为了追求利润而牺牲顾客的满意度。例如，在处理价格投诉或服务纠纷时，企业应通过灵活的策略和合理的让步，既满足顾客的合理需求，又确保企业的利益不受损害。通过在顾客满意和公司利益之间寻找最佳平衡点，企业能够实现长期的可持续发展。

三、客户关怀的实施要点

（一）新车提醒

若顾客购买新车，应做到以下几点。
①新车交车的 3~4 周内，使用电话询问新车的使用情况。
②主动告知服务站地点、营业时间、顾客需要带的文件，并进行预约。
③提醒首次保养的里程与日期。

（二）维修回访

①维修时与顾客讨论好回访的方式与时间。
②维修后 3 日内进行回访。
③对顾客提出的意见要有反馈。

（三）关怀函、祝贺函

①信函种类有顾客生日函、节日函。
②内容着重于关怀，勿出现明显的商业行为。

（四）久未回厂联系

①久未回厂联系前应先了解顾客对前次服务是否有不满。
②若顾客有不满，应表示歉意，并征求顾客意见，请顾客来厂或登门访问。

（五）定期保养通知

①距保养日前 2 周发出通知函或 1 周前电话通知。

②主动进行预约。

③主动告知保养内容与时间。

（六）季节性关怀活动

①主动告知顾客季节用车注意事项。

②提醒顾客免费检测内容。

（七）车主交流会

①交流会内容可包括讲解正确用车方式、服务流程、简易维修处理程序、紧急事故处理等。

②人数 10～15 人为宜，时间一般不要超过 2 小时。

③请顾客代表发言。

④赠送小礼品。

⑤进行顾客满意度调研。

（八）信息提供

提供的信息应是与顾客利益相关的，包括以下内容。

①顾客从事产业的相关信息。

②新的汽车或道路法规。

③路况信息。

④顾客感兴趣的相关信息。

四、客户关系的维系

根据过往经验，车辆售出后，似乎一切事务就此告一段落。然而，随着时间的推移，人们逐渐认识到维护客户关系的重要性。毕竟，开发新客户颇具挑战，而现有客户推荐新客户则相对容易。因此，销售人员开始各展所长，致力于与客户建立并保持长期关系。

（一）客户关系维系的定义

客户关系维系指的是，在客户购车后的一段较长时期内，销售人员应持续与客户保持联系，即使客户未主动寻求帮助。联系方式可以是发送短信，例如提醒客户天气变化，注意行车安全，或是天气转冷时提醒增添衣物以防感冒。久而久之，客户会习惯这种关怀，若一段时间未收到短信，甚至会主动询问原因。这表明客户并未忘记销售人员。随着时间的推移，客户在需要购车或推荐朋友购车时，很可能会再次选择该销售人员，这正是维系客户关系的成效。

（二）客户关系维系的实践方法

车辆售出后，公司应如何继续服务客户？

1. 感谢信

关于发出第一封感谢信的最佳时机，不同专业店和汽车公司有不同的做法。通常建议在 24 小时内发出，最好是客户提车当天。这样，当客户驾车返家时，感谢信已抵达家中，客户会感受到公司的专业与关怀，从而向亲朋好友推荐，达到最佳的宣传效果。

2. 回访电话

首次回访电话应在 24 小时内拨出。若延迟至两三天后，可能已错过最佳时机。客户在使用车辆时若遇到问题，若能在 24 小时内接到销售人员的电话，将感到非常及时和满意。例如，客户可能对某个功能感到困惑，销售人员可通过电话提供帮助。这将增强客户对公司的良好印象。

完成首次电话回访后，是否还有后续跟进？实际上，还应有第二次电话回访。第二次电话应在一周内由公司经理拨出，询问客户购车体验是否满意，并鼓励客户提出任何不满。同时，提醒客户进行车辆保养。

接下来，还应安排第三次、第四次等多次电话回访。

3. 让保有客户介绍新的客户

世界上一个很有名的汽车销售大王叫乔·吉拉德，他是创造了吉尼斯世界纪录的人，连续 12 年平均每天销售 6 辆车，连续 12 年被《吉尼斯世界纪录大全》评为世界零售第一。他是怎么做的呢？一照、二卡、三邀请、四礼、五电、六经访。

一照，就是他卖车给客户之后照相。

二卡，就是给客户建立档案。

三邀请，就是他每年要请客户到公司来三次，包括忘年会、与汽车文化相关的一些活动、自驾游等。

四礼，就是一年当中有四次从礼貌的角度出发去拜访客户，包括生日、节假日等。

五电，就是一年当中要给客户最少打五次电话，问客户车况如何、什么时间该回来做维修保养等，同时问候客户。

六经访，就是一年当中基本每两个月登门拜访一次，提示一下客户有没有新客户来买车，并表示感谢。

案例分析

领克汽车的全方位售后客户关怀

在当今竞争激烈的汽车市场中，售后服务的质量已经成为品牌竞争力的重要体现。领克汽车通过一系列创新的售后服务策略，赢得了客户的高度认可和信赖。以下是领克汽车在售后客户关怀方面的具体实践案例。

（一）24小时免费道路救援：随时随地的安心守护

在繁忙的都市生活中，车辆故障往往让人措手不及。领克汽车提供的24小时免费道路救援服务，为车主们提供了坚实的后盾。一位车主在行驶途中遭遇电瓶故障，车辆突然失去动力。在拨打领克救援电话后，救援人员迅速响应，仅半小时就到达现场，并为车主提供了专业的解决方案，包括上门更换电瓶和免费车辆检测。这种高效、贴心的服务，不仅解决了车主的燃眉之急，还让车主感受到了品牌的温暖。

（二）秋冬关怀服务活动：细节之处见真情

领克汽车不仅在车辆销售后提供常规的售后服务，还通过季节性关怀活动，进一步提升客户体验。在秋冬季节，领克4S店推出了12项免费检测项目，包括车辆底盘、防冻液、胎压等关键部位的检查，并为车主免费添加玻璃洗涤液。一位车主在参加活动后表示，领克的这种季节性关怀活动不仅让车辆在寒冷季节中保持最佳状态，还让车主感受到了品牌的贴心。

（三）首任车主终身质保：无微不至的长期关怀

领克汽车的首任车主终身质保政策，是其售后服务的一大亮点。该政策承诺，车辆的三大核心部件（发动机、变速箱、电机）在首任车主使用期间享受终身免费保修服务。这一政策不仅减轻了车主的维修负担，还增强了车主对品牌的信任和忠诚度。

（四）便捷的预约服务与高效维修：时间就是金钱

领克汽车的售后服务还体现在其便捷的预约系统和高效的维修服务上。一位车主在车机系统出现问题后，通过电话轻松预约了维修服务。到达 4S 店后，接待人员热情接待，并迅速安排专业技师进行检查和维修。整个过程不仅高效，还非常透明，技师详细解释了问题原因和解决方案，并提供了详细的维修清单和费用明细。

（五）差异化服务：满足不同客户的需求

领克汽车通过数字化转型，实现了对客户的精准洞察和差异化服务。通过与火山引擎合作，领克搭建了 CDP 平台，整合了 15 个系统数据源，解决了数据孤岛问题，并实现了用户分群和精准营销。这种差异化服务不仅提升了客户体验，还增强了品牌的市场竞争力。

通过以上案例可以看出，领克汽车在售后客户关怀方面不仅注重服务的高效性和专业性，还通过创新的策略和贴心的细节，赢得了客户的高度认可和信赖。这种全方位的售后客户关怀，不仅提升了客户满意度，还为品牌的长期发展奠定了坚实的基础。

资料来源：领克汽车智享服务［EB/OL］.（2025 - 02 - 06）［2025 - 03 - 10］. https：//www. lynkco. com. cn/service.

第四节　技术支持与客户服务系统的整合

售后服务的技术支持依托于客户关系管理系统，该系统通常包含三个核心模块：销售管理模块、营销管理模块和服务管理模块。与售后服务、投诉处理、客户关怀紧密相关的模块是服务管理模块，它为客服人员提供了便捷的工具和有价值的信息，从而提升了服务效率和增强了服务能力。服务管理模块涵盖了客户服务与支持、关系管理等多个功能领域。其中，客户服务与支持是客户关系管理的关键组成部分。客户服务与支持主要通过呼叫中心和互联网平台实现，并与销售、营销功能相融合，为企业开辟了更多商机，促进了向现有客户销售更多产品。客户服务与支持的典型应用场景包括：客户关怀、投诉处理、调货、订单跟踪、现场服务管理、客户账号管理、服务协议与合同管理、服务请求管理、联系活动管理以及客户调查管理等。

一、呼叫中心技术

呼叫中心采用先进的互联网和电话通信集成技术，可将企业信息与客户信息连成一体。

（一）呼叫中心的基本结构

呼叫中心的基本结构包括智能网、自动呼叫分配、计算机电话集成、交互式语音应答、用户交互管理系统、呼叫管理系统、工作流管理系统，以及电话、电脑、人工坐席等，如图 5 - 1 所示。

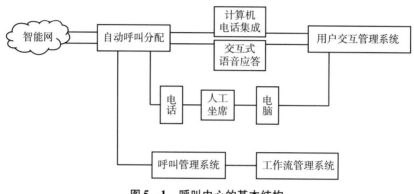

图 5 - 1   呼叫中心的基本结构

（二）呼叫中心的关键技术

呼叫中心的核心技术涵盖了自动呼叫分配、计算机电话集成和交互式语音应答。

1. 自动呼叫分配

自动呼叫分配是现代呼叫中心区别于传统热线电话系统和自动应答系统的关键特征，同时也是衡量呼叫中心规模和系统性能的关键因素。该技术负责对大量来电进行排队，并将它们分配至空闲的人工坐席。自动呼叫分配技术在多个方面提升了客户满意度，例如，将来电分配给最空闲的话务员可以缩短客户的等待时间；将来电分配给技能娴熟的话务员可以有效解决客户的专业问题和特殊需求；而呼叫提示则赋予了客户更多的呼叫控制权。

2. 计算机电话集成

计算机电话集成技术通过软件、硬件接口及控制设备将电话通信与计算机信息处理相结合，实现了对话、传真和数据通信的相互控制与综合应用。该技术允许电话与计算机系统共享信息，并使系统能够根据呼叫者的身份、呼叫原因、呼叫时间以及当前通话状态来选择呼叫路由、激活相应功能以及更新主机数据库。

企业采用计算机电话集成技术可以显著缩短通信时间，减少通信线路的占用，提高通信线路的使用效率，节约通信成本，从而更高效地利用通信网络资源。

3. 交互式语音应答

交互式语音应答相当于一个自动话务员，在话务员繁忙或无人值守时执行各种自动化任务，以减轻话务员的工作负担并提升客户满意度。当用户通过电话按键输入信息时，交互式语音应答不仅能够利用内置数据库中的信息进行处理并提供客户提示，还可以使用主机数据库中的信息与客户进行互动，系统反馈的是预先录制的或合成的语音。交互式语音应答有助于企业优化客户服务质量、提升工作效率、增加呼叫量以及扩展客户服务范围。

二、客户数据仓库管理技术

在客户关系管理系统中，客户数据仓库占据着至关重要的地位。数据仓库与客户关系管理之间存在着紧密的联系，许多客户关系管理活动都是基于数据仓库而展开的。在某种意义上，数据仓库可被视为客户关系管理的核心。通过数据仓库的运用，企业能够对客户行为进行深入的分析与预测，进而制定精确的市场策略，识别企业的核心客户，并对目标市场进行评估。企业通过销售和服务等部门与客户进行有效沟通，以实现利润的增长。

（一）客户数据仓库的应用

客户数据仓库作为面向客户分析的集成化数据环境，能够为企业客户管理提供决策支持。客户数据仓库能够整合企业内外部分散的客户数据，向企业及其员工提供关于客户总体的全面描述。企业内部的信息主要分布在订单处理、客户支持、营销、销售、查询等环节；而企业外部的信息则包括人口统计信息、地域人口消费水平、客户信用等。建立客户数据仓库的目的在于整合这些信息，以供企业决策分析之用。

（二）客户数据仓库的功能

企业构建客户数据仓库能够实现以下几项功能。

1. 客户保留

在客户群体中，并非所有客户都具有同等的保留价值，因此，企业需要通过数据仓库中的数据分析，识别出最有价值的客户，并为这些客户制定专门的保留策略。

2. 降低管理成本

数据仓库的应用使得数据的统一和规范化管理成为可能，同时，数据仓库提供的快速、准确的查询工具，显著降低了企业的管理成本。

3. 分析利润增长

利用数据仓库，企业能够通过历史趋势分析发现产品销售与客户类别的关联，以及利润增长与客户类别的关系。

4. 增强竞争优势

企业可以利用数据仓库的历史数据分析市场变化趋势，尤其是客户需求的变化趋势，及时调整产品特性以满足客户需求，有助于企业抢占市场先机，增强其市场竞争力。

（三）客户数据仓库的系统结构

在客户关系管理系统中，客户数据仓库的系统结构如图 5–2 所示。

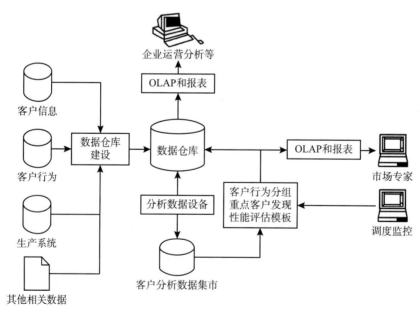

图 5–2   客户数据仓库的系统结构

客户数据仓库系统涵盖构建数据仓库所需的核心组成部分，包括源数据（客户信息、客户行为、生产系统及其他相关数据）、分析数据设备（数据仓库与数据集市）、客户分析系统（市场专家和调度监控）以及客户流失预警机制。

1. 源数据

源数据构成了数据仓库的根基，客户数据源主要包含客户信息、客户行为、生产系统以及其他相关数据。这些数据经过抽取、转换和装载的过程，按照主题进行整合，形成数据仓库。通过联机分析处理（OLAP）技术，将客户的综合行为分析和企业运营分析等信息传递给数据仓库的用户。

2. 分析数据设备

分析数据设备主要包括数据仓库和数据集市。数据仓库或数据集市的构建是通过数据抽取、转换及装载（ETL）的过程，将与客户相关的数据集中整合到数据仓库或数据集市中。基于数据仓库或数据集市，通过联机分析处理和报表等工具，将客户行为、企业运营等方面的分析结果传递给企业用户，以辅助决策过程。

三、人工智能客服技术

（一）技术基础与工作原理

人工智能客服系统主要基于自然语言处理（NLP）、机器学习和大数据分析等技术。这些技术的综合应用使得系统能够理解用户的查询，并提供相应的解答和建议。例如，在用户询问汽车维护问题时，AI 客服可以根据大数据分析提供最符合用户车型和使用习惯的维护建议。此外，AI 客服系统通过深度学习不断优化其问题应对和处理流程，能够实现 24 小时不间断服务，确保用户在任何时间都能得到及时的帮助和反馈。

AI 客服系统的工作原理通常涉及以下几个关键步骤：首先，系统通过自然语言处理技术理解用户的问题和需求；其次，利用机器学习算法对问题进行分类和处理，生成合适的回答；最后，通过大数据分析优化回答的准确性和相关性。例如，基于检索增强生成（RAG）技术的 AI 客服系统，可以结合大模型的能力与外部知识库的信息，生成高质量的回答。

（二）应用场景与功能

汽车 AI 客服系统的应用场景广泛，覆盖了从客户问题咨询、车险理赔、道路救援到售后服务等多个方面。其功能主要包括以下几点。

①上下文理解：通过上下文理解客户需求，自动识别问题根因，提供精准解决方案，确保服务的连贯性和有效性。

②智能调度：结合大模型的语义理解与上下文分析能力，智能调度服务资源，优化救援路径，提高响应速度和服务质量。

③数据分析与报告：自动分析客户反馈，生成车辆使用情况报告，为售后服务流程提供数据支持，帮助优化服务策略。

此外，AI客服系统还能够根据客户的情绪和需求提供个性化的服务，例如通过情感分析识别客户的不满情绪，并主动提供安抚措施。

（三）技术优势

①提升服务效率：AI客服系统可以24小时不间断地提供服务，不受时间和地点的限制，大大提升了服务的时效性和可达性。用户无须等待，可以随时获得所需的信息和支持。

②降低运营成本：传统的客户服务中心需要大量人力进行电话、邮件等形式的回应，而AI客服系统的引入可以有效减少人力成本。通过自动化处理常见问题，企业可以将人力资源集中在更复杂和需要个性化处理的事务上。

③提供个性化服务：基于用户历史互动数据，人工智能客户服务可以学习与分析客户的喜好和需求，并提供更个性化的服务。通过精准的数据分析，AI客服能够为用户提供定制化的建议和解决方案，从而提升客户满意度和忠诚度。

案例分析

极氪汽车AI客服系统的创新应用

在新能源汽车市场快速发展的背景下，极氪汽车致力于通过技术创新提升客户体验和服务质量。为了更好地满足客户多样化的需求，极氪汽车引入了人工智能技术，打造了一套智能客服系统，旨在通过智能化手段提升服务效率和客户满意度。

1. 客服知识库与智能诊断

极氪汽车利用大模型技术构建了智能客服知识库和AI售后诊断系统。这一系统通过向量化的方式进行知识管理，能够快速准确地回答客户咨询的问题，并提供个性化的售后解决方案。例如，当客户询问车辆故障时，AI系统可以结合车辆的历史数据和实时状态，快速定位问题并提供针对性的解决方案。这种智能化的服务方式不仅提高了问题解决的效率，还增强了客户对品牌的信任感。

2. 多渠道接入与实时交互

极氪汽车的 AI 客服系统支持多渠道接入，包括官方网站、移动应用、社交媒体等，确保客户可以通过多种方式获得即时帮助。系统通过自然语言处理技术，实现与客户的实时交互，问题交互准确率高达 95% 以上。这种多渠道的接入方式和高效的交互能力，使得客户无论何时何地都能获得及时的服务支持，极大地提升了客户的便利性和满意度。

3. 个性化体验与智能推荐

利用大模型的生成能力和理解能力，极氪汽车的 AI 客服系统能够洞察用户诉求，提供个性化的服务体验。例如，系统可以根据客户的使用习惯和偏好，推荐适合的维护计划或配件。这种个性化的服务不仅满足了客户的个性化需求，还增强了客户与品牌之间的互动和黏性。

4. 高效的知识管理

通过向量化知识管理，极氪汽车的 AI 客服系统能够快速检索和更新知识库，提升知识管理的效率。这种高效的知识管理方式使客服团队能够及时获取最新的产品信息和服务指南，从而为客户提供更准确、更专业的服务。同时，系统还能够根据客户反馈和实际问题，自动优化知识库内容，确保知识的时效性和准确性。

5. 提升客户满意度

AI 客服系统提供 7×24 小时不间断服务，客户满意度显著提升。例如，上汽乘用车通过类似系统，客户满意度提升了 35%，答案召回率达到了 100%。这种全天候的服务模式不仅减少了客户的等待时间，还确保了客户在遇到问题时能够及时获得帮助，从而有效提升了客户对品牌的整体满意度。

6. 降低运营成本

自动化处理常见问题，减少了对人工客服的依赖，降低了运营成本。通过 AI 技术，极氪汽车能够将大量常见问题的解答自动化，从而释放人工客服资源，使其能够专注于处理更复杂和需要个性化处理的事务。这种优化不仅提高了服务效率，还降低了企业的人力成本，实现了运营成本的有效控制。

资料来源：极氪订阅 [EB/OL]．（2025－02－08）［2025－03－10］．https：//www.zeekrlife.com/subscribe.

实 践 实 训

一、实训目标

①通过模拟售后投诉处理，让学生深刻理解售后服务在客户关系维护中的关键作用。

②通过角色扮演，让学生掌握处理客户投诉的专业技巧和方法。

③通过模拟实际场景，锻炼学生的沟通能力和问题解决能力。

④通过小组合作完成角色扮演，增强学生的团队协作能力。

二、实训内容

①角色分配：学生分为两人一组，一位扮演汽车购买客户，设定遇到的具体问题；另一位扮演汽车售后工作人员，针对问题给出专业解答。

②场景设定：客户角色描述遇到的问题（如车辆故障、服务不满意等），售后工作人员角色根据问题提供解决方案。

③模拟对话：客户详细描述问题并表达不满，售后工作人员认真倾听并记录关键信息，给出专业解答和解决方案。

④问题解决：售后工作人员提供具体解决方案，客户对方案进行反馈，双方进一步沟通直至达成一致。

⑤总结与反馈：角色扮演结束后，双方总结感受和体会，小组讨论分析处理过程中的优点和不足，提出改进建议。

三、实训组织

①客户角色提前准备好投诉问题，售后工作人员熟悉售后服务流程和专业知识。

②双方清晰、准确地表达想法，售后工作人员认真倾听并记录关键信息。

③售后工作人员提供专业解答和具体可行的解决方案，避免模棱两可或推诿责任。

④客户角色控制情绪，售后工作人员保持冷静和专业态度，积极解决问题。

⑤双方记录关键信息和对话内容，角色扮演结束后进行总结并提出改进建议。

课 后 习 题

一、单项选择题

1. 在让客户发泄时要注意（　　）。

A. 聆听　　　　　B. 辩解　　　　　C. 制止　　　　　D. 解释

2. 售后服务是指企业在销售产品或服务后，为消费者提供的后续（　　）。

A. 支持和服务　　B. 关心和服务　　C. 关心和关怀　　D. 关心和支持

3. （　　）指的是客户对企业的商品品质或服务水准持有不满，向商家的相关部门提出书面或口头的抗议、索赔以及要求解决相应问题等行为。

A. 客户举报　　　B. 客户抱怨　　　C. 客户不满　　　D. 客户投诉

二、多项选择题

1. 处理客户投诉的原则有（　　）？

A. 不争论原则　　B. 隐蔽性原则　　C. 绝对性原则　　D. 理解性原则

2. 下列属于售后客户关怀的核心内容的有（　　）？

A. 关注客户需求　　　　　　　B. 提升客户体验

C. 维护客户关系　　　　　　　D. 促进客户忠诚度

3. 客户投诉的类型有（　　）？

A. 对服务质量的投诉　　　　　B. 对产品质量的投诉

C. 对维修服务的投诉　　　　　D. 客户自身问题造成的投诉

三、判断题

1. 企业应当利用各种形式对客服代表进行培训，使客服代表成为及时处理客户投诉的重要力量。　　　　　　　　　　　　　　　　　　（　　）

2. 客户投诉往往会带来珍贵的信息。　　　　　　　　　　　　（　　）

3. 客户投诉，客服人员应不顾一切维护企业的利益，不考虑客户的情绪。
　　　　　　　　　　　　　　　　　　　　　　　　　　　（　　）

四、思考题

1. 简述处理投诉的流程。

2. 客户关系维系的实践方法有哪些？

3. 客户服务支持系统有哪些？

第六章

数字化与智能化客户关系管理

蔚来汽车（NIO）的智能化客户关系管理：从用户运营到品牌忠诚度

蔚来汽车（NIO）作为中国高端智能电动汽车品牌的代表，其客户关系管理（CRM）体系深度融合数字化与社交化策略，打造了独特的"用户企业"模式。通过大数据、人工智能（AI）、社区运营等手段，蔚来不仅提升了客户体验，还构建了高黏性的用户生态。

1. 数据驱动的用户运营

蔚来通过车联网实时收集车辆数据（如电池健康、驾驶习惯），并结合用户 App 行为（充电偏好、服务预约等），构建精准的客户画像。基于数据分析，蔚来提供个性化服务，如动态调整换电站库存、预测用户保养需求，并主动推送服务优惠。

2. AI 赋能的智能服务

蔚来的 NOMI 车载人工智能助手通过自然语言处理（NLP）与用户交互，不仅能执行语音指令，还能学习用户习惯（如自动调节座椅、推荐音乐）。在售后服务中，AI 系统自动分析用户反馈，识别高频问题并优化服务流程，如缩短维修等待时间。

3. 社交化客户关系管理

NIO App 社区：蔚来将 App 打造成社交平台，车主可分享用车体验、参与品牌活动（如"蔚来日"），甚至影响产品改进（如通过投票决定新车配色）。

线下用户社群：通过"蔚来中心"（NIO House）和车主俱乐部（如"蔚来车友会"），强化用户归属感。例如，上海某车主通过社群活动促成10笔新车推荐。

4. 用户忠诚度计划

蔚来的"积分体系"鼓励用户参与品牌互动（如充电打卡、内容创作），积分可兑换增值服务（如免费充电、限量周边）。通过"BaaS电池租用服务"降低购车门槛，同时绑定用户长期使用蔚来能源网络，提升留存率。

成果：

提高用户黏性：2023年蔚来App月活用户超150万人，日均打开次数达4.2次（数据来源：蔚来年报）。

口碑传播效应：老客户推荐购车占比达50%（行业平均约20%）。

客户满意度：2023年中国汽车售后服务满意度调研（CAACS）中排名第一。

资料来源：蔚来2023年度报告：用户运营数据与财务表现 ［EB/OL］. (2024 - 03 - 01）［2024 - 03 - 20］. https：//ir. nio. com/static - files/1f4d5c0e - 1d7b - 4a5e - 8b3a - 8e5f3b7e5f3a；中国汽车流通协会. 2023年中国汽车售后服务满意度指数（CAACS）报告 ［EB/OL］. (2023 - 12 - 15）［2024 - 03 - 20］. https：//www. camra. org. cn/content/Content/index/id/20468；蔚来汽车. NIO APP 3. 0版本更新公告 ［EB/OL］. (2023 - 11 - 20）［2024 - 03 - 20］. https：//www. nio. cn/nio - app；为刺激销量蔚来汽车推出最高10亿元油车置换补贴 ［EB/OL］. (2024 - 04 - 01）［2024 - 05 - 20］. https：//search. caixin. com/newsearch/caixinsearch？ keyword ＝% E8% 94% 9A% E6% 9D% A5 + BaaS&x ＝0&y ＝0；蔚来 NIO 以车主社区口碑解锁55%销量，持续强化用户运营成 DTC 增长关键 ［EB/OL］. (2023 - 10 - 12）［2024 - 03 - 20］. https：//zhuanlan. zhihu. com/p/660757655.

第一节　数字技术在客户关系管理中的应用

数字技术的快速发展，尤其是大数据、人工智能（AI）和物联网（IoT）的广泛应用，正在改变全球汽车行业的客户关系管理（CRM）模式。随着汽车行业从传统的产品导向转向以客户为中心的服务导向，数字技术为汽车行业赋能，使其能够更精准地理解客户需求、优化客户体验、提升运营效率，进一步推动企业创新。

首先，大数据技术的应用，能使车企能够从海量的客户数据中提取有价值的信息。通过分析客户的购买行为、驾驶习惯、售后服务反馈等数据，车企可以更精准地进行市场细分和个性化营销。例如，通过分析客户的驾驶数据，车企可以预测客户的保养需求，提前提供个性化的维护建议，从而提升客户满意度和忠诚度。其次，人工智能技术正在推动 CRM 系统的智能化转型。AI 驱动的聊天机器人和智能客服系统能够实时响应客户咨询，提供随时随地的解答和售后服务支持，显著提升了客户互动的效率和质量。并且，车企还可以使用 AI 技术，通过机器学习算法分析客户行为，预测客户流失风险，并制定针对性的客户保留策略。物联网技术的普及则为车企提供了与客户实时连接的渠道。通过车联网技术，车企可以实时监控车辆状态，提供远程诊断、故障预警和预防性维护服务，这不仅提升了客户的安全感和满意度，还降低了车辆的故障率和维修成本。同时，物联网设备收集的车辆使用数据也为车企优化产品设计和售后服务提供了重要依据。

总的来说，数字技术正在重塑汽车行业的 CRM 模式，使其更加智能化、个性化和高效化。车企通过整合大数据、人工智能和物联网等技术，不仅能够更好地满足客户需求，还能在激烈的市场竞争中建立差异化优势，推动企业的可持续发展。未来，随着技术的不断进步，数字技术将在汽车行业 CRM 中发挥更加重要的作用，为客户和企业创造更大的价值。

一、数字技术在 CRM 中的主要应用

（一）大数据分析

大数据分析是指通过对大规模、多样化、高速生成的数据集进行收集、处理

和分析，以提取有价值的信息、洞察和趋势的过程。这些数据通常具有"4V"特征：volume（大量）、velocity（高速）、variety（多样）和 veracity（真实性）。大数据分析的目标是从海量数据中发现隐藏的模式、关联和规律，从而支持决策、优化业务流程、提升效率和创造新的商业价值。

1. 大数据分析的核心特点

①大量（volume）：大数据通常指规模巨大的数据集，可能达到 TB（太字节）、PB（拍字节）甚至 EB（艾字节）级别。例如，汽车行业中的客户行为数据、车辆传感器数据等。

②高速（velocity）：数据生成和更新的速度非常快，需要实时或近实时处理。例如，车联网中的车辆传感器数据每秒都在生成，需要快速分析以提供实时反馈。

③多样（variety）：数据来源多样，包括结构化数据（如数据库中的表格数据）、半结构化数据（如 XML、JSON 文件）和非结构化数据（如文本、图像、视频等）。例如，汽车行业的数据可能包括客户信息、社交媒体评论、车辆传感器数据等。

④真实性（veracity）：数据的准确性和可靠性至关重要。大数据分析需要处理噪声数据、缺失数据和错误数据，以确保分析结果的准确性。

2. 大数据分析的应用场景

①客户行为分析：通过分析客户的购买历史、浏览记录、社交媒体活动等数据，了解客户偏好和行为模式，从而制定精准的营销策略。例如，分析客户在汽车购买过程中的决策路径，优化销售流程。

②预测性维护：在汽车行业，通过分析车辆传感器数据，预测车辆可能出现的故障，提前安排维护，减少客户停机时间。并且还能利用历史数据预测客户未来的需求和行为，如预测客户何时可能需要更换车辆或进行维修保养。

③市场趋势分析：通过分析市场数据、竞争对手数据和消费者反馈，识别市场趋势和机会，帮助企业制定战略决策。

④个性化推荐：基于客户的历史数据和行为模式，推荐符合其需求的产品或服务。例如，汽车品牌可以根据客户的驾驶习惯推荐适合的车型或保养套餐。

⑤风险管理：在金融和保险领域，通过分析客户信用数据、交易记录等，评估风险并制定相应的应对策略。

3. 大数据分析的案例应用

特斯拉（TESLA）通过大数据分析客户驾驶习惯，提供个性化保险和定制化售后服务

特斯拉（Tesla）是全球领先的电动汽车制造商，以其创新的技术和数据驱动的商业模式著称。特斯拉的车辆配备了先进的传感器、车联网技术和自动驾驶系统，能够实时收集大量数据。这些数据不仅用于优化车辆性能，还被广泛应用于客户关系管理（CRM），以提升客户体验、提高客户满意度和忠诚度。

1. 数据收集：特斯拉如何获取客户驾驶数据

特斯拉的车辆配备了多种传感器和联网设备，能够实时收集以下数据。

①驾驶行为数据：车速、加速度、刹车频率、转弯习惯、方向盘操作等，自动驾驶模式下的操作记录（如 Autopilot 的使用情况）。

②车辆状态数据：电池健康状况、电机性能、轮胎压力、刹车片磨损等。

③环境数据：路况、天气条件、交通流量等。

④客户使用数据：充电频率、行驶里程、常用路线、车内功能使用情况（如空调、音响等）。

这些数据通过车联网技术实时上传到特斯拉的云端服务器，形成庞大的数据集，为后续的大数据分析提供了基础。

2. 大数据分析技术

特斯拉利用大数据分析技术对收集到的数据进行深度挖掘，主要分为以下几个步骤。

首先，进行数据清洗与预处理。去除噪声数据（如传感器故障导致的异常数据）、填补缺失值、处理重复数据。将来自不同来源的数据（如驾驶行为数据、车辆状态数据、环境数据）进行整合，形成统一的数据视图。

其次，驾驶行为分析，特斯拉通过机器学习算法，对客户的驾驶行为进行评分。例如，平稳加速、遵守限速、少急刹车等行为会被评为高分，而频繁超速、急刹车等行为会被评为低分。评分模型基于历史数据和统计学方法，能够准确反映客户的驾驶习惯。此外，特斯拉会进行高风险驾驶行为识别，通过分析驾驶数据，识别高风险驾驶行为（如频繁急刹车、超速、疲劳

驾驶等），并向客户发出警示。

再次，车辆健康分析。特斯拉利用机器学习模型，分析车辆状态数据，预测潜在的故障或维护需求。例如，通过分析电池性能数据，预测电池寿命；通过分析轮胎磨损数据，预测轮胎更换时间。还能进行故障诊断，当车辆出现异常时，系统会自动诊断问题，并生成维修建议。

最后，客户偏好分析，也就是个性化服务推荐。通过分析客户的使用数据（如充电频率、行驶里程、常用路线等），了解客户的需求和偏好。例如，经常长途驾驶的客户可能会收到关于电池保养的建议，而城市驾驶的客户可能会收到关于轮胎保养的建议。

3. 个性化保险方案

特斯拉与保险公司合作，推出了基于驾驶行为的个性化保险方案（Tesla insurance）。特斯拉解决了传统保险定价的局限性，传统保险定价主要基于客户的年龄、性别、驾驶记录等静态数据，无法准确反映客户的实际驾驶风险。而特斯拉利用驾驶行为数据，构建动态的保险定价模型。客户的保险费用与其驾驶行为直接挂钩：安全驾驶（如平稳加速、少急刹车）的客户可以享受更低的保费；高风险驾驶（如频繁超速、急刹车）的客户可能需要支付更高的保费。

同时，特斯拉还开发了驾驶评分系统，客户可以通过特斯拉的移动应用程序查看自己的驾驶评分，并了解如何通过改善驾驶行为来降低保费，实现实时反馈与激励。例如，一位特斯拉车主通过改善驾驶习惯（如减少急刹车和超速），将每月的保险费用降低了20%。

如此个性化的保险方案，让客户感受到保险定价的公平性和透明度，满意度显著提升，从而提升其商业价值。同时，很好地进行了风险控制，通过激励安全驾驶，特斯拉降低了车辆事故率，减少了保险赔付成本。

4. 定制化售后服务

特斯拉利用大数据分析技术，为客户提供定制化的售后服务，具体包括以下几点。

第一，预测性维护。主动服务，当系统检测到车辆状态异常（如电池性能下降、轮胎磨损严重）时，特斯拉会主动通知客户，并安排预约维修服务。比如，一位特斯拉Model 3车主收到了车辆系统的通知，提示其轮胎磨损接近临界值。特斯拉服务中心主动联系车主，并安排了免费的上门轮胎更换服务。

第二，个性化保养建议。根据客户的驾驶习惯和车辆使用数据，特斯拉为客户提供个性化的保养建议。例如，经常长途驾驶的客户可能会收到关于电池保养的建议；城市驾驶的客户可能会收到关于轮胎保养的建议。

第三，远程诊断与修复。特斯拉通过车联网技术，能够远程诊断车辆问题，并在许多情况下通过软件更新解决问题，无须客户到店维修。例如，一位特斯拉车主发现车辆的中控屏幕偶尔出现卡顿，特斯拉通过远程诊断发现是软件问题，并通过 OTA 更新修复了问题。

5. 客户反馈与成果

特斯拉通过个性化的保险方案和定制化的售后服务，显著提升了客户满意度。客户感受到品牌对其需求的关注和重视。特斯拉的客户不仅对车辆性能感到满意，还对其数据驱动的服务模式表示高度认可，这也进一步增强了客户对品牌的忠诚度。

总的来说，特斯拉通过大数据分析客户驾驶习惯，成功地将个性化保险和定制化售后服务融入其客户体验中。这种数据驱动的方法不仅提高了客户满意度，还为特斯拉带来了显著的市场竞争力。通过持续优化其数据平台和服务流程，特斯拉在提升客户体验的同时，也为整个汽车行业树立了新的标杆。

资料来源：Tesla. 2023 Impact Report：Data - Driven Customer Solutions ［EB/OL］. （2024 - 03 - 05）［2024 - 06 - 20］. https：//www. tesla. com/impact - report/2023；Tesla Insurance. Safety Score Methodology ［EB/OL］. （2023 - 11 - 15）［2024 - 06 - 20］. https：//www. tesla. com/support/insurance/safety - score；National Highway Traffic Safety Administration（NHTSA）. EV Telematics Data Applications ［EB/OL］. （2023 - 09 - 12）［2024 - 06 - 20］. https：//www. nhtsa. gov/research - reports/ev - telematics - 2023；China Automotive Technology & Research Center. New Energy Vehicle Big Data Analysis Report 2023 ［EB/OL］. （2023 - 12 - 18）［2024 - 06 - 20］. http：//www. catarc. org. cn/upload/2023NEV - Data. pdf；Reuters. Tesla's Data - driven Insurance Model Cuts Claims by 30% ［EB/OL］. （2024 - 01 - 18）［2024 - 06 - 20］. https：//www. reuters. com/business/autos - transportation/teslas - data - driven - insurance - model - cuts - claims - 30 - 2024 - 01 - 18/.

（二）人工智能（AI）

人工智能（artificial intelligence，AI）是指通过计算机系统模拟人类智能的能力,使其能够执行通常需要人类智慧的任务。人工智能的核心目标是创建能够自主执行复杂任务的系统,而无须明确的人类干预。

人工智能是一个广泛的领域,涵盖了多个子领域和技术。它旨在开发能够执行通常需要人类智能的任务的计算机系统。这些任务包括但不限于,感知:通过传感器(如摄像头、麦克风)获取和理解外部环境的信息;推理:根据已有的知识和规则进行逻辑推理和决策;学习:从数据中自动学习和改进,以提高性能;自然语言处理:理解和生成人类语言;规划和决策:制定策略和决策以实现特定目标。

1. 人工智能的关键技术

①机器学习(machine learning):机器学习是人工智能的一个子领域,专注于开发算法和统计模型,使计算机能够从数据中学习并改进性能,而无须明确编程。

②监督学习:通过标注数据训练模型,使其能够预测新的输入数据。例如,基于历史销售数据预测未来销售额。

③无监督学习:通过未标注的数据发现隐藏的模式或结构。例如,通过客户行为数据对客户进行细分。

④强化学习:通过试错和奖励机制训练模型,使其能够在动态环境中做出最优决策。例如,自动驾驶汽车通过强化学习优化驾驶策略。

⑤深度学习(deep learning):深度学习是机器学习的一个分支,基于人工神经网络(尤其是深度神经网络)来处理复杂的数据(如图像、语音、文本)。其应用场景常见于图像识别、语音识别、自然语言处理等。

⑥自然语言处理(NLP):NLP 使计算机能够理解、解释和生成人类语言。例如,聊天机器人、语音助手(如 Siri、Alexa)和自动翻译系统。

⑦计算机视觉(computer vision):计算机视觉使计算机能够理解和分析图像和视频数据。例如,人脸识别、自动驾驶中的道路识别。

⑧专家系统(expert system):专家系统是基于规则的系统,模拟人类专家的决策能力。例如,医疗诊断系统、金融风险评估系统。

2. 人工智能的应用领域

人工智能在多个领域都有广泛的应用,以下是一些主要领域。

①医疗保健:通过医学影像分析、疾病预测、个性化治疗方案等提升医疗服务水平。

②交通运输:自动驾驶汽车、智能交通系统等提高交通安全和效率。

③金融服务:风险评估、欺诈检测、投资决策等增强金融服务的安全性和

效率。

④制造业：智能工厂、质量检测、预测性维护等优化生产流程，提高生产效率。

⑤教育：个性化学习、智能辅导系统等提升教育质量和效果。

⑥娱乐：智能推荐系统、游戏开发等丰富人们的娱乐体验。

3. 人工智能的挑战和伦理问题

尽管人工智能带来了诸多好处，但也面临一些挑战和伦理问题。

①数据隐私和安全：确保数据的隐私和安全，防止数据泄露和滥用。

②算法偏见：如果训练数据存在偏见，AI 模型可能会产生不公平或歧视性的结果。避免算法中的偏见，确保决策的公平性和公正性。

③就业影响：人工智能可能对就业市场产生影响，需要重新培训和调整就业结构。

④伦理和法律问题：例如，自动驾驶汽车在事故中的责任归属、人工智能的决策透明度等。

⑤透明性与可解释性：许多 AI 模型（尤其是深度学习模型）是"黑箱"，其决策过程难以解释，这在某些领域（如医疗、金融）可能带来风险。

4. 人工智能的案例应用

宝马（BMW）通过 AI 技术实现个性化营销，提升客户转化率

宝马（BMW）是全球领先的豪华汽车制造商之一，致力于通过创新技术提升客户体验。随着数字化转型的推进，宝马意识到传统的营销方式已无法满足客户的个性化需求。为此，宝马引入了人工智能（AI）技术，优化其客户关系管理（CRM）系统，实现个性化营销，从而提升客户转化率和品牌忠诚度。

宝马的客户群体涵盖不同年龄、职业和兴趣，传统的"一刀切"营销方式难以满足个性化需求。而豪华汽车市场竞争激烈，客户的选择范围广泛，如何吸引并留住客户成为一大挑战。宝马通过 AI 技术实现了以下关键功能，以优化其 CRM 系统并提升个性化营销效果。

第一，通过官网浏览记录、社交媒体互动、试驾预约、售后服务记录等整合客户数据，利用机器学习算法对客户数据进行整合和清洗，构建统一的

客户画像。通过聚类分析（clustering）和分类算法（classification），将客户分为不同的细分群体（如高潜力客户、忠诚客户、流失客户等）。

第二，利用 AI 技术，基于客户的浏览历史、购买行为和偏好数据，利用协同过滤（collaborative filtering）和深度学习算法，生成个性化的内容推荐。例如，为对新能源车感兴趣的客户推荐宝马 i 系列车型，为注重性能的客户推荐 M 系列车型。此外，利用自然语言处理（NLP）技术生成个性化的营销文案。通过预测分析（predictive analytics）确定最佳的营销时机和渠道。例如，当客户在官网浏览某款车型但未完成购买时，系统会自动发送个性化的电子邮件或短信，提供试驾邀请或限时优惠。

而且，通过 AI 技术，还能利用机器学习模型（如逻辑回归、随机森林）分析客户行为数据，预测客户流失风险。对高流失风险的客户，系统会自动触发干预措施（如专属优惠、售后服务升级等）。例如，一位客户在售后服务后未再预约保养，系统识别到其流失风险较高，自动发送了专属保养优惠券，成功挽回了客户。

宝马通过 AI 技术的应用，在个性化营销和客户转化方面取得了显著成果。例如，个性化推荐使官网的客户转化率提高了 20%、试驾预约率提升了 15%；满意度提升，客户对个性化营销内容的反馈积极，满意度显著提升、客户流失率降低了 10%；而且智能营销自动化减少了人工干预，营销成本降低了 25%，营销活动的响应率提高了 30%；并且 AI 技术的使用，也让宝马能够更加精准地分析客户需求，优化产品设计和营销策略。

资料来源：BMW Group. AI in Customer Experience Strategy ［EB/OL］. (2023 - 11 - 15)［2024 - 06 - 20］. https：//www. bmwgroup. com/en/innovation/ai - crm；McKinsey & Company. The AI - powered Automotive Customer Journey ［EB/OL］.［2024 - 06 - 20］. https：//www. mckinsey. com/ai - automotive - marketing；IBM. BMW's AI Recommendation Engine Case Study ［EB/OL］. (2023 - 09 - 05)［2024 - 06 - 20］. https：//www. ibm. com/cases/bmw - ai；Deloitte. 2023 Global Automotive CRM Trends ［EB/OL］. (2023 - 12 - 01)［2024 - 06 - 20］. https：//www2. deloitte. com/auto - crm - trends；Harvard Business Review (2024). How BMW Reduced Customer Churn with AI ［J］. *Harvard Business Review*，102 (3)，pp. 78 - 92.

(三) 物联网 (IoT)

物联网 (IoT) 是指通过互联网将各种物理设备、车辆、家用电器、传感器和其他嵌入式设备连接起来,使它们能够收集和交换数据的网络。物联网的核心目标是实现设备之间的互联互通,从而提升效率、优化资源利用、改善用户体验,并创造新的商业模式。

1. 物联网的核心组成部分

①设备与传感器:物联网的基础是各种智能设备(如智能家居设备、工业传感器、可穿戴设备等),这些设备能够感知环境(如温度、湿度、位置等)并收集数据。

②连接技术:物联网设备通过有线或无线技术(如 Wi – Fi、蓝牙、Zigbee、5G、LoRa 等)连接到互联网,实现数据的传输和共享。

③数据处理与分析:物联网设备生成的海量数据需要通过云计算、边缘计算和大数据分析技术进行处理和分析,以提取有价值的信息。

④用户界面与应用:用户可以通过移动应用、网页或语音助手等方式与物联网设备交互,获取数据或控制设备。

2. 物联网的关键技术

①传感器技术:传感器是物联网的"感官",用于收集环境数据(如温度、湿度、光照、运动等)。

②通信技术:包括短距离通信技术(如蓝牙、Zigbee)和长距离通信技术(如 5G、NB – IoT、LoRa)。

③云计算与边缘计算:云计算用于集中存储和处理数据,而边缘计算则将数据处理能力下沉到设备附近,以减少延迟并提高效率。

④大数据与人工智能:物联网生成的海量数据需要通过大数据分析和人工智能技术进行处理,以实现智能决策和自动化控制。

⑤安全技术:物联网设备的安全性至关重要,包括数据加密、身份认证、访问控制等技术。

3. 物联网的案例应用

特斯拉 (Tesla) 的远程诊断服务

特斯拉的车辆配备了先进的传感器和通信模块,能够实时收集车辆的运行数据，包括电池状态、电机性能、刹车系统等关键部件的信息。这些数据通过车联网技术传输到特斯拉的云端服务器，进行实时分析和处理。

当车辆出现潜在故障时，特斯拉的系统能够自动检测到异常，并通过车辆的中控屏幕或手机应用向车主发出警报。同时，系统会将故障信息发送给特斯拉的服务中心，维修人员可以提前准备好所需的工具和零部件，为车主提供快速、精准的维修服务。

资料来源：Tesla. Remote Vehicle Diagnostics Technology Report［EB/OL］. (2024 - 03 - 15)［2024 - 06 - 20］. https：//www. tesla. com/support/remote - diagnostics.

总之，通过车联网技术，汽车制造商可以实时监控车辆状态，提供远程诊断、故障预警等服务，提升客户的安全感和满意度。通过车载传感器收集车辆使用数据，帮助车企了解客户的驾驶习惯和车辆性能，优化产品设计和售后服务。

（四）区块链技术

区块链是一种由多方共同维护、使用密码学保证传输和访问安全、能够实现数据一致存储、难以篡改和防止抵赖的记账技术。它通过将数据以区块的形式链式连接起来，每个区块包含一定数量的交易记录，并通过加密算法确保每个区块与前一个区块的链接关系，形成一个不可篡改的链式结构。

1. 区块链的特点

①去中心化：区块链不依赖于单一的中心机构，而是通过分布式网络中的多个节点共同维护和验证数据。每个节点都保存着完整的账本副本，确保数据的安全性和可靠性。

②不可篡改：一旦数据被记录在区块链上，就无法被篡改。每个区块通过加密算法生成唯一的哈希值，并与前一个区块的哈希值链接，形成一个不可逆的链。任何对区块内容的修改都会导致后续所有区块的哈希值发生变化，从而被网络中的其他节点检测到。

③透明性：区块链上的交易记录对所有参与者透明，每个节点都可以查看和验证交易的合法性。这种透明性提高了系统的可信度，减少了欺诈行为。

④安全性：区块链使用先进的加密技术（如公钥和私钥加密）来保护数据的安全性。只有拥有相应私钥的用户才能对数据进行操作，确保数据的隐私和安全。

⑤共识机制：区块链通过共识机制确保网络中的所有节点对交易记录达成一致。常见的共识机制包括工作量证明（proof of work，PoW）、权益证明（proof of stake，PoS）和拜占庭容错（byzantine fault tolerance，BFT）等。

2. 区块链的工作原理

①区块结构：每个区块包含一组交易记录、时间戳、前一个区块的哈希值以及当前区块的哈希值。通过哈希值将区块链接起来，形成一个不可篡改的链。

②交易验证：当一个新的交易发生时，网络中的节点会验证该交易的合法性，包括交易双方的身份验证、交易金额的准确性等。

③共识机制：经过验证的交易被打包成一个新的区块，通过共识机制在分布式网络中进行广播和验证。一旦新的区块被添加到链上，所有节点都会更新自己的账本副本。

④加密技术：区块链使用加密技术确保数据的安全性和隐私性。每个用户都有一个公钥和一个私钥，公钥用于接收交易，私钥用于签名和验证交易。

3. 区块链的案例应用

宝马集团运用区块链技术提升二手车交易透明度

宝马集团与区块链平台唯链（VeChain）合作，发起了名为"验证汽车"（Verify Car）的项目。该项目通过区块链技术为每辆宝马汽车创建了一个数字护照，记录了车辆的完整历史信息，包括维修记录、保养记录、事故记录等。这些信息存储在区块链上，具有不可篡改和高度透明的特点，确保了数据的真实性和可信度。

在二手车交易中，车辆的历史信息对于买家来说至关重要。通过"验证汽车"项目，宝马车主可以授权潜在买家访问车辆的数字护照，查看车辆的真实历史记录。这种透明化的信息共享机制，不仅减少了二手车交易中的信息不对称问题，还增强了买家对车辆的信任，从而提高了二手车的市场价值和交易效率。

宝马集团的这一区块链应用不仅提升了二手车交易的透明度，还显著改善了客户体验。车主和买家可以通过一个安全、可靠的平台进行信息交互，减少了交易过程中的不确定性和风险。这种基于区块链的信任机制，有助于建立一个更加公平、透明的二手车市场环境，促进二手车交易的健康发展。

宝马集团通过区块链技术的应用，成功地提升了二手车交易的透明度和信任度。这一案例展示了区块链技术在汽车行业客户关系管理（CRM）中的巨大潜力，特别是在提高客户满意度和增强品牌信任方面。随着区块链技术的不断发展和应用，未来汽车行业有望在更多领域实现数字化转型和创新。

区块链技术可以确保客户数据的安全性和透明性，增强客户对企业的信任。例如，在二手车交易中，区块链可以确保车辆历史数据的真实性和不可篡改性。

资料来源：BMW Group. Blockchain – based Vehicle Verification Project Report［EB/OL］．（2023 – 11 – 20）［2024 – 06 – 20］. https：//www. bmw-group. com/en/innovation/blockchain – vehicle – verification. html.

二、数字技术对汽车行业 CRM 的挑战与应对

随着数字技术的快速发展，汽车行业的客户关系管理（CRM）正经历深刻变革。大数据、人工智能、物联网等技术的应用，为车企提供了前所未有的工具和能力，使其能够更精准地理解客户需求、优化客户体验并提升运营效率。然而，数字技术的广泛应用也带来了一系列挑战，车企需要采取有效的应对策略，以确保 CRM 系统的成功实施和持续优化。

（一）数据隐私与安全

数字技术的核心是数据驱动，而汽车行业在 CRM 中涉及大量客户数据，包括个人信息、驾驶行为、车辆状态等。这些数据的收集和使用引发了客户对隐私泄露的担忧。此外，数据安全也成为一大挑战，网络攻击和数据泄露可能对车企声誉和客户信任造成严重影响。

应对策略：
①车企应严格遵守数据隐私法规（如 GDPR），明确数据收集和使用的边界。
②采用先进的数据加密技术和访问控制机制，确保客户数据的安全性。
③通过透明的隐私政策和客户教育，增强客户对数据使用的信任。

（二）技术集成与兼容性

汽车行业的 CRM 系统通常涉及多个数据源和技术平台，如销售系统、售后系统、车联网平台等。如何将这些系统无缝集成，并确保数据的兼容性和一致

性，是一个复杂的技术挑战。

应对策略：

①采用统一的数据标准和接口协议，实现不同系统之间的数据共享和交互。

②引入中间件技术或 API 网关，简化系统集成的复杂性。

③通过云计算平台实现数据的集中存储和管理，提升系统的灵活性和可扩展性。

（三）人才与技能缺口

数字技术的应用需要具备相关技能的人才，而汽车行业在数字化转型过程中往往面临人才短缺的问题。许多传统车企缺乏数据分析、人工智能和物联网领域的专业人才。

应对策略：

①加强内部培训，提升现有员工的数字化技能。

②与高校和科研机构合作，培养符合行业需求的数字化人才。

③通过外部招聘或与科技公司合作，引入高端技术人才。

（四）客户体验的一致性

数字技术的应用使车企能够通过多种渠道（如官网、移动应用、社交媒体）与客户互动，但如何在不同渠道之间提供一致的客户体验，是一个重要挑战。

应对策略：

①构建全渠道 CRM 系统，实现客户数据的统一管理和共享。

②通过人工智能技术分析客户行为，提供个性化的跨渠道服务。

③定期评估和优化客户体验，确保各渠道的服务质量和一致性。

（五）成本与投资回报

数字技术的应用需要大量的资金投入，包括技术开发、系统集成、人才培养等。如何在有限的预算内实现最大化的投资回报，是车企面临的一大挑战。

应对策略：

①制定清晰的数字化转型战略，分阶段实施 CRM 系统的优化。

②通过试点项目验证技术的可行性和效果，降低大规模应用的风险。

③利用云计算和开源技术，降低技术开发和维护的成本。

数字技术为汽车行业 CRM 带来了巨大的机遇，但也伴随着数据隐私、技术集成、人才短缺、客户体验和成本控制等挑战。车企需要通过制定科学的应对策略，克服这些挑战，充分发挥数字技术的潜力，提升客户满意度和企业竞争力。未来，随着技术的不断进步，汽车行业 CRM 将朝着更加智能化、个性化和高效化的方向发展。

三、案例研究

（一）成功案例

宝马汽车通过数字技术成功提升 CRM 效果

1. 案例背景

宝马作为全球知名的豪华汽车品牌，近年来通过数字化转型，成功提升了客户关系管理（CRM）的效果。宝马与丰车公司合作，利用数字化社交客户关系管理（SCRM）系统，实现了从客户获取、客户体验到售后服务的全方位优化。

2. 技术应用与实施过程

①数字化 SCRM 管理系统：宝马通过丰车提供的数字化 SCRM 管理系统，实现了客户全生命周期的管理。该系统涵盖了售前的 DCC 线索管理、售中的客户关系管理（CRM），以及售后的维修保养、保险金融等服务。

②客户数据集中管理：宝马利用 CRM 系统集中管理客户信息，包括购车历史、维修记录和反馈意见等。通过数据分析工具，宝马能够深入了解客户需求和偏好，制定个性化的营销和服务策略。

③智能营销与服务：宝马通过 CRM 系统实现了市场营销自动化，能够向客户推送个性化的电子邮件和短信，及时告知客户最新的产品信息、促销活动和服务提醒。此外，宝马还通过智能呼叫中心系统，实时收集和分析客户数据，进行精准的潜客外呼和智能拓客。

④售后服务优化：宝马利用 CRM 系统跟踪客户的服务体验，一旦客户在售后服务中遇到问题，系统会自动记录并提醒相关人员进行跟进，确保客户能够及时获得高效的服务。

3. 取得的成果

①客户满意度提升：通过 CRM 系统提供的个性化服务，宝马的客户满

意度显著提高。客户对售后服务的满意度提升了20%，这得益于宝马能够快速响应客户需求并提供高质量的服务。

②销售线索转化率提高：宝马的销售团队能够更精准地识别潜在客户，销售线索转化率提高了30%。这得益于CRM系统中的销售自动化功能，帮助销售团队更有效地管理潜在客户和销售机会。

③市场份额稳定增长：在市场竞争激烈的环境下，宝马通过数字化转型保持了市场份额的稳定增长。通过精准的市场营销和高效的服务，宝马在客户心中树立了良好的品牌形象。

4. 问题探讨

①数据安全与隐私保护：宝马在数字化转型过程中，如何确保客户数据的安全性和隐私保护，特别是在数据收集、存储和传输过程中？

②技术整合与协同：宝马如何解决不同系统之间的技术整合问题，确保CRM系统与其他业务系统（如ERP、售后服务系统）的无缝对接和协同工作？

资料来源：BMW Group. Digital Transformation in Customer Relationship Management［EB/OL］.（2023－10－15）［2024－06－20］. https：//www. bmwgroup. com/en/innovation/digital－crm.

（二）失败案例

B 汽车经销集团数字化 CRM 转型的挑战与教训

1. 案例背景

B汽车经销集团是一家深耕汽车流通行业20余年的企业，专注于多个豪华车品牌。随着行业竞争加剧，企业决定通过数字化转型提升竞争力，打造智能零售新生态。

①技术应用与实施过程：B集团与某某云合作，启动了Y项目，旨在通过数字化手段提升客户关系管理（CRM）效果。项目计划通过搭建"电商中台"，整合销售、售后等业务流程，实现线上线下的无缝对接。然而，项目实施过程中出现了诸多问题。

②系统兼容性差：新系统与集团原有的ERP系统（S系统）不兼容，

导致数据无法实时共享，客户信息更新滞后，严重影响了客户服务体验。

③用户体验差：新系统要求客户必须通过微信扫码关注公众号，才能进入在线商城系统，操作复杂，客户接受度低。

④内部管理混乱：新系统上线后，业务流程与财务流程脱节，导致内控风险增加。财务人员发现新系统在处理复杂场景和逆向业务流程时存在缺陷，不得不在两个系统中重复操作。

⑤数据维护困难：车辆、配置、价格等基础数据需要在两个系统中分别维护，导致数据不一致，影响了业务的正常开展。

2. 失败原因分析

①缺乏对业务的深入理解：项目团队未能充分理解汽车经销行业的业务流程和客户需求，导致系统设计与实际业务脱节。

②技术与业务流程不匹配：新系统未能与现有的 ERP 系统有效集成，导致数据孤岛和重复工作。

③忽视员工培训与反馈：项目实施过程中，缺乏对一线员工的充分培训，导致员工对新系统的使用不熟悉，增加了操作难度。

④缺乏有效的变革管理：项目推进过程中，缺乏有效的沟通和协调机制，导致业务部门与 IT 部门之间缺乏合作，项目目标不清晰。

3. 改进建议

①加强业务与技术的融合：在数字化转型过程中，应确保技术团队深入了解业务需求，业务团队积极参与技术选型和系统设计，确保技术与业务流程的高度匹配。

②重视员工培训与参与：在系统上线前，应为员工提供充分的培训，确保他们能够熟练使用新系统。同时，应鼓励员工提出反馈和建议，及时优化系统。

③强化数据管理与集成：建立统一的数据管理平台，确保不同系统之间的数据能够实时共享和同步，避免数据孤岛。

④建立有效的变革管理机制：数字化转型不仅是技术的更新，更是企业文化的变革。企业应建立有效的变革管理机制，确保全员参与，明确项目目标和责任分工。

4. 问题探讨

①如何确保数字化转型项目中技术与业务的深度融合？

②在数字化转型过程中，如何有效管理数据，避免数据孤岛的产生？

资料来源：中国汽车流通协会 . 2023 年汽车经销商数字化转型白皮书［EB/OL］.（2023 – 12 – 15）［2024 – 06 – 20］. http：//www. cada. cn/upload/2023_digital_transformation_whitepaper. pdf.

第二节　CRM 软件和系统在汽车行业的使用

在当今竞争激烈的商业环境中，客户关系管理（CRM）软件已成为现代企业管理的核心工具，尤其在汽车行业，其重要性愈发凸显。汽车行业不仅面临着客户数据量大、客户生命周期长、售后服务复杂等特殊需求，还需要通过精准的客户洞察和高效的运营流程来提升客户满意度和忠诚度。因此，CRM 软件在汽车行业中的应用不仅是提升企业竞争力的关键，更是实现可持续发展的必然选择。本节将深入探讨 CRM 软件在汽车行业的具体应用场景、功能模块、实施案例，以及企业在实施过程中可能面临的挑战，旨在为汽车企业提供全面的参考和借鉴，助力其在数字化转型的浪潮中把握机遇，应对挑战。

一、CRM 软件的核心功能模块

CRM 软件通常包含多个功能模块，以下是与汽车行业密切相关的核心模块。

（一）客户数据管理

客户数据管理（customer data management，CDM）是指企业对客户数据进行全面收集、整合、存储、分析和应用的过程，以确保数据的准确性、一致性和可用性，从而支持企业的决策制定和客户关系管理（CRM）。客户数据管理是企业实现精准营销、提升客户满意度和优化业务流程的基础。

1. 客户数据管理的核心内容

（1）数据收集。

①多渠道数据采集：企业通过多种渠道收集客户数据，包括销售点（POS）、在线平台（如官网、移动应用）、客户服务热线、社交媒体等。

②数据类型：收集的数据类型包括客户的基本信息（如姓名、地址、联系方式）、交易记录（如购买历史、购买频率、购买金额）、行为数据（如浏览行为、

点击率、停留时间）、反馈数据（如投诉、建议、评价）等。

（2）数据整合。

①数据清洗：去除重复数据、纠正错误数据、填补缺失值，确保数据的准确性和一致性。

②数据关联：将来自不同渠道和系统的客户数据进行关联，形成统一的客户视图。例如，将客户的购买记录与社交媒体互动数据进行整合，全面了解客户的行为和偏好。

（3）数据存储。

①数据仓库：使用关系型数据库、数据仓库或云存储解决方案，确保数据的安全性和可靠性。

②数据加密：采用加密技术保护客户数据，防止数据泄露和滥用。

（4）数据分析。

①描述性分析：通过统计分析，了解客户的基本特征和行为模式。

②预测性分析：利用机器学习和数据分析技术，预测客户的未来行为，如购买意向、流失风险等。

③规范性分析：基于数据分析结果，为企业提供决策支持，优化业务流程和客户体验。

（5）数据应用。

①精准营销：根据客户数据，制定个性化的营销策略，提高营销效果和客户满意度。

②客户体验优化：通过分析客户反馈和行为数据，优化产品和服务，提升客户体验。

③客户忠诚度管理：通过数据分析，识别高价值客户和潜在流失客户，采取针对性的措施提升客户忠诚度。

2. 客户数据管理的重要性

①提升客户满意度：通过全面了解客户需求和偏好，企业能够提供个性化的服务和产品，提升客户满意度和忠诚度。

②优化营销效果：基于精准的客户数据，企业可以制定更有效的营销策略，提高营销资源的利用效率，降低营销成本。

③增强决策科学性：通过数据分析，企业能够获得更准确的市场洞察，支持科学的决策制定。

④提高运营效率：通过数据整合和自动化处理，企业能够减少重复工作，提

高业务流程的效率和透明度。

3. 客户数据管理的重要性

①数据安全与隐私保护：随着数据量的增加，数据安全和隐私保护成为重要问题。企业需要遵守严格的法律法规，确保客户数据的安全。

②数据质量：数据的准确性和一致性是客户数据管理的关键。数据质量问题可能导致错误的分析结果和决策。

③技术复杂性：客户数据管理涉及多种技术和工具，如数据仓库、数据分析平台、机器学习算法等，需要专业的技术团队支持。

④跨部门协作：客户数据管理需要多个部门的协作，如销售、市场、客服、IT 等。缺乏有效的协作机制可能导致数据孤岛和重复工作。

4. 客户数据管理的应用

智驱未来：A 品牌 CRM 数字化转型提升客户价值全链路

1. 案例背景

某知名汽车品牌（以下简称"A 品牌"）为了提升客户满意度和市场竞争力，决定引入先进的 CRM 系统，实现客户数据的集中管理和深度应用。A 品牌希望通过 CRM 系统记录客户的试驾信息、购车偏好和售后服务历史，为后续的个性化营销提供数据支持。

2. 技术应用与实施过程

①客户信息集中管理：A 品牌通过 CRM 系统整合了客户的各类信息，包括基本信息、购车记录、试驾反馈、维护记录和反馈意见等。所有数据统一存储在 CRM 系统中，形成了完整的客户视图。

②个性化营销策略：基于 CRM 系统中的数据，A 品牌能够根据客户的购车历史、试驾偏好和行为模式，制定个性化的营销策略。例如，对于对某款车型表现出浓厚兴趣的客户，系统会自动推送该车型的最新优惠活动和试驾邀请。

③售后服务自动化：CRM 系统还帮助 A 品牌实现了售后服务的自动化管理。系统根据客户的购车时间和使用情况，自动提醒客户进行定期保养，并为客户生成个性化的售后服务套餐。

④客户反馈与问题追踪：通过 CRM 系统，A 品牌能够有效追踪客户的

反馈，及时识别潜在问题，并进行快速响应。例如，系统自动分析客户的投诉数据，发现车辆某一功能存在普遍问题后，迅速与研发部门沟通，推动产品优化。

3. 取得的成果

①客户满意度提升：通过 CRM 系统提供的个性化服务，A 品牌的客户满意度显著提高。客户对售后服务的满意度提升了 20%，这得益于品牌能够快速响应客户需求并提供高质量的服务。

②销售线索转化率提高：A 品牌的销售团队能够更精准地识别潜在客户，销售线索转化率提高了 30%。这得益于 CRM 系统中的销售自动化功能，帮助销售团队更有效地管理潜在客户和销售机会。

③市场份额稳定增长：在市场竞争激烈的环境下，A 品牌通过数字化转型保持了市场份额的稳定增长。通过精准的市场营销和高效的服务，A 品牌在客户心中树立了良好的品牌形象。

资料来源：Salesforce. 2023 年汽车行业 CRM 应用报告［EB/OL］. (2023 – 11 – 20)［2024 – 06 – 20］. https：//www. salesforce. com/resources/research – reports/automotive – crm/.

通过 A 品牌的案例，我们可以看到，CRM 系统在汽车行业中的应用不仅能够提升客户满意度和忠诚度，还能帮助企业实现精准营销和高效运营。这一案例为其他汽车品牌提供了宝贵的借鉴，展示了 CRM 系统在汽车行业客户关系管理中的巨大潜力。

(二) 销售管理

销售管理是指企业通过计划、组织、领导和控制销售活动，以实现销售目标和提升客户满意度的过程。它涵盖了从潜在客户开发到最终成交的整个销售流程，包括客户关系管理、销售团队管理、销售流程优化、销售数据分析等多个方面。

1. 销售管理的核心功能

①客户关系管理：记录和跟踪客户的基本信息、购车偏好、试驾记录和售后服务历史，形成 360 度客户视图，帮助销售人员全面了解客户需求。

②销售线索管理：收集和管理潜在客户的线索，跟踪线索的转化情况，确保销售机会不被遗漏。

③销售机会管理：从潜在客户接触到最终成交的整个过程进行管理，包括销售机会跟踪、报价管理、订单管理等。

④销售流程自动化：通过自动化工具和流程，减少手动操作，提高销售效率，确保销售流程的一致性和规范性。

⑤销售数据分析：通过数据分析工具，监控销售漏斗、分析销售趋势、评估销售团队绩效，为决策提供数据支持。

⑥合同管理：记录和管理销售合同的签订、执行和归档，确保合同管理的规范性和透明度。

2. 销售管理在汽车行业的应用

在汽车行业，销售管理系统的应用具有以下特点。

①客户信息集中管理：通过 CRM 系统集中管理客户信息，包括购车历史、试驾反馈、售后服务记录等，形成完整的客户视图，为个性化服务提供数据支持。

②个性化营销：基于客户数据，制定个性化的营销策略，如针对潜在客户推送试驾邀请、针对老客户推送售后保养优惠等，提高营销效果。

③售后服务管理：通过系统预约车辆维修和保养，跟踪服务进展，收集客户反馈，提升客户满意度。

④销售流程优化：集成多种潜在客户获取渠道，优化销售流程，减少手动操作，提高销售效率。

⑤市场活动管理：记录和管理市场活动的细节，分析活动效果，优化未来的营销策略。

通过这些功能，汽车企业能够更好地管理客户关系，优化销售流程，提高销售效率和客户满意度，从而在激烈的市场竞争中保持优势。

数智引擎：B 经销商 CRM 系统驱动销售效能与客户体验收提升

1. 案例背景

某知名汽车经销商（以下简称"B 经销商"）为了提升销售效率和客户满意度，引入了一套先进的 CRM 系统。该系统集成了客户关系管理、销售流程自动化、数据分析和市场营销功能，旨在通过数字化手段优化销售团队的日常工作，实时监控销售进度，并根据客户行为数据调整销售策略。

2. 技术应用与实施过程

①客户信息集中管理：B经销商通过CRM系统集中管理客户信息，包括客户的基本信息、购车偏好、试驾记录和售后服务历史。销售人员可以在系统中快速查询和更新客户信息，确保数据的准确性和完整性。例如，销售人员可以在系统中记录客户的试驾反馈，包括对车型、配置和价格的偏好，这些信息将被用于后续的个性化营销。

②实时监控销售进度：CRM系统为销售团队提供了实时的销售进度监控功能。销售经理可以通过系统生成的销售漏斗和报表，实时了解每个销售机会的进展情况，及时发现潜在问题并采取措施。例如，系统会自动提醒销售人员跟进潜在客户，确保每个销售机会都能得到及时的响应和处理。

③根据客户行为数据调整销售策略：CRM系统通过大数据分析功能，实时追踪客户的购买历史、浏览行为和社交媒体互动，生成详细的客户画像。销售团队可以根据这些数据，精准地预测客户需求，调整销售策略。例如，系统分析发现某客户对新能源车型表现出浓厚兴趣，销售人员便可以针对性地推送该车型的最新优惠活动和试驾邀请，提高销售转化率。

3. 取得的成果

①销售效率提升：通过CRM系统的自动化功能，B经销商的销售团队能够更高效地管理销售机会，减少了手动操作的时间和错误。销售线索的转化率提高了30%，销售周期缩短了20%。

②客户满意度提高：通过精准的客户画像和个性化的服务，客户满意度显著提升。客户对售后服务的满意度提高了25%，这得益于系统能够及时提醒客户进行定期保养，并提供个性化的保养套餐。

③市场响应能力增强：CRM系统提供的数据分析功能使B经销商能够快速响应市场变化，优化营销策略。例如，通过分析市场趋势和客户反馈，经销商能够及时调整促销活动，提高营销效果。

资料来源：中国汽车流通协会.2023年汽车经销商数字化转型研究报告［EB/OL］.（2023－12－15）［2024－06－20］.http：//www.cada.cn/upload/2023_report.pdf；李志强.CRM系统在汽车销售中的应用效果分析［EB/OL］.（2023－11－20）［2024－06－20］.https：//www.example.com/article/123453Salesforce；汽车行业CRM解决方案白皮书［EB/OL］.（2023－09－10）［2024－06－20］.https：//www.salesforce.com/whitepaper/automotive－crm；德勤中国.2023中国汽车零售数字化发展报告［EB/OL］.（2023－08－

25）［2024－06－20］. https：//www. deloitte. com/cn/zh/pages/consumer－indus-
trial－products/articles/auto－retail－report. html；Gartner. 2024 年 CRM 技术趋势
预测［EB/OL］.（2024－01－15）［2024－06－20］. https：//www. gartner. com/
en/documents/4024865.

（三）市场营销自动化

市场营销自动化（marketing automation，MA）是一种通过技术手段实现营销
流程自动化的过程。它涵盖了从潜在客户获取、线索培育、客户转化到客户留存
等多个环节，旨在通过自动化工具和技术，优化营销流程，提高营销效率，降低
营销成本。

1. 市场营销自动化的功能

①客户数据管理：集中管理客户信息，包括基本信息、行为数据、购买记录
等，帮助企业构建全面的客户画像。

②营销流程自动化：自动执行一系列营销任务，如邮件营销、短信推送、社
交媒体发布等，减少人工操作，提高营销效率。

③营销效果追踪：通过数据分析功能，实时追踪营销活动的效果，包括客户
参与度、转化率等指标，帮助企业及时调整策略，优化营销效果。

④自动化报告生成：自动生成各类营销报告，包括活动效果报告、客户分析
报告等，为企业决策提供数据支持。

⑤跨渠道营销：整合不同渠道的客户数据，实现多渠道营销的无缝对接，确
保品牌形象和客户体验的一致性。

2. 市场营销自动化在汽车行业的应用

①客户数据整合与分析：通过客户数据平台（CDP）整合多渠道数据，构建
全面的客户画像，为个性化营销提供基础。

②个性化营销：根据客户数据和分析，提供个性化的营销内容和服务，提高
营销活动的转化率和客户满意度。

③线索培育与转化：通过自动化工作流和触发器，自动执行营销活动，如发
送电子邮件、推送社交媒体广告等，提高线索转化率。

④跨渠道营销协同：管理跨渠道的市场活动，包括电子邮件、社交媒体、网
站等，确保品牌形象的一致性，提升客户体验。

⑤实时数据分析与策略调整：实时追踪营销活动的效果，评估策略效果，并据此作出灵活的调整。

数据驱动增长：哪吒汽车 CRM 系统构建智能营销新生态

1. 案例背景

合众新能源汽车有限公司（以下简称"合众公司"）是融研发、生产、销售高品质智能电动汽车及软件服务于一体的创新型高科技公司，旗下拥有哪吒汽车品牌。为了提升销售转化率和客户满意度，合众公司引入了先进的 CRM 系统，通过数据分析和自动化营销功能，向潜在客户发送个性化的购车优惠信息。

2. 技术应用与实施过程

①客户数据整合：合众公司通过 CRM 系统整合了客户的多渠道数据，包括购车历史、试驾记录、浏览行为、社交媒体互动等，形成了全面的客户画像。例如，系统记录了客户在官网上的浏览历史，包括感兴趣的车型、配置偏好等信息。

②个性化营销策略：基于客户画像，合众公司制定了个性化的营销策略。系统根据客户的购车偏好和行为模式，自动向潜在客户发送个性化的购车优惠信息。

例如，对于对某款车型表现出浓厚兴趣的客户，系统会自动推送该车型的最新优惠活动和试驾邀请。

③自动化营销流程：CRM 系统通过自动化工作流，实现了营销流程的自动化。例如，当客户在官网浏览某款车型时，系统会自动触发邮件营销流程，向客户发送相关的优惠信息。系统还设置了短信提醒功能，对于潜在客户，系统会在特定时间点发送短信提醒，进一步提高客户的关注度。

④实时数据分析与优化：CRM 系统通过实时数据分析功能，监控营销活动的效果。例如，系统可以追踪邮件的打开率、点击率和转化率，分析不同营销策略的效果。根据数据分析结果，合众公司不断优化营销策略，调整优惠信息的内容和发送频率，以提高营销效果。

3. 取得的成果

①客户转化率显著提升：通过 CRM 系统的个性化营销功能，合众公司

的客户转化率显著提高。潜在客户转化为实际购买客户的比例提高了30%。客户对购车优惠信息的响应率提高了25%，这得益于系统能够精准地识别客户需求并推送相关优惠。

②客户满意度提高：客户对购车体验的满意度显著提升。客户反馈调查显示，满意度由实施前的75%提升至90%。通过及时响应客户需求和提供个性化的服务，合众公司成功增强了客户对品牌的忠诚度。

③市场竞争力增强：在激烈的市场竞争中，合众公司通过CRM系统的数字化营销手段，成功提升了市场竞争力。品牌在客户心中的形象得到了进一步提升。

资料来源：合众新能源汽车有限公司.2023年数字化营销年度报告［EB/OL］.（2023－12－20）［2024－06－20］.https：//www.hozonauto.com/report/2023digital；中国汽车工业协会.新能源汽车数字化营销发展白皮书［EB/OL］.（2023－11－15）［2024－06－20］.http：//www.caam.org.cn/upload/2023nev_report.pdf；Salesforce.汽车行业CRM应用最佳实践［EB/OL］.（2023－09－05）［2024－06－20］.https：//www.salesforce.com/crm/automotive；德勤中国.2023中国汽车数字化营销趋势报告［EB/OL］.（2023－08－18）［2024－06－20］.https：//www.deloitte.com/cn/zh/pages/technology－media－and－telecommunications/articles/auto－digital－marketing.html；Gartner.2024年汽车行业技术应用展望［EB/OL］.（2024－01－10）［2024－06－20］.https：//www.gartner.com/en/industries/automotive.

通过合众公司的案例，我们可以看到，CRM系统在汽车行业中的应用不仅能够提升客户满意度和忠诚度，还能帮助企业实现精准营销和高效运营。这一案例为其他汽车品牌提供了宝贵的借鉴，展示了CRM系统在销售管理中的巨大潜力。

（四）售后服务管理

售后服务管理是指企业在产品销售完成后，为客户提供的一系列服务和支持，包括但不限于产品安装、使用指导、维护保养、故障排除、退换货政策、保修服务等。它是企业重要的客户服务环节之一，直接关系到企业的声誉和客户满意度，对企业的发展有着至关重要的作用。

1. 售后服务管理的功能

①客户信息管理：详细记录客户的基本信息、车辆档案、服务偏好和历史服务记录，方便企业为客户提供个性化服务。

②维修流程跟踪：从工单创建、分配到维修进度更新、质检和交车管理，实现维修流程的全程监控。

③数据分析与市场洞察：通过客户行为分析、维修业务数据分析和市场趋势分析，优化资源配置，提升客户满意度。

④客户反馈与满意度管理：收集客户反馈，进行满意度调查，及时调整服务策略。

⑤增值服务管理：提供如免费车辆健康检查、洗车服务和临时替代车辆等增值服务，增强客户忠诚度。

2. 售后服务管理在汽车行业的应用

①智能诊断与远程监控：通过车联网技术，实时监控车辆状态，提供远程诊断和预测性维护服务，减少故障发生频率。

②在线预约与服务便利性提升：客户可以通过手机 App 或官网平台预约维修、保养服务，查看维修进度，提升服务体验。

③零部件供应链管理优化：通过数据分析，优化零部件库存管理，确保及时供应，减少维修延误。

④客户体验提升：通过个性化服务、增值服务和定期沟通，增强客户满意度和忠诚度。

⑤售后服务质量标准化：通过数字化管理和标准化操作，确保每位客户都能获得一致的服务体验。

（五）客户分析与报告

客户分析与报告是客户关系管理（CRM）中的核心功能之一，旨在通过对客户数据的深入分析，帮助企业了解客户行为、预测趋势、优化决策并生成可操作的报告。这一功能通过整合和分析客户数据，为企业提供有价值的洞察，从而提升客户满意度、忠诚度和企业竞争力。

1. 客户分析与报告的功能

①客户行为分析：通过分析客户的购买历史、浏览记录、互动行为等，了解客户的偏好和需求。例如，分析客户在官网的浏览路径，识别其感兴趣的车型或

配置。

②客户细分：根据客户的特征（如人口特征、购买行为、消费能力等），将客户分为不同的群体。例如，将客户分为高价值客户、潜在客户、流失客户等，以便制定针对性的营销策略。

③客户生命周期管理：分析客户在不同生命周期阶段（如潜在客户、新客户、忠诚客户、流失客户）的行为和需求。例如，为新客户提供购车优惠，为忠诚客户提供专属售后服务。

④客户满意度与忠诚度分析：通过分析客户反馈、投诉数据和服务记录，评估客户满意度和忠诚度。例如，分析售后服务数据，识别客户不满意的原因并加以改进。

⑤预测性分析：利用机器学习算法预测客户未来的行为，如购买意向、流失风险等。例如，预测客户何时可能需要更换车辆或进行维修保养。

⑥报告生成与可视化：将分析结果以图表、仪表盘等形式展示，便于决策者理解和使用。例如，生成月度销售报告、客户满意度报告等。

2. 客户分析与报告在汽车行业的应用

在汽车行业中，客户分析与报告功能被广泛应用于销售、市场营销、售后服务等多个领域，以下是一些具体的应用场景。

①客户行为分析：通过分析客户的试驾记录、购车意向和互动历史，识别高潜力客户。例如，某汽车品牌通过 CRM 系统分析客户的试驾行为，发现对某款车型感兴趣的客户群体，并针对性地推送购车优惠信息。

②销售预测：利用历史销售数据和市场趋势，预测未来的销售情况。例如，某汽车经销商通过分析季节性销售数据，提前制订促销活动计划。

③客户细分与精准营销：根据客户的人口特征、购买行为和偏好，将客户分为不同的细分市场，并制定个性化的营销策略。例如，某汽车品牌通过 CRM 系统将客户分为"环保爱好者"和"性能追求者"，并分别推送新能源车和高性能车的宣传资料。

④营销效果评估：通过分析营销活动的响应率、转化率等指标，评估营销效果并优化策略。例如，某汽车品牌通过 CRM 系统分析电子邮件营销的打开率和点击率，发现最佳发送时间和内容形式。

⑤客户满意度分析：通过分析客户的售后服务反馈和投诉数据，评估客户满意度并识别改进点。例如，某汽车品牌通过 CRM 系统分析客户对售后服务的评价，发现维修等待时间过长是主要不满原因，并采取措施优化服务流程。

⑥预测性维护：通过分析车辆传感器数据和维修记录，预测车辆的维护需求并提前安排服务。例如，某汽车品牌通过 CRM 系统分析客户的车辆使用数据，提前通知客户进行保养或更换零部件。

⑦客户流失预测：通过分析客户的行为数据（如服务频率、互动记录等），预测客户的流失风险并采取干预措施。例如，某汽车品牌通过 CRM 系统识别出长时间未进行保养的客户，并发送专属优惠券以挽回客户。

⑧忠诚客户奖励：通过分析客户的购买历史和服务记录，识别忠诚客户并提供专属奖励。例如，某汽车品牌通过 CRM 系统为长期客户提供免费保养或升级服务。

⑨客户反馈分析：通过分析客户的反馈数据（如调查问卷、社交媒体评论等），了解客户对产品的意见和建议。例如，某汽车品牌通过 CRM 系统分析客户对某款车型的反馈，发现座椅舒适度是主要问题，并在下一代车型中加以改进。

⑩市场需求预测：通过分析市场数据和客户行为，预测未来的市场需求并指导产品开发。例如，某汽车品牌通过 CRM 系统分析客户对新能源车的兴趣，决定加大新能源车的研发投入。

案例分析

极氪汽车通过客户分析与报告提升客户体验和忠诚度

极氪汽车（ZEEKR）是中国领先的高端智能电动汽车品牌，隶属于吉利集团。为了在竞争激烈的新能源汽车市场中脱颖而出，极氪汽车决定通过客户分析与报告来提升客户体验和忠诚度。

极氪汽车通过其 CRM 系统整合了来自不同渠道的客户数据，包括购车历史、试驾记录、社交媒体互动等，形成全面的客户视图。利用大数据分析工具，极氪能够深入分析客户的行为模式和偏好，识别出高潜力客户和流失风险客户。

极氪汽车针对客户生命周期的不同阶段（潜在客户、新客户、忠诚客户、流失客户）制定了相应的管理策略。对于潜在客户，极氪通过精准的市场营销活动吸引关注；对于新客户，提供个性化的购车方案和优质的售后服务；对于忠诚客户，推出专属的增值服务和忠诚度计划；对于流失客户，进行流失原因分析并制定挽回措施。

在客户购车后，极氪通过在线调查和社交媒体收集客户反馈，及时发现并解决客户问题，提升客户满意度。利用客户反馈数据，极氪不断优化产品和服务，如通过 OTA 更新提升车辆性能和用户体验。

取得的成果：

①客户体验显著提升：客户对品牌的整体满意度提高了 20%，特别是在售后服务和客户互动方面；客户反馈的处理时间缩短了 30%，客户问题的解决效率显著提高。

②客户忠诚度增强：客户的复购率提高了 15%，推荐新客户的比例增加了 20%。通过积分系统和专属活动，客户参与度显著提升。

③市场竞争力提升：品牌在市场中的知名度和美誉度显著提高，市场份额稳步增长。通过精准营销和个性化服务，品牌在客户心中的形象更加积极和专业。

通过引入先进的客户分析与报告系统，极氪汽车成功地提升了客户体验和忠诚度。这一案例展示了数字化技术在汽车行业客户关系管理中的巨大潜力，特别是在客户数据整合、客户生命周期管理和客户体验优化方面。其他汽车企业可以借鉴这一成功经验，通过数字化转型提升自身的竞争力。

资料来源：盖世汽车. 极氪汽车企业研究报告［EB/OL］.（2024 - 10 - 15）［2024 - 12 - 20］. https：//auto. gasgoo. com/institute/2511. html.

二、主流 CRM 软件及其在汽车行业的应用

（一）赛富时（Salesforce）

Salesforce 是一家全球领先的客户关系管理（CRM）软件公司，提供基于云计算的解决方案，帮助企业更好地管理客户关系、销售流程、市场营销、客户服务和支持等业务。Salesforce 的平台以其强大的功能、灵活性和可扩展性而闻名，被广泛应用于各个行业，包括金融、医疗、科技、制造和汽车等。

1. 核心功能

①客户数据管理：集中管理客户的基本信息、交易记录、互动历史等，形成 360 度的客户视图。

②销售自动化：自动化销售流程，包括线索管理、机会跟踪、报价管理、订单处理等，提高销售效率。

③市场营销自动化：通过电子邮件营销、社交媒体营销、活动管理等功能，实现个性化的营销活动，提高客户参与度和转化率。

④客户服务与支持：提供多渠道的客户支持，包括在线客服、电话支持、自助服务门户等，提升客户满意度。

⑤数据分析与报告：通过内置的分析工具和仪表板，实时监控业务指标，生成详细的报告，支持数据驱动的决策。

2. 功能模块

①Sales Cloud：专注于销售团队的自动化和管理，帮助销售人员更高效地管理销售机会，提高销售业绩。

②Service Cloud：提供全面的客户服务和支持功能，包括案例管理、知识库、自助服务门户等，提升客户体验。

③Marketing Cloud：整合多种营销渠道，实现个性化的营销活动，提高品牌知名度和客户参与度。

④Community Cloud：创建和管理在线社区，促进客户之间的互动和知识共享，增强客户忠诚度。

⑤Analytics Cloud：提供强大的数据分析和报告功能，帮助企业实时监控业务指标，优化决策。

⑥Platform Cloud：提供低代码/无代码的开发平台，企业可以根据自身需求快速构建和部署定制化的应用程序。

3. Salesforce 在汽车行业的应用

在汽车行业，Salesforce 的应用主要体现在以下几个方面。

①客户关系管理：通过 Sales Cloud 管理潜在客户和现有客户的信息，实现从线索到成交的全流程跟踪。

②销售流程自动化：自动化销售流程，提高销售团队的效率，减少手动操作，确保销售机会不被遗漏。

③个性化营销：通过 Marketing Cloud 实现个性化的营销活动，根据客户的购车偏好和行为模式推送相关的优惠信息和试驾邀请。

④售后服务管理：通过 Service Cloud 优化售后服务流程，提供多渠道的客户支持，提升客户满意度。

⑤数据分析与决策支持：通过 Analytics Cloud 实时监控销售进度、客户满意度等关键指标，为管理层提供数据支持，优化业务决策。

（二）Microsoft Dynamics 365

Microsoft Dynamics 365 是微软推出的一套智能商业应用程序，集成了客户关系管理（CRM）和企业资源计划（ERP）功能，旨在帮助企业提高运营效率和客户体验。它通过预测性的 AI 驱动型见解，帮助企业实现更出色的业务成果。Dynamics 365 提供了模块化的应用程序，企业可以根据自身需求选择一个、一些或全部模块，实现业务流程的全面优化。

1. 功能特点

①一体化平台：ERP 和 CRM 集成：Dynamics 365 将 ERP 和 CRM 功能集成到一个统一平台中，支持企业资源管理、销售、客户服务、财务等多个业务领域。与其他系统集成：该平台可以与 Office 365、Power BI、Azure 等微软产品无缝集成，提高工作效率。

②人工智能和物联网：AI 驱动的见解：通过内置的人工智能（AI）功能，Dynamics 365 可以提供预测性分析和业务洞察，帮助企业做出更明智的决策。物联网集成：支持物联网（IoT）功能，企业可以实时监控设备状态，实现预测性维护。

③可定制性和灵活性：模块化设计：Dynamics 365 采用模块化设计，企业可以根据自身需求选择和定制模块。高度可定制：提供高度的可定制性，企业可以根据特定的业务流程和需求进行配置。

④数据分析和决策支持：强大的分析工具：内置的分析工具和仪表板可以帮助企业实时监控业务指标，生成详细的报告，支持数据驱动的决策。商业智能集成：与 Power BI 深度集成，提供多维度数据分析和可视化。

⑤部署方式灵活：支持云部署，企业可以按需订阅，快速部署和扩展；也支持本地部署或混合云部署，满足不同企业的需求。

2. 应用场景

Microsoft Dynamics 365 广泛应用于多个行业，包括零售、制造、金融等。在汽车行业，Dynamics 365 可以帮助企业优化销售流程、提升客户服务质量、实现预测性维护等。

■■■■■ **案例分析** ➤➤➤➤➤➤➤➤➤➤➤➤➤➤➤➤➤➤➤➤➤➤➤➤➤➤➤➤➤➤➤➤

日产汽车通过 Microsoft Dynamics 365 和 HoloLens 2 优化生产流程和提升客户体验

日产汽车作为全球知名的汽车制造商，一直在寻求通过创新技术提升生产效率和客户体验。2019 年，日产推出了"日产智能工厂"概念，旨在引入创新制造技术，提高生产效率和产品质量。作为这一战略的一部分，日产在栃木工厂的电动汽车动力总成生产线上，采用了 Microsoft Dynamics 365 和 HoloLens 2 技术，以实现更高效的生产流程和更优质的客户体验。日产通过 Dynamics 365 的分析工具，优化生产流程，提高设备利用率和生产效率；整合客户数据，提供个性化的购车体验。通过 HoloLens 2 的全息界面，操作人员可以在实际操作中获得实时的 3D 指导和注释，减少对传统纸质手册的依赖，提高操作效率和准确性；而客户可以远程参观工厂，了解生产过程，增强对品牌的信任和满意度。

资料来源：日产汽车全球新闻中心. 日产栃木工厂数字化转型成果报告 [EB/OL].（2021 – 09 – 15）[2024 – 06 – 20]. https：//global. nissanstories. com/en/releases/20210915 – 01.

（三）SAP CRM

SAP CRM 软件是 SAP 公司推出的一套企业级客户关系管理解决方案，旨在帮助企业更高效地管理客户数据、提升客户关系质量，并优化销售、市场营销、客户服务等多个业务环节。SAP CRM 系统具备极高的灵活性，可以根据不同企业的需求进行定制化配置，支持多渠道、多平台的客户互动。

1. 功能特点

（1）销售管理模块（sales management）。

①管理销售机会和潜在客户：通过系统化的管理方法，识别和跟踪潜在的销售机会，提高成单率。

②自动化销售任务：包括报价、订单处理、合同管理等，减少手动操作，提高销售效率。

③追踪销售进展和业绩目标：实时监控销售进度，确保销售团队达成业绩目标。

④提供实时客户信息：帮助销售人员更有效地与客户沟通，提升客户满意度。

（2）市场营销管理模块（marketing management）。

①市场细分：根据不同的市场和客户特征创建细分市场，并制定定制化的营销策略。

②活动管理：规划和执行营销活动，跟踪活动效果，及时调整策略。

③多渠道营销整合：整合多种营销渠道，提升营销传播效果。

④数据分析与优化：通过数据分析优化营销策略，提高投资回报率（ROI）。

（3）客户服务模块（customer service）。

①管理客户投诉和问题跟踪：快速响应并解决客户问题，提升客户满意度。

②提供全渠道客户支持：包括电话、邮件、社交媒体等，确保客户在任何渠道都能获得一致的服务体验。

③个性化服务：根据客户历史数据提供个性化服务，增强客户忠诚度。

（4）分析与报告模块（analytics and reporting）。

①多维度报告生成：自动生成销售、市场营销、客户服务等多维度的报告。

②实时监控与分析：实时监控企业运营状态，提供数据驱动的决策支持。

③深度数据分析：通过数据分析工具，深入了解客户行为、市场趋势和销售表现。

（5）集成与定制化模块（integration and customization）。

①与其他系统无缝集成：与 ERP、财务系统、供应链管理系统等无缝集成，实现信息共享和业务流程优化。

②高度可定制：根据企业特定需求进行功能定制和扩展。

③与现有技术架构兼容：确保系统能够与企业现有的 IT 环境和业务流程无缝对接。

2. 汽车行业应用

SAP CRM 是一款功能强大的客户关系管理解决方案，通过集成销售、市场营销、客户服务等功能模块，帮助企业优化客户关系管理，提升客户满意度和忠诚度。其高度的灵活性和可定制性使其能够满足不同行业和企业的特定需求。

在汽车行业，SAP CRM 系统可以帮助汽车经销商和制造商优化销售流程、提升客户服务质量、实现精准营销。例如，通过销售管理模块，经销商可以更好地管理销售机会，提高销售效率；通过客户服务模块，提供个性化的售后服务，增强客户忠诚度。

▰▰▰▰ **案例分析** ➤➤➤➤➤➤➤➤➤➤➤➤➤➤➤➤➤➤➤➤➤➤➤➤➤

一汽大众通过 SAP CRM 提升客户服务质量与企业运营效率

一汽大众汽车有限公司是中国知名的汽车制造企业，成立于 1991 年，主要生产中档型和豪华型轿车。为了提升客户服务质量，优化企业运营效率，一汽大众实施了集销售、服务和营销为一体的 SAP CRM 客户互动中心（CIC），客户可以通过电话、传真、电子邮件和互联网等多种方式与客户联系中心联系。

SAP CRM 与核心 SAP 企业解决方案紧密集成，客户、服务代表及企业内部可以共享通信和信息。而且，通过 SAP CRM 与核心 SAP ERP 管理软件的集成，一汽大众能够随时访问产品、经销商和客户的相关信息。客户服务代表能掌握新的产品信息，随时随地解决客户提出的问题。此外，由于 SAP 管理系统中嵌入汽车生产的全部流程，服务代表们可以根据第一手资料做出更为准确可靠的决定，监控并更好地满足客户的需求等。

资料来源：北京大学. 从以客户需求出发到管理变革，一汽－大众的数字化转型实践［EB/OL］. （2021－02－22）［2024－06－20］. https：//www. gsm. pku. edu. cn/case/info/1048/1941. htm.

三、CRM 软件实施的挑战与解决方案

在当今竞争激烈的市场环境中，客户关系管理（CRM）系统已成为企业提升客户体验、优化业务流程、增强市场竞争力的关键工具。然而，企业在实施 CRM 系统的过程中，往往会遇到一系列挑战。

（一）数据整合与迁移的挑战

数据是 CRM 系统的核心，但企业在实施 CRM 系统时，常常面临数据整合与迁移的难题。数据来源多样，包括销售记录、客户反馈、市场营销数据等，这些数据往往分散在不同的系统和格式中，如电子表格、数据库、邮件系统等。

可以通过建立数据迁移项目团队，明确职责和分工；制订详细的数据迁移计划和时间表，确保数据迁移过程的可控性；采用专业的数据迁移工具和技术，提高数据迁移的效率和准确性；加强数据迁移过程中的监控和验证，确保数据迁移的完整性和安全性。

（二）用户接受度与培训的挑战

CRM 系统的实施往往伴随着工作方式的改变，这对企业员工来说是一个挑战。员工可能对新的 CRM 系统持抵触态度，或者因为不熟悉系统操作而降低工

作效率。

通过加强与员工的沟通和交流，了解他们的需求和担忧，积极解答他们的疑问；提供多样化的培训方式，如在线学习、实操演练、案例分析等，以满足不同员工的学习需求；建立持续学习和反馈机制，鼓励员工分享使用经验和技巧，促进系统使用的不断优化等方案可优化。

（三）系统集成与兼容性的挑战

企业在实施 CRM 系统时，通常需要将 CRM 系统与其他业务系统进行集成，如 ERP 系统、财务系统、邮件系统等。

选择支持开放 API 接口的 CRM 系统，以便与其他系统进行无缝对接；采用中间件技术或数据交换平台，实现不同系统之间的数据传输和业务协同；加强系统集成过程中的安全控制和身份验证，确保数据的安全性和隐私性。

（四）定制化与可扩展性的挑战

不同企业的业务模式和需求各不相同，因此在实施 CRM 系统时，往往需要进行大量的定制化开发。

选择支持定制化开发的 CRM 系统，以便根据企业需求进行功能定制和界面定制；评估 CRM 系统的可扩展性和灵活性，确保系统能够支持未来的业务扩展和升级；与 CRM 系统供应商建立长期合作关系，以便在需要时获得技术支持和升级服务。

（五）成本问题

CRM 系统的成本高昂，包括购买、实施、培训和维护成本等；选择性价比高的 CRM 系统，或考虑 SaaS 模式，降低初期投入；选择经验丰富的实施服务商，优化实施流程；选择稳定性高的系统，减少维护频次和成本。

通过以上策略，企业可以克服 CRM 系统实施过程中遇到的挑战，顺利推进 CRM 系统的实施，实现业务增长和客户满意度的双重提升。

第三节　人工智能与大数据在客户分析中的作用

在当今数字化时代，人工智能（AI）和大数据技术已成为客户关系管理

（CRM）领域中不可或缺的核心工具。借助这些先进技术，企业能够深度洞察客户行为、偏好和需求，从而实现精准营销、优化客户体验并显著提升客户满意度。

一、技术基础与核心价值

（一）大数据与 AI 的协同逻辑

①大数据：海量数据来源（购车行为、售后服务记录、社交媒体互动、车联网数据等）。

②AI 技术：机器学习、自然语言处理（NLP）、深度学习、预测模型等。

③协同价值：从数据中提取模式，预测客户行为，优化决策。

（二）对汽车行业的独特意义

有利于解决传统客户分析的痛点，如数据碎片化、响应滞后、静态分析；实现动态化、实时化、精准化的客户洞察。

二、关键应用场景

（一）客户画像与细分

聚类算法（如 K – means）分析客户行为数据，构建多维标签（如购车偏好、价格敏感度、品牌忠诚度）。例如，某车企通过整合线上试驾预约数据与线下成交记录，优化高潜力客户识别。

（二）购车行为预测

时间序列分析 + 机器学习模型（如随机森林、神经网络）预测客户换车周期、升级需求。例如，某豪华品牌通过分析车主 App 使用频率与保养记录，精准推送新车上市信息，转化率提升 30%。

（三）售后服务优化

NLP 分析客服对话，识别客户情绪与潜在问题；预测性维护（车联网数据 +

故障预测模型）。例如，某新能源车企通过车联网实时监测电池健康状态，主动提醒客户返厂检修，减少客户抱怨。

（四）个性化营销与推荐

协同过滤算法（如推荐系统）匹配客户兴趣与产品特性。例如，某品牌基于客户历史浏览数据，在官网动态展示定制化车型配置方案。

第四节　在线平台和社交媒体在客户关系管理中的影响

在当今数字化时代，互联网和社交媒体已经成为企业与客户互动的重要渠道。在线平台和社交媒体不仅改变了客户获取信息和购买产品的方式，也为企业提供了全新的客户关系管理（CRM）工具和策略，社交媒体成为品牌与客户直接对话的"新触点"（如微博、微信、抖音、TikTok）。而汽车行业客户行为也发生了变化，购车决策前在线研究（如社交媒体、论坛、评测视频）、售后服务依赖数字化渠道。

本节将探讨在线平台和社交媒体在客户关系管理中的作用，分析其对客户获取、客户体验、客户忠诚度等方面的影响，并提供实际案例和应用建议。

一、在线平台和社交媒体在客户关系管理中的作用

（一）客户触达与品牌传播

①精准营销：通过社交媒体广告（如 Facebook/微信朋友圈广告）定向潜在购车人群。

②内容营销：短视频（如抖音）、直播卖车、KOL 合作（如汽车博主评测）提升品牌曝光。例如，特斯拉通过 Twitter（X）直接发布产品信息，绕过传统媒体。

（二）客户互动与关系维护

①实时沟通：在线客服（如微信小程序、品牌 App）、社交媒体评论区解决

客户问题。

②社群运营：建立车主专属社群（如蔚来 App 社区），增强归属感与口碑传播。例如，保时捷通过 Instagram 展示车主故事，强化品牌情感联结。

（三）数据收集与客户洞察

①行为数据：用户在官网、社交媒体、第三方平台的浏览与互动记录（如车型对比、评论关键词）。

②情感分析：通过自然语言处理（NLP）分析社交媒体评论中的客户情绪。

③应用场景：预测客户需求（如保养提醒）、优化广告投放策略。

（四）客户体验升级

①全渠道整合：线上预约试驾、线下体验、线上反馈闭环（如通过品牌 App 一键反馈）。

②个性化服务：基于社交媒体行为推荐定制化车型或金融方案。

二、在线平台和社交媒体在客户关系管理中的挑战与应对策略

（一）挑战

①信息过载与噪声：如何在众多平台中精准触达目标客户。

②负面舆情管理：社交媒体负面评论的快速扩散风险（如质量投诉）。

③数据整合难题：跨平台数据孤岛（如官网、App、第三方平台数据分散）。

（二）应对策略

①技术工具：部署社交媒体监测工具（如 Hootsuite、Sprout Social）实时跟踪舆情。

②组织协同：市场部、客服部与 IT 部门协作建立统一客户数据平台（CDP）。

③用户隐私合规：遵守《中华人民共和国个人信息保护法》等法规，透明化数据使用政策。

三、案例分析：成功与教训[①]

（一）成功案例

比亚迪作为中国新能源汽车的领军企业，积极利用社交媒体平台进行品牌推广和客户互动。比亚迪多平台布局，不仅在抖音上发力，还在微博、微信等平台上深化运营，构建全方位的社交媒体传播矩阵。此外，比亚迪还通过 B 站等平台进行新能源技术的科普，吸引年轻消费者；同时，也进行内容创新，通过发布产品信息、活动资讯、用户故事等内容，与消费者进行互动，增强品牌认同感。而且，比亚迪的高管们通过抖音平台展示各自品牌的最新动态和产品信息，为消费者提供更加直观、生动的购车参考。这一举措旨在通过更加接地气的方式，与消费者建立更紧密的联系，成功提升了品牌在年轻消费者中的影响力，吸引了更多潜在客户，增强了用户参与度，提升了品牌的美誉度。

新冠疫情期间，奔驰为了应对线下展厅的限制，推出了线上展厅和 VR 试驾体验，以提升客户参与度和购车体验。

（二）失败教训

2019 年，Facebook 因未能妥善处理用户数据而遭到广泛关注。该平台多次将用户私人信息分享给第三方应用程序，这一做法引发了公众的不满和信任危机，品牌形象受到严重损害，因此，Facebook 面临着高达 50 亿美元的罚款，迫使其重新审视并修订隐私政策。

总之，在线平台和社交媒体在客户关系管理中的作用日益凸显。企业通过这些渠道可以更高效地获取新客户、维护现有客户，并提升客户忠诚度。然而，企业也需要在享受这些技术带来的便利的同时，谨慎应对可能出现的风险，以实现可持续的客户关系管理。

---

① 资料来源：2024 年车企新媒体矩阵策略与实践深度分析 ［EB/OL］. （2024 - 12 - 09）［2025 - 01 - 20］. https：//www.vzkoo.com/read/202412092ff63978be3e40cacf25070e.html；梅赛德斯 - 奔驰线上展厅创新实践 ［EB/OL］. （2022 - 03 - 15）［2024 - 06 - 20］. https：//www.mercedes - benz.com.cn/content/china/mpc/mpc_china_website/zh/home_mpc/passengercars/home/news/online - showroom.html；华尔街日报. Facebook 同意支付 50 亿美元和解隐私调查 ［EB/OL］. （2019 - 07 - 12）［2024 - 06 - 20］. https：//www.wsj.com/articles/facebook - agrees - to - pay - 5 - billion - fine.

实 践 实 训

一、实训目标

①深入理解数字化与智能化技术在客户关系管理中的应用：通过实践，让学生切实掌握数字技术、CRM 软件、人工智能与大数据、在线平台和社交媒体在汽车行业客户关系管理中的具体应用，加深对相关理论知识的理解。

②提升实际操作与分析能力：培养学生运用所学知识解决实际问题的能力，包括使用 CRM 软件进行客户数据管理、利用人工智能与大数据进行客户分析、通过在线平台和社交媒体进行客户互动等，使其能够在未来工作中独立开展数字化与智能化客户关系管理工作。

③强化团队协作与沟通能力：在实训过程中，学生以团队形式完成各项任务，锻炼团队协作和沟通能力，学会在跨部门合作的模拟场景中协调资源、共同推进客户关系管理工作。

二、实训内容

（一）数字技术在客户关系管理中的应用实践

选择一个汽车品牌，分析其在客户关系管理中使用的数字技术，如移动应用、智能客服、数据分析工具等。学生需通过实际操作，熟悉这些数字技术的基本功能和使用方法，并探讨其在客户关系管理中的优势和局限性。例如，分析某汽车品牌如何通过移动应用提供便捷的购车服务、智能客服如何解答客户常见问题、数据分析工具如何帮助优化营销策略等。

（二）CRM 软件和系统在汽车行业的使用实践

选择一个汽车经销商或制造商，分析其使用的 CRM 软件和系统的功能和特点。学生需通过实际操作，掌握 CRM 软件的基本功能，如客户信息管理、销售流程跟踪、客户服务管理等，并探讨其在汽车行业客户关系管理中的应用效果。例如，分析某汽车经销商如何通过 CRM 系统管理客户信息、跟踪销售机会、优化售后服务流程等。

（三）人工智能与大数据在客户分析中的作用实践

选择一个汽车品牌，分析其如何利用人工智能与大数据进行客户分析，如客户画像、预测性分析、个性化推荐等。学生需通过实际操作，使用数据分析工具进行客户行为分析和预测模型构建，并探讨其在客户关系管理中的应用价值。例如，分析某汽车品牌如何通过人工智能与大数据技术预测客户的购车意向、制定个性化的营销策略、提升客户满意度等。

（四）在线平台和社交媒体在客户关系管理中的影响实践

选择一个汽车品牌，分析其如何利用在线平台和社交媒体进行客户关系管理，如品牌推广、客户互动、口碑管理等。学生需通过实际操作，使用社交媒体平台进行品牌推广和客户互动，并探讨其在客户关系管理中的应用效果。例如，分析某汽车品牌如何通过社交媒体平台吸引潜在客户、提升品牌知名度、增强客户忠诚度等。

三、实训要求

①团队协作：实训以小组形式开展。小组成员需明确分工，密切协作，共同完成各项实训任务。在团队合作过程中，鼓励成员积极沟通、互相学习，充分发挥各自的优势。

②数据支撑：在制定策略和分析问题时，要求学生以数据为依据。数据来源可以是公开的行业报告、网络数据，也可以是自行设计的简单市场调研结果。确保数据真实可靠，分析有理有据。

③方案可行性：所制定的数字技术应用、CRM 软件使用、客户分析策略、在线平台和社交媒体应用等应具有实际可行性，充分考虑汽车行业的市场环境、竞争状况以及企业的资源和能力。方案需包含具体的实施步骤、时间节点和预期效果。

④报告撰写：每个小组需提交实训报告，报告内容包括实训任务完成情况、数据分析结果、策略制订思路、遇到的问题及解决方案等。报告应结构清晰、逻辑严谨、语言通顺，字数不少于［×××］字。

⑤汇报展示：各小组需在班级内进行汇报展示，分享实训成果。要求展示内容简洁明了、重点突出，能够清晰呈现小组的实训过程和结论。汇报后需接受其他小组和教师的提问与评价。

通过本次实训，学生将全面掌握数字化与智能化技术在客户关系管理中的应用，提升在数字化环境下的客户关系管理能力，为未来的职业发展打下坚实基础。

课 后 习 题

一、名词解释

1. 人工智能 AI

2. 区块链

3. 客户数据管理

4. 市场营销自动化（MA）

二、单项选择题

1. 以下哪项不是数字技术在客户关系管理中的应用？（　　）

A. 移动应用 　　　　　　　　　　B. 智能客服

C. 传统电话营销 　　　　　　　　D. 数据分析工具

2. CRM 系统的主要功能不包括以下哪项？（　　）

A. 客户信息管理 　　　　　　　　B. 销售流程跟踪

C. 产品设计 　　　　　　　　　　D. 客户服务管理

3. 以下哪项不是人工智能在客户分析中的应用？（　　）

A. 客户画像 　　　　　　　　　　B. 预测性分析

C. 个性化推荐 　　　　　　　　　D. 产品设计

三、多项选择题

1. 数字技术在客户关系管理中的应用包括以下哪些方面？（　　）

A. 客户数据管理 　　　　　　　　B. 销售流程自动化

C. 客户服务智能化 　　　　　　　D. 市场营销精准化

2. CRM 软件和系统在汽车行业的应用优势包括以下哪些？（　　）

A. 提高销售效率 　　　　　　　　B. 优化客户体验

C. 提升客户满意度 　　　　　　　D. 降低运营成本

3. 人工智能与大数据在客户分析中的作用包括以下哪些方面？（　　）

A. 客户行为预测 　　　　　　　　B. 客户细分

C. 个性化营销 　　　　　　　　　D. 数据清洗

四、思考题

1. 结合实际案例，分析汽车企业如何通过数字技术提升客户获取效率。

2. 以某一汽车品牌为例，阐述其如何利用人工智能和大数据优化客户生命周期管理。

3. 论述在线平台和社交媒体在汽车客户关系管理中的重要性，并提出汽车企业实现数字化转型的有效路径。

4. 汽车企业在实施客户关系管理时，如何运用关键绩效指标（KPIs）来评估和优化工作？请结合数字化技术举例说明。

第七章

跨部门协作与客户关系管理

案例导入

破壁行动：雷克萨斯如何通过"客户体验官"打破部门壁垒

2022年雷克萨斯中国面临客户体验割裂的挑战：

（1）销售顾问过度承诺交车时间，导致售后部门面临大量投诉。

（2）市场部策划的试驾活动与经销商实际接待能力脱节。

（3）客户投诉需经5个部门流转，平均解决时间达72小时。

创新实践：

组织变革：设立"客户体验官"岗位（CXO），直接向中国区总裁汇报；从销售、售后、数字营销部抽调骨干组成"客户体验铁三角"。

技术赋能：部署Salesforce CRM集成平台，从而实现了销售线索与售后工单自动关联，以及客户投诉智能路由（系统自动识别责任部门）；开发经销商协同App，实时共享客户动态。

流程再造：建立"黄金24小时"响应机制。

这些创新实践实施取得了一系列成果：客户投诉解决时效缩短83%（72小时→12小时）；销售与售后部门协作满意度提升至91%（J. D. Power 2023调研）；首次保养回店率提高22个百分点。

资料来源：雷克萨斯中国.2022年客户体验升级计划［EB/OL］.（2022－03－15）［2024－06－20］. https：//www. lexus. com. cn/about/news/20220315.

html；J. D. Power. 2022 年中国汽车客户服务体验报告 ［EB/OL］. （2022－06－18）［2024－06－20］. https：//www. jdpower. com/business/2022－china－csi－report；汽车之家. 雷克萨斯组织架构创新解析 ［EB/OL］. （2022－09－10）［2024－06－20］. https：//www. autohome. com. cn/news/202209/1253701. html；Salesforce. 雷克萨斯 CRM 应用案例 ［EB/OL］. （2022－11－05）［2024－06－20］. https：//www. salesforce. com/customer－stories/lexus/；J. D. Power. 2023 年中国售后服务满意度研究 ［EB/OL］. （2023－06－20）［2024－06－20］. https：//www. jdpower. com/business/2023－china－csi－stud.

第一节　销售、市场与服务部门的协同管理

在汽车企业的客户关系管理（CRM）体系中，销售、市场和服务部门各自扮演着不可或缺的角色，但它们之间的协作对于实现客户全生命周期的无缝管理至关重要。销售部门作为客户接触的第一线，负责将潜在客户转化为实际购买者，其工作重点在于理解客户需求、提供个性化解决方案，并确保交易的顺利完成。市场部门则专注于品牌推广和客户吸引，通过精准的市场活动和广告宣传，扩大品牌影响力，为销售团队提供丰富的销售线索。服务部门则在客户购车后继续发挥作用，通过优质的售后服务和客户关怀，增强客户满意度和忠诚度，促进客户的重复购买和口碑传播。

然而，这三个部门在实际运作中往往存在信息孤岛和协作障碍，导致客户体验的不连贯和企业资源的浪费。例如，市场部门可能不了解销售团队的实际需求，销售部门可能无法及时获取服务部门的客户反馈，而服务部门可能无法充分利用市场部门的客户数据来优化服务。这种部门间的脱节不仅影响了客户体验，也削弱了企业的整体竞争力。

通过建立跨部门的沟通机制、共享 CRM 系统和制定统一的客户管理策略，企业可以确保各部门在客户获取、客户维护和客户忠诚度提升等各个环节紧密协作，从而提供一致且高质量的客户体验。这种协同不仅能够提升客户满意度，还能增强企业的市场响应能力和运营效率，最终推动企业在激烈的市场竞争中脱颖而出。

一、跨部门协同机制

跨部门协同机制是指在组织内部，不同部门之间为了实现共同目标而建立的一系列协调与合作的流程、工具和管理方法。这种机制旨在打破部门壁垒，整合资源，提升工作效率和效果。

（一）跨部门协同机制的关键要素

1. 建立统一的沟通平台

沟通是跨部门协作的核心。为了避免信息的丢失和误解，企业需要建立统一的沟通平台，使所有团队成员都能实时共享信息、讨论任务和反馈问题。通过集中化的沟通工具，团队成员可以随时查看项目进展，减少邮件沟通的复杂性，也能更快速地响应和解决问题。

2. 明确任务分配与责任

为了避免任务重复和遗漏，企业需要明确每个部门和每个员工的责任和任务分配。这一过程可以通过项目管理工具来实现，工具能够让每个成员明确自己负责的任务和完成的时间节点，避免部门之间的工作重叠。

3. 促进信息共享与协同工作

在跨部门协作中，信息共享和协同工作是提升效率的关键。企业可以通过云端协作平台来实现实时共享数据和文档。所有团队成员都能在同一个平台上查看和编辑任务和文件，这不仅提高了工作透明度，也减少了因信息滞后或遗漏导致的工作停滞。

4. 选择合适的任务管理工具

为了确保项目进展顺利，企业还需要使用合适的任务管理工具。任务管理工具不仅能帮助项目经理分配和跟踪任务，还能够促进部门之间的协作和沟通。借助这些工具，企业可以实时跟踪项目进度，确保每个部门都能按时完成任务。

5. 促进目标协同与利益一致

企业高层应积极引导各部门树立全局意识和团队合作精神，将跨部门协作项目的整体目标分解为各部门可衡量的子目标，并与部门绩效考核挂钩，使各部门的利益与项目的整体利益紧密结合。

6. 优化沟通协调机制

建立多样化、高效的沟通渠道和协调机制，以满足跨部门协作过程中的不同沟通需求。除了定期召开项目例会、工作汇报会等传统沟通方式外，还应充分利用现代信息技术手段，如即时通讯工具、视频会议系统、项目管理软件中的协同功能等，实现实时沟通和信息共享。

7. 优化信息共享流程

利用信息化工具，建立统一的信息共享平台，确保各部门能够实时获取所需信息。例如，通过在线文档工具，各部门可以共同编辑和查看项目进展。

8. 制定统一的绩效评估标准

上级管理者应制定统一的绩效评估标准，确保各部门的工作成果能够被客观衡量。例如，将跨部门协作的成效纳入绩效考核指标。

9. 引入高效的任务管理工具

在跨部门协作中，任务管理工具可以帮助上级管理者实时监控任务进展，避免重复劳动。例如，板栗看板是一款专为团队协作设计的工具，支持任务分配、进度跟踪和实时沟通，帮助团队提升协作效率。

通过以上策略，企业可以有效提升跨部门协作的效率和效果，从而实现更高的客户满意度和企业竞争力。主要包括以下几点作用。

①提升工作效率：减少重复工作，加快决策速度，优化工作流程。

②增强客户体验：提供一致的服务，快速响应客户需求，提升客户满意度。

③促进创新：整合不同部门的专业知识和经验，激发新的创意和解决方案。

④提升企业竞争力：整合资源，快速适应市场变化，提高市场份额。

⑤增强团队合作精神：建立信任，提升团队凝聚力，培养跨部门人才。

⑥优化资源配置：合理分配资源，提高资源利用率，降低成本。

⑦提升决策质量：提供全面的信息支持，多角度分析问题，快速调整策略。

⑧促进企业文化的建设：形成共同的价值观，增强企业凝聚力，提升员工满意度。

（二）跨部门协作的常见障碍

1. 沟通壁垒

①信息传递不畅：不同部门之间可能存在语言差异、术语使用不一致、信息传递延迟或误解等问题。

②沟通渠道不畅通：缺乏有效的沟通平台和机制，使得信息无法及时、准确地传递给所有相关人员。

③沟通成本高昂：部门沟通往往需要更多的时间和精力来协调各方利益，增加了沟通成本。

2. 利益冲突

①部门利益冲突：各部门更关注自身的利益和目标，而非整个项目的整体利益，导致在项目推进过程中产生分歧。

②优先级不同：不同部门对项目优先级有不同看法，导致资源分配和进度安排上的冲突。

3. 缺乏共同目标

各部门对企业的整体战略目标理解和执行存在差异，缺乏明确的、共同认可的目标和愿景，难以形成统一的行动方向。

4. 文化差异

不同部门可能拥有不同的工作文化、价值观和行为准则，这种文化差异可能导致沟通障碍、误解和冲突。

5. 责任划分不清

在跨部门项目中，任务的归属和职责划分往往不够明确，存在大量的"灰色地带"，导致推诿扯皮、工作延误等问题。

6. 资源争夺

在资源有限的情况下，各部门可能为了争夺有限资源而产生竞争，导致资源利用效率低下，甚至影响企业整体利益。

7. 信任缺失

部门之间缺乏信任，可能导致信息传递不畅、合作意愿降低，甚至引发谣言和猜疑，进一步破坏协作氛围。

8. 流程和制度不健全

缺乏有效的跨部门协作流程和制度支持，可能导致协作过程混乱无序、效率低下。

（三）实施跨部门协同机制的步骤

1. 高层支持

获得高层领导的支持，确保跨部门协作得到足够的资源和重视。

2. 明确目标与责任

制定共同目标，明确各部门的职责和任务。

3. 建立沟通渠道

选择合适的沟通工具和平台，确保信息畅通。

4. 优化流程

梳理现有流程，去除不必要的环节，确保高效运作。

5. 培训与教育

对员工进行跨部门协作的培训，提升他们的协作能力和意识。

6. 持续优化

定期评估跨部门协作的效果，根据反馈进行调整和优化。

通过建立有效的跨部门协同机制，企业能够更好地整合内部资源，提升整体运营效率，增强市场竞争力，最终实现可持续发展。

二、各部门在 CRM 中的核心职责

（一）销售部门

销售部门是企业中负责产品或服务销售的核心部门。其主要职责是通过有效的市场策略和客户关系管理，将企业的产品或服务推向市场，实现销售目标，提升企业的市场份额和盈利能力。其在客户关系管理中的核心职责包括以下几点。

1. 客户需求管理与转化

通过 CRM 系统筛选市场部门提供的线索（如试驾预约、官网留资），转化为销售机会，挖掘潜在客户。基于客户画像（如购车预算、偏好车型）制订针对性方案（如金融分期、置换补贴），制定个性化销售策略。例如，特斯拉销售顾问通过客户试驾数据预测购车意向，调整跟进节奏。

2. 销售流程标准化与优化

从线索分配到签约交付的全流程数字化（如 DMS 系统与 CRM 集成），优化流程管理。并且优化客户体验设计，优化展厅接待、试驾体验、合同签署等环节的标准化服务（如"30 分钟快速试驾"流程）。此外，使用移动 CRM 工具实时更新客户状态（如跟进记录、购车进度）。

3. 跨部门协作机制

①与市场部协同：反馈客户需求痛点，优化广告投放和促销活动（如针对 SUV 潜在客户定向推送内容）。

②与服务部联动：交接客户车辆交付后的服务需求（如首保提醒、延保推荐）。例如，沃尔沃汽车在 2023 年 8 月针对旗下 3 款新能源车型推出了"用车无忧支持计划"，包括 2 年保险免单和终身免费保养。这一策略不仅提升了客户购车的吸引力，还通过销售与服务部门的数据共享，实现了客户全生命周期的无缝管理。

③与产品部门协作：反馈客户需求，推动产品改进和创新。

4. 数据驱动的销售决策

通过 CRM 数据识别转化瓶颈（如试驾后未成交的客户流失原因），进行销售漏斗分析；设定销售 KPI（如线索转化率、客户满意度），结合系统数据评估团队表现。

（二）市场部门

市场部门是企业中负责市场调研、品牌推广、营销策划和客户关系管理的核心部门。其主要职责是通过有效的市场策略和营销活动，提升品牌知名度，吸引潜在客户，促进销售增长，最终实现企业的市场目标和商业价值。其在客户关系管理中的核心职责包括以下几点。

1. 客户洞察与需求挖掘

整合线上线下数据（官网访问、社交媒体互动、展会留资），构建客户画像（如购车偏好、消费能力）。基于 CRM 数据划分目标客群（如新能源车主、豪华车潜在用户），进行市场细分与定位，制定差异化营销策略。例如，特斯拉通过分析车主充电行为数据，精准推送家庭充电桩优惠活动。

2. 品牌传播与客户触达

一是进行全渠道内容营销。线上，社交媒体广告（如抖音短视频、微信朋友圈定向投放）、KOL 合作（汽车博主评测）；线下，车展活动、试驾体验营的数字化留资（扫码注册同步至 CRM 系统）。二是进行品牌情感联结，通过故事化内容（如车主旅行纪录片）强化品牌忠诚度。三是使用营销自动化工具（如HubSpot）实现活动效果追踪与客户行为分析。

3. 销售线索生成与培育

通过广告投放、官网优化、活动策划获取潜在客户信息，获得高质量线索并利用 CRM 系统评分（如根据互动频次、内容偏好分级）。针对不同阶段客户设计培育路径（如未购车客户发送车型对比指南，已购车客户推送延保服务）。例如，上汽奥迪通过大数据分析，构建了详细的客户画像，包括客户的购车意向、偏好、行为习惯等。基于这些画像，上汽奥迪能够精准识别潜在客户，并为他们量身定制个性化的试驾邀请，将线索转化率提升 20%。

4. 客户体验与口碑管理

利用社交媒体监听工具（如 Brandwatch）捕捉客户评价，及时响应负面反馈并优化服务。口碑裂变设计，通过老客户推荐计划（如"邀请好友试驾获积分"）扩大品牌影响力。

5. 跨部门协同机制

①与销售部门联动：共享客户行为数据，优化促销政策（如针对高意向客户提供限时折扣）。

②与服务部门协作：基于客户投诉数据调整市场传播话术（如避免夸大宣传导致交付落差）。

例如，NIO App 作为蔚来私域的主阵地，不仅是用户获取信息和互动的平台，更是品牌与用户深度连接的桥梁。用户可以在 App 上预约试驾、预订车辆、参与社区活动、发表内容和互动。根据蔚来汽车 2023 年第二季度财报数据，截至 2023 年 7 月，蔚来社区已有 500 万注册用户，DAU（日活用户数）超过 50 万人。蔚来通过组织各类主题活动，如 NIO Day、公益义卖市集等，进一步增强了用户对品牌的认同感和归属感。蔚来汽车的用户社区运营策略显著提升了用户的品牌忠诚度，用户对品牌的认同感和归属感增强；用户通过分享用车体验和参与品牌活动，成为品牌的传播者，吸引了更多潜在客户。

大众汽车在 ID. 系列上市期间，通过结合 AR 虚拟试驾和社交媒体挑战赛，成功实现了对年轻客群的高效触达。

③与产品部门协作：反馈市场需求，推动产品改进和创新。

（三）服务部门

服务部门是企业中负责客户支持、售后服务、客户关系维护以及客户反馈处理的核心部门。其主要职责是通过提供高质量的服务，提升客户满意度和忠诚度，确保客户在购买产品或服务后的体验达到最佳，从而促进企业的长期发展和客户复购。其在客户关系管理中的核心职责包括以下几点。

1. 客户维护与忠诚度管理

售后服务体系搭建。提供标准化服务，从车辆交付、首保提醒到定期保养的全周期管理（如系统自动触发服务提醒）。基于 CRM 数据（如购车年限、消费频次）提供差异化服务（如 VIP 客户专属绿色通道）。积分体系（保养积分兑换礼品）、会员权益（免费道路救援）增强客户黏性和忠诚度。例如，雷克萨斯作为豪华汽车品牌，始终致力于通过创新技术提升客户体验。近年来，雷克萨斯推出了"LEXUS Link"App，通过整合预约保养和故障诊断功能，显著提升了客户服务的便捷性和效率。

2. 客户反馈与体验优化

通过服务后短信/邮件调研、社交媒体评论捕捉客户满意度（如 NPS 评分），实时收集用户反馈。建立快速响应机制（如 24 小时内回访），将问题根源反馈至生产或销售部门。基于反馈数据优化服务流程（如缩短维修等待时间）。

3. 增值服务与交叉销售

设计延保与金融产品，通过 CRM 系统识别高价值客户，推荐延保套餐或二手车置换服务。拓展生态服务，新能源车企提供充电桩安装、电池租赁等增值服务（如蔚来"BaaS"电池服务）。

4. 数据驱动的服务决策

故障预测与预防，利用车辆传感器数据（如里程、零部件状态）预测维修需求，主动触达客户。基于历史数据优化 4S 店人员排班与备件库存管理，进行服务资源调度。

5. 跨部门协同机制

①与销售部门联动：共享客户车辆使用数据，支持销售团队二次营销（如置换新车推荐）。

②与市场部门协作：将服务口碑转化为品牌传播素材（如车主保养故事短视频）。

例如，特斯拉通过 OTA 技术，能够在车辆出现故障时，通过远程诊断系统进行快速诊断，并在可能的情况下通过软件更新直接修复问题。例如，特斯拉的远程诊断系统可以检测到车辆的电子助力转向系统软件问题，并通过 OTA 升级进行修复，减少客户到店的频次，显著提升了客户满意度。

丰田汽车通过"G-BOOK"智能服务系统，整合了车辆诊断与客服中心的功能，实现了对车辆故障的主动预警和快速响应。通过提供优质的售后服务和个性化的客户体验，丰田成功增强了客户的忠诚度，促进了品牌的口碑传播。

③与产品部门协作：与产品部门合作，将客户反馈转化为产品改进的依据，推动产品创新。

三、协同管理的挑战

（一）组织架构壁垒

组织架构壁垒是指在企业内部，部门之间的沟通不畅、协作机制不足或利益冲突导致信息隔离和资源无法共享的现象。这种壁垒会阻碍数据流通，影响决策的效率和准确性，进而影响企业的整体运营效率。

组织架构壁垒的形成主要是因为：沟通机制不健全，企业内部缺乏有效的沟通渠道和协作机制，导致部门间信息传递存在障碍；利益分配不均，各部门为了维护自身利益，可能会故意隐瞒或保留关键信息，防止资源被其他部门共享。销售部门追求短期成交，服务部门关注长期客户满意度，市场部门侧重品牌曝光，目标不一致导致资源争夺。近年来，随着汽车市场竞争的加剧，各大车企纷纷推出新车型以吸引消费者。然而，在销售过程中，部分销售人员为了冲业绩，过度承诺交车时间，导致售后服务压力激增，以及客户问题在部门间"踢皮球"（如客户投诉车辆质量问题，销售推给售后，售后推给生产部门）。此外，还有组织文化问题，企业的组织文化如果过于强调独立竞争而不是合作共赢，也会导致部门间的隔阂加深；以及层级结构的复杂，过多的管理层级和复杂的审批流程会延缓信息传递，降低决策效率。

（二）数据孤岛与技术障碍

数据孤岛是指企业内部数据之间存在的相互隔离、难以共享的状态。这种情况下，数据被分割成独立的"岛屿"，无法整合和利用。数据孤岛可以分为物理性和逻辑性两种。物理性数据孤岛指的是数据在不同部门相互独立存储，独立维护，彼此间相互孤立；逻辑性数据孤岛指的是不同部门对数据进行理解和定义，使得相同的数据被赋予不同的含义。

技术障碍主要指在企业内部，不同部门和系统使用的技术平台和数据格式差异较大，缺乏兼容性和互操作性。这些差异可能来源于企业在不同时间采购的信息系统，或者因为部门间缺少足够的技术协调而独立发展的 IT 策略。

导致数据孤岛与技术障碍的成因往往有：系统不兼容，销售 DMS 系统、市场广告平台、服务工单系统数据无法互通，客户信息碎片化。例如，小鹏汽车就曾因充电桩安装数据未与 CRM 系统同步，导致客服响应延迟，引发客户不满，客户在咨询充电桩安装进度或遇到安装问题时，客服因缺乏实时数据支持，无法提供准确的解答和解决方案，影响了客户满意度。数据治理缺失，缺乏统一的数据标准（如客户 ID 定义混乱），导致分析结果失真。部门壁垒，各个部门间的沟通不畅和协作不足，导致数据无法共享。技术架构复杂，企业技术架构复杂，缺乏统一的规划和整合。

（三）文化与激励机制割裂

企业文化与激励机制的割裂是指企业内部的文化价值观与激励措施之间缺乏一致性，导致员工在工作中感受到的激励与企业倡导的文化理念不匹配。这种割裂可能表现为：员工对激励措施的不信任、激励措施与企业发展目标不一致、激励方式单一，难以满足员工的多样化需求、员工对企业文化的认同感低。主要原因有，绩效考核单一，部门 KPI 未纳入协同贡献指标（如市场部不承担线索转化率责任）。以及本位主义思维，部门保护自身利益，拒绝共享关键信息（如销售隐藏高价值客户资源）。

（四）资源与能力限制

资源与能力限制是指企业在运营过程中，由于有限的资源（如资金、人力、技术、时间等）和能力（如技术能力、管理能力、市场能力等）无法满足企业发展的需求，从而对企业的战略实施和业务拓展产生制约。这种限制可能导致企业在市场竞争中处于劣势，难以实现预期目标。形成主要有几个方面的原因：资源有限，如数字化工具不足，中小车企缺乏预算部署集成化 CRM 平台；能力不足，如跨部门人才短缺，员工缺乏全局视角，难以理解其他部门业务逻辑。

（五）外部环境复杂性

外部环境复杂性是指企业在运营过程中所面临的外部因素的多样性和不确定性。这些因素包括政治、经济、社会、技术、行业竞争等，它们相互交织、动态变化，对企业的发展产生深远影响。外部环境复杂性的特点有：多因素交织，企业的外部环境包括宏观经济、政策法规、技术进步、社会文化、行业竞争等多个方面，这些因素相互影响，形成复杂的网络。其次，动态变化，外部环境的变化速度快，企业需要不断适应新的市场条件和技术变革。还有不确定性，外部环境的不确定性增加，企业难以准确预测未来的变化，需要具备更强的应变能力。例如，针对车企供应链波动，芯片短缺导致交车延迟，销售、服务、生产部门协同应对压力增大。客户需求升级，年轻客户要求全渠道无缝体验，倒逼部门协作提速。

四、协同策略与工具

（一）协同策略设计

首先，在战略层，客户旅程驱动的协同目标。

统一目标对齐，将客户生命周期价值（CLV）设为跨部门核心指标，替代单一部门KPI（如销售成交量、市场线索量）。各部门共同绘制客户触点地图，明确协同责任节点（如试驾后24小时内服务部门跟进关怀）。例如，蔚来汽车成立了跨部门的CRM管理小组，成员包括销售、市场、服务部门的负责人，该小组负责制定统一的客户留存率提升策略，并监督各部门的执行情况，通过定期的跨部门会议，各部门能够共享客户数据和反馈信息，及时调整策略；而且蔚来汽车将客户留存率细分为多个具体指标，如首保回店率、定期保养回店率、客户推荐率等，这些指标被纳入各部门的绩效考核体系，与员工的奖金和晋升直接挂钩。

其次，在组织层，设计敏捷型架构。

设立跨部门虚拟团队，设立"客户体验官"岗位，横向协调部门资源，监控协同流程执行。针对关键业务场景（如新车上市、危机公关）组建临时项目组，成员来自销售、市场、服务、IT部门。例如，大众ID.3上市时成立"电动化客户体验小组"，统筹全渠道传播与服务衔接，上汽大众利用CRM系统收集和分析客户数据，包括购车时间、保养记录、投诉处理情况等。通过数据分析，各部门能够精准定位客户流失的原因，并制订针对性的解决方案。

再次，在流程层，再造端到端流程。

标准化关键流程，线索分配流程：市场部获取线索→CRM系统自动评分→销售部按规则领取→未转化线索回流至市场部二次孵化；投诉处理流程：客服接收投诉→系统自动分类→分派至责任部门→48小时内闭环反馈。

将工作流自动化，通过RPA（机器人流程自动化）实现跨系统数据同步（如官网留资自动导入CRM）。

最后，在文化层，协作文化培育。

建立内部沟通机制，定期举办跨部门"客户洞察分享会"，打破信息壁垒；使用协作工具（如企业微信、Slack）建立快速响应通道。还可进行激励机制改革，设立"协同贡献奖"，表彰推动跨部门合作的团队或个人。

（二）协同工具与技术赋能

1. 基础工具：一体化 CRM 平台

其核心功能包括，360 度客户视图，整合销售线索、服务记录、社交媒体互动等全渠道数据（如 Salesforce Automotive Cloud）；任务协同看板，可视化跟踪跨部门任务进度（如客户投诉处理状态）。例如，宝马集团通过 SAP CRM 系统，将经销商、总部和第三方服务商的数据进行了集成。这一举措使得各方能够实时共享客户信息，包括购车记录、服务历史、维修记录等。通过 SAP CRM 系统，宝马能够实现客户数据的集中管理，确保数据的一致性和准确性，实时监控各经销商的客户满意度和服务质量，及时发现并解决问题，并可利用 CRM 系统中的数据分析工具，对客户数据进行深度分析，从而优化市场策略和提升销售效率。

2. 数据分析工具：驱动协同决策

利用 AI 模型识别高流失风险客户，触发服务部门主动干预。例如，通用汽车通过预测分析提前调配售后资源，减少客户等待时间。实施协同效果监测，仪表盘实时展示跨部门协作指标（如"市场线索 – 销售转化 – 服务留存"漏斗转化率）。

3. 沟通与项目管理工具：即时协作平台

Microsoft Teams/钉钉集成 CRM 系统，支持任务派发、文件共享与进度追踪。还可使用低代码开发工具通过 Power Apps 快速搭建部门间协作应用（如跨部门需求提报系统）。

4. 新兴技术应用：区块链技术

通过使用区块链技术，确保跨部门数据共享的可信性与不可篡改性（如维修记录透明化）。利用元宇宙协作空间，虚拟会议室中 3D 可视化客户旅程，提升跨部门协同沉浸感（如奥迪虚拟协同平台）。

五、案例应用

**吉利汽车的"客户旅程地图"实践：销售、市场、服务
部门共同设计客户触点，提升购车后服务体验**

吉利汽车作为中国领先的汽车制造商，一直致力于通过创新的客户关系管理（CRM）策略提升客户体验。为了更好地管理客户旅程，吉利汽车成

立了跨部门的客户体验管理小组，由销售、市场和服务部门共同参与，设计并优化客户旅程地图。

1. 跨部门协作机制的建立

吉利汽车成立了跨部门的客户体验管理小组，成员包括销售、市场和服务部门的负责人。该小组负责制定统一的客户体验提升策略，并监督各部门的执行情况。

通过定期的跨部门会议，各部门能够共享客户数据和反馈信息，及时调整策略。

2. 客户旅程地图的设计

吉利汽车将客户旅程分为多个阶段，包括意识（了解品牌）、考虑（比较选择）、决定（购买决策）、购买、使用、评价和忠诚。

在每个阶段，吉利汽车识别了关键的客户触点，如品牌网站、社交媒体、展厅、售后服务中心等，并针对每个触点设计了优化策略。

3. 数据驱动的决策支持

吉利汽车利用 CRM 系统收集和分析客户数据，包括购车时间、保养记录、投诉处理情况等。通过数据分析，各部门能够精准定位客户流失的原因，并制订针对性的解决方案。

4. 取得的成果

①客户体验显著提升：通过跨部门协作和数据驱动的决策支持，吉利汽车的客户体验得到了显著提升。客户对品牌的满意度和忠诚度也得到了提高。

②市场竞争力增强：吉利汽车通过优化客户旅程地图，提升了市场竞争力，进一步巩固了其在汽车市场的领先地位。

吉利汽车的案例表明，通过跨部门协作和数据驱动的决策支持，企业能够更好地管理客户旅程，提升客户体验和品牌忠诚度。这一实践为其他汽车企业提供了宝贵的借鉴，展示了客户旅程地图在提升客户关系管理效果方面的重要作用。

资料来源：从吉利汽车最佳实践背后，看数字营销释放的"乘数效应"[EB/OL]．（2023－10－26）［2024－06－20］．https：//www.sohu.com/a/731488764_351410.

☆ 思考：

①如何通过客户旅程地图提升汽车企业的客户体验？

②汽车企业在实施客户旅程地图时，如何确保跨部门协作的有效性？

第二节　内部沟通与流程优化

在汽车行业中，客户体验的连贯性高度依赖于企业内部沟通的效率和流程的顺畅性。研究表明，30%的客户投诉源于企业内部沟通不畅或流程断裂，如销售承诺与售后服务脱节、市场活动与客户需求不匹配等。本节将探讨如何通过优化内部沟通机制和业务流程，打破部门壁垒，实现客户关系的无缝管理。

一、汽车企业常见的内部沟通与流程问题

（一）信息传递失真

客户需求在跨部门传递过程中被简化或曲解。例如，销售部门为促成交易承诺"免费终身保养"，但未与售后服务部门确认资源可行性，导致客户投诉激增。

（二）响应速度滞后

客户需求需经多层级审批，导致响应延迟，有些企业对客户紧急维修请求需经"销售→区域经理→售后总部"层层上报，耗时超过48小时。

（三）责任界定模糊

跨部门协作中责任划分不清，互相推诿，如遇到客户投诉车辆质量问题，销售部门归咎于生产部门，而生产部门质疑售后服务操作规范。

（四）数据孤岛现象

客户数据分散在销售、市场、服务等独立系统中，无法共享，可能会导致很多问题。例如，市场部门策划促销活动时，无法实时获取售后部门的客户车辆保养数据，从而丧失一些潜在客户。

二、流程优化的核心方法论

（一）端到端客户旅程流程设计

客户旅程（customer journey）是指客户从首次接触品牌，直至下单并享受产品或服务期间与品牌互动的全过程。它涵盖了客户在品牌认知、业务评估、决策购买、使用反馈等各个阶段的体验和互动，是个人与企业产生互动的完整路径。

客户旅程通常包括以下几个阶段。

①意识阶段：客户首次接触到品牌或产品，开始对其产生初步认知。

②考虑阶段：客户对品牌或产品产生兴趣后，会开始进行比较和评估。

③决策阶段：客户基于考虑阶段的信息，作出是否购买或使用的决定。

④购买阶段：客户实际完成购买行为，成为品牌的用户。

⑤忠诚阶段：客户对品牌或产品产生忠诚度后，可能会进行复购或推荐给他人。

客户旅程管理是指企业通过系统化的方法识别、追踪和优化客户在与品牌互动的整个过程，以提供一致且个性化的客户体验。它包括以下几个方面。

①理解客户需求：通过多种渠道收集客户数据，包括客户反馈、市场调研、社交媒体分析等，绘制客户画像，了解客户的行为模式和偏好。

②优化客户接触点：确保每个接触点都能提供无缝且高质量的体验。企业可以采用 CRM 系统，如纷享销客和 Zoho CRM，整合客户数据，提供个性化的服务。

③提升客户满意度：通过持续改进产品和服务，满足客户需求，提高客户满意度。可以通过定期进行客户满意度调查，了解客户对产品和服务的评价，发现不足之处并进行改进。

④实现客户忠诚度：通过提供优质的产品和服务，建立与客户之间的信任关系，提升客户忠诚度。可以通过会员制度、积分奖励、个性化推荐等方式，增强客户黏性。

端到端客户旅程流程设计是指从客户与品牌首次接触开始，到最终购买、使用、反馈和忠诚的整个过程。通过设计和优化这一流程，企业可以更好地理解客户需求，提升客户体验，增强客户忠诚度。其具体的实施步骤如下。

①绘制客户旅程地图：识别关键触点和责任部门（如试驾→销售部门，维

修→服务部门）。

②消除冗余环节：如合并销售与金融服务部的贷款审批流程。

③设置流程监控指标：如"客户需求响应时间""跨部门协作满意度"。

以吉利汽车为例，吉利汽车通过跨部门协作，设计并优化了端到端客户旅程流程。吉利汽车成立了跨部门的客户体验管理小组，成员包括销售、市场和服务部门的负责人，该小组负责制定统一的客户体验提升策略，并监督各部门的执行情况。吉利汽车将客户旅程分为多个阶段，包括意识、考虑、决定、购买、使用、评价和忠诚，在每个阶段，识别关键的客户触点，如品牌网站、社交媒体、展厅、售后服务中心等，并针对每个触点设计优化策略，还利用 CRM 系统收集和分析客户数据，包括购车时间、保养记录、投诉处理情况等。通过数据分析，各部门能够精准定位客户流失的原因，并制订针对性的解决方案。

（二）敏捷沟通机制

敏捷沟通机制是一种高效、灵活的沟通方式，旨在确保信息的快速传递和反馈，从而提高团队协作效率和响应速度。在汽车企业中，敏捷沟通机制尤其重要，因为它可以帮助企业在快速变化的市场环境中迅速做出决策，提升客户体验和企业竞争力。这种机制通常包括以下几个关键要素。

①实时沟通工具：如即时通信软件（如 Slack、Teams）、视频会议工具（如 Zoom、腾讯会议）等。

②跨部门协作：打破部门壁垒，确保不同部门之间能够快速沟通和协作。

③数据共享平台：通过企业微信、钉钉、CRM 系统、ERP 系统等工具，实现数据的实时共享和更新。

④反馈机制：建立快速反馈机制，确保问题能够及时被发现和解决。

在汽车企业中，敏捷沟通机制可以应用于多个方面，包括销售、市场、服务等部门的协同工作，以及与经销商、供应商等外部合作伙伴的沟通。例如，吉利汽车在实施客户旅程地图时，建立了敏捷沟通机制，确保各部门能够快速响应客户需求，提升客户体验，通过 CRM 系统中的客户反馈模块，客户可以随时提交问题和建议，相关部门能够快速响应并提供解决方案。

（三）标准化操作流程（SOP）

标准化操作流程（SOP）是确保端到端客户旅程流程设计有效执行的关键工具。SOP 通过详细描述每个步骤和操作要求，确保流程的一致性和高效性。

1. SOP 的作用

①提高效率：通过标准化操作步骤，减少重复劳动，提高工作效率。

②确保质量：通过详细的操作步骤，确保产品或服务的质量一致性。

③减少错误：通过明确的步骤和检查点，减少人为错误。

④培训工具：SOP 可以作为新员工培训的教材，帮助他们快速掌握工作流程。

2. SOP 的类型

①操作 SOP：详细描述特定操作步骤，如设备操作、实验步骤等。

②管理 SOP：涉及管理流程，如员工培训、质量控制等。

③安全 SOP：确保工作环境安全，如紧急情况处理、危险品管理等。

3. SOP 的编写指南

①明确流程和目标受众：在起草 SOP 之前，需要清楚了解流程的每个步骤和目标受众。

②详细描述每个步骤：指定责任人，并利用现有的 SOP 模板来启动文档编写过程。

③简化和优化流程：减少不必要的操作，利用自动化优化工作流程。

④保持 SOP 的最新状态：在流程发生变化时，及时更新 SOP，并通知相关人员。

端到端客户旅程流程设计与标准化操作流程（SOP）的结合，是提升客户体验和企业竞争力的重要手段。通过跨部门协作、客户旅程地图设计和数据驱动的决策支持，企业能够更好地管理客户关系，实现长期稳定的发展。以吉利汽车为例，吉利汽车通过跨部门协作，设计并优化了端到端客户旅程流程，并制定了相应的 SOP，吉利汽车为每个阶段的客户触点制定了详细的 SOP，确保每个环节的操作一致性和高效性。例如，在售后服务阶段，制定了详细的维修流程 SOP，确保维修服务的标准化和高效性。

三、内部沟通与流程优化的工具与技术

（一）RACI 矩阵（责任分配工具）

RACI 矩阵是一种责任分配工具，用于明确项目或流程中各个角色的责任和

职责。RACI 是四个英文单词的首字母缩写，分别代表以下几点。

①responsible（责任人）：实际执行任务的人。

②accountable（问责人）：对任务的最终结果负责的人，通常是管理层或项目负责人。

③consulted（咨询人）：在任务执行过程中需要咨询意见的人。

④informed（知情人）：需要被告知任务进展和结果的人。

1. RACI 矩阵的作用

RACI 矩阵的主要作用是确保项目或流程中的每个任务都有明确的责任分配，避免职责不清、重复工作或任务遗漏。通过 RACI 矩阵，团队可以：

①明确职责：确保每个任务都有明确的执行者和负责人。

②提高效率：减少因职责不清导致的沟通成本和重复工作。

③增强协作：促进团队成员之间的沟通和协作，确保项目顺利进行。

④提升透明度：确保所有相关人员都能及时了解项目进展和结果。

2. RACI 矩阵的构建步骤

①识别关键任务：列出项目或流程中的所有关键任务和活动；确定每个任务的执行步骤和时间节点。

②确定角色和职责：识别项目中涉及的所有角色，包括项目负责人、团队成员、外部合作伙伴等。为每个任务分配 RACI 角色，确保每个任务都有明确的责任人、问责人、咨询人和知情人。

③填写 RACI 矩阵：创建一个表格，将任务列在左侧，角色列在顶部。在每个任务和角色的交叉点上，填写相应的 RACI 角色（R、A、C、I）。确保每个任务的 R 和 A 角色唯一，避免职责重叠。

以吉利汽车为例，吉利汽车在优化客户旅程流程时，涉及多个部门的协作，包括销售、市场、服务等部门。为了确保项目顺利进行，吉利汽车决定使用 RACI 矩阵明确各角色的责任和职责（见表 7－1）。

表 7－1   RACI 矩阵示例

任务	项目负责人	销售部门负责人	市场部门负责人	服务部门负责人	数据分析师	IT 支持人员
客户旅程客户旅程地图设计	A	R	R	R	C	I

续表

任务	项目负责人	销售部门负责人	市场部门负责人	服务部门负责人	数据分析师	IT 支持人员
数据共享平台建设	A	C	C	C	R	R
快速反馈机制建立	A	R	R	R	C	I

总之，RACI 矩阵是一种有效的责任分配工具，能够帮助企业在项目或流程管理中明确各角色的责任和职责，避免职责不清、重复工作或任务遗漏。通过构建和应用 RACI 矩阵，企业可以提高项目执行效率，增强团队协作，确保项目顺利进行。

（二）CRM 系统的流程自动化功能

CRM 系统的流程自动化功能是提升企业运营效率和客户关系管理效果的重要工具。其主要功能包括以下几点。

1. 提高工作效率

CRM 自动化通过减少手动输入和重复性任务，显著提高员工的工作效率。包括：自动数据录入，系统可以自动捕捉和录入客户数据，减少人为错误，提高数据准确性；任务自动分配，根据预设规则，系统自动将任务分配给合适的员工，确保任务及时处理；自动提醒和通知，系统自动发送提醒和通知，确保员工不会错过重要的跟进和联系。

2. 优化客户体验

通过 CRM 自动化，企业可以提供更及时和个性化的服务，从而提升客户满意度。包括：自动回复和跟进，自动化系统可以在客户咨询后立即发送确认邮件或短信，确保客户感受到重视；个性化推荐，通过分析客户数据，系统可以为客户提供个性化的产品或服务推荐，提高客户体验。

3. 提升销售业绩

CRM 自动化能够帮助销售团队更高效地管理销售流程，从而提升销售业绩。包括：销售机会管理，自动化系统可以跟踪和管理销售机会，确保每一个潜在客户都得到及时跟进；销售预测，通过分析历史数据，系统可以提供准确的销售预测，帮助企业制定合理的销售策略；自动报价和合同生成，系统可以自动生成报价和合同，减少手动操作，提高效率。

4. 数据准确性和分析

CRM 自动化可以确保数据的准确性，并提供强大的数据分析功能，帮助企业作出明智的决策。包括：数据清洗和校验，自动化系统可以定期清洗和校验数据，确保数据的准确性和一致性；实时数据分析，系统可以实时分析客户数据，提供详细的报告和洞察，帮助企业识别市场趋势和客户需求；数据可视化，通过图表和仪表盘等形式，系统可以将数据直观地展示出来，便于决策者理解和分析。

5. 支持个性化营销

CRM 自动化支持个性化营销策略，帮助企业更有效地触达目标客户。包括：细分客户群体，通过分析客户数据，系统可以将客户细分为不同的群体，便于实施针对性营销；自动化营销活动，系统可以根据客户行为自动触发营销活动，如发送促销邮件或推送优惠信息；效果跟踪和评估，系统可以跟踪和评估营销活动的效果，帮助企业优化营销策略，提高 ROI；通过有效利用 CRM 系统的流程自动化功能，企业可以更好地管理客户关系，提升整体业务表现。

（三）低代码平台快速搭建协作流程

低代码平台通过提供可视化界面和拖拽式组件，极大地简化了应用开发流程，使得即使没有深厚编程基础的用户也能快速搭建应用。这些平台通常支持多人协作、版本控制和实时数据同步，从而提高团队协作效率和开发速度。

例如，为了更好地管理客户关系，一汽大众决定使用钉钉宜搭平台搭建"客户需求流转系统"，实现销售、市场和服务部门之间的高效协作。该系统利用宜搭的拖拽式界面和丰富的组件库，实现了从客户信息录入到任务自动分配的全流程自动化。

系统支持自定义表单控件，能够根据业务需求灵活配置客户信息字段，确保数据的准确性和完整性。该系统提升了客户体验和运营效率，也展现了低代码平台在企业数字化转型中的巨大潜力，特别是在流程自动化和数据管理方面。

第三节　客户信息在企业各部门的共享与整合

在汽车行业中，客户信息分散于销售、市场、服务、生产等多个部门，形成

"数据孤岛"，导致客户体验割裂、决策滞后。例如，销售部门不了解客户的售后维修记录，可能重复推销已购服务；市场部门无法获取实时客户反馈，难以制定精准营销策略。本节将探讨如何通过技术手段与管理机制，实现客户信息在企业内部的共享与整合，为跨部门协作提供数据支撑。

一、客户信息共享的核心价值

客户信息共享是现代企业客户关系管理（CRM）中的关键环节，其核心价值在于通过整合和共享客户数据，实现更高效、更精准、更个性化的客户管理和服务。以下是客户信息共享的核心价值。

（一）提升客户体验

①一致性服务：通过共享客户信息，企业各部门能够提供一致的服务体验。无论客户与销售、市场还是服务部门互动，都能获得无缝衔接的服务。

②个性化服务：各部门可以根据共享的客户数据，提供个性化的服务和产品推荐，增强客户满意度和忠诚度。

（二）增强跨部门协作

①打破信息孤岛：客户信息共享打破了部门之间的信息壁垒，确保各部门能够实时获取最新的客户数据，避免重复工作和信息不一致。

②协同工作：通过共享平台，各部门可以协同工作，共同制定和执行客户策略，提高工作效率和响应速度。

（三）提高决策质量

①数据驱动的决策：共享的客户信息为管理层提供了全面、准确的数据支持，帮助他们做出更科学、更合理的决策。

②实时监控与调整：通过实时共享的数据，企业可以及时监控市场变化和客户反馈，快速调整策略，提升市场竞争力。

（四）优化资源分配

①精准营销：通过共享客户数据，市场部门可以更精准地定位目标客户，优化营销资源的分配，提高营销效果。

②高效服务：服务部门可以根据共享的客户数据，提前准备服务资源，提高服务效率和质量。

（五）增强客户忠诚度

①持续互动：通过共享客户信息，企业可以持续与客户进行互动，及时解决客户问题，增强客户对品牌的信任和忠诚度。

②长期关系管理：共享的客户信息有助于企业更好地管理客户生命周期，从潜在客户到忠诚客户的全过程中提供一致的服务。

（六）提升企业竞争力

①快速响应市场变化：共享的客户信息使企业能够快速响应市场变化，及时调整策略，提升市场竞争力。

②创新服务模式：通过共享客户数据，企业可以探索新的服务模式和业务机会，进一步提升企业的竞争力。

客户信息共享是提升客户体验、增强跨部门协作、提高决策质量、优化资源分配、增强客户忠诚度和提升企业竞争力的关键。通过建立有效的客户信息共享机制，企业可以更好地管理客户关系，实现长期稳定的发展。

二、信息共享的技术与机制

（一）信息共享的技术

信息共享的技术是实现信息在不同部门和系统之间高效传递和利用的关键。以下是一些主要的技术手段。

1. 云计算

云计算提供了强大的计算和存储能力，支持信息的集中管理和共享。通过云平台，企业可以实现数据的实时同步和访问，提高信息共享的效率。例如，云计算的IaaS环境可以提供服务器、存储等基础设施的虚拟化服务，支持信息共享的云服务。

2. 大数据技术

大数据技术能够处理和分析海量的数据，帮助企业更好地理解和利用共享的信息。通过机器学习和数据分析，企业可以识别趋势、预测风险，并制定相应的策略。

3. 区块链技术

区块链技术为信息共享提供了更高的安全保障。它能够确保信息的透明性和不可篡改性，适用于需要高信任度的场景。

4. 协作工具和平台

现代协作工具如钉钉、企业微信等，提供了便捷的信息共享和沟通功能。这些工具支持文件共享、实时通信和任务管理，极大地提高了团队协作的效率。

（二）信息共享的机制

信息共享的机制是确保信息在组织内部和外部有效流通的规则和流程。以下是一些主要的机制。

1. 建立共享平台

企业可以建立专门的信息共享平台，如内部的知识管理系统或外部的社交网络。这些平台支持信息的发布、共享和讨论，形成活跃的信息交流社区。

2. 数据标准化和规范化

信息共享的基础是数据的标准化和规范化。企业需要制定统一的数据标准和接口，确保不同系统之间的数据能够无缝对接。

3. 跨部门协作机制

企业需要打破部门壁垒，建立跨部门的协作机制。通过定期的跨部门会议和项目小组，确保各部门能够共享信息和协同工作。

4. 安全和隐私保护

信息共享过程中，安全和隐私保护至关重要。企业需要采取多种安全技术手段，如数据加密、用户认证、访问控制等，确保信息的安全性和隐私性。

5. 持续评估和优化

信息共享的机制需要持续评估和优化。企业应定期检查信息共享的效果，根据反馈进行调整，确保机制的有效性和适应性。

三、客户信息共享的技术实现

（一）中央数据库与 CRM 系统

中央数据库是 CRM 系统的核心组成部分，用于集中存储和管理所有客户信息。它确保所有相关部门（如销售、市场、服务等）能够访问到最新和最准确的客户数据，从而提高工作效率和客户服务质量。CRM 系统通过数据管理技术，实现客户数据的集中化、清洗、整合和安全保护，这些功能确保数据的准确性、一致性和合规性，并通过数据集成技术将来自不同渠道的数据汇总到中央数据库中。企业通过建立共享平台、数据标准化、跨部门协作机制等，确保中央数据库与 CRM 系统有效结合和运作。通过结合中央数据库和 CRM 系统，企业可以实现以下价值。

①提升客户体验：各部门可以提供一致的服务体验，避免信息孤岛。

②增强跨部门协作：打破部门壁垒，支持协同工作。

③提高决策质量：提供数据支持，帮助管理层作出更科学的决策。

不过，在共享信息的同时，企业必须重视数据安全和隐私保护，采取加密、访问控制等安全措施，确保客户数据的安全性和隐私性。

例如，小鹏汽车作为中国知名的新能源汽车制造商，致力于通过数字化技术提升客户体验和运营效率。为了更好地管理客户关系，小鹏汽车与广州市蓝岭信息技术有限公司合作，成功部署了 Salesforce CRM 系统。该系统支持销售、服务、市场部门实时查询客户历史互动记录，确保各部门能够提供一致的服务体验。Salesforce CRM 系统的数据共享功能，使得销售、服务、市场部门能够更好地协同工作，提高了整体运营效率；同时，通过 Salesforce CRM 系统收集和分析客户数据，小鹏汽车能够更好地理解市场趋势和客户需求，为决策提供数据支持[1]。

（二）API 接口与系统集成

1. API 接口

应用程序编程接口简称 API 接口（application programming interface），是一组预定义的函数或指令集，允许不同的软件应用程序之间进行交互和通信。API 接口定义了软件组件之间如何进行交互，包括数据的格式、请求和响应的方式等。

主要功能：

①数据交换：API 接口允许不同系统之间交换数据，确保信息的实时同步和一致性。

---

[1]　资料来源：136 氪企服点评. 广州小鹏汽车 Salesforce CRM 项目成功上线 [EB/OL]. （2023 – 08 – 15）［2024 – 06 – 20］. https：//www.36dianping.com/case/13688.

②功能扩展：通过 API 接口，企业可以扩展系统的功能，集成第三方服务或内部其他系统。

③自动化流程：API 接口支持自动化任务，减少手动操作，提高效率。

2. 系统集成

系统集成是指将多个独立的系统或模块组合成一个协调一致的、能够满足特定需求的完整系统的过程。系统集成的目标是实现不同系统之间的无缝协作，提高整体运营效率和数据一致性。

主要目标：

①打破信息孤岛：通过系统集成，企业可以消除不同部门或系统之间的信息壁垒，确保数据的实时共享和更新。

②优化业务流程：系统集成可以优化企业的业务流程，减少重复工作，提高效率。

③提升客户体验：通过集成的系统，企业可以提供更加一致和个性化的服务，提升客户满意度。

3. API 接口与系统集成的关系

API 接口是系统集成的关键技术手段之一。通过 API 接口，企业可以实现不同系统之间的数据交换和功能调用，从而实现系统集成。具体来说：

①数据同步：通过 API 接口，企业可以实时同步客户数据，确保不同系统之间的数据一致性。

②功能扩展：企业可以通过 API 接口调用第三方服务或内部其他系统的功能，扩展系统的功能。

③自动化流程：API 接口支持自动化任务，减少手动操作，提高效率。

例如，小鹏汽车通过 Salesforce CRM 的 API 接口，实现了与内部系统的集成。通过 API 接口，小鹏汽车将客户的历史互动记录（如购车记录、服务记录、市场活动参与记录等）实时同步到 CRM 系统。这种集成不仅支持数据的双向同步，还支持复杂的业务逻辑，如自动触发市场活动、服务预约提醒等。

（三）数据中台架构

数据中台（data middle platform）是指在企业数据治理和数据应用层面建立的一套统一数据管理、共享与服务的体系。其核心在于将企业内部各业务系统产生的数据进行整合、清洗、建模及标准化处理，形成统一的数据服务层，进而支持上层的业务决策、数据分析及应用创新。

1. 数据中台架构的核心功能

①数据采集：从各个业务系统中实时采集数据，包括用户行为、交易记录、物流信息等。

②数据治理：通过数据清洗、标准化和质量管理，确保数据的准确性和一致性。

③数据存储：采用分布式存储技术，支持海量数据的存储和高并发访问。

④数据分析：提供多维度的数据分析工具，支持业务部门进行个性化推荐、精准营销等分析工作。

⑤数据共享：通过 API 和数据服务平台，实现数据的跨部门共享和业务协同。

2. 数据中台与其他平台的对比

①数据处理方式：数据中台融合了实时流处理与离线批处理，满足业务实时响应需求，同时支持深度数据挖掘。

②数据标准化与治理：数据中台强调数据治理，通过主数据管理、元数据管理和数据血缘工具，实现数据全流程的标准化管理。

③数据共享性与灵活性：数据中台通过标准化接口实现数据服务化输出，保证跨部门数据共享的高一致性，同时快速响应各业务单元的定制化需求。

④服务能力与应用场景：数据中台作为统一数据服务平台，支持实时查询、机器学习模型训练、数据挖掘和业务智能等多样化应用场景。

⑤数据安全、权限与合规管理：数据中台在设计上集成了数据治理、数据血缘和权限管理机制，通过 API 网关、细粒度权限控制等手段，实现统一安全管控。

3. 数据中台的应用案例

①电商行业：电商平台可以通过数据中台整合了、用户行为、交易、物流等数据，实现个性化推荐和精准营销，提升用户购买转化率。

②金融行业：银行可通过数据中台整合了客户信息、交易记录、风险数据等，实现精准营销和风险控制，降低风险损失。

③制造业：汽车制造企业通过数据中台整合了生产、供应链和销售数据，实现了产过程的智能优化和供应链的高效协同。例如，为了更好地管理客户关系和优化产品性能，特斯拉构建了一个强大的"数据中台"，整合了车辆传感

器数据、客户服务记录和充电桩使用数据，这一数据中台不仅支持销售预测和市场分析，还为产品的持续迭代提供了数据支持，显著提升了客户体验和运营效率。

（四）区块链技术

区块链（blockchain）是一种分布式账本技术，它将数据以区块的形式存储，并通过加密算法和共识机制确保数据的不可篡改和透明性。每个区块包含一定数量的交易记录，并通过加密哈希值与前一个区块链接在一起，形成一个不断增长的链状结构。

1. 区块链技术的核心特点

①不可篡改：每个区块包含一个加密哈希值，该哈希值是根据区块内的数据计算得出的。如果区块中的数据被篡改，哈希值将发生变化，从而破坏整个区块链的完整性。

②共识机制：区块链通过共识机制（如工作量证明 PoW、权益证明 PoS 等）确保所有节点对交易记录达成一致，一旦数据被写入区块链，就无法被篡改。

③去中心化：一是分布式账本，区块链不依赖于单一的中心化服务器，而是将数据存储在多个节点上，每个节点都保存完整的账本副本，确保数据的安全性和可靠性。二是节点共识，所有节点通过共识机制共同验证和记录交易，避免了单点故障和中心化控制的风险。

④透明性：公开账本。区块链上的所有交易记录都是公开透明的，任何节点都可以查看和验证交易数据。虽然交易记录是公开的，但参与者的身份可以通过加密技术进行匿名或半匿名处理，保护用户隐私。

⑤安全性：加密技术。区块链使用先进的加密技术（如 SHA – 256）确保数据的安全性，防止数据被篡改或泄露。通过共识机制确保所有节点对交易记录达成一致，防止恶意攻击和欺诈行为。

2. 区块链技术的应用场景

区块链技术的应用场景非常广泛。在金融领域，比特币、以太坊等数字货币利用区块链技术实现去中心化的货币交易；通过区块链技术，跨境支付可以实现快速、低成本的转账；区块链可以用于证券交易的清算和结算，提高效率和透明度。在供应链领域，区块链可以记录商品从生产到销售的全过程，确保商品的真实性和质量；通过区块链技术，可以实时跟踪物流信息，提高供应链的透明度和效率。在医疗健康方面，区块链可以安全地存储和共享电子病历，确保患者隐私和数据安全；用于药品的溯源管理，防止假药流入市场。在物联网方面，区块链可以用于物联网设备的管理和认证，确保设备的安全性和可靠性；实现物联网设备之间的数据共享，提高设备的协同能力。目前，在二手车交易市场也开始应用区块链技术，区块链可以记录车辆的维修、保养和事故历史，确保车辆信息的真实性和透明性，从而二手车交易可以实现快速、安全的验证和交易。

四、客户信息整合的挑战与应对

（一）数据隐私与合规风险

随着智能汽车的普及，数据隐私和合规风险成为汽车行业面临的重要挑战。智能汽车通过各种传感器和网络连接，收集和传输大量的用户数据，这些数据可能包含个人隐私信息，如驾驶习惯、位置信息、车内视频和音频数据等。如果这些数据被不当处理或泄露，将对用户隐私和企业声誉造成严重影响。其应对策略如下。

1. 加强数据安全管理

建立完善的数据安全管理体系，包括数据加密、访问控制、数据备份和恢复等措施。定期进行数据安全审计和漏洞扫描，及时发现和修复安全问题。

2. 遵守法律法规

严格遵守相关法律法规，如《中华人民共和国个人信息保护法》和《汽车数据安全管理若干规定（试行）》，确保数据处理活动合法合规。对于跨境数据传输，确保符合相关国家和地区的法律法规。

3. 提升用户透明度和控制权

通过用户协议和隐私政策，明确告知用户数据的收集、使用和保护方式，确保用户对数据处理有充分的了解和控制。提供用户关闭数据收集的选项，但同时告知用户关闭数据收集可能影响某些功能的使用。

4. 加强数据治理

建立数据治理机制，确保数据的准确性、完整性和一致性。定期评估数据治理效果，根据业务需求和技术发展持续优化数据治理策略和流程。

通过以上措施，车企可以有效应对数据隐私与合规风险，保护用户隐私，增强用户信任，提升企业声誉和市场竞争力。

（二）系统兼容性问题

系统兼容性问题是指在企业数字化转型过程中，不同系统之间因技术架构、数据格式、接口标准等方面的差异，导致系统之间无法无缝集成和协同工作。这种问题在汽车行业尤为突出，因为汽车企业通常涉及多个业务系统，如 CRM、ERP、售后服务系统、车联网系统等。其具体表现有以下几点。

①数据格式不一致：不同系统可能使用不同的数据格式，导致数据无法直接交换和共享。

②接口标准不统一：各系统可能采用不同的接口标准，如 RESTful API、SOAP 等，导致系统之间的调用和数据传输困难。

③技术架构差异：不同系统可能基于不同的技术架构，如传统的关系型数据库和现代的分布式数据库，导致数据存储和处理方式不一致。

④版本不兼容：不同系统可能使用不同版本的软件，导致功能和数据结构不兼容，影响系统集成。

1. 系统兼容性问题的挑战

①集成成本高：解决系统兼容性问题通常需要大量的时间和资源，增加了系统的集成成本。

②维护难度大：不同系统之间的兼容性问题可能导致系统维护和升级的难度增加，影响系统的长期稳定性。

③数据一致性问题：系统之间的数据格式和处理方式不一致可能导致数据不一致，影响业务决策的准确性。

④用户体验差：系统之间的不兼容可能导致用户在使用过程中遇到问题，影响用户体验和满意度。

2. 应对系统兼容性问题的策略

①统一数据标准：制定统一的数据模型和元数据标准，确保不同系统之间的数据格式一致。通过数据治理工具，对数据进行清洗、转换和校验，确保数据的准确性和一致性。

②采用中间件技术：使用中间件（如 ETL 工具、API 网关）来解决不同系统之间的接口标准不统一问题。中间件可以提供数据转换、路由和协议转换功能，实现不同系统之间的无缝集成。

③建立统一的 API 平台：通过建立统一的 API 平台，提供标准化的接口，支持不同系统之间的数据交换和功能调用。API 平台可以实现数据的统一管理和共享，减少系统之间的直接依赖。

④采用微服务架构：微服务架构将复杂的系统分解为多个独立的服务，每个服务可以独立开发和部署。通过微服务架构，企业可以灵活地集成和扩展系统，减少系统之间的兼容性问题。

⑤加强技术选型和规划：在系统建设初期，进行充分的技术选型和规划，确保不同系统之间的技术架构和接口标准一致。选择具有高兼容性和扩展性的技术方案，减少未来集成和维护的难度。

⑥持续的系统维护和升级：定期进行系统维护和升级，确保不同系统之间的兼容性。

⑦通过持续的系统优化，减少系统之间的不兼容问题，提升系统的整体性能和稳定性。

（三）部门间文化阻力

部门间文化阻力是指在企业内部，不同部门之间因文化、价值观、工作方式和目标的差异，导致在协作和沟通中出现的障碍。这种阻力可能表现为部门之间的不信任、沟通不畅、协作困难等问题，影响企业的整体运营效率和客户体验。

1. 部门间文化阻力的挑战

①协作效率低：部门间文化阻力可能导致协作效率低下，影响项目的推进和完成。

②客户体验差：部门间文化阻力可能导致客户在与不同部门互动时获得不一致的服务体验，影响客户满意度。

③内部冲突：部门间文化阻力可能导致内部冲突，影响团队的士气和凝聚力。

④创新受阻：部门间文化阻力可能导致创新受阻，影响企业的竞争力和市场适应能力。

2. 应对部门间文化阻力的策略

①建立共同的目标和价值观：通过明确企业的整体目标和价值观，确保各部门在协作时有共同的方向。定期组织跨部门的沟通会议，分享企业的愿景和目标，增强团队的凝聚力。

②加强沟通与协作：建立跨部门的沟通机制，定期组织跨部门的沟通会议，确保信息的及时传递和共享。采用统一的沟通工具和平台，如企业微信、钉钉等，提高沟通效率。

③培养跨部门信任：通过团队建设活动和共同的项目，增强部门之间的信任和理解。鼓励部门之间的透明沟通，及时解决冲突和误解。

④统一工作方式和流程：制定统一的工作流程和标准，确保各部门在协作时有明确的操作规范。通过培训和指导，帮助各部门理解和适应统一的工作方式。

⑤文化融合与理解：通过培训和交流活动，帮助各部门理解彼此的文化和价值观。促进部门之间的文化交流，增强团队的包容性和多样性。

以吉利汽车为例，吉利汽车在实施客户旅程优化项目时，遇到了部门间文化阻力的问题。通过建立共同的目标和价值观（如明确了客户满意度和忠诚度作为企业的整体目标，确保各部门在协作时有共同的方向，定期组织跨部门的沟通会议，分享企业的愿景和目标，增强团队的凝聚力）、加强沟通与协作（如采用统一的沟通工具和平台，如企业微信、钉钉等，提高沟通效率）、培养跨部门信任、统一工作方式和流程和文化融合与理解等措施解决了部门间文化阻力的问题。

五、案例分析：成功的跨部门合作实例

丰田汽车的"客户全生命周期管理"实践

丰田汽车（Toyota）作为全球领先的汽车制造商，一直致力于通过客户全生命周期管理（CLM）提升客户体验和忠诚度。面临着客户体验碎片化问题：销售部门专注于新车交付，忽视售后服务的连贯性；市场部门的促销活动与客户实际需求脱节；售后服务部门缺乏客户历史数据，导致服务响应滞后。经过问题诊断发现以下问题。

①客户流失率上升：购车后3年内流失率达35%。

②跨部门协作低效：客户投诉平均需5个工作日解决，部门间推诿现象严重。

③数据孤岛：销售、服务、车联网数据分散在独立系统中，无法形成完整客户画像。

针对这些问题，丰田启动"客户全生命周期管理"项目，目标是通过跨部门协作实现客户体验无缝衔接，该项目包括以下几点。

1. 组织架构重构

成立"客户体验中心（CEC）"。成员构成：销售、市场、服务、IT部门代表，直接向COO汇报。该中心的核心职责是监控客户旅程痛点、协调部门资源解决问题。

2. 技术整合与数据共享

①统一数据平台：整合CRM、DMS（经销商管理系统）、车联网数据，构建"客户360视图"。例如，客户购车后，车联网数据（如驾驶习惯）自动同步至售后服务系统，用于定制保养方案。

②实时协作工具：部署微软Teams与Salesforce集成平台，支持跨部门实时沟通与工单流转。

3. 流程优化与标准化

①客户旅程地图（customer journey map），识别关键触点与责任部门（见表7-2）。

表7-2　客户旅程地图（一）

客户阶段	关键触点	责任部门	协作动作
购车前	试驾体验	销售＋市场	市场提供试驾数据分析，销售优化话术
购车中	金融服务办理	销售＋财务	财务实时审批贷款，销售跟进签约
购车后1个月内	首次保养提醒	服务＋IT	IT自动推送保养券，服务预约跟进
购车后1年以上	续保与置换推荐	服务＋销售	服务提供车辆健康报告，销售推荐新车

②SOP标准化，制定《跨部门协作手册》，明确客户问题响应时限（如重大投诉需2小时内启动处理）。

4. 文化变革与激励机制

①考核机制调整：销售部门KPI增加"客户留存率"权重（占比30%）；服务部门奖金与客户满意度评分直接挂钩。

②跨部门培训：销售与服务团队联合参与"客户沟通与需求挖掘"培训，减少承诺与服务的偏差。

丰田通过跨部门协作，将原本孤立的销售、服务、市场职能整合为"以客户为中心"的全生命周期管理体系，丰田获得了以下成果。

①客户体验提升：客户投诉解决时长从 5 天缩短至 8 小时，满意度从 72% 提升至 94%；客户留存率（购车后 3 年）从 65% 提升至 82%。

②运营效率优化：跨部门协作成本降低 40%（减少重复沟通与资源浪费）；售后服务收入增长 25%（通过精准推送保养套餐和延保服务）。

③数据驱动决策：市场部门通过整合数据发现，新能源车客户更关注充电服务，遂推出"充电桩免费安装"活动，订单量提升 18%。

这个案例中，该项目能够成功解决问题，成功关键因素在于高层支持，COO 亲自推动项目，确保资源投入与部门配合；技术赋能，数据整合平台与协作工具是落地基础；文化适配，通过激励机制将"部门竞争"转化为"协作共赢"。这样的成功案例是可复制的经验，在处理客户关系的过程中，要学会优先解决高价值客户旅程痛点（如购车后首次保养），再逐步扩展；其次，所有流程设计都需要以客户需求为出发点，而非部门便利。未来也可引入 AI 预测模型，基于客户行为数据预测流失风险，提前触发干预措施；还可进行打造生态圈，与第三方充电服务商、保险公司共享数据，打造客户服务生态。

资料来源：丰田客户体验转型白皮书［EB/OL］.（2023 - 03 - 15）［2024 - 06 - 20］.https：//global.toyota/pdfs/sustainability_report_2023.pdf；J. D. Power. 2022 年丰田客户满意度研究报告［EB/OL］.（2022 - 06 - 18）［2024 - 06 - 20］.https：//www.jdpower.com/business/2022 - toyota - csi - report；麦肯锡.汽车行业客户留存率分析［EB/OL］.（2023 - 01 - 10）［2024 - 06 - 20］.https：//www.mckinsey.com/industries/automotive/our - insights；Salesforce. 丰田 CRM 实施案例研究［EB/OL］.（2023 - 05 - 20）［2024 - 06 - 20］.https：//www.salesforce.com/customer - stories/toyota/；微软.丰田数字化协作平台应用报告［EB/OL］.（2023 - 04 - 05）［2024 - 06 - 20］.https：//www.microsoft.com/casestudies/toyota；丰田汽车投资者关系报告.2023 年度运营数据［EB/OL］.（2024 - 02 - 28）［2024 - 06 - 20］.https：//global.toyota/investors/library/annual_report.html.

☆思考：

①如果您的企业缺乏丰田的资源投入能力，如何低成本启动跨部门协作？

②如何平衡数据共享的便利性与客户隐私保护之间的冲突？

③选择一个您熟悉的汽车品牌，分析其跨部门协作的潜在改进空间。

宝马（BMW）的"360度客户体验"项目

宝马作为全球高端汽车品牌，近年来面临客户体验碎片化问题，如销售与售后脱节，客户购车后，售后服务无法及时获取车辆配置信息，导致保养方案不精准；市场活动低效：促销活动未结合客户实际用车需求，转化率低；数据分散：客户数据分散在销售、售后、车联网等独立系统中，形成"数据烟囱"。此外，宝马集团在传统的线下展厅体验方面表现出色，但在将这种高端体验扩展到线上客户旅程时面临挑战。这些问题使得其客户流失率较高，购车后3年内客户流失率达30%（行业平均25%）；客户满意度较低，售后服务满意度仅为68%，低于竞争对手奔驰（75%）；此外，其跨部门协作成本较高，客户投诉需跨4个部门处理，平均耗时72小时。而客户旅程涉及多个触点、设备和场景，如何精准地了解客户需求并提供个性化体验是一个难题。为了解决这些问题，宝马决定通过数字化转型，打造一个以客户为中心的线上线下一体化体验。这一转型需要跨部门合作，整合市场、销售、服务和技术等多个部门的力量。

宝马启动"360度客户体验"项目，目标是通过整合销售、市场、售后、技术部门资源，打造无缝客户旅程。该项目主要包括以下几点。

1. 组织架构与团队重构

①成立"客户体验委员会"：由销售总监、售后总监、首席数字官（CDO）及区域经销商代表组成，直接向全球CEO汇报。其职责为，制定跨部门协作流程、监控客户旅程关键指标（如NPS、客户留存率）。

②设立"客户旅程经理"角色：专职协调销售、售后、市场部门，确保客户需求在部门间无断点传递。

2. 技术整合与数据共享

①构建"客户数据平台（CDP）"。整合数据源，将销售系统（车辆配置、订单记录）、售后系统（维修历史）、车联网数据（驾驶行为、充电记录）整合。该平台的功能是，生成动态客户画像，实时推送至相关部门（如客户车辆即将过保时，自动触发售后部门跟进）。

②AI驱动的决策支持。市场部门利用机器学习模型，分析客户数据并制定精准营销策略（如针对长途驾驶客户推荐驾驶辅助套件）。

3. 流程优化与标准化

①客户旅程地图（customer journey map）设计（见表 7 – 3）。

表 7 – 3　　　　　　　　　　　　客户旅程地图（二）

客户阶段	关键协作节点	责任部门	工具/动作
购车前	试驾数据分析	市场+销售	车联网数据反馈客户试驾习惯，销售优化话术
购车中	金融服务与车辆交付	销售+财务+物流	系统自动同步贷款审批状态与交车时间
购车后 1 个月	首次保养服务	售后+技术	根据车联网数据生成个性化保养建议
购车后 1 年	客户满意度回访	市场+售后	结合 NPS 数据优化服务流程

②SOP 标准化：制定《跨部门协作响应手册》，明确客户问题升级路径（如重大投诉需 1 小时内上报至客户体验委员会）。

4. 文化变革与激励机制

①KPI 重构。销售部门考核新增"客户生命周期价值（CLV）"指标（占比 40%），售后部门奖金与客户续保率、满意度直接挂钩。

②跨部门培训。销售与售后团队联合参与"客户需求沟通"沙盘模拟，减少信息传递偏差。

经过以上措施，获得了以下成果。

①客户体验提升：客户投诉解决时长从 72 小时缩短至 6 小时，NPS（净推荐值）从 45 提升至 68。售后客户留存率（购车后 3 年）从 70% 提升至 85%。

②运营效率优化：跨部门协作成本降低 35%，客户服务响应效率提升 50%。售后收入增长 30%（通过精准推送延保套餐和个性化保养计划）。

③数据驱动增长：市场部门基于整合数据推出"按需订阅服务"（如远程温控、车载娱乐），订阅用户增长 120%。销售线索转化率提升 25%（通过 AI 推荐的个性化试驾方案）。

其成功关键因素在于，高层承诺，全球 CEO 直接领导项目，确保资源投入与部门协作优先级；技术先行，CDP 平台和 AI 工具是打破数据孤岛的核心基础设施；客户为中心的文化，通过 KPI 重构，将部门目标统一到客户价值上。

宝马的"360 度客户体验"项目证明，数据是燃料，整合的客户数据是跨部门协作的基础；流程是引擎，标准化的客户旅程设计确保协作可执行；

文化是方向盘：只有以客户为中心的文化，才能驱动部门协作的长期成功。

资料来源：倍市得.2023 客户体验管理白皮书［EB/OL］.（2023－03－15）［2024－06－20］.https：//www.bestcem.com/whitepaper23；J.D.Power.2023 年豪华车客户留存研究［EB/OL］.（2023－06－15）［2024－06－20］.https：//www.jdpower.com/business/2023－luxury－retention－study；德国汽车工业协会.2023 售后服务满意度排名［EB/OL］.（2023－05－18）［2024－06－20］.https：//www.vda.de/en/service/quality－reports；麦肯锡.豪华车品牌数字化转型案例［EB/OL］.（2023－09－12）［2024－06－20］.https：//www.mckinsey.com/industries/automotive/our－insights；Salesforce.宝马 CDP 平台实施案例［EB/OL］.（2023－04－05）［2024－06－20］.https：//www.salesforce.com/customer－stories/bmw/；宝马投资者关系.2023 年度运营数据［EB/OL］.（2024－02－28）［2024－06－20］.https：//www.bmwgroup.com/en/investors/reports.html.

☆**思考：**

①如果您的企业面临部门间数据共享阻力，如何设计激励机制促进协作？

②如何平衡客户数据共享的便利性与隐私保护之间的矛盾？

③假设您是某车企的客户旅程经理，请设计一个跨部门协作解决"交车延迟投诉"的流程。

实 践 实 训

一、实训目标

①理解跨部门协作在客户关系管理中的作用：通过实践，让学生深入理解跨部门协作如何提升客户关系管理的效率和效果，包括如何整合不同部门的资源和能力，以提供更优质的服务。

②提升跨部门协作能力：培养学生在跨部门合作中的沟通、协调和资源整合能力，学会如何在不同部门之间建立信任和合作机制，共同推进客户关系管理项目。

③解决实际问题的能力：通过模拟真实的企业场景，让学生运用所学知识解决跨部门协作中的实际问题，如客户投诉处理、客户满意度提升等，提升其实际

操作和分析能力。

④团队协作与沟通能力：在实训过程中，学生以团队形式完成各项任务，锻炼团队协作和沟通能力，学会在跨部门合作的模拟场景中协调资源、共同推进客户关系管理工作。

二、实训内容

（一）跨部门协作在客户关系管理中的应用实践

选择一个汽车品牌（如宝马、奥迪等），分析其在客户关系管理中如何通过跨部门协作提升客户体验。学生需通过实际案例分析，熟悉跨部门协作的基本流程和方法，并探讨其在客户关系管理中的优势和局限性。例如，分析该品牌如何通过市场部、销售部、售后服务部等部门的协作，优化客户购车和售后服务流程。

（二）模拟跨部门协作项目

模拟一个汽车品牌的新产品发布项目，要求学生以团队形式完成以下任务。

①项目规划：制订跨部门协作计划，明确各部门的职责和任务，包括市场调研、产品定位、销售策略、售后服务等。

②沟通机制：建立有效的跨部门沟通机制，确保信息流畅传递，及时解决协作中的问题。

③资源整合：整合各部门的资源，如人力、物力、财力等，确保项目顺利推进。

④客户体验优化：通过跨部门协作，优化客户在购车、使用和售后服务过程中的体验，提升客户满意度。

（三）客户投诉处理与跨部门协作

选择一个汽车品牌，分析其如何通过跨部门协作处理客户投诉。学生需通过实际案例分析，掌握跨部门协作在客户投诉处理中的应用，包括如何快速响应客户投诉、协调各部门解决问题、跟踪投诉处理结果等。例如，分析该品牌如何通过市场部、销售部、售后服务部等部门的协作，快速解决客户投诉，提升客户满意度。

（四）跨部门协作的绩效评估与优化

模拟一个汽车品牌在客户关系管理中的跨部门协作项目，要求学生以团队形式完成以下任务。

①绩效评估：制定跨部门协作的绩效评估指标，如客户满意度、项目完成时间、资源利用率等，评估项目的实施效果。

②问题诊断：分析项目实施过程中遇到的问题，如沟通不畅、资源分配不合理等，提出解决方案。

③优化方案：根据评估结果和问题诊断，提出优化跨部门协作的方案，包括改进沟通机制、优化资源配置等，提升跨部门协作的效率和效果。

三、实训要求

①团队协作：实训以小组形式开展。小组成员需明确分工，密切协作，共同完成各项实训任务。在团队合作过程中，鼓励成员积极沟通、互相学习，充分发挥各自的优势。

②数据支撑：在制定策略和分析问题时，要求学生以数据为依据。数据来源可以是公开的行业报告、网络数据，也可以是自行设计的简单市场调研结果。确保数据真实可靠，分析有理有据。

③方案可行性：所制订的跨部门协作计划、客户投诉处理方案、绩效评估与优化方案等应具有实际可行性，充分考虑汽车行业的市场环境、竞争状况以及企业的资源和能力。方案需包含具体的实施步骤、时间节点和预期效果。

④报告撰写：每个小组需提交实训报告，报告内容包括实训任务完成情况、数据分析结果、策略制订思路、遇到的问题及解决方案等。报告应结构清晰、逻辑严谨、语言通顺，字数不少于［×××］字。

⑤汇报展示：各小组需在班级内进行汇报展示，分享实训成果。要求展示内容简洁明了、重点突出，能够清晰呈现小组的实训过程和结论。汇报后需接受其他小组和教师的提问与评价。

通过本次实训，学生将全面掌握跨部门协作在客户关系管理中的应用，提升在复杂环境下的客户关系管理能力，为未来的职业发展打下坚实基础。

课 后 习 题

一、名词解释

1. 敏捷沟通机制

2. RACI 矩阵

3. 中央数据库

4. 系统集成

5. 跨部门协同机制

二、单项选择题

1. 跨部门协作的核心目标是（　　　）。

A. 提高部门之间的竞争   B. 提升客户满意度和忠诚度

C. 减少部门之间的沟通   D. 增加企业的利润

2. 在客户关系管理中，市场部的主要职责是（　　　）。

A. 提供售后服务   B. 管理客户信息

C. 进行市场调研和品牌推广   D. 处理客户投诉

3. 以下哪项不是跨部门协作的常见障碍？（　　　）

A. 部门目标不一致   B. 沟通不畅

C. 资源分配不均   D. 高层支持不足

4. 客户旅程是指（　　　）。

A. 客户购买产品的过程   B. 客户与企业互动的全过程

C. 客户使用产品的过程   D. 客户投诉的过程

5. 协同效应在跨部门协作中的主要体现是（　　　）。

A. 各部门独立工作   B. 各部门之间的竞争

C. 各部门的资源整合和优势互补   D. 各部门的冲突

三、多项选择题

1. 跨部门协作可以带来以下哪些好处？（　　　）

A. 提升客户体验   B. 提高工作效率

C. 增强企业竞争力   D. 减少资源浪费

2. 在客户关系管理中，以下哪些部门通常需要密切协作？（　　　）

A. 市场部   B. 销售部

C. 客户服务部   D. 研发部

3. 以下哪些因素可以促进跨部门协作的成功？（　　　）

A. 明确的共同目标   B. 有效的沟通机制

C. 高层领导的支持   D. 各部门之间的竞争

4. 客户满意度可以通过以下哪些方式提升？（　　　）

A. 提供高质量的产品和服务   B. 快速响应客户的需求和投诉

C. 提供个性化的客户体验   D. 减少客户与企业的互动

5. 在跨部门协作中，以下哪些工具可以帮助提高协作效率？（　　　）

A. CRM 系统   B. 项目管理软件

C. 即时通信工具   D. 数据分析工具

四、思考题

1. 结合实际案例，分析跨部门协作在客户关系管理中的重要性。

2. 讨论如何通过跨部门协作提升客户满意度和忠诚度。

3. 分析跨部门协作中常见的障碍，并提出相应的解决策略。

4. 选择一个汽车品牌，分析其跨部门协作的潜在改进空间。

5. 思考如何利用数字化技术（如 CRM 系统、数据分析工具等）支持跨部门协作，提升客户关系管理的效果。

第八章

客户关系管理中的挑战与解决方案

小鹏汽车售后服务与信任危机

近年来，小鹏汽车作为中国新能源汽车市场的代表性新势力品牌，凭借智能化技术和创新设计迅速崛起。然而，随着销量的增长，产品质量和售后服务问题也逐渐暴露，影响了品牌形象和用户满意度。自2024年下半年起，小鹏汽车多款车型出现质量问题，引发消费者集中投诉。例如，2024年8月，一位车主驾驶仅行驶4012公里的小鹏G6在高速上突然失去动力；2025年3月，郑州一位G6车主同样在行驶中遭遇动力中断，检测后确认均因线束故障所致。此外，车主还反映悬架异响、漏风等问题，售后承诺与实际效果往往不符。这些问题导致用户对小鹏汽车的信任度大幅下降。

小鹏汽车在售后服务方面存在诸多问题。车主反映维修周期过长、赔偿流程不透明，导致用户维权事件频发。当车主提出退车或置换等合理诉求时，小鹏官方起初将线束故障称为"偶发事件"，仅提供象征性补偿（如1000元积分），遭到车主集体拒绝。此外，售后流程烦琐、态度敷衍，车辆长期在修、不敢提上路，严重损害了用户体验和品牌口碑。

CRM 策略的缺失

为提升客户关系管理水平，小鹏汽车于2019年成功上线了 Salesforce CRM 系统，旨在实现客户信息的统一管理、销售流程的优化以及客户满意度的提升。小鹏期望通过该系统统一各个平台，准确、实时传递信息；打通前、中、后台系统信息数据，打破数据孤岛，提升工作效率和客户满意度；实时的报表数据统计分析，帮助管理层和销售团队及时掌握销售分析数据，为销售决策提供准确、实时的数据支撑。然而，尽管 CRM 系统的上线为小鹏汽车带来了诸多优势，但在实际运营中仍存在一些问题。例如，系统的易用性和用户体验有待提升，部分销售人员对系统的操作不熟悉，导致客户信息录入不及时或不准确。此外，系统与其他业务系统的集成程度有限，数据共享和流程协同仍需加强。另外，缺乏有效的客户分层管理策略，未能针对不同类型的客户，如大客户、潜在流失客户等实施差异化关怀和服务。面对集中负面舆情时，缺乏及时发布官方说明、公开道歉、开展客户沟通和补偿计划等危机公关与舆情应对措施，未能有效回应消费者关切、修复品牌形象并防止信任危机进一步扩大。

除此之外，小鹏汽车通过致远互联的协同运营平台 COP 构建了"一个中心、三个集成"的协同一体化管理体系，即以业务流程管理中心为核心，实现业务流程、系统数据和系统门户的三重集成。该平台通过全业务端到端的流程生命周期管理，有效整合了异构系统的业务流程、主数据和门户，实现了流程中心化应用、信息共享交互，显著提升了公司整体经营协作效率。同时，小鹏汽车创新性地运用企业微信平台开展客户运营和经销商管理，实现了线上集客、客户画像分类和经销商管理等功能，有效提高了客户转化率和满意度。当前，小鹏汽车在 CRM 系统建设和运营方面已取得阶段性成果，未来还需在系统易用性优化、数据深度整合、精细化客户分层管理以及舆情应对机制等方面持续改进，通过完善 CRM 系统功能、简化操作流程、强化与其他业务系统的协同，不断提升客户服务品质和品牌形象，为企业的可持续发展奠定坚实基础。

资料来源：小鹏汽车深陷质量投诉风波：多车型故障频发，车主安全与权益受挑战［EB/OL］.（2025 – 04 – 02）［2025 – 04 – 05］. https：//finance. sina. com. cn/roll/2025 – 04 – 02/doc – ineruanr9445007. shtml；小鹏汽车一体化运营让服务超长续航［EB/OL］.（2022 – 04 – 26）［2025 – 03 – 20］. https：//www. seeyon. com/News/desc/id/4483. html.

☆ **思考：**

①结合客户关系管理理论，小鹏应如何优化售后服务流程？

②如何利用客户分层管理策略提升客户留存率？

③在面对集中负面舆情时，小鹏应采取哪些危机公关与舆情应对措施？

CRM 已经成为现代企业管理中的很重要的一部分，在市场竞争愈演愈烈的情况下，尤企业越来越依赖 CRM 策略来提升客户满意度、增强客户忠诚度并优化其业务流程。大量研究表明，CRM 的有效实施对企业的整体绩效有着显著影响。这不仅体现在提升企业运营效率、推动创业成功、促进创新方面，还体现在显著提升客户参与度、增强客户忠诚度和留存率，甚至直接促使销售额的增长。以欧洲零售业为例，相关实证研究显示采用 CRM 的公司在实施 CRM 系统的前三年内，其客户忠诚度提升了 25%，而营销成本则降低了 10%[①]。但是随着技术的快速发展以及客户需求日益多样化，CRM 的实施和管理在实践中也面临着种种挑战。本章将深入探讨当前客户关系管理中面临的主要挑战，并提供相应的解决方案。我们不仅会把目光聚焦于客户数据的隐私保护与安全这一关键问题之上，同时也会着重研究如何巧妙且有效地去应对处在动态变化过程当中的客户需求，以及在技术实施进程里所遭遇的各种各样的障碍等诸多方面的问题。除此之外，我们还会关注汽车行业 CRM 未来的发展趋势层面，去解读其中蕴含的潜在机遇与可能面临的挑战。通过对本章内容的学习之后，我们便能够从根本上深入理解 CRM 的核心问题所在，并且能够切实掌握应对这些复杂挑战的有效策略与科学方法。

第一节　客户数据隐私与安全问题

在数字化时代，数据已经毫无疑问地成为企业在激烈竞争中脱颖而出的重要驱动力。在这样的大环境下，对于企业而言，如何科学合理地管理客户数据，同时全方位地保护这些数据的安全，就成为了摆在面前的一项极其关键的任务。近几年，我们经常听到企业的数据泄露，客户的信息被曝光，这不仅给客户带来了极大的困扰和损失，如个人财产面临被盗刷风险、频繁接到骚扰电话和诈骗信息等，也使得企业的声誉一落千丈。那些曾经信赖该企业的客户，会因数据安全问题对企业产生信任危机，进而选择转向其他竞争对手，导致企业客户流失严重，市场份额逐渐萎缩。针对这个问题，各个国家和地区不断出台相关的隐私法律法规，要求企业在日常运营中不能仅仅只关注如何收集客户数据以及怎样把这些数

① Purnama，K. & Susilowati，H.（2024）. The Evolution and Challenges of CRM Implementation in the Digital Economy：A Systematic Literature Review［J］. *Journal of Management and Informatics*，3，pp. 312 –327.

据运用到业务当中,更要花费大量的精力去确保自身的数据管理行为完全符合法律规定。毕竟一旦有所疏忽,企业极有可能面临严重的法律纠纷,进而遭受巨大的经济损失,这样的案例在现实中并不少见。特别是当 CRM 系统越来越依赖云计算和物联网技术时,企业所面临的安全和隐私方面的挑战变得更加复杂棘手。这些挑战可不单单局限于数据泄露、隐私保护等常见的安全问题。例如,客户信息在传输过程中被不法分子窃取,导致客户隐私泄露,给企业带来信任危机;又或者企业在收集和使用客户数据时,没有明确告知客户相关事项,违反了隐私法规。此外,还涉及如何在开展个性化营销的同时,严格遵守隐私法规的合规性问题。像企业在利用客户数据进行精准营销时,既要为客户提供个性化的服务,又不能触碰法律红线,这中间的平衡把握起来难度相当大。

在现代商业环境中,CRM 系统中的数据已成为企业最宝贵的资产之一。这是因为这些系统存储了大量敏感信息,包括客户姓名、联系方式、购买历史、财务数据、健康信息,甚至个人偏好。这些数据对企业的销售、客户支持和营销活动至关重要。例如,销售人员能依据这些数据去挖掘潜在客户、维护老客户;客户支持团队也能靠着这些数据更快速、准确地解决客户问题;在营销活动方面,决策者更是依据这些数据来制定更有针对性的策略。而且这些数据还可能包含一些受到严格监管的信息,如金融行业的客户交易数据、企业的机密信息与专有的商业数据等,这些都是企业的核心竞争力所在。如果这些数据没有得到妥善的保护,就可能会导致严重的后果。

一、数据泄露的风险与后果

这几年数据泄露事件的频率和严重性正在逐年上升。根据 IBM 发布的《2024 年数据泄露成本报告》,2024 年全球数据泄露的平均总成本已达到 488 万美元,比 2023 年增长了 10%,创下历史新高[①]。研究发现数据泄露成本持续上升的主要原因有三点。第一,网络攻击的频率不断攀升。企业为了解决这些安全问题就需要花钱请专业的安全团队,买各种防护设备,所以解决这些安全事件所需的成本也随之增加。第二,数据泄露后客户流失带来的经济损失对企业的打击更为严重。客户信心被泄露了,对企业的信息降低了,企业流失了客户

---

① IBM. Cost of a Data Breach Report 2024 [EB/OL]. [2025 – 01 – 12]. https：//www.ibm.com/reports/data – breach.

还怎么赚钱呢？第三，越来越多的企业在数据泄露发生后都要组建法医调查、风险评估和危机管理团队，去调查原因、评估损失、处理后续问题。这些团队的组建和运作都需要不少资金投入，成本自然就上去了。这几个因素加在一起，就把数据泄露的整体成本给推得越来越高，所以数据保护对企业来说是不可忽视的重要任务。

数据泄露带来的问题也不只是经济上的损失，还可能对企业的声誉和客户信任造成深远的负面影响。在这些数据泄露事件中，客户和员工的信息是最容易被窃取的。一旦这些信息被泄露，后果不堪设想。例如，有人拿着客户的信息就可以盗取客户的身份，可能出现欺诈行为；虚假账单也有可能冒出来，使客户莫名其妙地背上债务；甚至还会有企业间谍活动，把企业的商业机密泄露出去，这些数据还有可能被卖给第三方。很多企业在数据泄露发生后，第一反应就是担心财务信息被盗，但事实上 CRM 系统里的其他数据，像客户偏好、购买历史等同样具有极高的价值。这些数据要是被不法分子拿到手，他们就能想出更复杂的攻击手段，在商业竞争里当作筹码来对付企业。所以说，企业一定要保护好 CRM 系统里的所有数据，重心不能只放在财务信息上。

要是企业忽视了 CRM 系统里的隐私问题，后果可能很严重。政府的监管罚款和干预是显而易见的风险，一旦被查到，罚款可不是一笔小数目。但更要警惕的是，隐私问题在后期爆发时，会严重干扰企业的正常业务运营。例如，一旦发生数据泄露，或者客户提出数据主体访问请求，企业就得赶紧停下手里的其他工作，投入大量的时间和资源去处理这些突发情况。这就会让企业没办法把精力都放在核心业务上，业务开展肯定会受到影响。而且，隐私问题还会影响企业和潜在商业伙伴的合作关系。有些合作对企业的生存和发展至关重要，要是因为隐私问题搞砸了合作，严重者甚至会对企业的生存造成影响。这种潜在的干扰不仅会打乱企业的正常运营节奏，还会对企业长期战略目标的实现造成阻碍。

二、数据泄露的原因与安全威胁

数据泄露的发生发生是由好多不同因素共同造成的，像是安全漏洞、弱密码、应用程序本身存在的问题、企业内部心怀不轨的人员、恶意软件的捣乱、社会工程学攻击手段，还有权限设置得不合理太宽泛等，这些都有可能引发数据泄露。从这些因素就能看出来，数据泄露这事儿可不是简单的，企业在保护数据时，面临的挑战那是多种多样的。

（一）安全漏洞与防护突破

很多数据泄露事件一开始就是因为企业存在安全漏洞，或者原本设置的防护措施失效了。

有些企业可能没察觉到潜在的风险，还有些企业觉得实施安全防护的成本太高就选择忽视。安全措施失效还有可能是因内部或外部的人故意取消而失效，如有人不小心或者故意弄丢了权限，丢失了设备，甚至还有一些被国家支持的行为者专门去移除企业的安全措施。恶意攻击者会想尽办法突破安全防护，通过使用恶意软件、发动黑客攻击、传播病毒、搞社交工程欺骗、进行网络间谍活动等各种手段来窃取数据。不过也有一些数据泄露是企业自己不小心造成的，例如，误把敏感信息发布出去了，配置的时候出了差错，加密没做好，电脑丢了，或者是权限被滥用了，这些情况都有可能导致敏感信息泄露出去，给企业带来很大的麻烦。

（二）弱密码与凭证泄露

数据泄露常常是因为一些看似不起眼却很关键的因素，其中弱密码和被盗凭证是特别常见的原因。许多用户在设置密码时，因为图方便，习惯使用简单易猜的密码，如生日、电话号码等，更糟糕的是，很多人在多个账户之间重复使用相同的密码，这样风险就更大了。攻击者可以轻松破解这些弱密码，一旦他们破解了一个密码，他们就能访问同一用户的其他账户。2023 年 Verizon 做了一个数据泄露调查报告，这里面提到，有高达 83% 的泄露事件是由外部攻击者实施的，其中 49% 涉及使用被盗凭证[①]。还有 Digital Shadows 的研究显示超过 150 亿个被盗凭证在互联网和暗网中流通[②]。为应对这一问题，企业第一步就应该制定严格的强密码政策。大家回想一下，是不是很多时候我们在设置密码的时候遇到了严格的密码要求，如需要用数字加字母再加大小写，甚至还要加特殊字符，还要保证密码有一定的长度。企业还要强制执行多因素认证（multi-factor authentication，MFA），这是一种能让用户更好地证明自己身份的安全验证方法。它要求用户提供两个或更多种不同类型的身份凭证，以证明其身份。这些凭证通常包括你知道

---

① Verizon. 2024 Data Breach Investigations Report［EB/OL］.［2025 – 01 – 15］. https：//www. verizon. com/business/en – gb/resources/reports/dbir/.

② Winder, D. New Dark Web Audit Reveals 15 Billion Stolen Logins From 100000 Breaches. Forbes［EB/OL］.（2020 – 07 – 08）［2025 – 01 – 15］. https：//www. forbes. com/sites/daveywinder/2020/07/08/new – dark – web – audit – reveals – 15 – billion – stolen – logins – from – 100000 – breaches – passwords – hackers – cybercrime/？ sh =3794cb02180f.

的信息，如密码；还有就是你拥有的物品，如安全令牌和生物特征，像指纹识别。许多企业都意识到弱密码的危害太大了，所以都在积极行动，慢慢转向无密码认证，以消除弱密码带来的相关安全风险。

（三）应用程序漏洞与后门

软件应用程序里存在的漏洞和后门也为攻击者提供了可乘之机。我们应该经常听到说软件供应商发布了补丁来修复某些漏洞。但是呢，不少企业因为各种原因，没能及时更新软件，攻击者便会利用这些漏洞发起攻击。从数据统计结果来看，Web 应用攻击在所有数据泄露事件里占比达到了 26%。再看看 2023 年的数据，应用层攻击的增长幅度达到了 80%。这一年一共记录了 25059 个 CVE 漏洞，跟 2022 年相比，足足增加了 5000 个[①]。为减少此类风险，企业应确保其 Web 应用防火墙（WAF）定期更新，这就像给房子的大门安装一个能自动升级的智能门锁，时刻防范外来的攻击。除此之外，企业还需利用先进的 AI 引擎来检测和修复潜在漏洞，把安全隐患消灭在萌芽状态。

（四）内部威胁

数据泄露的另一个重要原因是内部人员滥用权限。Intel Security 的报告显示，在所有数据丢失的情况里，由内部人员造成的事件占数据丢失的 43%。其中，一半是内部人员故意为之，另一半则是意外导致的[②]。公司内部人员有可能出于经济利益想通过泄露数据赚点外快，也有可能出于情感问题或对公司有意见而进行报复，又或者是因为他们疏忽大意，不小心泄露了重要数据。由于内部人员本身就拥有合法访问权限，所以传统安全技术很难及时检测到他们的异常行为。我们可以想象这种情况，公司里有个员工，平时拿着门禁卡正常进出各个办公室，可突然有一天他与领导心生间隙，于是心怀不轨，利用这张卡偷取机密文件，伺机报复，这种情况普通的安保系统很难一下子就察觉出来。

有些企业不太重视员工的数据安全意识的培训，因此员工缺乏相关的安全意识，这也容易导致数据泄露或未经授权的访问。例如，德士贾丁斯（Desjardins）集团的数据泄露事件就是因为一名员工的失误导致的，结果暴露了 290 万名会员

---

① Verizon. 2024 Data Breach Investigations Report [EB/OL]. [2025 - 01 - 15]. https://www.vcrizon.com/business/en - gb/resources/reports/dbir/.

② Molitor, D., et al. (2024). Exploring the Characteristics of Data Breaches: A Descriptive Analytic Study [J]. *Journal of Information Security*, 15, pp. 168 - 195.

的信息[①]，给企业的声誉造成了严重的打击。不过现在也有新的安全技术出现了，如行为分析技术，它可以帮助企业识别可疑活动，一旦发现有可疑活动，就能及时发出警报，从而帮助企业降低内部威胁的风险。

（五）恶意软件与社会工程学

恶意软件和社会工程学攻击也是数据泄露的常见手段。恶意软件通常采用的是欺骗的手段，诱使用户去点击恶意链接或者打开恶意附件，一旦用户这样做了，它就能够窃取用户数据，还能对文件进行加密，让用户无法正常使用，甚至还会造成其他各种各样的损害。相关统计显示，2023 年恶意软件攻击的频率相当高，平均每分钟就能发生 11.5 次，而且其中 92% 的恶意软件是通过电子邮件这个渠道来传播的[②]。我们在使用电邮或者看到来源不明的链接和附件时，须格外小心。

社会工程学攻击则利用心理操纵手段，诱使用户主动泄露敏感信息，或者做出一些违反安全政策的行为。威瑞森通信公司（Verizon）的报告显示，98% 的网络攻击都利用了社会工程学手段，像钓鱼攻击、诱饵攻击和伪装攻击等，都是社会工程学攻击的惯用伎俩手段。例如，钓鱼攻击可能会伪装成正规机构给用户发送邮件，引诱用户输入账号密码等敏感信息；诱饵攻击则可能是提供一些看似诱人的文件或链接，吸引用户去点击，从而达到获取信息的目的；伪装攻击可能会假冒成用户熟悉的人，骗取信任后获取敏感信息。所以我们在面对各种信息的时候，一定要保持警惕，不能轻易相信那些可疑的信息。

（六）过多的权限与配置错误

过多的权限和配置错误也为攻击者提供了机会。企业如果没有对内部访问权限进行严格的控制，就很可能出现不适当的权限分配情况。例如，某个员工可能被赋予了超出其工作需要的权限，或者一些员工离职后，他们的权限没有及时清理，导致过时的权限遗留下来。这些情况都会增加企业内部出现威胁的风险。除此之外，配置错误也是一个大问题，一旦这个错误被攻击者发现，就可能成为他们突破企业安全防线的重要突破口。企业在进行系统配置的时候，一定要严谨细致，避免出现这些可能引发安全问题的错误。

①② Molitor, D., et al. (2024). Exploring the Characteristics of Data Breaches: A Descriptive Analytic Study [J]. *Journal of Information Security*, 15, pp. 168 – 195.

（七）勒索软件

近年来勒索软件攻击的情况越来越多，已经成为数据泄露的主要威胁之一了。勒索软件的攻击方式比较特别，它会通过加密文件或锁定系统的方式来要挟用户支付赎金。只有当攻击方收到赎金后，才会恢复用户对文件或者系统的访问权限。2023 年，勒索软件攻击索要的平均赎金已达到 154 万美元，跟 2022 年相比几乎翻倍①。面对这种严峻的形势，企业必须采取有效的措施来应对。例如，实施微分段（Microsegmentation）等解决方案，这种方法就像是在企业的网络内部构建了一道道防火墙，能够防止攻击者在网络内随意地横向移动，从而降低勒索软件攻击带来的风险，保护企业的数据安全。

三、数据隐私的法律与合规问题

在当今高度依赖数据驱动的商业环境下，保护个人数据的安全以及确保企业运营符合相关规定已成为企业的首要任务。随着数据泄露事件和隐私问题的日益增加，各国及地区都纷纷出台了严格的数据隐私法规。这些法规要求企业采取切实有效的措施，保证自己的数据处理活动能够完全符合相关法律要求。企业必须确保其 CRM 系统符合相关法律要求，只有这样才能避免面临法律风险，防止被处以高额罚款，也能避免企业声誉受损。

（一）各国及地区主要数据隐私法规概览

在全球范围内，各个国家和地区的数据隐私法规，目的都是保护消费者的信息安全，同时推动企业遵守道德规范，进行合法合规的商业活动。随着数据泄露、身份盗窃以及个人信息被滥用等事件不断增多，隐私法规也在不断地加强和完善。下面介绍几项非常重要的数据隐私法规。

1. 《通用数据保护条例》（General Data Protection Regulation，GDPR）

GDPR 是欧盟制定的一部极为严格的数据保护法规，适用于任何处理欧盟居民数据的组织。GDPR 提出了七项关键原则，那些决定如何处理数据以及为何处理数据的数据控制者，在收集和处理个人数据的时候，一定要清楚并严格遵守这

---

① IBM. Cost of a Data Breach Report 2024 ［EB/OL］.［2025 – 01 – 12］. https：//www. ibm. com/reports/data – breach.

些原则。这七项原则包括合法性、公正性和透明性、目的限制、数据最小化、准确性、存储限制、完整性和机密性以及问责制。违反 GDPR 可能导致高达 2000 万欧元或全球年收入 4% 的罚款。

2. 《加利福尼亚消费者隐私法案》(*California Consumer Privacy Act*,CCPA)

CCPA 于 2018 年通过,并于 2020 年 1 月 1 日正式生效。它适用于所有在加州经营业务并处理加州居民个人信息的公司。CCPA 的核心原则包括涵盖多个方面。第一,消费者有权访问公司收集的自己的个人信息,了解数据来源、用途以及是否有共享给其他方,而且公司必须免费为消费者提供这种访问权限,每年最多可以访问两次。第二,公司在收集、处理或存储个人信息之前,必须通知消费者,并明确告知消费者数据收集的目的以及会共享给哪些第三方。消费者有权决定是否同意公司收集自己的个人数据,并且可以随时选择退出数据共享或销售。CCPA 还规定,公司不得因消费者行使数据保护权而对其提供低质量的服务,要确保所有消费者都能得到平等的对待。第三,消费者有权利要求公司删除自己的个人信息,除非这些数据是用于特定的法律目的,或者是涉及安全事件。CCPA 的出台大大加强了消费者对个人数据的掌控能力,同时也要求公司在数据处理方面更加透明、更有责任感。

3. 《健康保险流通与问责法案》(*Health Insurance Portability and Accountability Act*,HIPAA)

HIPAA 主要适用于医疗行业,它赋予个人对其个人健康信息(Protected health information,PHI)的权利,并要求涉及这些信息的机构履行相应的义务。它要求机构在处理 PHI 时采取严格的隐私保护措施,确保数据的安全性和准确性,并且只能将数据用于必要的用途,决不能随意泄露或者滥用。

4. 其他区域性法规

除了上面提到的吉祥法规,还有很多其他国家和地区也有自己严格的数据隐私法规。例如,巴西的《一般数据保护法案》(*Lei Geral de Proteção de Dados*,LGPD)、加拿大的《个人信息保护与电子文件法》(*Personal Information Protection and Electronic Documents Act*,PIPEDA)以及南非的《个人信息保护法》(*Protection of Personal Information Act*,POPIA)等。这些法规虽然来自不同的地区,但都对个人数据的处理提出了严格的要求,目的都是保护个人数据安全,维护消费者的合法权益。

（二）CRM 系统中的法律合规要求

为了满足 GDPR 等法规的要求，CRM 系统必须具备一系列功能来确保数据合规性。第一，CRM 系统要能够记录所有个人数据的收集、修改、删除和处理活动，以便提供必要的审计跟踪，也方便企业自查自纠。第二，CRM 系统必须具备同意管理功能。它要能准确记录客户对数据处理的同意情况，并且要给客户提供随时撤回同意的便利。例如，客户一开始同意企业收集自己的数据用于营销活动，后来不想再参与了，就可以通过系统轻松撤回同意，企业就得尊重客户的选择，停止相关的数据处理。很多时候我们发现，在实际操作中，同意容易撤回却很难，这就是企业数据保护做得不到位。第三，CRM 系统还需要支持数据删除与停用功能。这是为了确保客户能够顺利行使被遗忘权和反对权。当客户要求删除自己的个人数据时，系统要能够安全、彻底地删除相关数据。当客户反对数据处理时，系统要能及时停用相关数据的处理流程，保障客户的合法权益。第四，CRM 系统必须严格实施访问控制。要保证每个用户只能访问自己被授权范围内的数据，就像企业内容的员工权限配置，每个员工或者用户只能打开自己权限内的内容。同时，要防止出现未经授权的导出或查看操作，避免数据泄露的风险。

第二节　应对客户需求变化的灵活性

一、CRM 系统的灵活性需求

CRM 系统的灵活性通常指系统能够适应不断变化的业务需求、用户规模、新产品线的扩展以及客户服务模式调整的能力。这就要求 CRM 系统不能被传统的固定模式所束缚，要突破传统 CRM 系统的局限边界，让企业能够根据自身的实际需求进行对系统进行调整和扩展，以此来支持企业业务的持续发展和不断优化。例如，如果一家企业的 CRM 用户数量从 x 增长到 y，而现有系统最多只能容纳 x 个用户，那么这个系统在用户数量增加的情况下就会出现无法正常运行的问题。再比如，如果企业新增了一条产品线，但 CRM 系统只能支持 x 个产品，或者自助服务门户只能接待 x 个客户，而实际需求是 2x，在这种情况下，CRM 系统就会因为缺乏灵活性，无法满足业务扩增长带来的新需求而导致客户流失，给企业造成业务损失。因此，构建一个灵活的 CRM 系统对于企业的长远发展是至关重要的。

我们可以从两个方面来理解 CRM 的灵活性。一方面，它是指系统本身具备强大的定制能力和良好的扩展性。这具体表现为系统拥有可根据用户需求进行调整的用户界面、模块化功能组件以及丰富的 API 接口。用户可以按照自己的使用习惯和工作需求对界面进行个性化设置，企业也能够根据自身业务的特点和需求，自由选择和组合不同的功能模块，就像搭积木一样，灵活搭建出适合自己的系统功能架构。同时，丰富的 API 接口使 CRM 系统可以与其他外部系统进行高效的数据交互和功能整合。

另一方面，CRM 灵活性强调的是系统在实际应用中的适应能力。这包括操作的便捷性、对用户需求的响应能力以及对个性化工作流的支持等。系统的操作流程应该简单易懂，方便用户快速上手使用，减少操作的复杂性和学习成本。当用户提出新的需求或者遇到问题时，系统能够及时做出响应并提供有效的解决方案。即使 CRM 功能强大，若缺乏良好的用户体验，让用户操作起来困难重重，不能很好地满足用户的实际需求，那么这个系统也很难真正发挥出它应有的价值。

灵活性在 CRM 中的体现可以从多个维度展开。从战略层面来看，CRM 系统应能够支持企业的长期规划，为企业提供有价值的市场洞察和数据分析。从战术层面来说，CRM 系统需对企业的业务流程进行优化业务，加强销售、市场营销与客户服务等部门之间的协同能力。例如，销售部门可以将客户的购买意向和需求信息及时传递给市场营销部门，市场营销部门根据这些信息制定更有针对性的营销活动；同时，客户服务部门也能根据客户的历史信息提供更优质的服务。在操作层面，CRM 系统要确保企业日常管理的便捷性，提供高效的自动化功能①。例如，自动提醒功能可以帮助销售人员及时跟进客户，避免错过重要的销售机会。灵活性的重要表现之一是系统的个性化与定制能力。CRM 系统应具备可调整的仪表板、可配置的表单字段、可优化的工作流。这些功能使 CRM 系统能够满足不同业务场景的需求。此外，CRM 系统能够无缝集成各种外部系统，像 ERP（企业资源计划）系统、电子商务平台、社交媒体等。

---

① Dutt, H. & Chauhan, K. (2019). Using Flexibility in Designing CRM Solution［J］. *Global Journal of Flexible Systems Management*, 10.

　　数据驱动的智能化能力是 CRM 灵活性的关键。结合大数据分析和人工智能技术，CRM 系统能够精准预测客户需求，优化客户互动，提高销售转化率。CRM 系统在跨渠道客户互动方面的适应性也非常重要，它能够支持电话、邮件、社交媒体、在线客服等多种沟通方式。客户在与企业沟通时，可能会通过不同的渠道进行咨询和反馈，CRM 系统要确保无论客户通过哪种渠道与企业接触，都能获得一致的服务体验，不会因为渠道的不同而出现服务差异。CRM 的可扩展性与模块化架构决定了其灵活性的高度。如果使用模块化设计的 CRM 系统，企业可以根据自身的实际需求自由选择和配置功能模块。例如，在业务发展初期，企业可能只需要使用 CRM 系统的基本销售管理功能模块。但随着业务的增长，企业可以逐步添加客户服务管理、市场营销管理等模块，而不需要更换整个系统就能够实现功能的升级和调整。可扩展的架构则确保了 CRM 系统能够随着企业业务的不断发展持续进行优化，避免因为系统的限制而阻碍企业的增长。

　　CRM 的灵活性在不同行业均有重要价值。以汽车行业为例，灵活性使得 CRM 系统能够提升客户分层管理能力。车企可以根据客户的资产规模、信用状况、消费习惯等多维度数据，对客户进行精准分层，针对不同层次的客户制定差异化的营销策略，实现精准营销，提高营销效果和客户满意度。汽车行业的客户需求多样且经常变化。随着汽车市场的不断发展，汽车的类型、型号与品牌日益增多，每位客户的预算、偏好和对服务质量的需求都各不相同。高灵活性的 CRM 系统可以通过数据分析对客户进行精准分层，并提供个性化的销售和服务方案。例如，系统可以根据客户的浏览历史、试驾记录、维修保养习惯等数据，了解客户对不同车型的关注程度，分析客户对车辆性能的皮那好，掌握客户对售后服务的需求。综合这些数据，车企可以向客户推送定制化的推荐，提高客户满意度和成交率。此外，灵活的 CRM 能够优化汽车销售流程，提高转化率。汽车销售涉及多个环节，涉及潜在客户的挖掘、试驾安排、报价跟进到最终成交，每个阶段都需要高效的管理。CRM 系统的自动化功能可以对潜在客户的跟进进度进行跟踪、及时发送报价提醒、安排试驾预约时间，并通过 AI 分析预测客户购买意向，使销售团队能够精准跟进，提高成交率。在售后服务方面，灵活的 CRM 可提升客户体验并增强品牌忠诚度。汽车行业的客户生命周期长，涵盖购车、维修保养、续保、置换等多个环节。CRM 系统能够详细记录客户的车辆信息、维修历史和服务偏好。根据这些数据，车企可以定期向客户发送保养提醒和保险续约通知，甚至在客户有新购车需求时提供换购方案，打造全生命周期的客户管理体系，让客户在整个用车过程中都能感受到贴心的服务。

CRM 的灵活性还体现在渠道整合与协同管理上。如今，客户在咨询汽车信息的初期阶段，可能通过 4S 店、品牌官网、社交媒体、在线客服等多个渠道进行咨询。灵活的 CRM 系统可以将这些不同渠道的数据进行无缝整合，确保客户无论从哪个渠道与品牌接触，都能获得一致的服务体验。如果你有买车的经验，你可以回想一下，是否有出现你在 4S 店咨询得到的信息与在品牌官网或者社交媒体上获取的信息不一致的情况？同时，CRM 系统还能够优化经销商管理，实现总部和各地经销商之间的数据共享，使总部能够及时了解各地经销商的销售情况和客户反馈，统一制定营销策略，提高整体运营效率，促进汽车企业的健康发展。

此外，灵活的 CRM 系统有助于汽车企业更好地适应市场变化和行业趋势。例如，在新能源汽车市场快速增长的背景下，CRM 系统可以整合充电站信息、政府补贴政策、二手车置换服务等功能，帮助企业快速调整营销和服务策略，满足客户对新能源汽车的特殊需求。面对激烈的市场竞争，CRM 系统还能够提供实时的市场分析，帮助企业了解竞争对手的动态、市场份额的变化等信息，从而优化定价策略，根据市场需求和竞争情况对产品进行更精准的定位，并制定更加有针对性的营销活动，提高企业的市场竞争力。

总的来说，CRM 系统灵活性的核心价值在于能够增强企业应对市场变化的能力，提升客户满意度，提高企业的运营效率，并且助力企业实现业务扩展。一个真正灵活的 CRM 系统，不仅能够满足企业当前的业务需求，更重要的是能够随着企业业务的不断发展，持续进行调整和优化，成为推动企业持续增长的核心动力。

二、汽车行业客户需求变化的主要趋势与挑战

在过去的几十年中，汽车行业制造商主要依靠硬件工程能力展开竞争，大家都追求卓越的驾驶性能和车辆可靠性。对消费者来说，一辆车开起来动力强劲、安全可靠，无疑是至关重要的。于是，汽车制造商们不断在发动机技术、底盘调校、零部件质量等硬件方面下功夫，力求打造出性能卓越、品质过硬的汽车产品。然后随着时代的发展以及技术的更新迭代，这些品质虽然对当今的消费者而言依旧重要，但它们已成为汽车行业参与竞争的基本门槛。如今的竞争的焦点正逐渐转向一个新的领域，那就是客户体验。当今的消费者的期望值已经很高，他们不仅希望汽车具有卓越的性能和可靠性，还希望获得无缝、便捷和个性化的客户体验。特别是随着电动汽车（EV）、自动驾驶技术以及数字化服务的发展，汽

车行业消费者的期望已经发生了显著变化。

（一）数字化购车体验

随着数字化技术的发展，消费者的购车行为已经发生了显著变化。从谷歌搜索趋势的数据来看，45 岁以下购车者中约 60% 的人可能会选择在线购买下一辆车。而且他们对无接触式销售和服务表现出浓厚兴趣[①]。这些在线购物者普遍期望能够获得实时客户服务。如果在不同渠道的体验不一致，如线上官网、线下门店或者移动 App 中得到的体验不一致，他们往往会选择体验感更好的品牌。现在，当我们打开汽车品牌官网时，我们基本都能看到车辆的 360 度全景视图，让我们可以全方位地观察车辆的外观和内饰细节。这种互动功能详细展示了车辆的各种高科技配置和使用方法，让我们可以轻松了解车辆的独特之处。更贴心的是，网站上还配备了由人工智能驱动的聊天机器人，能够实时解答我们在购车过程中遇到的各种疑问。

另外，付款流程也是影响这个消费者群体购车决策的重要因素。要是付款流程过于烦琐，需要填写大量的表格、经历复杂的手续，他们往往就会放弃购买当前品牌的汽车，转而选择那些付款更加方便快捷的品牌。现在，消费者只需在网上提交相关资料，就能享受即时的在线审批服务，快速得知自己的贷款申请是否通过。同时，网站会清晰明了地展示每月的分期付款计划，让消费者对自己的还款金额和期限一目了然。如今，为了让购车过程更加便捷，融资和贷款方案也在不断优化，以更好地契合个体需求。购车之后，车主也能享受到便捷的后续服务。不仅可以实时跟踪车辆的交付进度，还能在线安排首次保养，确保车辆按时得到专业的维护。车主甚至可以加入品牌专属的在线社区，与其他车主交流用车心得。

（二）个性化与定制化

消费者对个性化的需求也在不断增加，他们希望汽车不仅仅是交通工具，更是能够反映个人风格和需求的智能移动设备。现在的购车者越来越多的会选择个性化定制。我们在街上能看到更加丰富的车漆颜色，车身装饰、个性化车牌和定

---

① Grüntges, V. The New Key to Automotive Success: Put Customer Experience in the Driver's Seat. McKinsey & Company [EB/OL]. (2021 - 11 - 19) [2025 - 01 - 15]. https://www.mckinsey.com/capabilities/growth - marketing - and - sales/our - insights/the - new - key - to - automotive - success - put - customer - experience - in - the - drivers - seat.

制的内饰。不仅在物理层面的定制需求增加，汽车系统的智能化定制也成为趋势。借助人工智能技术的强大力量，汽车能够学习用户的行为数据，从而实现诸多智能化定制功能。例如，根据用户平时的音乐喜好，自动生成专属的个性化播放列表。通过分析用户的出行习惯和目的地信息，智能规划出最快捷、最适合的导航路线，避开拥堵路段，节省出行时间。甚至还能根据用户的习惯，自动调节车内温度，打造最舒适的驾乘环境。

（三）全渠道互动

在数字时代，线上和线下的客户互动界限已经越来越模糊。我们可能在刷社交媒体时，偶然看到某个汽车品牌的炫酷广告，从而对这个品牌产生了初步的兴趣，然后开始好奇地浏览该品牌的官方网站，仔细查看各种车型的详细信息、配置参数以及用户评价。在这个过程中，在线评论里其他车主的真实反馈会对我们的购车决策产生重要影响。最后，我们才会走进线下展厅，实际考察以及试驾。

汽车品牌敏锐地觉察到了互联网时代消费者的购车之旅的变化，因此他们更加注重打造无缝衔接的客户体验，确保在每个接触点上都能接触到客户并提供一致的服务。集成的 CRM 工具在这一过程中发挥了重要作用，展厅员工可以根据潜在买家在网上留下的浏览记录、搜索偏好等信息，为客户提供更个性化的服务，这就意味着，无论客户选择通过何种平台与品牌互动，都能享受到统一、优质的品牌体验，感受到品牌的关怀与专业。

（四）客户关系的变化

当今社会，车辆已经不仅仅是传统意义上的交通工具，更是智能化、自动化和环保的实体。因此，消费者对汽车知识的渴望也日益增长，他们需要专业知识丰富的员工为自己解惑。汽车经销商如今与科技公司和汽车制造商合作，定期举办讲座和培训活动以确保员工了解最新的汽车技术。通过这些学习机会，员工能够及时了解到最新的汽车技术，包括自动驾驶辅助系统的工作原理、新能源汽车的电池技术、智能互联系统的功能应用等。车企的目标不再局限于车辆的销售，而是更加注重对消费者的教育和引导。他们希望通过专业的讲解和演示，让消费者深入了解并充分欣赏所选车辆的复杂性和独特魅力，从而建立起消费者对品牌的信任和认可，提高客户的忠诚度。例如，当消费者对一款配备自动驾驶辅助功能的汽车感兴趣时，员工可以详细介绍该功能的具体操作方法、适用场景以及安全保障措施，让消费者放心购买和使用。

除了专业性外，销售人员的角色也在逐渐发生转变，从过去单纯的销售员，变成了如今为客户提供专业建议的顾问。对于很多购车者而言，购车不仅仅是一次理性的消费行为，更是一项充满情感因素的重大决策。现在的销售人员更多的会努力深入了解每一位客户的实际需求，耐心倾听他们的想法和顾虑，然后根据客户的情况，提供最相关、最实用的信息和专业的购车指导，而不是一味地强行推销。他们还通过售后服务提醒、生日祝福或邀请客户参加独家品牌活动等方式与客户进行持续的互动，确保客户感到被重视，促进客户忠诚度的提高。

（五）客户偏好的变化

随着电动汽车逐渐成为汽车市场的主流，可持续性在汽车行业发展中变得越发重要，消费者的喜好也有了明显转变。汽车行业为应对这一变化，从车辆生产到报废的整个生命周期多个方面积极行动。在原材料采购时，汽车品牌更注重可持续性，选用再生金属制作车身框架、用可降解植物纤维制作内饰部件等可再生、可回收材料，从源头减少自然资源消耗与环境破坏。生产过程中，致力于减少浪费，通过引入先进技术和设备优化流程、精细化管理，降低废品率与能源消耗，同时积极探索新的回收方法为车辆生命周期结束做规划，还与科技公司合作研发节能汽车系统，像采用 LED 照明技术、配备太阳能车顶等减少对传统能源的依赖。此外，行业还在创建更全面的环保汽车基础设施，如建设更多充电站、使用可持续材料制作车内装饰，与可再生能源供应商合作，探索行业的可持续发展模式。消费者也希望拥有更环保的产品，并且因共享出行兴起，消费者心态从拥有转向获取，汽车品牌也在探索订阅模式、汽车共享平台等，以满足消费者需求，提升客户满意度，推动汽车行业朝着更绿色、可持续方向发展。

（六）自助服务的需求

在当今的汽车行业，数字工具的应用已不仅是为了提供便利，更是成为品牌实现差异化竞争的关键手段。众多汽车品牌开发的相应应用程序，为客户提供了丰富的自助服务功能。客户可以通过这些应用程序，轻松直接地预约车辆的各种服务，无须再拨打烦琐的客服电话，也不用亲自前往服务中心排队预约，节省了大量的时间和精力。应用程序还设置了功能探索板块，详细介绍车辆的各种高科技配置和隐藏功能，让车主能够充分了解自己的爱车，挖掘更多的使用乐趣。同时，车企也尝试提供教程和常见问题解答平台，当车主在使用过程中遇到疑问时，能够快速找到解决方案，实现自主学习和自主解决问题。

以增强现实手册为例，它将智能手机变成了一个强大的互动指南。想象一下，当你需要更换机油，但又不确定具体操作步骤时，只需打开手机应用，将手机对准汽车引擎，屏幕上就会出现详细的、一步一步的操作指导。不仅如此，用户还能通过增强现实技术，清晰地识别汽车的各个组件，了解它们的功能和作用。这些数字工具的应用，极大地增强了客户对车辆使用和维护的控制感，减少了他们对服务中心的依赖，提升了客户的使用体验。

（七）对透明度的需求

现在的消费者在购车前，往往会花费大量时间收集信息，阅读各类评论，仔细比较不同车型的功能差异，观看专业人士的推荐视频。他们不再盲目跟风购买，而是希望全面了解产品的真实情况，作出理性的购买决策。汽车品牌敏锐地察觉到了这一变化，开始积极为消费者提供更丰富、更透明的信息。同时，对于车辆的维护服务费用，也会进行清晰的说明，包括常规保养项目的价格、零部件更换的费用等，让消费者在购车前就能对后期的使用成本有一个准确的预估。

三、CRM 灵活性的优势

灵活的 CRM 系统为企业带来了巨大优势。它不仅能够提升企业的运营效率，还能优化客户管理、增强团队协作，并推动企业盈利能力的提升。对于希望最大化效率和盈利的企业而言，一款优秀的 CRM 系统应具备强大的数据管理能力、自动化功能以及高度的可定制性，只有这样才能满足不同业务需求。

灵活的 CRM 系统能够有效改善数据管理，使企业能够更快速、准确地收集和整理客户信息。以往，企业的数据来源往往较为分散，人工录入耗时耗力不说，还容易出现错误。现在借助灵活的 CRM 系统，企业可以将多个来源的数据整合到同一平台，这样就减少了人工录入错误的发生，并且让企业能够更迅速地获取关键信息。

当企业处于成长阶段时，CRM 的灵活性尤为重要。随着企业规模的扩大，数据量和客户互动频率都会显著增加。在这种情况下，传统的固定框架往往难以支持业务的快速扩展，而灵活的 CRM 系统则可以无缝扩展，以适应企业的增长需求。无论是增加新功能还是团队成员数量的扩张，灵活的 CRM 系统都能在不影响原有业务流程的情况下平稳进行。这种适应性尤其适用于处于高速发展阶段的企业，使其能够在激烈的市场竞争中保持优势。

在客户服务层面，灵活的 CRM 能够帮助企业提升客户体验。系统中的客户资料会实时更新，这使得销售和客服团队能够快速响应客户需求，为客户提供更精准的个性化服务。例如，当客户致电咨询时，客服人员可以通过 CRM 系统快速了解客户的购买历史、偏好等信息，从而提供更贴心的服务。同时，系统还能够跟踪客户的互动历史和反馈，帮助企业及时发现潜在问题，优化服务流程，持续改进客户体验。通过这些举措，企业能够有效提升客户满意度和品牌忠诚度，让客户成为企业的长期支持者。

数据分析和报告功能也是 CRM 灵活性带来的显著优势之一。企业可以通过高度可定制的仪表板和数据分析工具，深入挖掘客户趋势、销售业绩和市场动态等关键信息。这些信息能够为企业的决策提供科学依据，确保决策更加精准。灵活的 CRM 系统不仅提供标准化报告，还允许企业根据自身需求调整数据呈现方式不同部门可以根据自己的业务重点，从系统中获取最相关的信息，进而优化业务策略，提高运营效率。

团队协作的优化是 CRM 灵活性的重要体现。一个高效的 CRM 系统可以打破部门之间的壁垒，使销售、市场、客服等团队实现无缝对接，共享客户信息，提高沟通效率。这种协同作业的方式不仅减少了信息传递中的断层，还能够促进各团队之间的紧密合作，确保客户在与企业的每一次互动中都能获得一致且高质量的服务体验。

此外，灵活的 CRM 系统具备出色的集成能力，能够与企业现有的工具和平台无缝对接。无论是电子邮件营销系统、社交媒体平台，还是 ERP、财务软件等，CRM 系统的兼容性能够确保数据的高效流转。这就避免了数据的重复录入，提高了工作效率。例如，企业在使用电子邮件营销系统时，可以将 CRM 系统中的客户数据直接导入，进行精准的邮件营销。在进行财务结算时，CRM 系统中的销售数据可以自动同步到财务软件中，减少人工操作的烦琐和错误。这种一体化的解决方案，使得企业能够更好地整合资源，提升整体运营效能。

移动端访问能力也是 CRM 灵活性的重要体现。销售和客服团队经常需要外出办公或拜访客户，在这种情况下，他们需要随时随地访问客户信息。灵活的 CRM 系统支持移动端使用，让员工即使在外出时，也能通过手机或平板电脑实时更新和查询数据，确保客户需求得到快速响应。这不仅提高了企业的服务效率，还能让客户感受到企业的高效和专业。

总的来说，灵活的 CRM 系统在数据管理、销售流程、客户服务等多个方面都展现出了强大的优势。它不仅提升了数据管理的精准性，提高了销售流程的效率和客户服务质量，还为企业提供了高度的可扩展性、团队协作能力、数据分析支持和移动办公便利。凭借这些优势，企业能够在快速变化的市场环境中保持竞争优势。无论是初创企业，还是大型企业，灵活的 CRM 系统都是推动业务增长、优化客户关系、提升盈利能力的关键工具，为企业的持续发展注入强大动力。

第三节　技术实施中的障碍与解决方案

CRM 系统已成为现代企业不可或缺的一部分，它不仅有助于提高客户满意度和忠诚度，还能显著提升企业的运营效率，为企业带来更多的收入。然而，企业在实施 CRM 系统的过程中并不是一帆风顺的，企业常常会遇到各种技术、组织与管理方面的障碍。本小节将详细探讨这些障碍，并提供相应的解决方案，以帮助企业在数字化转型的道路上顺利前行。

一、数据隐私与安全问题

之前我们提到过，企业在实施 CRM 系统的过程中需要注意数据隐私与安全问题，也分析过数据漏洞的来源与危害。针对这些漏洞，企业必须采取一系列有效的安全解决方案来确保数据安全、保护客户隐私并维护企业信誉。我们列出了一些保护数据安全的解决方案。

（一）服务拒绝（denial of service，DoS）攻击是一种常见的网络攻击形式

它的攻击方式是大量消耗系统资源，使得系统无法处理正常请求而最终导致服务中断。在 CRM 系统中，DoS 攻击可能引发数据泄露、客户无法访问系统或者业务流程被迫停滞等问题。为了有效防范 DoS 攻击，企业应采取多种措施。第一，企业可以利用入侵检测与防御系统（intrusion detection and prevention system，IDPS）工具，它能够实时监控网络流量，并在发现异常流量时及时发出警报，这样就能及时识别出 DoS 攻击，并且采取措施缓解攻击，确保系统可以持续正常运行。第二，企业应配置强大的防火墙来阻止恶意流量进入网络，保障 CRM 系统的正常运行。同时，企业还要定期更新软件与硬件。因为软件和硬件在使用过程中可能会出现一些潜在的漏洞，定期更新就能及时修复这些漏洞，让攻击者没法利用这些漏洞发起 DoS 攻击。第三，企业必须确保所有设备都安装了杀毒软件，

并且要定期进行更新。杀毒软件可以有效地防止恶意软件入侵，避免因为恶意软件而产生内部威胁。除了要防范外部的攻击威胁，企业也不能忽视内部的风险。我们前面提到过由内部人员带来的数据泄露风险。所以，企业需要采取精细化的安全措施，对敏感数据的访问权限进行严格限制，并且定期对员工的权限进行审查和更新。通过这些措施，能够有效地降低内部安全风险，全方位保障 CRM 系统的数据隐私与安全。

(二) CRM 系统安全的核心就是保护数据

企业需采取一系列严格的措施来防止数据泄露、非法访问或篡改。首先，企业可以使用数据监控系统。这个系统能够实时监控 CRM 数据库中的敏感客户信息。它还配备了高效的报警机制，一旦发生潜在的数据泄露风险，系统就会报警，企业就可以迅速采取有效的应对措施。为了进一步增强数据安全性，企业可以实施多重身份验证（MFA）。这一措施要求用户在登录系统时提供两种或更多的验证信息，以确保只有授权用户能够访问敏感数据。启用 CRM 审计日志功能也很重要。这个功能能够详细记录所有用户活动，如登录时间、访问记录和操作记录。一旦出现异常活动，企业能够审查日志并及时发现问题和采取相应措施。同时，定期监控用户行为并设置警报机制能够提前识别潜在的恶意行为，从而防止数据泄露和系统破坏。最后，企业应定期对员工进行数据保护培训，提升员工的安全意识，确保其理解并重视客户数据的保护。

(三) 控制 CRM 系统的访问权限是确保数据安全的关键措施

企业应通过实施严格的数据访问控制，确保只有需要执行相关工作的员工才能访问敏感数据。对于云端 CRM 系统，企业还可以通过限制特定 IP 地址的访问权限来增强安全性。也就是说，只有那些被企业认可和授权的 IP 地址，才能够访问 CRM 系统，这样能够有效阻止未经授权的用户访问系统，为数据安全增添了一道坚固的防线。

在企业内部，基于角色的访问控制（role-based access control，RBAC）是有效的方式之一。企业可以根据员工的角色和职责为他们设置相应访问权限，确保每个员工仅能访问与其工作相关的数据。例如，销售人员只需访问销售数据，而营销人员则需要访问潜在客户信息。通过这种方式，能够确保每个员工仅能访问与其工作紧密相关的数据，避免因为权限过大而带来不必要的安全风险。此外，企业应定期审查并更新员工的访问权限，特别是当员工角色变动或离职时，要及时撤销他们不再需要的权限以减少潜在的内部风险。对于外部合作伙伴、供应商或承包商来说，企业应确保这些第三方也遵守同样的数据隐私标准，签订详细的数据保护协议，明确双方在数据处理过程中的权利和义务。只有这样，才能保证数据在公司及其整个合作网络中的安全性，避免因为第三方的疏忽或者违规操作而使数据陷入危险境地。

（四）选择一个安全可靠的 CRM 供应商是确保 CRM 系统安全的关键

在选择 CRM 解决方案时，企业应重点考虑供应商的隐私政策、系统安全功能以及合规性。供应商应提供清晰透明的隐私政策，并确保其遵守数据保护法规，如 GDPR（欧洲通用数据保护条例）。此外，企业应优先选择那些提供加密、备份、恢复选项和访问控制等安全功能的 CRM 系统供应商，这些功能有助于有效保护客户数据免受泄露、篡改或丢失。为了进一步保证供应商的可靠性，企业还需审查其过往的数据泄露历史，了解其在处理客户数据方面的表现与安全性。

（五）优化 CRM 数据生命周期管理（data lifecycle management, DLM）是确保 CRM 系统数据安全的重要环节

DLM 是一种管理数据从录入到销毁这整个生命周期的科学方。它的主要目的是确保数据在收集、存储、使用、传输以及销毁的每一个阶段都符合规定的安全标准和法规要求。这样能最大限度地减少数据泄露的风险，并优化数据存储和管理的效率。在数据生命周期管理的过程中，企业应当遵循前面提到的各项法律法规里的合规原则。

（六）加强 CRM 系统的加密和备份是保障数据安全的关键措施

无论是在数据的存储还是传输过程中，敏感数据都应通过加密协议进行保护。企业可以使用 SSL/TLS 协议，对 CRM 系统与外部实体之间的数据传输进行加密，以确保数据的机密性和完整性。同时，对于存储在 CRM 系统中的敏感数据，如客户的个人身份信息和交易记录等，也要进行加密处理，以防止数据被泄露或遭到非法访问。为了应对系统故障或数据丢失，企业还应定期备份 CRM 数据，并将备份文件存储在安全的异地位置。这样一来，一旦发生数据泄露或者遭遇灾难，企业就能够迅速利用备份文件恢复系统，从而维持业务的连续性，确保业务不受太大影响。例如，某企业每天凌晨都会对 CRM 数据进行自动备份，并

将备份文件传输到位于另一个城市的数据中心存储。如果本地系统出现故障，就能及时从异地备份中恢复数据，保证业务正常运行。

（七）企业应定期对员工进行数据安全培训，提高员工对 CRM 系统安全的意识

培训内容应包括如何识别社会工程学攻击、钓鱼邮件和如何妥善处理敏感数据等。通过强化员工的安全意识，可以显著降低因人为疏忽或错误操作导致的安全风险。员工要清楚知道在日常工作中，该如何正确地收集、存储、传输和使用敏感数据。当员工真正认识到数据安全的重要性，掌握了正确的安全操作方法，就能在很大程度上避免安全事故的发生。

二、变革的抵触问题

在实施 CRM 的过程中，抗拒与抵触改变是一个常见挑战。员工可能会担心 CRM 系统的使用会影响他们的日常工作，会让他们失去对数据的控制，或者他们对新系统缺乏信任。而且，由于长期使用现有系统进行工作，大家早已习惯了现有的操作流程和方式，因此 CRM 系统的引入可能都会引发一定的抵触情绪。在企业的各个层级都有可能出现这种抵触情绪，可能出现员工参与度不高甚至直接拒绝使用新系统的情况[1]。

要解决这个问题，培养一种适应变化和持续学习的企业文化至关重要。企业需要清晰地向员工传达 CRM 系统的优势，如员工可以如何利用 CRM 系统来提高工作效率和简化流程。同时，企业应当积极收集员工反馈，分享成功案例，并耐心解答疑虑，让他们真正参与进来。

培训不足也是 CRM 推广中的一大障碍。如果员工没有接受足够的培训，可能会觉得新系统复杂难用，导致使用率低下。因此，企业在推进 CRM 时，需要考虑如何减少对员工正常工作的干扰，降低学习成本。一个有效的做法是将培训与实际工作相结合，如在日常流程中逐步引入 CRM 功能，而不是一次性地向员工灌输大量的新信息。对于关键岗位，企业还可以安排专人支持，提供一对一的辅导，确保员工遇到问题能快速解决，而不会影响整体工作效率。为了顺利过

---

① Wani, S. Challenges of CRM Implementation and How to Overcome Them ［EB/OL］. （2023 – 10 – 31）［2025 – 01 – 16］. https：//medium. com/@ shreesagarwani/challenges – of – crm – implementation – and – how – to – overcome – them – 0adfe9cf4586.

渡，企业应提供持续的培训，帮助员工理解新系统的优势，并给予他们适应的时间。投资培训不仅能提高 CRM 系统的利用率，还能长期提升效率和员工满意度。

三、系统配置与数据迁移问题

在实施 CRM 的初期阶段，系统的调整、优化和定制是必不可少的。企业在推行 CRM 时可能会面临各种与系统配置和数据相关的挑战。例如，系统与业务流程之间可能存在不匹配的情况，毕竟每个企业的运作方式都不尽相同，而许多 CRM 系统却是标准化配置的。要是 CRM 系统没有依据公司的独特需求进行调整，就极有可能无法有效地运行，甚至还会对工作效率产生负面影响。例如，一些 CRM 默认的工作流程可能并不适用于企业的销售或客户服务模式，导致员工需要额外花费时间去适应，反而增加了工作负担。因此，定制 CRM 以适应业务的特定要求至关重要。

此外，数据迁移也是初期阶段的一个至关重要的环节。这个过程涉及将重要信息从旧系统或其他数据库转移到新的 CRM 系统中，这样才能确保企业能够顺利运营，并准确追踪客户信息。但是数据迁移并不是简单的复制粘贴，也不像新旧手机之间的一键传输那么简单它是一个相当复杂的过程，其中涉及数据清理、格式转换以及重复项处理等多项复杂任务。要是数据迁移工作没有做好，就可能导致数据丢失、数据错误等问题，进而影响到企业的正常运营。

针对以上两个在 CRM 实施的初期阶段经常遇到的问题，我们也有几个解决方案。首先，企业应当让系统的最终使用者参与 CRM 系统的配置、安装、培训、使用、反馈等各个环节。系统的最终使用者通常为一线员工，他们也最了解日常工作中需要哪些功能与模块。因此企业应该鼓励销售、营销和客户服务团队等一线员工参与 CRM 的配置过程。通过收集他们提供的反馈意见，对系统进行调整和优化，以确保系统能真正地帮助他们提升效率，而不是给他们增加额外的工作负担。

其次，企业需要制订清晰的实施计划，包括目标、关键需求、时间表、优先级和可用资源等多个方面。例如，企业要先确定需要 CRM 系统的哪些主要功能，如销售渠道管理、客户支持或营销自动化等，然后再思考如何通过系统来实现这些功能。制订详细的计划可以有效避免在后期出现重复修改甚至推翻重做的情况。现在，市场上越来越多的 CRM 系统都提供模块化功能定制服务，企业可以根据自身需求进行配置和扩展，而不用局限于千篇一律的标准模板。这样既能减少系统与业务流程的冲突，也能提高员工对系统的接受度。

最后，确定系统后，企业应制订详细的数据迁移计划。在迁移数据之前，要先对旧数据进行清理，把那些过时的或者无用的信息去除掉，只保留有价值的数据。同时，一定要做好数据备份工作，防止在迁移过程中出现数据丢失的情况。在具体实施数据迁移时，可以考虑借助专业的数据迁移工具，如 Import2、Scribe 或者自定义脚本，也可以使用 CRM 平台提供的自动数据迁移工具。这些工具能够简化数据迁移的过程，减少人为错误的发生。数据迁移完成之后，企业还需要对数据进行测试和验证，仔细检查数据的完整性和准确性，确保系统能够正常运行。

四、数据质量以及与其他系统的集成问题

许多企业在实施 CRM 系统时面临数据质量问题带来的挑战。一旦数据出现不完整、不准确或者过时的情况，CRM 系统的各项功能就会受到极大的影响，大打折扣，甚至可能会引发错误的决策，给客户带来糟糕的体验。例如，当系统中存在重复的客户记录时，销售团队在跟进客户时，就可能会出现重复沟通一个客户的情况，既浪费了时间和精力，又会让客户感到厌烦。可以回想一下，我们是不是经常会接到同一个公司不同销售人员打来的电话？要是客户的联系信息缺失，销售人员就无法及时与客户取得联系，可能会错过重要的销售机会。而过时的交易数据，会让企业对客户的购买能力和偏好产生错误的判断，影响后续的营销策略制定。这些问题都可能导致客户流失，给企业带来损失。此外，数据的不一致性也是一个问题，可能会出现不同部门的人对同一条信息或者同一位客户进行了重复录入或者错误信息录入的情况，这会影响 CRM 系统的整体性能，使其无法提供准确的客户洞察。

为了解决数据质量问题，企业需要在数据输入阶段实施严格的数据验证检查，确保只有高质量的数据进入系统。例如，企业可以通过设置必填字段、格式验证以及去重规则来减少数据错误。同时，建立定期的数据清理和维护机制也至关重要。企业应指定专人负责数据完整性，定期审查数据库，删除冗余或过时的数据并修复不一致的记录。借助数据清理工具和自动化脚本，能够显著提高这一过程的效率，节省人力和时间成本。

实施 CRM 系统的另一个挑战是其与企业其他系统的兼容和集成问题。大多数企业在实施 CRM 系统之前已经使用了一系列软件工具和系统，如电子邮件平

台、营销自动化工具、ERP 系统、财务软件等。要将这些现有的系统与新的 CRM 系统进行集成，往往面临更复杂的技术挑战。不同系统之间的数据格式可能不兼容，技术架构可能存在差异，甚至数据同步的实时性要求也可能难以满足。一旦集成不成功，就可能会导致数据孤岛的出现，使得 CRM 系统无法获取全面的客户信息，进而影响其功能的正常发挥。此外，集成问题还可能引发系统性能下降、响应迟缓、数据丢失或重复输入等问题。

为了克服系统集成挑战，企业应优先选择具有强大集成功能的 CRM 系统，如 Salesforce、HubSpot 等平台，他们通常都提供了与多种流行的办公工具，如 Microsoft Outlook、Google Workspace、Mailchimp 等工具的预建集成，这可以大大简化集成过程。对于更复杂的集成需求，企业可以使用 API 接口或中间件，如 Zapier 或 MuleSoft，来实现不同系统之间的无缝连接。此外，企业在选择 CRM 系统时，应考虑其可扩展性和灵活性，确保系统能够适应未来业务需求的变化。在正式上线系统之前，企业可以通过小规模测试验证数据同步的准确性和实时性，确保系统在实际运行中不会出现问题。

五、高成本与资源限制问题

CRM 系统的实施和维护成本往往是企业面临的主要障碍之一，尤其对中小企业而言。这是一笔巨大的投入。这些成本包括软件许可费、硬件费用、实施费用以及长期的维护和升级费用。这些费用加起来可能对企业的预算构成巨大压力。对于资源有限的中小企业来说，高昂的前期投资和持续支出可能会成为采用 CRM 系统的重大阻碍。而且企业在实施过程中常常低估间接的相关成本，如员工培训费、系统定制和集成费用。这些被低估的成本很可能导致企业预算超支，甚至导致项目失败。在发展中国家，许多中小企业由于资金不足和对数字技术的了解有限，难以承担 CRM 系统的高额成本，从而错失了提升客户关系管理效率的机会。研究发现，在疫情期间，印度尼西亚超过 50% 的中小企业由于成本高昂以及对数字技术缺乏了解，在采用 CRM 方面遇到了困难①。

针对高成本的问题，我们也有一些解决方案。第一，企业可以选择云 CRM 系统，因为云 CRM 通常采用订阅制收费模式，企业无须一次性支付巨额的软件

---

① Purnama, K. & Susilowati, H. (2024). The Evolution and Challenges of CRM Implementation in the Digital Economy: A Systematic Literature Review [J]. *Journal of Management and Informatics*, 3 (2), pp. 312 – 327.

和硬件采购费用，而是将初期成本分摊到较长时间内，按月或按年支付订阅费用，这减轻了企业的财务压力。并且 CRM 系统由供应商负责维护硬件和基础设施，企业无须自行投入人力和物力进行维护，这进一步降低了企业的运营成本。

第二，企业在选择 CRM 系统时，应根据自身需求选择功能适中的解决方案，避免购买不必要的功能，从而控制成本。比如中小企业，其业务规模和复杂度相对较低，可能只需要专注于销售渠道管理和客户支持等核心功能的 CRM 系统就足够了，而不必去追求功能过于复杂的企业级解决方案，这样可以节省不少费用。

第三，在实施 CRM 之前，企业应对相关成本进行全面分析，包括初始采购、部署、培训、定制和长期维护费用，并合理规划预算，确保为项目的各个方面预留充足的资金和资源，避免在实施过程中因资金短缺而导致项目停滞或失败。

除了资金资源之外，其他的资源限制也是企业在实施 CRM 系统时面临的主要挑战之一。CRM 系统的实施需要投入大量的时间、资金、技术和人力资源，而许多中小企业往往缺乏足够的资源来支持这一过程。例如，企业内部可能缺乏技术专家来指导 CRM 系统的选择和实施，员工的技术知识不足也导致许多中小企业难以有效使用 CRM 系统。

为了解决资源限制问题，企业可以采取以下措施。首先，企业可以通过外包 CRM 解决方案来弥补内部技术资源的不足。许多 CRM 供应商提供从系统部署到培训的全套服务，帮助企业快速启动并运行 CRM 系统。其次，企业应优先选择易于使用和实施的 CRM 系统，减少对技术专长的依赖[①]。一些现代 CRM 平台提供了直观的用户界面和丰富的培训资源，员工通过简单的操作就能上手。此外，企业可以通过分阶段实施 CRM 系统来降低资源压力，如先部署核心功能，待员工熟悉后再逐步扩展系统功能。

第四节　汽车行业客户关系管理的未来发展趋势

汽车行业面临着一系列独特的挑战使得 CRM 系统在该行业中的重要性日益凸显。我们前面提到，汽车的销售周期通常较长，消费者需要经过充分的思考和

---

① Sharma, P., Dubey, N. & Sangle, P. (2014). Contemporary Challenges in CRM Technology Adoption: A Multichannel View [J]. *International Journal of Electronic Customer Relationship Management*, 8, P.51.

比较才能做出决定。在这个漫长的决策过程中，CRM 系统发挥着至关重要的作用。它能够帮助汽车品牌有效跟踪和培养潜在客户，确保每个机会都不被错过。销售团队通过 CRM 系统能够及时了解客户的需求变化，精准地在客户购车决策的各个阶段提供相关支持，最大化提高销售转化率。

同时，客户保留在汽车行业同样至关重要，特别是在售后服务领域。汽车作为一种耐用消费品，许多车主的需求在购车后会持续变化。定期保养、维修和升级等售后服务是维持客户长期关系的重要组成部分。通过 CRM 系统，企业能够在售后阶段继续与客户保持联系，通过个性化的跟踪和服务提醒，帮助车主保持车辆的最佳状态，提升客户的满意度和忠诚度。此外，CRM 系统还可以帮助企业根据客户的历史数据，自动安排保养提醒，定期推送车辆检查和维修建议，确保客户在车主生命周期内的持续满意。

另外，汽车行业的潜在客户往往来自多个渠道，从线上查询车辆信息，到线下到店体验，再到不同平台上的互动和交流，管理这些渠道带来的潜在客户变得尤为复杂。CRM 系统能够将来自各个渠道的客户线索进行整合。这样，销售团队能够在一个平台上轻松跟踪、管理和转换这些线索。无论客户是通过网站、社交媒体、电话咨询还是直接走进经销商店面，CRM 系统都能够提供统一的视图和数据支持，帮助销售人员更高效地响应客户需求。

一、CRM 系统的转型与集成数据

随着数字化技术的快速发展，传统的 CRM 系统正在从过去单纯的基础客户信息管理系统，向智能化、全渠道、全生命周期的客户关系管理平台转型。越来越多的汽车制造商和经销商开始将 CRM 系统与大数据、AI、IoT 等先进技术结合，以此来提升客户体验并增强客户忠诚度。

智能 CRM 系统将能够通过数据挖掘与分析，对客户行为进行精准预测，并依据这些分析结果进行个性化营销。这种全方位的数据整合，能够帮助企业更全面地理解客户的需求、偏好和行为模式，洞察客户在不同生命周期阶段的需求变化。借助这些丰富的数据，CRM 系统能够精准预测客户的购买意图、售后服务需求以及可能的品牌忠诚度，从而实现个性化营销。例如，系统可以根据客户过去的购车偏好，自动推送合适的车型推荐、融资方案或保养建议，也能基于客户的社交互动数据为客户推荐与其兴趣相关的增值服务，如定制内饰或车辆配件，全方位提升客户的整体体验。

通过集成的自动化工具，CRM 系统可以在没有人工干预的情况下，自动向客户发送定期的提醒、个性化的促销活动信息或维护建议。企业不再需要手动追踪每个客户的需求，借助系统的自动化功能就能确保每位客户都能在合适的时机获得最相关的服务或产品推荐。这种高效的自动化流程不仅能大幅提升客户满意度，还能显著减少人工干预的成本，释放出更多资源用于其他关键业务领域。

未来，汽车行业的 CRM 系统将不再仅仅依赖客户的个人数据来开展工作，而是会把车辆本身的数据纳入其中并进行整合。这一发展趋势得益于车辆的智能化和互联化程度的不断提高。如今，车载设备可以实时监测车辆的使用情况，捕捉车主的行为模式和驾驶习惯。这些数据的加入，为 CRM 系统提供了更为丰富的客户画像和精准的服务触点。例如，通过汽车传感器和车载系统的数据，汽车制造商可以实时了解客户车辆的使用状况、故障预警以及保养需求。结合客户的历史数据，CRM 系统能够自动提醒客户进行保养、维修，甚至根据客户的驾驶习惯预测未来的维护需求，从而提前为客户提供服务建议。

二、新型销售模式对 CRM 的挑战与影响

随着市场的不断发展，新的销售模式，如订阅模式与代理销售，逐渐出现并开始取代传统销售模式。这些新模式不仅改变了客户购买汽车的方式，也深刻影响了客户关系管理的运作方式。

（一）订阅模式

在订阅模式下，客户不再是一次性购买汽车，而是通过长期订阅的方式使用车辆。这种模式下，客户的需求和行为更加多样化且持续性较强。除了车辆本身的订阅购买与使用，现在不少车企也开启了车内订阅模式。在这种模式下，车主不仅要为汽车本身的使用付费，还需要为某些特定功能付费。从原则上来说，任何能够实现远程控制的电子组件都可以设置订阅费用。

以宝马为例，它已经开始尝试订阅服务。在国际市场上，宝马推出了按月收费的座椅加热服务。在美国，司机如果要使用一种可以警告测速摄像头的交通摄像头，就需要每年支付订阅费用。福特的 BlueCruise 高速公路免提驾驶系统的每年费用在 495 美元。还有其他功能，如丰田的远程启动发动功能，客户可以选择一次性购买，或按月、按年或多年的方式订阅，不同的订阅方式费用有所不同。

面对订阅模式，CRM 系统需要能够有效管理客户和跟踪客户的订阅期限、

续订时间以及车辆使用情况，帮助企业及时做出提醒和跟进。CRM 系统还应根据客户的使用模式和偏好，灵活调整服务内容。例如，对于有更高驾驶需求的客户，系统可以自动推荐更多的附加服务，如额外的车辆保险、定制化车载娱乐系统等。而对于只需偶尔使用车辆的客户，系统则可以提供更加经济实惠的服务包或附加功能，如短期的租车服务、基础的车载导航等，以确保每位客户都能获得量身定制的体验，进一步增强他们对品牌的依赖性。

此外，订阅模式下的费用支付管理是另一个关键点。CRM 系统需要支持灵活的付款选项，如按月、按季度、按年等多种支付方式。同时，系统还要能够自动生成账单、跟踪付款状态以及提供便捷的付款提醒。

通过这些综合管理和优化措施，CRM 系统能够让客户在整个订阅周期内，始终感受到高效、个性化的优质服务，进而促进客户的长期留存，提升品牌忠诚度。这种以客户为中心的管理方式，也有助于企业在竞争激烈的市场中脱颖而出，形成持续稳定的收入来源。

（二）代理模式

汽车制造商长期以来一直依赖授权经销商网络来销售汽车，这一模式已经延续了一个多世纪。经销商拥有完善的基础设施和专业知识，包括展厅和经过专业培训的销售人员，能够帮助消费者找到符合其需求的车辆，并提供融资支持和其他购车相关服务。此外，经销商还作为重要的客户接触点，为购车后的客户提供持续的支持和服务，如车辆维护、修理以及保修服务等。这种分工使得制造商能够专注于汽车的设计与生产，而将销售和售后服务的日常运营交给经销商处理。

然而，随着市场环境的变化，传统的经销商分销模式正面临越来越多的挑战。如今，消费者已经习惯了以客户为中心的商业模式和便捷的购买体验，同时，第三方中介的进入也带来了更具竞争力的价格和折扣。这些因素使得汽车制造商面临更大的盈利压力，并促使他们重新审视传统的三级经销商模式，探索改进的可能性。

在这种背景下，一些汽车制造商开始考虑采用代理分销模式（agency distribution model，ADM）作为替代方案。新兴品牌如 Polestar、特斯拉（Tesla）、蔚来（NIO）和吉利控股集团已经在部分市场成功实施了代理销售或直销模式。例如，宝马和梅赛德斯－奔驰等全球知名品牌已经开始通过微信小程序提供在线数字展厅体验，客户可以通过一对一的视频通话与产品专家实时互动。当潜在客户在虚拟展厅中浏览车型时,销售人员可以即时分享相关车型的图片和详细规格信息。同时,特斯拉在北京和上海推出了"无接触试驾"服务,客户可以通过电话预约或在线签署电子协议。销售助理随后通过远程解锁车辆,确保整个试驾过程中无须与客户直接接触,车辆信息和操作指南则通过车载大屏视频内容提供。代理模式不仅改变了制造商、经销商和客户之间的关系,还为汽车行业的销售和服务模式带来了新的发展方向,也对 CRM 提出了新的要求和挑战①。

1. 全渠道客户体验的深化

代理模式的核心在于制造商直接与客户建立联系,这要求 CRM 系统能够支持全渠道的客户互动。未来的 CRM 系统需要整合线上和线下渠道,确保客户无论是在线浏览、试驾还是购车后服务,都能获得一致且无缝的体验。例如,客户可以通过制造商的官网或移动应用直接下单,同时选择在附近的代理商提车或享受送货上门服务。CRM 系统需要实时同步客户数据,确保不同接触点的服务质量一致,避免信息不对称或服务脱节。

2. 数据驱动的个性化服务

代理模式使制造商能够直接掌握客户数据,从而建立 360 度的客户视图。未来的 CRM 系统将更加依赖大数据和人工智能技术,分析客户的购买行为、偏好和需求,提供个性化的产品推荐和服务。例如,基于客户的驾驶习惯和车辆使用数据,CRM 系统可以主动推送保养提醒、升级建议或定制化保险方案。这种数据驱动的个性化服务不仅提升了客户满意度,还增加了交叉销售和附加销售的机会。

3. 制造商与代理商的角色重塑

在代理模式下,经销商的角色从销售主导转变为服务支持。未来的 CRM 系统需要支持这种角色转变,确保代理商能够高效地完成试驾、交车和售后服务等任务。同时,CRM 系统还需要为制造商提供工具,帮助其直接管理客户关系,例如通过统一的平台处理客户咨询、投诉和反馈。这种角色重塑要求 CRM 系统具备高度的灵活性和可扩展性,以适应不同市场和业务模式的需求。

4. 定价透明与客户信任的建立

代理模式的一个显著特点是制造商设定固定价格,消除了传统经销商模式中

---

① Accenture. The Future of Automotive Sales in China [EB/OL]. [2025 - 01 - 05]. https：//www. accenture. com/content/dam/accenture/final/a - com - migration/r3 - 3/pdf/pdf - 147/accenture - study - the - future - of - automotive - sales - in - china. pdf.

的价格谈判。这种定价透明化有助于建立客户信任，但也要求 CRM 系统能够支持价格的一致性和市场透明度。未来的 CRM 系统需要与制造商的定价策略紧密结合，确保客户在不同渠道看到的价格一致。此外，CRM 系统还可以通过提供透明的置换车定价和融资方案，进一步提升客户的购车体验。

5. 库存管理与生产效率的提升

代理模式下，制造商保留库存所有权，这使其能够更高效地管理库存并响应市场需求。未来的 CRM 系统需要与供应链管理系统深度集成，实时监控库存水平和市场需求，优化生产计划和物流配送。例如，CRM 系统可以根据客户的订单数据预测热门车型和配置，帮助制造商调整生产策略，减少库存积压和生产浪费。

6. 客户服务的数字化转型

随着代理模式的推广，客户服务的数字化转型将成为 CRM 发展的重点。未来的 CRM 系统将更多地依赖自动化工具和人工智能技术，如聊天机器人和虚拟助手能为客户提供 24/7 的即时支持。此外，CRM 系统还需要支持远程诊断和在线预约功能，帮助客户更便捷地获取维修和保养服务。这种数字化转型不仅提升了服务效率，还降低了运营成本。

7. 客户忠诚度与社区建设

代理模式为制造商提供了直接与客户互动的机会，未来的 CRM 系统需要更加注重客户忠诚度的培养和社区建设。例如，制造商可以通过 CRM 系统设计个性化的忠诚度计划，如积分奖励、专属优惠和会员活动，增强客户的品牌归属感。同时，CRM 系统还可以支持客户社区平台的建设，鼓励客户分享用车体验和参与品牌活动，进一步提升客户黏性。

三、未来汽车行业 CRM 技术的发展趋势

（一）AI 与 CRM 的融合

AI 与 CRM 系统的融合在汽车行业中创造了一个强大的商业工具，推动了行业的数字化转型。通过结合人工智能技术，CRM 系统能够不仅管理客户关系，还能预测客户行为、自动化销售流程，并提供实时数据分析。这使得企业能够在面对快速变化的市场时，迅速适应并优化运营模式。AI 能够分析客户数据，预

测未来的销售趋势，帮助企业优化库存和减少浪费。同时，AI 通过个性化推荐和客户行为分析，能够为每个客户提供定制化的服务和营销策略，从而提升客户满意度和忠诚度。AI 驱动的自动化工具通过简化销售流程和客户互动，提升了运营效率。集成到 CRM 系统中的 AI 驱动聊天机器人不仅能提供即时回应，还能处理重复性任务。例如，Salesforce Einstein 和 Zoho CRM 的 Zia 都拥有 AI 驱动的 CRM 系统，利用语音技术收集客户数据。这项技术还被聊天机器人和虚拟助手用于减少人为错误，并自动回应电子邮件、客户报告、数据收集和其他任务。随着 AI 技术的应用，市场的规模预计将在不久的将来增长。AI 与 CRM 的结合使得企业能够利用海量数据作出更加精准的决策。AI 系统能够分析客户的情感与需求，帮助企业调整营销策略、优化库存管理，并通过智能推荐提升客户体验。虽然 AI 和 CRM 系统的融合带来了诸多优势，但在汽车行业中，实施这些技术仍面临高成本和对专业人才的需求等挑战。然而，由于其能够提供显著的运营效率和竞争优势，机遇远大于挑战。

（二）IoT 与 CRM 的结合

随着 IoT 技术的迅猛发展，企业与客户之间的互动方式发生了深刻的变化。物联网设备通过实时数据收集，帮助企业深入了解客户行为、偏好和需求，从而推动 CRM 的创新与升级。IoT 与 CRM 的融合不仅能够提升客户体验，还能加强客户忠诚度、提高服务效率，并为企业带来更精准的营销和个性化服务。

1. 实时数据收集与客户洞察

IoT 设备能够通过智能产品、可穿戴设备、传感器等多个接触点收集实时数据。这些数据为 CRM 系统提供了关于客户行为、偏好、产品使用情况等详细信息，帮助企业形成客户的全面视图。通过实时数据，企业可以迅速响应客户需求，识别潜在问题，并作出及时的调整。例如，汽车制造商可以通过车载传感器监控车辆的行驶状态、油耗和驾驶习惯，从而更好地理解客户需求并预测未来的行为。这种实时数据驱动的洞察使企业能够迅速响应客户需求，优化产品和服务。

2. 个性化客户体验

物联网使得企业能够为每个客户提供量身定制的个性化体验。通过分析物联网设备所提供的详细数据，CRM 系统可以深入了解客户的具体需求和偏好，从而为客户提供更有针对性的服务。例如，智能汽车可以根据驾驶者的习惯自动调整座椅位置、空调温度和娱乐系统设置。此外，企业可以利用这些数据向客户提供个性化的产品推荐、促销活动和售后服务，从而提升客户满意度和忠诚度。

3. 主动问题解决与服务提升

物联网设备能够实时监测产品性能并检测潜在问题。当设备出现问题时，物联网可以自动向 CRM 系统传输警报，企业能够在客户意识到问题之前主动联系客户并提供解决方案。这种主动的服务方式大大提高了客户满意度，并加深了客户对品牌的信任。例如，车载传感器可以检测到发动机故障或轮胎磨损，并通过 CRM 系统自动向客户发送维修提醒或预约服务。这种主动的问题解决方式不仅提升了客户体验，还减少了车辆故障带来的安全隐患和成本。

4. 预测分析与客户需求预见

通过物联网设备收集的大量数据，CRM 系统能够进行趋势分析与预测，从而帮助企业提前预见客户需求。这种预测性分析使得企业可以在客户表达需求之前，主动提供相关产品或服务。例如，汽车制造商可以利用联网汽车的传感器数据，预测车辆何时需要维修，并提前安排好维修时间。通过预测性维护，企业能够减少设备故障对客户的影响，提高客户体验和满意度。

5. 增强客户服务与跨渠道体验

物联网与 CRM 的整合还提供了更高效的客户服务管理。通过实时数据，企业能够快速响应客户问题并提供解决方案，提升客户服务效率。同时，物联网还帮助企业实现跨渠道的一体化客户体验，无论客户是在店内、在线还是通过移动应用，数据都能确保其体验的连贯性。例如，当客户遇到车辆问题时，客服人员可以通过 IoT 设备远程诊断问题并提供解决方案，而无须客户亲自到店。这种高效的服务方式不仅提高了客户满意度，还降低了企业的运营成本。同时，智能汽车的数据可以与制造商的在线平台同步，客户可以通过手机应用查看车辆状态、预约服务或获取驾驶建议。

6. 物联网与 CRM 融合的挑战

尽管物联网与 CRM 的结合带来了许多优势，但也面临一些挑战。首先，数据安全和隐私问题需要得到充分重视。物联网设备收集的大量敏感数据必须妥善保护，确保企业遵守数据保护法规（如 GDPR）。其次，物联网设备产生的数据量巨大，企业需要强大的数据管理与分析工具，以便高效处理这些海量数据。最后，IoT 与 CRM 系统的整合可能涉及复杂的技术难题，尤其是对于依赖传统 CRM 平台的企业，确保系统的无缝集成需要付出额外的技术投入。

（三）云端 CRM 平台的普及

云端 CRM 的未来发展趋势将受到技术创新和市场需求的双重驱动，特别是人工智能、自动化、社交媒体数据整合和预测分析等技术的发展，将极大地提升客户关系管理的智能化、个性化和高效性。

人工智能（AI）将成为云端 CRM 系统发展的核心技术之一。AI 不仅能够帮助企业深入分析客户数据，发现潜在的趋势和行为模式，还能够基于预测分析为客户提供个性化的体验。例如，AI 可以帮助企业通过自动化推荐和智能客服，提升客户互动的质量和效率。通过不断学习历史数据，AI 系统能够逐渐优化客户服务，减少响应时间并提高客户满意度。此外，AI 技术还将用于潜在客户的评分，帮助销售团队更有效地优先处理高潜力客户，从而加快销售流程并提高转化率。

与此同时，自动化功能的提升将进一步推动云端 CRM 系统的发展。随着企业运营的复杂度增加，自动化将帮助简化大量日常任务，让团队成员能够将更多精力集中在战略层面的工作上。通过自动化处理客户反馈、订单管理、营销活动等流程，CRM 系统可以显著提高运营效率并减少人为错误。这种自动化的进程，不仅提升了工作效率，也促进了企业在竞争日益激烈的市场中保持优势。

社交媒体数据的整合也是未来云端 CRM 的重要趋势之一。随着社交平台在消费者日常生活中的深入，企业可以通过将社交媒体数据与 CRM 系统相结合，更加精准地了解客户的需求和偏好。通过社交媒体数据，企业能够实时捕捉到客户的情感变化、购买行为和互动记录，从而快速调整营销策略并提供定制化服务。社交媒体数据的整合，不仅能够帮助企业提高客户洞察力，还能帮助公司在客户关系管理中做到更加个性化和精准的营销。

预测分析技术的引入将是云端 CRM 系统未来发展的另一个亮点。通过结合历史数据，预测分析能够帮助企业预测客户需求、购买行为和市场趋势。这使得企业能够在客户作出购买决定之前，提前采取措施进行市场推广、客户关系维护等操作。借助这些预测信息，企业不仅能够提升客户服务质量，还能在合适的时间向客户提供最具吸引力的产品或服务，从而提高客户的购买意向和忠诚度。

（四）移动优先的 CRM 解决方案

随着智能手机的普及和超高速移动网络的不断发展，移动 CRM（或称为 m-CRM）也成为汽车行业 CRM 发展的重要方向。通过移动端 CRM 应用，销售人员、服务人员和客户可以随时随地访问和更新客户信息，提高服务响应速度，并增强客户互动的便捷性。尤其是在 2024 年之后，随着分布式团队和远程工作模式的普及，移动 CRM 的应用前景更加广阔，预计将成为提升客户关系管理的关键工具。

首先，移动 CRM 的最大优势之一是其能够提供实时访问，使销售和服务团队能够随时获取最新的客户信息并及时更新记录。无论是在外出拜访客户还是在服务现场，员工都可以随时查看关键信息，确保为客户提供即时反馈和解决方案。这种随时随地的连接性大大提升了团队的生产力，并优化了客户服务流程。

其次，移动 CRM 通过与移动应用的集成，能够提供一个无缝、统一的客户体验。客户能够通过移动应用访问个人账户、下单、接收个性化优惠等，同时，销售和服务人员可以利用移动设备管理潜在客户、更新客户信息和追踪销售活动。这种集成不仅改善了客户互动，增强了客户的参与感，还优化了企业内部流程，从而提高了客户满意度和业务效率。

再次，基于位置的服务已经成为移动 CRM 的重要组成部分，尤其在汽车行业中，通过 GPS 技术，企业可以根据客户的实时地理位置向其推送有针对性的优惠和促销信息。这种地理定位技术使企业能够在客户身边、合适的时间和地点触达目标客户，从而提高了销售转化率并增强了整体客户体验。

最后，移动 CRM 的其他优势包括提升销售人员的工作效率，帮助企业吸引新客户并增强客户忠诚度。例如，利用 RFID、蓝牙、二维码等技术，企业可以通过移动广告或移动应用提供个性化的优惠，进一步推动销售增长。此外，移动 CRM 还改善了客户自助服务的能力，使客户可以随时通过应用程序查询信息或解决问题，提升了客户的独立性和满意度。

总的来说，汽车行业的客户关系管理正朝着智能化、数字化和个性化的方向不断发展。随着技术的不断进步，汽车企业将能够通过集成更丰富的客户数据，提供更加精准、个性化的服务；同时，创新的销售模式和忠诚度管理将为汽车企业带来更长久的客户关系。未来，拥有先进 CRM 系统的企业将能够在竞争激烈的市场中脱颖而出，建立起与客户之间深厚的信任与忠诚，为可持续发展奠定坚实的基础。

课 后 习 题

一、名词解释

1. 多因素认证（MFA）

2. 通用数据保护条例（GDPR）

3. 数据生命周期管理（DLM）

4. 基于角色的访问控制（RBAC）

5. 代理分销模式（ADM）

二、单项选择题

1. 以下哪项不是 CRM（客户关系管理）系统的主要功能?（　　　）

A. 提升客户忠诚度 　　　　　B. 自动化财务管理

C. 优化业务流程 　　　　　　D. 增强客户参与度

2. 哪一项是数据泄露的常见原因?（　　　）

A. 多因素认证 　　　　　　　B. 使用强密码

C. 安全漏洞与防护突破 　　　D. 定期更新安全软件

3. 在 CRM 系统中，以下哪一项不属于客户数据隐私的关键保护措施?（　　　）

A. 数据加密 　　　　　　　　B. 弱密码使用

C. 定期安全审计 　　　　　　D. 限制员工访问权限

4. 在 CRM 系统中，灵活性通常指系统能够适应以下哪种变化?（　　　）

A. 新产品线的扩展 　　　　　B. 企业规模的变化

C. 客户服务模式的调整 　　　D. 以上全部

5. CRM 系统灵活性的关键能力之一是（　　　）。

A. 可定制的用户界面和模块化功能组件

B. 静态数据存储

C. 增强的客户互动分析能力

D. 严格的系统边界限制

6. 灵活的 CRM 系统如何帮助企业应对客户需求变化?（　　　）

A. 限制客户互动的渠道

B. 仅提供基本的客户信息管理功能

C. 自动化客户服务流程，提高客户响应速度

D. 增加客户投诉处理流程的复杂性

7. 在 CRM 系统实施过程中，哪种安全措施能够有效防范服务拒绝（DoS）攻击?（　　　）

A. 强化员工权限管理 　　　　B. 入侵检测与防御系统（IDPS）

C. 定期进行数据清理 　　　　D. 提供员工安全培训

8. 在解决 CRM 系统实施中数据迁移问题时，企业应首先进行什么操作?（　　　）

A. 进行系统功能定制　　　　　B. 创建数据备份

C. 清理旧数据　　　　　　　　D. 提供员工培训

9. 以下哪项是云端 CRM 系统的核心特性? (　　　)

A. 仅支持本地访问　　　　　　B. 实时更新与跨部门数据共享

C. 仅用于数据备份　　　　　　D. 仅用于硬件管理

10. AI 与 CRM 系统的融合主要带来了哪些优势? (　　　)

A. 仅用于自动化客户服务

B. 预测客户行为、自动化销售流程、提供实时数据分析

C. 仅用于数据存储

D. 仅用于硬件管理

三、简答题

1. 解释 "CRM 系统的灵活性" 并列举其主要特点。

2. 解释 "数字化购车体验" 并说明其在汽车行业中的重要性。

四、实训

以小组为单位,选择一个汽车品牌或公司,查找与其相关数据泄露案例,进行案例分析,包括泄露的背景与事件、泄露原因分析、泄露后的影响以及公司应对措施。

第九章

案例研究与最佳实践

 案例导入

传统车企客户关系管理双重危机——丰田品牌忠诚度下降与服务风波

服务风波引发的品牌信任危机

2023年10月，江西南昌恒信丰田4S店发生一起客户投诉事件，引发网络热议。网上流传的视频显示，一名顾客询问车辆价格时，与店员发生争执。店员态度粗鲁，怒斥顾客。据当事人李女士及媒体报道，当天她从广州赶来店内购车，明确表示要全款购买，而4S店则更倾向于客户贷款。当顾客家属沟通声音稍大时，店员迅速群起而上，用语言攻击客户。视频发出后，引发网友热议：大多数人认为销售人员作为服务行业从业者，应尊重顾客，还有人呼吁了解详细始末。

2023年10月10日，南昌恒信丰田4S店及上级厂家对事件正式回应：经调查确认当事员工"语言不当"，造成了客户的情感伤害，并对外公开致歉。公司总经理已当面向客户道歉并获得谅解，涉事员工和相关管理人员也已被处理。对此，一汽丰田官方表示高度重视，将严肃处理涉事员工，并加强对全国门店的管理和培训，以确保类似事件不再发生。

丰田全球客户忠诚度下降趋势

近年来，丰田品牌在全球多个市场的客户忠诚度出现下滑趋势。尤其在美国市场，丰田曾长期稳居主流品牌忠诚度前列，但最新数据显示不再如此。一项由标普全球（S&P Global）发布的2023年美国品牌忠诚度研究指出，2023年前4个月丰田的忠诚度仅为52.3%，同比下降5.7个百分点，排名第七。分析人士指出，此下降部分来自特斯拉等新能源品牌对丰田老客户的"抢夺"：约5%的丰田车主转投特斯拉阵营，同比提升2.1个百分点。对比之下，福特（59.5%）和雪佛兰（57.1%）仍名列主流品牌忠诚度前茅；在豪华品牌阵营里，特斯拉的忠诚度高达68%，远超其他品牌。这一现象反映出：随着全球向电动化转型，传统依赖内燃机的丰田品牌吸引力相对减弱，新兴品牌尤其是特斯拉正在蚕食丰田的潜在客户资源。由此可见，丰田面临全球范围内的客户流失压力，忠诚度管理亟须加强。

CRM核心理念概述及丰田执行问题

客户关系管理（CRM）的核心在于以客户为中心，识别和培育核心客户，提升客户满意度和忠诚度，实现客户生命周期价值最大化。现代CRM强调建立完整的客户数据库，进行客户分类和分析，并据此开展个性化营销与服务。例如，广汽丰田曾开发"e-CRB"系统，将销售、客户关系及售后经验集中化，号称建立了全球领先的营销体系，通过数据分析提高客户满意度和忠诚度。理论上，CRM还包含完备的服务补救策略：当客户不满时，应及时道歉、补偿并改进流程，将负面体验转化为忠诚度提升机会。"南昌4S店事件"中，丰田及时公开道歉并惩处员工，正是典型的服务补救措施，但这属于事后挽回，不能弥补初期服务态度失误对客户关系的伤害。然而，从执行层面看，丰田在CRM落地上存在不足。首先，丰田传统以生产质量为竞争力，部分渠道缺乏以客户为导向的思维和培训。在此次事件里，一线店员显然未能应用基本的CRM理念，如耐心聆听客户需求、引导沟通，而是将销售策略凌驾于顾客体验之上。其次，丰田经销商体系中往往存在激励与CRM冲突的问题。例如，部分4S店更强调销量指标、金融贷款等业绩，可能排斥全款或其他顾客偏好，导致销售行为偏离"顾客至上"的初衷。再次，从技术层面看，丰田的CRM系统在各渠道的落地并不均衡。丰田在中国的CRM实践存在差异，一方面，广汽丰田积极建设客户数据库进行精准营销；另一方面，一汽丰田的CRM则主要集中在车辆售出后，对潜在客户关注不足。可见，丰田总部虽有CRM战略，但在经销商管理、员工培训和系统落实方面仍有断层，部分门店无法充分获取和利用客户信息。缺乏统一的客户资料平台和完整的执行机制，使得CRM理念难以有效渗透到基层经营中，客户需求难以得到持续跟进。

中国市场经销商体系与 CRM 脱节现象

在中国，汽车制造商主要通过庞大的授权 4S 店网络来销售和服务客户，经销商具有较高的独立性。这种模式在一定程度上加剧了 CRM 系统与经销商实际操作的"断层"。销售和售后等不同部门往往信息孤立，销售和客服部门难以获得所需的客户信息；经销商根据合同类型分布广泛，更有各自的业务流程和管理系统。一旦总部与经销商之间数据对接不畅，即使企业建立了 CRM 平台，经销商也可能因管理习惯、技术水平或利益考量而未能有效使用。例如，尽管广汽丰田等采用了先进的客户关系管理系统，但其他经销商网络若缺乏类似系统或未主动维护客户数据，则仍然存在信息孤岛。最终，客户在不同 4S 店得到的体验和服务大相径庭：有的店会积极跟进客户需求并提供个性化关怀，有的店则依然沿用传统模式，只关注一次性交易。CRM 技术无法深入经销商体系，导致客户管理割裂，不利于品牌忠诚度的提升。

该案例反映了丰田在客户关系管理中的多重挑战：一方面，市场和技术环境变化使得丰田品牌忠诚度出现下滑趋势，要求企业强化客户关怀；另一方面，经销商执行力不足、CRM 系统对接不畅，导致服务质量难以稳定达标。"南昌 4S 店事件"作为导火索，提醒我们：汽车企业应全面贯彻"顾客至上"的理念，不仅要在产品质量上取胜，更要在日常销售服务环节做好细节。只有实现厂家与经销商的协同、利用好 CRM 工具与流程，并具备完善的服务补救机制，才能在激烈的市场竞争中留住客户、重建信任。

资料来源：女子全款买车遭 4S 店员辱骂，一汽丰田只能贷款买车？后续来了 [EB/OL]. （2023 - 10 - 11）[2025 - 02 - 10]. https：//www. sohu. com/a/727447769_121688122；Driving Success With Customer Loyalty in the Automotive Industry [EB/OL]. （2025 - 02 - 20）[2025 - 04 - 10]. https：// www. spglobal. com/automotive - insights/en/blogs/2025/02/strategies - to - grow - customer - loyalty - automotive - industry.

☆思考：

①该案例的冲突主要反映了 CRM 体系中的哪些问题？针对"南昌 4S 店事件"，你认为丰田应如何改进其客户满意度评估机制和服务流程控制？

②在 CRM 系统设计中，如何实现"总部—经销商—客户"三方之间的数据闭环和服务联动？

③CRM 系统如何帮助提高客户忠诚度？面对客户忠诚度下滑和市场竞争加剧，丰田应如何调整其客户分层与忠诚度管理策略，以提升客户生命周期价值？

第一节　国内外汽车企业客户关系管理的经典案例

一、起亚（KIA）汽车 CRM 系统成功案例：通过经销商网络提升销售与效率

在汽车行业的商业版图中，起亚（KIA）汽车于爱沙尼亚、拉脱维亚和立陶宛的区域业务有着重要的布局，而 KIA Auto AS 则肩负着关键使命，它是这几个国家起亚（KIA）车辆、零部件及配件的区域进口商。其主要职责涵盖了全面负责 KIA 产品在当地的销售与分销工作，并且拥有多达 24 家经销商，这些经销商广泛分布于波罗的海地区，构建起了较为庞大的销售网络。

当时间回溯到 2016 年，我们发现 KIA Auto AS 在当时遭遇了一系列严峻挑战，这些问题对其销售效率和客户体验产生了极为严重的负面影响。第一，在经销商层面，数据呈现出不一致的混乱状态，这导致信息难以处理并且错误频繁出现。同时，由于缺乏有效的报告工具，他们根本无法进行深入的商业分析，这对于把握市场动态和销售趋势极为不利。第二，销售团队缺少可靠的潜在客户管理系统，这直接导致了大量宝贵的销售机会流失，严重影响了销售业绩的增长。第三，销售人员难以快速获取所需产品信息，这无疑拖慢了销售节奏，降低了销售效率。第四，由于其公司业务涉及多个国家，语言管理工作变得异常复杂，在实际操作过程中很容易出现差错，这也给业务的顺利开展带来了不少的麻烦。除此之外，本地网站的建设也不尽如人意，未能遵循 KIA 的全球标准，内容管理系统更是复杂烦琐，并且需要持续的技术支持才能维持基本运行，这在一定程度上影响了品牌形象在当地的展示。

深入研究这些问题的根源，我们会发现主要在于 KIA Auto AS 内部缺乏一个统一的系统来集中管理和分发数据。其经销商网络的数据处于分散状态，各个经销商各自为政，缺少统一的工具对价格清单、配件、选项和图片等重要信息进行

有效管理。此外，缺乏汽车配置器这一关键工具，也使得客户在购车过程中的体验大打折扣，无法便捷地获取所需车辆配置信息。同时，本地网站在品牌形象塑造方面也存在不足，未能确保品牌形象的一致性，而且没有配备足够的工具来支持高效的操作，导致网站运营效率低下。

为了应对这些挑战，KIA Auto AS 决定实施一套全面的 CRM 系统解决方案。这套方案包含多个重要的工具，如 Modera Webfront、Data Hub、中央营销管理、进口商库存和 Modera Salesfront 等。具体来讲，通过 Modera Webfront 的应用，所有经销商都能使用统一的网页解决方案，这不仅确保了品牌形象在各个经销商网站上的一致性，还极大地提升了品牌的辨识度和专业性。同时，借助 Modera Importer Hub，公司能够实时更新网站内容，这一功能大大节省了时间和人力成本，确保网站信息始终保持最新状态，及时为客户提供准确的产品信息和促销活动等内容。Data Hub 则发挥着数据中枢的关键作用，它集中整合了三个国家的汽车数据，涵盖了价格清单、选项、配件和图片等核心信息，通过这种集中管理的方式，确保了所有经销商网站上的内容始终保持最新且准确无误，避免了因数据不一致而导致的问题。中央营销管理系统的投入使用，使得营销活动、优惠、新闻和事件的管理更加统一和高效，能够快速响应市场变化，及时退出有针对性的营销活动，同时还节省了成本，提高了营销资源的利用效率。进口商库存系统为 KIA Auto AS 提供了强大的库存管理功能，帮助其精准管理车辆库存，并且支持在线预订和订购，方便了客户购车，也提高了库存周转率。最为关键的是，Modera Salesfront 为经销商提供了实时的销售漏斗数据、潜在客户和转化数据，让经销商能够清晰地了解销售过程中的各个环节，从而及时调整销售策略，有效提升了销售效率。

经过一段时间的实施和运行，通过这一整合的 CRM 解决方案，KIA Auto AS 在多个方面取得了显著成果。在线潜在客户管理方面，在线潜在客户的数量和转化率都有了显著提升，这表明 CRM 系统有效地帮助企业挖掘和转化了潜在客户，为销售增长注入了强大动力。同时，网站流量也大幅增长，更多的客户开始关注 KIA 汽车在当地的产品和服务，这得益于网站内容的及时更新和品牌形象的提升。此外，配件销售的请求量也大幅增加，这反映出客户对 KIA 汽车配件的需求得到了更好的满足，也进一步拓展了企业的盈利渠道。在营销活动方面，营销活动的推出速度提高了 5 倍，能够更迅速地响应市场变化和客户需求，同时跨三个市场的活动成本大幅降低，提高了营销活动的性价比。而且，所有的产品数据都实现了标准化，确保始终保持最新状态，这为企业的运营管理提供了坚实的数据基础。同时，多语言数据的分发质量和速度也得到了显著提升，有效解决了跨国业务中的语言管理难题，提升了客户服务的质量和效率。尤其重要的是，KIA Auto AS 还能够在不到一分钟的时间内将潜在客户转化为报价，这为客户提供了独特且高效的购车体验，极大地提高了客户的满意度。所有网站在保持统一品牌形象的同时，也支持本地内容的独立性，能够更好地满足当地客户的个性化需求，进一步增强了客户的忠诚度。

从经销商的角度来看，其满意度也得到了显著提升。通过 Modera Salesfront 的应用，经销商的日常任务变得更加简化，所有流程都能在一个平台上完成，减少了人为错误的发生概率和时间消耗，提高了工作效率。销售流程的自动化使得工作更加高效便捷，为经销商节省了大量时间，让他们能够将更多的精力投入客户服务和市场拓展等核心业务中。

综上所述，KIA Auto AS 通过实施 CRM 系统，成功地解决了经销商网络中长期存在的数据不一致、报告不足和潜在客户管理缺失等一系列问题。通过统一的网站平台建设、数据的集中管理、营销活动的优化以及销售流程的自动化等措施，显著提升了销售效率、客户体验和品牌形象。这一成功案例充分展示了 CRM 系统在汽车行业中的重要作用，为 KIA Auto AS 在波罗的海地区的持续增长奠定了坚实的基础，也为其他汽车企业在区域市场的发展提供了宝贵的借鉴经验。

二、宝马的 CRM 战略：提升客户参与度并推动销售增长

在全球豪华汽车市场的激烈竞争格局中，宝马汽车始终占据着重要的领导者地位。但不可忽视的是，宝马也面临着来自诸多豪华汽车品牌的挑战。当下的市场环境中，消费者被海量的营销信息所包围，宝马所面临的核心难题便是如何在如此竞争白热化的市场里崭露头角，成功吸引潜在客户的目光，并与这些客户构建起稳固且富有成效的长期关系。

从营销层面来看，宝马传统的营销模式存在明显的局限性，难以切实满足客户日益多样化的个性化需求。这就导致了客户转化率处于较低水平，并且客户忠诚度的维持也变得极为艰难。宝马深知自身不仅需要不断拓展新客户群体，更要借助个性化且高效的客户管理策略，全力提升客户转化率，强化客户的长期忠诚度。这些问题的根源在于宝马对客户行为缺乏深度的剖析洞察，在营销策略上未能做到精准的个性化定制，无法准确契合不同客户群体的独特需求。这些困境促使宝马积极探寻变革其 CRM 系统的路径，转而采用数据驱动的创新方法，全力

优化客户的消费旅程，以此增强客户的消费体验，进而有力推动销售业绩的增长。基于此，宝马确立了清晰明确的目标，即借助数据驱动的 CRM 系统，全方位提升客户的参与度与忠诚度。具体而言，其目标涵盖几个关键方面：一方面要全力吸引新客户，并成功将他们转化为实际的购买者；另一方面要通过提供个性化的优质服务，显著提升客户体验，从而增强客户的忠诚度；更为重要的是，要在长期的时间跨度内，持续保持客户的参与热情，确保客户与宝马品牌始终保持紧密的联系。

为实现上述目标，宝马与 GALE Partners 携手合作，对其 CRM 系统展开了全面而深入的改革。此次改革的核心在于采用数据驱动的先进方法，致力于打造更具个性化的客户消费旅程，以此提升客户体验并推动销售增长。在具体的实施措施方面，宝马精心设计了量身定制的客户旅程。通过对客户行为和兴趣进行深度的数据挖掘与洞察，宝马开发出了多种多样的个性化客户旅程。在这些精心设计的旅程中，每一位客户都能够依据自身的独特需求，获取专门为其定制的内容与优惠。如此一来，这些个性化的客户旅程不仅有助于宝马更有效地吸引潜在客户，还能显著提升客户的忠诚度与参与度。此外，宝马还积极创建了一个内容丰富多样的素材库，并借助电子邮件和直邮这两种方式将精心挑选的内容传递给客户。这些内容在具备强烈视觉吸引力的同时，还紧密针对每个客户群体的特定偏好进行了精准定制。宝马深知，只有这样才能确保传递出去的信息能够深深触动客户的内心，引发他们的强烈共鸣，进而有效提升客户对宝马品牌的兴趣。

在整个过程中，宝马还充分利用对客户互动数据的深入分析，采用数据驱动的智能配对方法，将潜在买家与最契合其需求的车辆及激励措施进行精准匹配。这种精准的匹配策略在很大程度上推动了客户作出购买决策，不仅大幅提高了销售转化率，还显著提升了客户的满意度。

尤为值得一提的是，宝马的 CRM 系统被精心设计为具备持续学习和不断优化的能力。随着更多客户数据的收集与深入分析，系统能够更加高效地预测客户的潜在需求，并自动对营销策略进行灵活调整。通过这样的方式，确保每一位客户都能够接收到与自身需求高度契合的信息与服务，从而进一步强化客户关系，有力推动品牌的长期增长。

经过一系列的改革举措，宝马的 CRM 改革取得了极为显著的成果，这在多个关键指标上均有清晰的体现。首先，凭借个性化的营销策略，宝马成功地将 58% 的潜在客户转化为实际购买客户，这使得销售转化率得到了显著的提高。其次，量身定制的内容策略极大地增强了直邮活动的效果，使得每月的直邮量增长了 64%；同时，客户的参与度也有了明显的提升。最后，宝马能够依据不同市场的独特需求，灵活定制个性化的营销计划，并确保各个地区的客户都能够获得符合自身偏好的服务。在这一过程中，宝马实现了高达 86% 的个性化市场计划实施率，这进一步增强了客户的满意度与品牌忠诚度。

这些显著的成果充分证明了个性化 CRM 策略的强大有效性，也使得宝马在竞争激烈的豪华汽车市场中进一步巩固了其领先地位。通过对宝马这一案例的深入剖析可以清晰地看出，宝马借助数据驱动的 CRM 系统改革，成功地化解了客户信息过载以及市场竞争激烈所带来的难题。通过精心打造的量身定制的客户旅程、个性化的内容传递、数据驱动的精准配对以及持续优化的系统，宝马不仅有效地提升了客户转化率与参与度，还显著增强了客户的忠诚度。这一成功案例鲜明地展示了在当今竞争异常激烈的市场环境下，个性化和数据驱动营销所具有的至关重要的地位与作用，也为其他豪华汽车品牌提供了极具价值的宝贵经验。宝马的成功实践有力地证明了，借助先进的 CRM 技术，企业完全能够构建更为强大的客户关系，并在激烈的市场竞争中实现显著的增长与发展。

三、奥迪 CRM 案例：从数据整合到客户忠诚度的提升

2000 年初，奥迪就开始用 CRM 系统管理客户了。但当时，奥迪在客户管理上碰到了不少难题。一方面，客户数量猛增，大量客户数据分散在多个没联网的数据库里，根本没法全面了解客户的需求和行为。另一方面，客户对品牌的期望越来越高，可客户支持流程效率太低，不能快速回应客户需求，客户忠诚度也就很难提高。再加上原有的客户数据分析系统也跟不上新时代的需求，旧的统计分析工具功能有限，达不到当代商业智能技术标准，数据处理还有性能问题，无法有效整合那些分散的客户数据，也没法深入分析，导致营销活动没针对性，很难吸引和留住客户。简单来说就是奥迪缺乏一个统一的现代化 CRM 平台，而且客户支持流程和营销策略也没充分利用数据洞察，所以客户体验和品牌忠诚度都不理想。

为了解决这些问题，奥迪进行了全面的 CRM 改革，其改革重点是引入先进技术平台和数据分析工具。奥迪选了 mySAP CRM 和 mySAP Business Intelligence 作为新的 CRM 平台，替换掉原来的系统。这个新平台能整合不同来源的客户数据，还有灵活的分析功能，能帮奥迪更好地了解客户需求，优化客户管理和支持。

为了更高效地处理客户数据，奥迪还和大众汽车、大众金融服务公司一起开发了 KuBa 客户数据库。KuBa 系统集中管理了约 70 万客户、60 万辆汽车以及数

百万条客户互动数据，提供了全面的客户视图。通过这个集中的数据平台，奥迪能更准确地评估客户需求，提高客户支持和服务效率。奥迪 220 名呼叫中心工作人员通过 mySAP CRM 互动中心，能为 70 万客户和潜在客户提供更好的支持，信件、传真、电话和电子邮件等联系方式都通过计算机电话集成（CTI）和其他连接器整合进了系统，保证能随时查看每个客户的详细信息，提供个性化服务。

另外，奥迪还利用 mySAP CRM 的功能开展数据驱动的精准营销活动。例如，在意大利推广 A8 车型时，通过多级邮件活动，一步步把客户从对品牌的初步印象引导到个性化优惠，大大提高了客户响应率和营销效果。这些个性化营销策略不仅增加了销售机会，还增强了客户和品牌的黏性。通过分析 CRM 系统收集的数据，奥迪成功优化了客户支持流程，还设定了明确的客户管理目标。通过活动管理和个性化服务，有效提升了客户忠诚度，促进了客户和品牌长期关系的建立。这一系列措施提升了客户体验，也为未来增长打下了坚实基础。

用了 mySAP CRM 后，奥迪大大提升了客户的所有权体验，成功把客户需求转化为更精准的服务和营销策略。这不仅大幅提高了客户的品牌忠诚度和满意度，还让公司在 2005 年实现了 22% 的内部收益率（IRR）。奥迪意识到，打造品牌价值可不只靠产品，更要在每次和客户接触时提供实实在在的价值，这样才能增强客户对品牌的认知，影响他们未来的购买决策。

此外，实整后的 CRM 平台还优化了奥迪的营销、销售和支持能力。通过分析 CRM 系统里的数据，奥迪能更准确地理解客户和潜在客户的需求，优化客户支持流程。定量和定性分析能帮公司评估哪些客户咨询最频繁，哪个团队工作效率高，然后据此调整团队资源配置和服务策略，进一步提高服务质量。

在营销方面，奥迪通过活动管理成功实施了个性化的客户推广活动。通过 mySAP Business Intelligence 的数据挖掘分析，奥迪能够评估活动效果，并基于此优化未来的营销策略。借助这些数据驱动的洞察，奥迪不断提升营销活动的有效性，增强了与客户的互动和品牌忠诚度。

四、福田汽车案例：实现营销自动化，提升客户转化率[①]

福田汽车是中国商用车领域的领军企业，也是全球市场布局最广、产品矩阵

① 资料来源：北汽福田："双管齐下"加速汽车行业营销数字化转型升级［EB/OL］.（2020 - 03 - 30）［2025 - 03 - 24］. https://www.niutoushe.com/40984；福田：营销自动化服务 600 万车主，客户转化率实现 7 倍增长［EB/OL］.［2025 - 03 - 24］. https://en.convertlab.com/succeed/49.html.

最完善的行业巨头之一。公司成立于 1996 年，总部设于北京，现拥有总资产逾 690 亿元人民币，员工规模近 4 万人，构建了覆盖研发、制造、销售与服务的全产业链生态。

　　凭借全球化战略视野，福田汽车在 20 余个国家建立组装工厂，业务辐射全球 110 个市场，连续四年蝉联中国商用车出口量冠军，彰显"中国智造"的国际竞争力。2017 年 6 月，福田汽车以 1125.78 亿元人民币的品牌价值荣登《中国 500 最具价值品牌》第 34 位，稳居商用车行业榜首及汽车产业第四名，创下连续十三年领跑行业的品牌传奇。截至当前，企业累计汽车产销量已突破 800 万辆大关，持续以技术创新与市场洞察重塑全球商用车产业格局。

　　作为中国商用车龙头企业，福田汽车面对存量市场竞争与客户需求升级的双重压力，其传统客户关系管理体系逐渐暴露系统性瓶颈，制约了客户价值的挖掘和整体服务效率的提升。第一，数据割裂导致客户画像模糊。作为一家产品线丰富、客户基础庞大的商用车企业，福田汽车在长期运营过程中积累了大量关于客户、车辆、维保、售后服务等方面的数据，但这些数据分散存储在多个不同系统中，彼此之间缺乏有效连接，形成了典型的信息孤岛现象。这种数据割裂导致企业难以构建完整的客户画像，无法准确了解客户的真实需求与行为习惯，从而限制了个性化服务和精细化运营的实施。第二，在营销触达方面，福田的传统做法更多依赖于大规模的批量群发营销，如短信群发、统一推送等，这种方式不仅触达效率低下，而且严重缺乏个性化，无法结合客户的生命周期阶段、车辆使用状况或实际服务记录等信息开展针对性沟通。结果导致企业投入了大量营销资源，但回报率却不高，客户的反应冷淡，转化率较低。第三，福田在客户行为分析方面存在显著短板。尽管企业拥有大量客户访问、购买、维保等行为数据，但由于缺乏智能化的数据处理机制和实时分析能力，系统无法对这些行为进行有效识别和响应，营销活动与客户真实需求之间存在明显的时间滞后和内容偏差。这种"看不见客户、听不到需求、抓不住时机"的管理现状，使得企业不仅错失了许多潜在的销售机会，也在无形中削弱了客户的品牌黏性和忠诚度。可以说，福田当时面临的挑战本质上是"数据不通、洞察不深、服务不准"，而这些问题正是传统汽车企业在迈向智能化客户关系管理过程中必须跨越的关键门槛。

　　为应对客户关系管理中存在的数据分散、营销低效与洞察不足等一系列挑战，福田汽车联合营销技术服务商 Convertlab，正式启动了 CRM 数字化转型项目，重点构建了以客户数据平台（CDP）为核心的整合性营销自动化体系。福田汽车着手构建统一的客户数据平台，打破原有信息孤岛，将分布于不同业务系统中的客户、联系人、会员、车辆档案、维保记录、服务反馈、问卷结果和线上行为轨迹等多源异构数据进行清洗、整合与统一管理，最终形成了每一位客户的360度画像。通过这一平台，企业不仅可以全面了解客户的身份特征、购买历史和行为模式，还能实时追踪其服务反馈和互动记录，为后续营销与服务奠定了数据基础。在数据整合基础之上，福田进一步梳理了客户从首次接触品牌、购车、使用、维保到再购买的完整旅程，并在关键生命周期节点，如保养到期、车辆升级窗口、忠诚期临界点等设置自动化营销策略。系统根据客户所处阶段自动触发相应内容，实现精准而高效的沟通。这种自动化机制极大提升了响应速度和触达相关性，减少了人工干预，提高了运营效率。福田汽车推出的"福田 e 家"平台，全面覆盖了客户从看车、购车，到管车、用车、养车，再到置换的全生命周期服务管理。该平台集成了最齐全的车型信息、最新的促销活动、用户互动社区车圈、车联网智能管车系统、便捷全面的售后服务功能、全国经销与服务网点查询、会员商城等多项内容功能。通过线上线下的深度融合，"福田 e 家"不仅显著简化了消费者的购车流程，还大幅提升了用户整体体验。用户可以随时随地在线浏览车辆、对比配置、下单选购，同时享受便捷的在线金融服务，实现一站式、智能化的用车生活。

与此同时，福田还实现了多渠道、个性化的客户触达。通过短信、App 推送、微信服务号等多种渠道联动，企业可以根据客户行为特征和偏好定制不同的内容与沟通频率。例如，对于近期频繁浏览官网车型页的客户，系统会推送相应车型的购车优惠；而对进入维保周期的老客户，则自动发送维保提醒与关怀优惠。这种围绕客户旅程、深度联动多平台的触达策略，不仅极大提升了营销的精度与互动效率，也为客户带来了更加贴心与高效的服务体验，显著增强了客户的参与感和品牌认同。可以说，福田汽车通过 CDP 和营销自动化平台的深度融合，成功实现了客户关系管理从分散、被动向统一、主动、智能的根本性转型。

通过上述客户数据平台与营销自动化体系的全面落地，福田汽车在客户关系管理方面取得了显著而可量化的成效。首先，在销售转化方面得到了突破性进展。借助精准的客户画像与个性化的营销策略，企业能够更有针对性地识别和培育潜在客户，实现了从广撒网到精准打击的转变，最终推动客户转化率提升了6~7 倍。这一数字不仅意味着销售机会被更充分地挖掘和利用，也体现了营销资源配置效率的显著优化。其次，营销活动的执行效率大幅提升。过去，福田在组织一次标准营销活动时，往往需要超过一周的准备与人工协同，而在自动化平台的支持下，如今整个活动的策划、配置与发布周期被压缩至 2~3 天，执行效率提升了 3 倍以上，极大增强了企业对市场变化的敏捷响应能力。最后，客户体验和品牌忠诚度也得到了明显增强。通过围绕客户生命周期的定制化触达和实时互动机制，客户在购车、维保及使用过程中都能获得更加个性化和贴心的服务体验。这种及时、相关、有温度的交流方式，不仅提高了客户的满意度，也促使客户与品牌之间建立起更深层次的信任关系，从而有效提升了整体客户忠诚度与复购可能性。福田汽车通过数字化 CRM 体系的成功部署，已经初步实现了从产品驱动向客户驱动的核心经营理念转型，展示了制造企业通过技术赋能构建持续客户价值的巨大潜力。

五、GMACCM CRM 失败案例分析

通用汽车金融公司商业抵押贷款（GMACCM）作为商业房地产贷款领域的领先者，管理着超过 1510 亿美元的抵押贷款组合。1999 年，GMACCM 启动了一项 CRM 项目，旨在通过提升自动化效率和加强客户数据管理，为呼叫中心员工提供更全面的借款人信息支持。然而，这一 CRM 系统的实施并未达到预期效果，反而引发了严重的客户流失和业务损失，成为 CRM 领域的一个经典失败案例。

GMACCM 在 CRM 系统实施过程中面临的核心问题主要集中在客户流失、用户体验感差以及呼叫中心运营压力增大等方面。CRM 系统改革的第一步是推出自动语音响应系统。按照设计，想要贷款的客户需拨打 800 开头的号码，然后通过电话键盘输入账号，再根据指示进行下一步。该自动语音响应系统被设计为客户咨询的首选接触点，顾问们在实施前并未充分调研客户的实际使用习惯，也没有验证 GMACCM 客户支持区域的现有结构是否符合用户的心理预期。数据显示，高达 99% 的贷款客户选择绕过自动系统，直接按 0 转接至人工客服代表。不知大家是否也打过 400 开头的电话号码，如银行或者其他公司的维修售后等电话。根据语音指示进行操作确实麻烦，而且很多时候用户不知道应该选择哪个选项，不知道想寻求的信息和帮助应该找哪个部门，但推出语音系统的公司已经假定用户都知道该选择哪个部门，并未了解我们真正的需求，同样地，最后我们都直接选择人工服务了。GMACCM 新推出的自动语音响应系统引发了大量客户的不满和投诉，导致了大量客户流失，也为竞争对手提供了可乘之机。考虑到 GMACCM 复杂的大量的客户群体，未能认真了解客户群体的需求而开始设计 CRM 系统被证明是一个昂贵的错误。

这种设计缺陷不仅未能提升客户体验，反而增加了客户的不便。同时，由于

系统未能有效解决客户的实际需求，呼叫中心的工作负担并未因自动化系统的引入而减轻，反而因客户频繁转接人工服务而变得更加繁重。内部信贷员也抱怨由于提供的服务差，他们失去了一些重要客户以及交易。这些问题严重影响了GMACCM 的客户体验和业务运营效率，最终导致客户流失率上升和企业声誉受损。

GMACCM CRM 实施失败的根本原因在于缺乏以用户为中心的设计方法。公司在未充分了解目标用户需求和行为模式的情况下，仓促推进了 CRM 解决方案的实施。自动语音响应系统的设计未能考虑到商业贷款客户的实际需求，导致其功能与客户期望严重脱节。这次失败充分说明，在实施 CRM 解决方案时，如果不明确定义目标用户的特征、需求和目标，将会导致客户流失、财务资源浪费，并错失宝贵的业务机会。

第二节　成功与失败的客户关系管理实践分析

上述四家车企（KIA、宝马、奥迪、福田）的 CRM 成功案例展示了 CRM 系统在提升客户体验、优化销售流程和提高品牌忠诚度方面的重要作用，尤其是在面对激烈竞争和不断变化的市场需求时。通过分析它们成功的经验，我们可以得出以下几点是影响 CRM 成功的关键因素。

一、数据整合与管理的重要性

上述的四个成功案例都强调了数据整合的重要性。以起亚为例，起亚早期由于经销商之间的数据缺乏一致性，信息混乱不堪，错误频出，进而引发了一系列客户服务方面的连锁反应，严重影响了客户体验与销售效率。后来，起亚通过对经销商网络数据进行集中管理，有效解决了信息不一致的问题，成功提升了销售效率，改善了客户体验。奥迪则借助 mySAP CRM 系统，整合了来自不同数据源的客户数据，并依托 KuBa 客户数据库，为企业提供了全面的客户视图，让企业能够更深入地了解客户。宝马采用数据驱动的方式，深入洞察客户行为，以此为基础优化客户旅程，为客户提供更贴合需求的服务。福田汽车也高度重视数据整合，其在数字化转型中建设客户数据平台，整合客户、车辆、维保、线上行为等多个维度的数据，打通原有的信息孤岛，构建出 360 客户画像，使企业能更全面掌握客户状态并实现数据驱动的业务决策。无论是搭建统一的平台，还是构建集中管理的数据库，数据整合都极大地增强了这些企业对客户需求的洞察力，使得它们能够为客户提供更精准、更具个性化的服务。

二、提供个性化服务与营销

提供个性化服务与营销也是 CRM 成功的重要因素。在个性化方面，宝马通过量身定制的客户旅程和内容策略，显著提高了客户转化率和参与度。奥迪则通过数据驱动的精准营销，提升了客户响应率和品牌忠诚度。KIA 也利用其 CRM 系统优化了营销活动的推出速度，提高了跨市场的活动效果。福田汽车在 CRM 实施中围绕客户生命周期设置自动化触发节点，通过客户画像识别客户当前所处阶段及潜在需求。精准投放个性化内容的服务策略，有效地提升了客户的互动感与满意度，也带动了销售转化率的提升。这些案例表明，个性化服务和营销不仅能够提升客户体验，还能直接促进销售转化和客户忠诚度的提升。

三、销售流程的自动化与优化

起亚和奥迪通过 CRM 系统自动化了销售流程，减少了人为错误，提高了销售效率。起亚通过 Modera Salesfront 为经销商提供实时销售漏斗数据，帮助他们优化潜在客户的转化率；奥迪则通过 mySAP CRM 的互动中心提高了客户支持的效率，确保了快速响应客户需求。宝马通过数据驱动的配对方法，将潜在买家与最适合他们需求的车辆和激励措施相匹配，推动了购买决策。福田汽车通过营销自动化平台对客户旅程进行全流程管理，从销售线索获取客户培育到再营销，均实现了自动化响应与跟踪，极大地缩短了营销准备与客户响应时效。这些措施不仅提高了销售效率，还减少了时间消耗和错误，进一步增强了客户体验。

四、重视品牌一致性与本地化

四个案例中都重视品牌一致性的维护。KIA 通过统一的网页解决方案确保品牌形象一致，宝马通过个性化内容传递确保每个客户群体的需求得到满足，而奥迪则通过标准化的数据管理和本地内容支持，确保了品牌形象的一致性。这些举措不仅帮助公司保持了全球品牌的一致性，还在不同市场中灵活适应了本地需求，增强了客户的品牌认同感和忠诚度。

五、持续优化与学习的能力

宝马特别强调其 CRM 系统的持续优化能力，随着数据的不断积累，系统能够更高效地预测客户需求并调整营销策略。同样，奥迪发现就得系统不能跟上数智时代客户管理的要求，也进行了 CRM 的升级换代。四个案例都表明了通过分析 CRM 系统中的数据，不断优化客户支持流程和营销活动的重要性。这种持续的学习和优化能力帮助企业不断适应市场变化，保持与客户的紧密联系。

这些成功案例表明，CRM 系统不仅能够解决企业面临的数据管理、销售流程和客户服务等问题，还能通过个性化的客户体验和精准的营销策略，显著提升销售业绩和客户忠诚度。通过数据驱动的 CRM 系统，企业能够更加精准地把握市场动态，增强品牌竞争力，推动长期增长。

相反，GMACCM 的 CRM 失败案例显示了在实施技术解决方案时，关注用户体验和需求分析的重要性。在实施 CRM 系统之前，GMACCM 应该进行详细的用户需求分析，深入了解客户的需求和偏好，可以通过任务分析和用户测试确保系统的设计符合客户的实际使用习惯和期望。此外，GMACCM 本应在初期阶段保持人工客服代表作为客户的首要接触点，直到全面了解客户对自动语音系统的适应情况为止。通过持续收集客户反馈，GMACCM 可以在实际操作中逐步优化和调整系统，以避免过早依赖自动化系统而导致用户流失。实施前的小规模用户测试也至关重要，通过这些测试，GMACCM 可以收集用户的真实意见，确保系统设计能够满足客户需求，从而有效避免在全面实施时出现不适用的情况，减少客户的不满和投诉。

同时，丰田案例体现了服务补救机制对 CRM 成功实施的重要性，也凸显了客户体验管理和经销商一线 CRM 执行能力的关键作用。江西南昌恒信丰田 4S 店事件不仅伤害了客户情感，也严重损害了品牌形象。事件曝光后，经销商迅速启动服务补救程序：发布道歉声明，总经理当面致歉并处理了涉事员工，及时挽回客户信任，并证明服务补救机制的重要性。然而，补救措施仅仅是亡羊补牢的行为，品牌的信誉与忠诚度已经受到了损害。此外，事件凸显了客户体验管理的关键作用。与前述宝马、起亚、奥迪等案例关注产品、技术和体验层面不同，丰田事件起因于销售环节的负面体验，这提醒经销商必须重视每次客户接触。客户体验的连续性至关重要，任何失误都可能导致客户流失。此案例反映了 CRM 系统在经销商一线落地执行能力的重要性。客户通过网上留资进店，但经销商未能有效利用 CRM 工具记录并跟进客户需求，导致沟通冲突。这说明即使总部

CRM 体系再完善，一线执行不到位也会大打折扣。事后，丰田高度重视并指定专人与客户沟通跟进，进一步说明了遇到一线服务失误时总部与经销商协同补救的重要性。

第三节　从案例中学习：策略与改进措施

通过分析 KIA、宝马、奥迪、GMACCM 和福田这几个案例，我们可以从成功与失败中吸取宝贵的经验教训，并提炼出一系列能够提高 CRM 系统实施成功率的策略与改进措施。

第一，深入了解客户需求和偏好是 CRM 系统成功实施的前提。无论是起亚在波罗的海地区的成功案例，还是宝马和奥迪的个性化营销策略，它们都强调了根据客户行为和需求定制解决方案的重要性。成功的 CRM 系统往往能够通过数据分析洞察客户的真实需求，进而为客户提供量身定制的服务或产品。而 GMACCM 的失败恰恰源于忽视了客户的需求分析而最终导致客户流失。因此，在实施 CRM 系统之前，企业应进行深入的用户分析和需求评估，确保系统能够真正为客户提供价值，而不是只是为了自动化和提高效率。很多 CRM 的实施都需要大量的投资，经常涉及高达七位数的资金投入。值得注意的是，实施成本仅仅是公司可能遭受的损失的冰山一角。为了真正评估损失，我们还必须去量化失去的客户和员工的成本，以及说服客户回来，重建信任，更换失败的系统所需的费用。另外还有在系统开发、实施和替换过程中失去的机会成本。

第二，注重系统的易用性与用户体验是提升 CRM 系统效果的关键。起亚和宝马通过简化系统和优化界面，成功提高了用户的参与度和满意度。起亚通过 Modera Salesfront 的引入，使得经销商能够更加高效地管理销售漏斗数据，提升了销售效率；宝马则通过量身定制的客户旅程和内容传递，显著提高了客户的参与度和转化率。而 GMACCM 的失败则是因为其 CRM 系统设计未能考虑客户的实际使用习惯，导致客户不愿意与自动语音系统互动，转而寻求人工客服。通过定期的用户测试和反馈收集，企业能够发现潜在问题，并进行及时调整，从而确保系统更加符合客户的需求和使用习惯。

第三，系统的集成和数据共享对于提升 CRM 系统的有效性至关重要。起亚通过 Modera Data Hub 将多个国家的汽车数据集中管理，确保了所有经销商的网站内容始终保持最新，从而提升了销售效率和客户体验。奥迪则通过 mySAP

CRM 和 mySAP Business Intelligence 平台的引入，实现了客户数据的整合和精准营销，提升了客户忠诚度和品牌形象。相比之下，GMACCM 由于缺乏一个统一的数据管理平台，信息分散，无法提供统一的客户体验。这提示我们，企业应建立一个集中的数据平台，整合来自不同来源的客户数据，确保在任何接触点上都能为客户提供一致的服务和支持。

第四，营销活动和客户沟通的个性化是提升 CRM 效果的一个重要策略。宝马通过数据驱动的个性化营销策略，不仅提升了销售转化率，还增强了客户的参与度和品牌忠诚度。奥迪也通过个性化的客户支持和精准的营销活动，有效提升了客户体验，增强了客户的品牌忠诚度。成功的 CRM 系统应能够根据不同客户的需求和偏好，提供定制化的沟通和服务内容，从而提高客户的满意度和忠诚度。

第五，持续的优化与反馈机制是确保 CRM 系统持续成功的关键。宝马和奥迪的成功案例都表明，CRM 系统应该具备自我学习和优化的能力。通过持续的数据收集和分析，系统可以逐步调整营销策略，确保与客户需求保持同步。企业应定期评估 CRM 系统的效果，并根据市场变化和客户反馈进行必要的调整，确保系统能够持续为企业带来价值。

第六，在客户关系管理体系中，分层运营与数据驱动是优化服务效能的核心抓手。针对丰田的问题，我们可以采取以下措施对 CRM 进行改进。

一是基于消费频次、客单价等维度将客户划分为 VIP、白金、钻石等层级，并制定差异化策略。针对高净值钻石客户提供专属管家服务与优先提车权益，而对潜力白金客户则通过定制化保养套餐提升复购率，以此阶梯式培育客户忠诚度。为实现精准分群，车企需打通 CRM 客户关系管理、经销商管理系统及社交媒体数据源，构建 360 度统一客户档案。

二是强化经销商服务考核机制，将客户满意度、投诉 24 小时解决率、回访完成率等纳入 KPI 权重，结合一汽丰田数字化实践，通过经销商管理系统实时监控经销商服务节点，对未达标门店实施资源调配限制，倒逼服务标准化。

三是建立快速服务补救机制，设立专职小组或热线，快速响应客户诉求。借鉴一汽丰田数字化经验，通过社交型 CRM 系统实现"人车群"多对一运营，可在 3 分钟内响应客户需求。当监测到客户在微信群或微博发布负面情绪时，系统自动触发工单并同步至最近门店，要求服务经理 10 分钟内介入沟通，同时赠送代金券或增值服务以快速修复信任，由此将危机转化为例行服务场景，最终实现客户生命周期价值最大化。

总的来说，成功的 CRM 实施不仅依赖于技术的支持，更需要深入的客户洞察、用户友好的设计、数据的集成共享以及个性化的服务。通过这些策略，企业能够提高客户满意度，增强品牌忠诚度，并在竞争激烈的市场中保持领先地位。而忽视这些因素，则可能导致 CRM 系统的失败，造成客户流失和品牌声誉的损害。因此，企业在实施 CRM 系统时，需要全面考量客户需求、用户体验、数据管理和持续优化等方面，才能确保系统的成功实施和长期效果。

第四节　未来客户关系管理的启示与应用

随着客户需求的日益多样化，未来的 CRM 将越来越注重个性化、自助服务和智能化，推动企业实现更加精细化的客户管理，有效提升企业的运营效率。我们通过研究起亚、宝马、奥迪和 GMACCM 等企业的实际案例，就能清晰地看到 CRM 技术在实际应用中为企业带来深远的影响，同时也能从中洞察到未来 CRM 的几个关键发展方向。

一、个性化与智能化的客户体验

未来的 CRM 将更加智能化。企业利用 AI 和机器学习技术为客户打造个性化的体验。CRM 平台不再仅是一个用来存储客户数据的工具，更是一个能够实时实时把收集到的数据转化为具有实际价值的智脑，帮助企业作出快速而精准的决策。例如，起亚通过 AI 分析客户的驾驶习惯和购车偏好，能够为每位顾客推荐最适合的车型或服务。例如，要是通过分析发现某位客户经常长途驾驶，且对车辆空间和舒适性有较高要求，起亚的 CRM 系统就可能为其推荐一款空间宽敞、座椅舒适的 SUV 车型。这种智能化的推荐系统，不仅让客户感受到了贴心的服务，提升了他们的体验，还极大地增强了客户的忠诚度和满意度。

未来，企业会越发依赖 CRM 系统作为唯一真实数据源（Unique True Data Source – SSOT）。根据 MuleSoft 的定义，唯一真实数据源（SSOT）是指将一个组织中多个系统的数据集中在一个平台上的做法。通过将 CRM 平台作为 SSOT，企业能够将员工、团队、部门，甚至合作伙伴的工作连接起来，从而共同提供一致的客户体验。这意味着客户数据能够在不同系统之间畅通无阻地流动，为销售、客服、营销等各个部门提供统一且一致的客户画像。如此一来，各个部门在与客户打交道时，都能基于相同的客户信息开展工作，避免了因信息不一致导致的沟通不畅和服务失误，从而进一步提高业务效率，让客户满意度更上一层楼。

二、自助服务与无缝互动

随着客户对自助服务的需求不断攀升，未来的 CRM 系统将会集成更多的自助服务选项，目的就是满足客户的即时需求，同时减少传统的人工干预。自助服务的范畴不再局限于常见问题解答（FAQ），还会拓展到虚拟试用、在线支持、订单跟踪等多个领域。以宝马为例，它推出的数字化客服助手就是一个非常典型的案例。客户通过智能手机应用，就能轻松获取关于汽车使用和保养的自助服务，还能实时查看车辆的健康状态，接收系统给出的维护建议。这个系统还会收集并集成客户的行为数据，对客户的历史记录进行分析，然后依据分析结果为客户提供个性化的建议和提醒。例如，如果系统发现某位客户近期经常在恶劣天气下行驶，就会提醒客户检查雨刮器、轮胎等部件。

AI 和自动化将成为未来 CRM 系统的重要组成部分，为企业提供更高效、智能的客户关系管理解决方案。AI 不仅能够深入分析客户行为，还能自动化日常客户服务任务，使客服代表能够专注于处理更复杂的客户需求。以通用汽车金融（GMACCM）为例，其通过 AI 驱动的 CRM 系统，能够自动分析客户的信用状况和购车需求，智能推送个性化的金融服务建议，显著提高了审批效率和客户满意度。未来，AI 将进一步推动自动化工作流程，减少人为干预，使企业能够以更高的效率满足客户需求。CRM 系统将变得更加智能化，不仅能提供即时客户支持，还能根据历史数据预测客户需求并主动提供建议，从而全面提升客户体验和企业运营效率。

未来，CRM 系统不再仅仅充当一个信息管理平台，它将成为全面支持客户自助互动的得力工具。客户可以通过聊天机器人、虚拟助手等方式随时解决自己遇到的问题，而且 CRM 系统会依据客户的互动记录，自动更新相关数据，从而为客户提供更精准、更个性化的服务。想象一下，客户在使用车辆过程中遇到了一个小故障，只需通过聊天机器人描述问题，系统就能快速给出解决方案，并且根据这次互动，完善客户的服务档案，以便后续提供更贴心的服务。

三、数据整合与客户生命周期管理

未来的 CRM 系统会更加关注数据整合以及客户生命周期的全面管理。企业迫切需要一个统一的客户数据平台，以此确保在从发现潜在客户，到将其转化为实际客户，再到长期维护客户关系的每一个环节，都能为客户提供一致的支持。奥迪在这方面就做得很好，它借助 CRM 系统，把来自线上广告、展会活动、经销商反馈等多个渠道的客户数据进行整合，从而构建出全面的客户画像。这些丰富的数据，帮助奥迪在客户生命周期的各个阶段，都能提供个性化的营销和服务。从客户首次接触品牌，到后续长期使用车辆的过程中，都能享受到高质量的体验。

随着 CRM 系统作为唯一真实数据源（SSOT）功能的不断提升，企业将能够全面支持从客户引导到转化、再到客户保持的整个生命周期。弗雷斯特（Forrester）的研究结果也支持这一观点。调查中有 80% 的受访者认为，拥有一个唯一的客户真实数据源对公司来说会带来"显著"或"不可或缺"的价值。此外，80% 的决策者表示，越来越多的公司开始利用 CRM 系统来整合来自不同系统的数据[1]。通过 CRM，企业不仅能提升客户体验，还能增强跨部门的协作效率，进而为客户提供无缝的服务体验。

四、透明性与数据伦理

在数据隐私和安全问题日益严峻的当下，企业在使用 CRM 系统时，会更加注重数据伦理和透明性，因为客户的隐私保护已经成为影响企业品牌信誉的关键因素。像宝马等行业领先企业，已经在其 CRM 系统中嵌入了严格的数据保护和隐私政策，确保客户数据在存储、使用和共享的整个过程中，都严格符合全球隐私法规，如欧盟的 GDPR、美国的 CCPA 等。通过这种公开透明的方式，企业赢得了客户的信任，增强了客户的忠诚度。

未来，CRM 系统会更加重视数据伦理。企业不仅要严格遵守法律法规，还需要不断强化数据保护意识，建立起透明的客户数据管理体系。让客户能够清楚地了解自己的数据是如何被使用的，并且能够自主控制数据的访问权限。这样一来，客户的参与感和信任感都会得到增强，企业与客户之间就能建立起更加稳固、健康的关系。

五、本地化 CRM 执行与总部协同的重要性

通过对丰田江西南昌 4S 店客户冲突事件的分析可以发现，未来 CRM 系统的

---

① Salesforce. The Future of CRM：Where is CRM Headed? ［EB/OL］. ［2025 - 01 - 22］. https：//www. salesforce. com/crm/what - is - crm/future.

有效应用,不能仅依赖于技术平台或整体搭建的战略架构,更需要强化 CRM 在一线经销商的本地化执行能力与总部—终端之间的纵向联动机制。这是未来汽车行业 CRM 管理不可忽视的发展方向。

该事件中的销售人员言语冲突本质上反映了门店在客户服务理念、流程标准和员工 CRM 素养上的缺失。总部虽在事件后第一时间介入、发布道歉声明并对涉事门店作出处罚,但由于事发初期 CRM 系统未能有效感知客户情绪,也未实现实时服务监控和客户风险预警,未能在矛盾激化前实现预防性干预。

这一事件揭示了未来 CRM 系统必须具备"客户行为—服务反馈—投诉处理—品牌管理"全过程监测与干预的能力,并实现总部 CRM 平台与门店终端系统的深度对接。也就是说,CRM 不应只服务于市场营销或售后管理,而应成为企业客户关系风险管理的核心中枢。

同时,企业还需构建以"标准化流程 + 场景化应对 + 员工培训"为基础的 CRM 落地执行体系,推动 CRM 系统与人力资源、门店管理、培训机制联动运行。例如,CRM 系统应能记录每一次客户接触行为并生成一种服务健康度评分,并在客户进入投诉、负面互动频发等临界点时,通过 AI 智能预警推送至区域管理人员,启动服务补救流程。

综上所述,随着汽车行业日趋激烈的市场竞争与消费者行为的不断演化,未来的 CRM 系统将不再是单一的信息管理工具,而是企业实现客户全生命周期价值管理的关键引擎。从个性化与智能化客户体验的构建、自助服务与 AI 驱动的自动化响应,到客户数据的统一整合和精细化的生命周期管理,CRM 正朝着更智能、更灵活、更透明的方向快速演进。与此同时,企业也必须高度重视 CRM 系统在一线的落地执行与总部平台的协同能力,确保客户体验在每一个触点上都保持一致、高效与人性化。汽车行业 CRM 案例告诉我们,只有将技术、组织、流程与客户导向文化深度融合,企业才能真正激发 CRM 的价值,构建稳固的客户关系,提升品牌韧性,实现长期可持续增长。这些趋势与经验,为汽车行业未来 CRM 的建设与优化提供了清晰路径和战略指导。

参 考 文 献

［1］宝马集团加速数字化转型，全面迁移至 RISE with SAP 云解决方案
［EB/OL］．（2023 – 01 – 30）［2025 – 04 – 28］．https：//news. sap. com/2023/01/
bmw – group – chooses – rise – with – sap – to – drive – business – transformation/.

［2］宝马全力打造多样化、全场景数字化体验［EB/OL］．（2021 – 10 – 13）
［2025 – 03 – 30］. https：//www. press. bmwgroup. com/china/article/attachment/
T0363274ZH_CN/516335.

［3］宝马投资者关系．2023 年度运营数据［EB/OL］．（2024 – 02 – 28）
［2024 – 06 – 20］. https：//www. bmwgroup. com/en/investors/reports. html.

［4］北京大学．从以客户需求出发到管理变革，一汽 – 大众的数字化转型实
践［EB/OL］．（2021 – 02 – 22）［2024 – 06 – 20］. https：//www. gsm. pku. edu.
cn/case/info/1048/1941. htm.

［5］北汽福田："双管齐下"加速汽车行业营销数字化转型升级［EB/OL］.
（2020 – 03 – 30）［2025 – 03 – 24］. https：//www. niutoushe. com/40984.

［6］倍市得．2023 客户体验管理白皮书［EB/OL］．（2023 – 03 – 15）［2024 –
06 – 20］. https：//www. bestcem. com/whitepaper23.

［7］BMW 客户关系管理策略与实践［EB/OL］．（2023 – 06 – 20）［2025 –
04 – 28］. https：//www. voguebusiness. com/events/vogue – business – and – emarsys –
host – power – to – the – marketer – festival – in – munich.

［8］BMW 携手北京环球度假区开启宝马品牌日［EB/OL］．（2021 – 12 –
09）［2025 – 03 – 30］. https：//www. press. bmwgroup. com/china/article/detail/
T0363283ZH_CN.

［9］超境汽车：聚焦个性化量产，创新推动行业发展［EB/OL］．（2023 –
10 – 10）［2025 – 03 – 10］. https：//auto. china. com/merchant/32049. html.

［10］超境汽车推出高定 1v1 业务，邀请用户共同实现个性化汽车愿景［EB/OL］.（2024 – 01 – 10）［2025 – 03 – 10］. https：//www. 163. com/dy/article/IO32VD6F05312M5M. html.

［11］CRM 在线管理系统能否有效防止客户流失［EB/OL］.（2025 – 04 – 30）［2025 – 04 – 30］. https：//www. zoho. com. cn/crm/articles/customer0430. html.

［12］从吉利汽车最佳实践背后，看数字营销释放的"乘数效应"［EB/OL］.（2023 – 10 – 26）［2024 – 06 – 20］. https：//www. sohu. com/a/731488764_351410.

［13］大众集团数字化转型战略与客户关系管理革新［EB/OL］.（2021 – 07 – 13）［2025 – 04 – 28］. https：//volkswagengroupchina. com. cn/news/Detail？ ArticleID = BF8A5EA2CFB546C5B4008FEBC915C35B.

［14］德国汽车工业协会. 2023 售后服务满意度排名［EB/OL］.（2023 – 05 – 18）［2024 – 06 – 20］. https：//www. vda. de/en/service/quality – reports.

［15］德勤中国. 2023 中国汽车零售数字化发展报告［EB/OL］.（2023 – 08 – 25）［2024 – 06 – 20］. https：//www. deloitte. com/cn/zh/pages/consumer – industrial – products/articles/auto – retail – report. html.

［16］德勤中国. 2023 中国汽车数字化营销趋势报告［EB/OL］.（2023 – 08 – 18）［2024 – 06 – 20］. https：//www. deloitte. com/cn/zh/pages/technology – media – and – telecommunications/articles/auto – digital – marketing. html.

［17］丰田客户体验转型白皮书［EB/OL］.（2023 – 03 – 15）［2024 – 06 – 20］. https：//global. toyota/pdfs/sustainability_report_2023. pdf.

［18］丰田汽车投资者关系报告. 2023 年度运营数据［EB/OL］.（2024 – 02 – 28）［2024 – 06 – 20］. https：//global. toyota/investors/library/annual_report. html.

［19］盖世汽车. 极氪汽车企业研究报告［EB/OL］.（2024 – 10 – 15）［2024 – 12 – 20］. https：//auto. gasgoo. com/institute/2511. html.

［20］Gartner. 2024 年 CRM 技术趋势预测［EB/OL］.（2024 – 01 – 15）［2024 – 06 – 20］. https：//www. gartner. com/en/documents/4024865.

［21］Gartner. 2024 年汽车行业技术应用展望［EB/OL］.（2024 – 01 – 10）［2024 – 06 – 20］. https：//www. gartner. com/en/industries/automotive.

［22］合众新能源汽车有限公司. 2023 年数字化营销年度报告［EB/OL］.（2023 – 12 – 20）［2024 – 06 – 20］. https：//www. hozonauto. com/report/2023digital.

［23］华尔街日报. Facebook 同意支付 50 亿美元和解隐私调查［EB/OL］.

（2019 – 07 – 12）［2024 – 06 – 20］. https：//www. wsj. com/articles/facebook – a-grees – to – pay – 5 – billion – fine.

［24］J. D. Power. 2022 年丰田客户满意度研究报告［EB/OL］.（2022 – 06 – 18）［2024 – 06 – 20］. https：//www. jdpower. com/business/2022 – toyota – csi – re-port.

［25］J. D. Power. 2023 年豪华车客户留存研究［EB/OL］.（2023 – 06 – 15）［2024 – 06 – 20］. https：//www. jdpower. com/business/2023 – luxury – retention – study.

［26］J. D. Power. 2022 年中国汽车客户服务体验报告［EB/OL］.（2022 – 06 – 18）［2024 – 06 – 20］. https：//www. jdpower. com/business/2022 – china – csi – re-port.

［27］J. D. Power. 2023 年中国售后服务满意度研究［EB/OL］.（2023 – 06 – 20）［2024 – 06 – 20］. https：//www. jdpower. com/business/2023 – china – csi – stud.

［28］吉利集团旗下高端品牌领克汽车携手体验家，重塑智能创新的汽车服务体验［EB/OL］.（2023 – 11 – 30）［2025 – 03 – 30］. https：//www. 36dianping. com/case/19163.

［29］极氪订阅［EB/OL］.（2025 – 02 – 08）［2025 – 03 – 10］. https：//www. zeekrlife. com/subscribe.

［30］136 氪企服点评. 广州小鹏汽车 Salesforce CRM 项目成功上线［EB/OL］.（2023 – 08 – 15）［2024 – 06 – 20］. https：//www. 36dianping. com/case/13688.

［31］L3 自动驾驶上路，通勤、消费与城市未来将重塑［EB/OL］.（2025 – 04 – 20）［2025 – 04 – 20］. https：//www. yoojia. com/article/9468573098464108446. html.

［32］雷克萨斯中国. 2022 年客户体验升级计划［EB/OL］.（2022 – 03 – 15）［2024 – 06 – 20］. https：//www. lexus. com. cn/about/news/20220315. html.

［33］李志强. CRM 系统在汽车销售中的应用效果分析［EB/OL］.（2023 – 11 – 20）［2024 – 06 – 20］. https：//www. example. com/article/123453Salesforce.

［34］领克汽车智享服务［EB/OL］.（2025 – 02 – 06）［2025 – 03 – 10］. ht-tps：//www. lynkco. com. cn/service.

［35］麦肯锡. 豪华车品牌数字化转型案例［EB/OL］.（2023 – 09 – 12）

[2024 - 06 - 20]. https：//www. mckinsey. com/industries/automotive/our - insights.

［36］麦肯锡. 汽车行业客户留存率分析［EB/OL］. （2023 - 01 - 10）［2024 - 06 - 20］. https：//www. mckinsey. com/industries/automotive/our - insights.

［37］梅赛德斯 - 奔驰客户服务转型与客户关怀计划［EB/OL］. （2015 - 03 - 25）［2025 - 04 - 28］. https：//knowledge. wharton. upenn. edu/podcast/knowledge - at - wharton - podcast/customer - service - new - mercedes - benz - way/.

［38］梅赛德斯 - 奔驰线上展厅创新实践［EB/OL］. （2022 - 03 - 15）［2024 - 06 - 20］. https：//www. mercedes - benz. com. cn/content/china/mpc/mpc_china_website/zh/home_mpc/passengercars/home/news/online - showroom. html.

［39］2024 年车企新媒体矩阵策略与实践深度分析［EB/OL］. （2024 - 12 - 09）［2025 - 01 - 20］. https：//www. vzkoo. com/read/202412092ff63978be3e40cacf25070e. html.

［40］2023 年 12 月吉利品牌销量 89122 辆 同比增长 3.2%［EB/OL］. （2024 - 01 - 10）［2025 - 03 - 25］. http：//www. pxx88. com/xiaoliang/pinpai/35_75. htm.

［41］女子全款买车遭 4S 店员辱骂, 一汽丰田只能贷款买车? 后续来了［EB/OL］. （2023 - 10 - 11）［2025 - 02 - 10］. https：//www. sohu. com/a/727447769_121688122.

［42］汽车经销商客户流失预警：逻辑回归（LR）、LASSO、逐步回归［EB/OL］. （2023 - 03 - 29）［2025 - 03 - 30］. https：//cloud. tencent. com/developer/article/2252663.

［43］「汽车人」AI 赋能 "千里浩瀚", 吉利在下一盘大棋［EB/OL］. （2025 - 03 - 08）［2025 - 03 - 30］. https：//baijiahao. baidu. com/s? id = 1826016256943725874&wfr = spider&for = pc.

［44］汽车行业 CRM 解决方案白皮书［EB/OL］. （2023 - 09 - 10）［2024 - 06 - 20］. https：//www. salesforce. com/whitepaper/automotive - crm.

［45］汽车之家. 雷克萨斯组织架构创新解析［EB/OL］. （2022 - 09 - 10）［2024 - 06 - 20］. https：//www. autohome. com. cn/news/202209/1253701. html.

［46］日产汽车全球新闻中心. 日产栃木工厂数字化转型成果报告［EB/OL］. （2021 - 09 - 15）［2024 - 06 - 20］. https：//global. nissanstories. com/en/releases/20210915 - 01.

［47］【数智化案例展】领克汽车——火山引擎助力领克汽车数字化营销实

践［EB/OL］.（2023－11－05）［2025－03－28］. https：//news. qq. com/rain/a/20231105A039P500.

［48］Salesforce. 宝马 CDP 平台实施案例［EB/OL］.（2023－04－05）［2024－06－20］. https：//www. salesforce. com/customer－stories/bmw/.

［49］Salesforce. 丰田 CRM 实施案例研究［EB/OL］.（2023－05－20）［2024－06－20］. https：//www. salesforce. com/customer－stories/toyota/.

［50］Salesforce. 雷克萨斯 CRM 应用案例［EB/OL］.（2022－11－05）［2024－06－20］. https：//www. salesforce. com/customer－stories/lexus/.

［51］Salesforce. 2023 年汽车行业 CRM 应用报告［EB/OL］.（2023－11－20）［2024－06－20］. https：//www. salesforce. com/resources/research－reports/automotive－crm/.

［52］Salesforce. 汽车行业 CRM 应用最佳实践［EB/OL］.（2023－09－05）［2024－06－20］. https：//www. salesforce. com/crm/automotive. strategies－to－grow－customer－loyalty－automotive－industry.

［53］特斯拉智能化客户关系管理体系［EB/OL］.（2024－11－28）［2025－04－28］. https：//teslaside. com/news/21475/.

［54］为刺激销量蔚来汽车推出最高 10 亿元油车置换补贴［EB/OL］.（2024－04－01）［2024－05－20］. https：//search. caixin. com/newsearch/caixin-search？keyword＝%E8%94%9A%E6%9D%A5＋BaaS&x＝0&y＝0.

［55］蔚来 NIO 以车主社区口碑解锁 55% 销量，持续强化用户运营成 DTC 增长关键［EB/OL］.（2023－10－12）［2024－03－20］. https：//zhuanlan. zhi-hu. com/p/660757655.

［56］蔚来车主基本权益告知书［EB/OL］.（2025－01－20）［2025－03－10］. https：//www. nio. cn/policies/rights－of－owners.

［57］蔚来 2023 年度报告：用户运营数据与财务表现［EB/OL］.（2024－03－01）［2024－03－20］. https：//ir. nio. com/static－files/1f4d5c0e－1d7b－4a5e－8b3a－8e5f3b7e5f3a.

［58］蔚来汽车. NIO APP 3. 0 版本更新公告［EB/OL］.（2023－11－20）［2024－03－20］. https：//www. nio. cn/nio－app.

［59］沃尔沃坐拥 4S 店与直营店双层优势［EB/OL］.（2021－11－29）［2025－03－10］. https：//news. qq. com/rain/a/20211129A02VI800.

［60］小米公司品牌文化［EB/OL］.（2025－02－01）［2025－03－10］. https：//www. mi. com/about/culture.

［61］小鹏汽车深陷质量投诉风波：多车型故障频发，车主安全与权益受挑战［EB/OL］. （2025 － 04 － 02）［2025 － 04 － 05］. https：//finance. sina. com. cn/roll/2025 － 04 － 02/doc － ineruanr9445007. shtml.

［62］小鹏汽车研究报告：新车大周期开启，智驾助力出海塑造成长新动力［EB/OL］. （2025 － 04 － 16）［2025 － 04 － 16］. https：//www. vzkoo. com/document/202504164bd2da00a0fd878dacd7b61f. html？keyword ＝ ％ E5％ B0％ 8F％ E9％ B9％ 8F.

［63］新产品、新服务，领克加速迈向"新百万"［EB/OL］. （2023 － 11 － 25）［2025 － 03 － 25］. https：//news. qq. com/rain/a/20231125A0717F00.

［64］易车研究院发布吉利汽车洞察报告（2024 版）："去年轻化"是吉利对抗比亚迪的关键［EB/OL］. （2024 － 08 － 14）［2025 － 04 － 10］. https：//tech. chinadaily. com. cn/a/202408/14/WS66bc628ba310054d254ecd8c. html.

［65］中国汽车工业协会. 新能源汽车数字化营销发展白皮书［EB/OL］. （2023 － 11 － 15）［2024 － 06 － 20］. http：//www. caam. org. cn/upload/2023nev_report. pdf.

［66］中国汽车流通协会. 2023 年汽车经销商数字化转型白皮书［EB/OL］. （2023 － 12 － 15）［2024 － 06 － 20］. http：//www. cada. cn/upload/2023_digital_transformation_whitepaper. pdf.

［67］中国汽车流通协会. 2023 年汽车经销商数字化转型研究报告［EB/OL］. （2023 － 12 － 15）［2024 － 06 － 20］. http：//www. cada. cn/upload/2023_report. pdf.

［68］中国汽车流通协会. 2023 年中国汽车售后服务满意度指数（CAACS）报告［EB/OL］. （2023 － 12 － 15）［2024 － 03 － 20］. https：//www. camra. org. cn/content/Content/index/id/20468.

［69］Accenture. The Future of Automotive Sales in China［EB/OL］.［2025 － 01 － 05］. https：//www. accenture. com/content/dam/accenture/final/a － com － migration/r3 － 3/pdf/pdf － 147/accenture － study － the － future － of － automotive － sales － in － china. pdf.

［70］BMW Group. AI in Customer Experience Strategy［EB/OL］. （2023 － 11 － 15）［2024 － 06 － 20］. https：//www. bmwgroup. com/en/innovation/ai － crm.

［71］BMW Group. Blockchain － based Vehicle Verification Project Report［EB/

OL]．（2023 – 11 – 20）［2024 – 06 – 20］．https：//www. bmwgroup. com/en/inno-vation/blockchain – vehicle – verification. html.

［72］BMW Group. Digital Transformation in Customer Relationship Management ［EB/OL］．（2023 – 10 – 15）［2024 – 06 – 20］．https：//www. bmwgroup. com/en/innovation/digital – crm.

［73］China Automotive Technology & Research Center. New Energy Vehicle Big Data Analysis Report 2023 ［EB/OL］．（2023 – 12 – 18）［2024 – 06 – 20］．http：//www. catarc. org. cn/upload/2023NEV – Data. pdf.

［74］Chiu，K.（2025）. Driving Success With Customer Loyalty in the Automotive Industry ［EB/OL］．（2025 – 02 – 20）［2025 – 03 – 10］．https：//www. spglobal. com/automotive – insights/en/blogs/2025/02/strategies – to – grow – customer – loyalty – automotive – industry.

［75］Deloitte. 2023 Global Automotive CRM Trends ［EB/OL］．（2023 – 12 – 01）［2024 – 06 – 20］．https：//www2. deloitte. com/auto – crm – trends.

［76］Dutt，H. & Chauhan，K.（2019）. Using Flexibility in Designing CRM Solution ［J］. *Global Journal of Flexible Systems Management*.

［77］Grüntges，V.（2021）. The New Key to Automotive Success：Put Customer Experience in the Driver's Seat ［EB/OL］．（2021 – 11 – 19）［2025 – 01 – 15］．https：//www. mckinsey. com/capabilities/growth – marketing – and – sales/our – insights/the – new – key – to – automotive – success – put – customer – experience – in – the – drivers – seat.

［78］Harvard Business Review（2024）. How BMW Reduced Customer Churn with AI ［J］. *Harvard Business Review*，102（3），pp. 78 – 92.

［79］IBM. BMW's AI Recommendation Engine Case Study ［EB/OL］．（2023 – 09 – 05）［2024 – 06 – 20］．https：//www. ibm. com/cases/bmw – ai.

［80］IBM. Cost of a Data Breach Report 2024 ［EB/OL］．［2025 – 01 – 12］．https：//www. ibm. com/reports/data – breach.

［81］Introduction to Tesla Models Official Website ［EB/OL］．［2025 – 03 – 30］．https：//www. tesla. com/models.

［82］Marketing and Branding Analysis of – Tesla Inc ｜ Assignment Help ［EB/OL］．［2025 – 03 – 30］．https：//fernfortuniversity. com/essay/marketing_usa/tesla – inc – 7.

［83］ McKinsey & Company. The AI – powered Automotive Customer Journey ［EB/OL］.［2024 – 06 – 20］. https：//www. mckinsey. com/ai – automotive – marketing.

［84］ Molitor, D. , et al.（2024）. Exploring the Characteristics of Data Breaches：A Descriptive Analytic Study［J］. *Journal of Information Security*, 15, pp. 168 – 195.

［85］ National Highway Traffic Safety Administration（NHTSA）. EV Telematics Data Applications［EB/OL］.（2023 – 09 – 12）［2024 – 06 – 20］. https：//www. nhtsa. gov/research – reports/ev – telematics – 2023.

［86］ Nevins, A. & Hill, F. E.（1954）. *Ford：The Times, the Man, the Company*［M］. New York：Charles Scribner's Sons.

［87］ PORSCHE. About Porsche History［EB/OL］.［2025 – 03 – 30］. https：//www. porsche. com/international/#from = /international/aboutpreece/history/.

［88］ Purnama, K. & Susilowati, H.（2024）. The Evolution and Challenges of CRM Implementation in the Digital Economy：A Systematic Literature Review［J］. *Journal of Management and Informatics*, 3（2）, pp. 312 – 327.

［89］ Reuters. Tesla's Data – driven Insurance Model Cuts Claims by 30%［EB/OL］.（2024 – 01 – 18）［2024 – 06 – 20］. https：//www. reuters. com/business/autos – transportation/teslas – data – driven – insurance – model – cuts – claims – 30 – 2024 – 01 – 18/.

［90］ Salesforce. The Future of CRM：Where Is CRM Headed?［EB/OL］.［2025 – 01 – 22］. https：//www. salesforce. com/what – is – crm/future.

［91］ Sharma, P. , Dubey, N. & Sangle, P.（2014）. Contemporary Challenges in CRM Technology Adoption：A Multichannel View［J］. *International Journal of Electronic Customer Relationship Management*, 8, P. 51.

［92］ Tesla Global Marketing Strategy 2025：A Case Study［EB/OL］.［2025 – 03 – 30］. https：//www. projectpractical. com/tesla – global – marketing – strategy/.

［93］ Tesla. 2023 Impact Report：Data – Driven Customer Solutions［EB/OL］.（2024 – 03 – 05）［2024 – 06 – 20］. https：//www. tesla. com/impact – report/2023.

［94］ Tesla Insurance. Safety Score Methodology［EB/OL］.（2023 – 11 – 15）［2024 – 06 – 20］. https：//www. tesla. com/support/insurance/safety – score.

［95］ Tesla. Remote Vehicle Diagnostics Technology Report［EB/OL］.（2024 –

03 - 15) [2024 - 06 - 20]. https：//www. tesla. com/support/remote - diagnostics.

[96] TOYOTA. Integrated Report / Annual Report Archives [EB/OL]. [2025 - 03 - 30]. https：//global. toyota/en/ir/library/annual/archives/.

[97] TOYOTA. Integrated Report [EB/OL]. [2025 - 03 - 30]. https：//global. toyota/en/ir/library/annual/.

[98] TOYOTA. Sales, Production, and Export Results [EB/OL]. [2025 - 03 - 30]. https：//global. toyota/en/company/profile/production - sales - figures/.

[99] Verizon. 2024 Data Breach Investigations Report [EB/OL]. [2025 - 01 - 15]. https：//www. verizon. com/business/en - gb/resources/reports/dbir/.

[100] Wani, S. Challenges of CRM Implementation and How to Overcome Them [EB/OL]. (2023 - 10 - 31) [2025 - 01 - 16]. https：//medium. com/@ shreesagarwani/challenges - of - crm - implementation - and - how - to - overcome - them - 0adfe9cf4586.

[101] Winder, D. New Dark Web Audit Reveals 15 Billion Stolen Logins From 100000 Breaches [EB/OL]. (2020 - 07 - 08) [2025 - 01 - 15]. https：//www. forbes. com/sites/daveywinder/2020/07/08/new - dark - web - audit - reveals - 15 - billion - stolen - logins - from - 100000 - breaches - passwords - hackers - cybercrime/? sh = 3794cb02180f.